V&R

Peter Bubmann/Alexander Deeg (Hg.)

Der Sonntagsgottesdienst

Ein Gang durch die Liturgie

Vandenhoeck & Ruprecht

Mit 3 Abbildungen

Umschlagabbildung: © Christa Schüssel

Bibliografische Information der Deutschen Nationalbibliothek
Die Deutsche Nationalbibliothek verzeichnet diese Publikation in der
Deutschen Nationalbibliografie; detaillierte bibliografische Daten sind
im Internet über https://dnb.de abrufbar.

ISBN 978-3-525-57062-3

Weitere Ausgaben und Online-Angebote sind erhältlich unter: www.v-r.de

© 2018, Vandenhoeck & Ruprecht GmbH & Co. KG, Theaterstraße 13, D-37073 Göttingen
www.v-r.de
Alle Rechte vorbehalten. Das Werk und seine Teile sind urheberrechtlich geschützt. Jede Verwertung
in anderen als den gesetzlich zugelassenen Fällen bedarf der vorherigen schriftlichen Einwilligung
des Verlages.
Printed in Germany.
Satz: Konrad Triltsch, Ochsenfurt
Druck und Bindung: Books on Demand GmbH, Norderstedt

Gedruckt auf alterungsbeständigem Papier.

Inhalt

Vorwort 9

Johanna Haberer
Die Läutkultur 11

Wolfgang Ratzmann
Verdichtete Gottespräsenz – auch in einer Ruine? Ein ungewöhnlicher
Kirchenraum 16

Alexander Deeg
Die Sakristei als Raum gewordene Liminalität. Zwischen Rumpelkammer,
Ort letzter Absprachen und geistlicher Präparatio 24

Klaus Raschzok
In-vestition. Liturgische Gewänder im evangelischen Gottesdienst 33

Jochen Arnold
Musik im Gottesdienst. Theologische und anthropologische
Spannungsfelder zwischen Emotion und Kognition, Verkündigung und
Gebet 41

Christian Lehnert
Himmlische Musica. Zwei fliegende Blätter zu Stimme und Klang im
Gottesdienst 53

Erich Garhammer
„Freude und Hoffnung, Trauer und Angst". Sprache und Gefühle in der
Liturgie 59

Sándor Percze
Aus dem Kämmerlein ins Rampenlicht. Kleines Plädoyer für eine
geistig-spirituelle Existenz der Liturginnen und Liturgen 64

Klaus Röhring
Praeludieren und Intonieren. Zur „Musik zum Eingang" 69

Heinrich Assel
„Im Namen ...". Die ersten Worte und das Ganze des Gottesdienstes . . . 75

Helmut Schwier
Adiutorium nostrum. Der Name und wir 82

Michael Herbst
Salutatio. Vom Sinn des rituellen Anfangs 88

Daniel Meier
Freie Begrüßung. Von der Notwendigkeit der Kontaktaufnahme und der
Gefahr des verplapperten Gottesdienstes 94

Konrad Müller
Das ‚Vorbereitungsgebet' 99

Irene Mildenberger
Psalm und Gloria Patri. Ein jüdisches Lied im christlichen Gottesdienst . 109

Manacnuc Mathias Lichtenfeld
Kyrie. Geglaubte Gottesherrschaft in der Weltwirklichkeit 115

Peter Bubmann
Gloria. Ein Weihnachtslied fürs ganze Jahr 122

Tanja Gojny
Kollektengebet. Artenschutz für eine bedrohte liturgische Spezies? 129

Hanns Kerner
Die gottesdienstliche Lesung zwischen Ideal und Wirklichkeit 135

Jochen Kaiser
Wochenlied/Lied des Tages. Das Proprium in Klanggestalt 144

Kathrin Oxen
Three points – and a poem 151

Romina Rieder
Gemeinde, Gottesdienst und Gottes Wort. Beim Predigen die Bibel
leuchten lassen 158

Katharina Bach-Fischer
Von Predigtcoachings, Nachgesprächen und kollegialem Feedback. Wider
die Isolation auf der Kanzel 165

David Plüss
Oder lieber doch nicht predigen? Argumente wider und für die
Kanzelrede 170

Benedikt Kranemann
Credo. Ein Bekenntnistext im Wortgottesdienst der Messfeier 178

Hans-Martin Gutmann
Fürbitten 184

Michael Meyer-Blanck
Gabenbereitung. Eucharistie und Diakonie 191

Walter Sparn
Präfation. Dankbar an den Tisch des Herrn 197

Peter Bubmann
Sanctus 203

Peter Cornehl
„Für euch", „für dich", „für alle". Gemeinschaft, Vision und Gedächtnis
im Abendmahl 209

Hans G. Ulrich
Vaterunser. „Tischgebet" um den Fortgang von Gottes Geschichte mit uns 216

Stefan Heuser
Der Friedensgruß. Zur theologischen Grammatik und liturgischen Gestalt
eines zentralen Elements gottesdienstlicher Friedensethik 222

Alexander Proksch
Agnus Dei. Hymnisches Kleinod auf dem Weg zum Altar 230

Christian Eyselein
Abkündigungen. Last und Lust einer liturgischen Sprachform 237

Heinz Kattner
Die Poesie des Segens. Oder: Was mich unbedingt angeht 244

Konrad Klek
Das Nachspiel 250

Birgit Dier
Der Handschlag am Ausgang. Mehr als ein Tanz der Viren? 257

Eberhard Hauschildt
Kirchenkaffee oder doch lieber gleich nach Haus? 264

Florian Höhne
Gottesdienstkritik. Eine Notwendigkeit und Schwierigkeit 270

Biographische Angaben zu den Autorinnen und Autoren 277

Namensregister 281

Vorwort

Dieses Buch ist *keine* Festschrift ... (für Martin Nicol zum 65. Geburtstag, der sich jeglicher Festschrift verbat), sondern *mehr als nur* eine Festschrift. Es ist ein Buch zum „Evangelischen Gottesdienst", das den „Weg im Geheimnis", den Martin Nicol beschrieben hat,[1] abschreitet und auslotet. Es erkundet den Gottesdienst der Kirche, vertraut sich der Wegführung an, die Martin Nicol in seiner liturgischen Programmschrift bietet, nimmt diese Impulse auf, führt sie weiter oder fragt kritisch nach.

Martin Nicol schreibt: „Ich plädiere dafür, endlich den Aufbruch zu wagen in den Wegen, die das Evangelische Gottesdienstbuch gespurt hat."[2] Das tun die Beiträgerinnen und Beiträger dieses Bandes. Die „Grundform 1" (G1) des Evangelischen Gottesdienstbuches, die den ‚Mess-Typ' repräsentiert und für die ökumenische Weite des evangelischen Gottesdienstes steht, ist unser Ausgangspunkt. Die Beiträge dieses Bandes interpretieren und kommentieren, hinterfragen und diskutieren die Schritte des Weges, den diese Grundform vorgibt. Es entsteht so ein Liturgiekommentar, mit dem ein Update oder Upgrade in Sachen G1 indendiert ist, eine aktuelle Einführung in die Schritte dieser Liturgieform auf dem Hintergrund liturgiewissenschaftlicher Erkenntnisse und persönlicher Erfahrungen.

Die 39 Beiträge dieses Bandes folgen dem Gang der Liturgie. Sie stammen von Kolleginnen und Kollegen aus der Praktischen Theologie, Kirchenmusik, Pastoraltheologie und Liturgiewissenschaft, von Schülerinnen und Schülern Martin Nicols, Pfarrerinnen und Pfarrern, die seit Jahren mit ihm zusammenarbeiten.

Als Herausgeber danken wir allen, die zum Entstehen und Gelingen beigetragen haben – den Autorinnen und Autoren, den Studentinnen der Theologie Henrike Acksteiner und Hanna Henke sowie dem wissenschaftlichen Assistenten Ferenc Herzig (Leipzig) für die Korrekturarbeiten, den Mitarbeiterinnen und

---

[1] Vgl. Martin Nicol, Weg im Geheimnis. Plädoyer für den Evangelischen Gottesdienst, Göttingen ³2011.
[2] AaO., 14.

Mitarbeitern im Verlag Vandenhoeck & Ruprecht, allen voran Christoph Spill und Bernhard Kirchmeier, und der Nürnberger Künstlerin Christa Schüssel, die auch für dieses Buch das Titelbild gestaltet hat.

Für namhafte Druckkostenzuschüsse danken wir herzlich der Evangelisch-Lutherischen Kirche in Bayern (ELKB), der Vereinigten Evangelisch-Lutherischen Kirche Deutschlands (VELKD) sowie der Zantner-Busch-Stiftung (an der FAU). Und so lässt es sich doch nicht leugnen: Dieses Buch ist (jedenfalls für uns Autoren wie bestimmt für viele Leser*innen) *auch* ein Ereignis festlicher Freude, und darin eben doch eine Festschrift sui generis. Es drückt den Dank aus für die leidenschaftlichen Impulse, die Martin Nicol vor allem der Homiletik und Liturgik in den vergangenen Jahren und Jahrzehnten gegeben hat. Es geht ihm darum, Menschen zu motivieren, „den gottesdienstlichen Weg im Geheimnis wieder und wieder zu gehen."[3] Möge auch dieses Buch einen Beitrag dazu leisten.

Erlangen und Leipzig, im Advent 2017
Peter Bubmann
Alexander Deeg

---

3 AaO., 271.

Johanna Haberer

Die Läutkultur

Nachdenklich sitzt die junge Frau am Tisch. Sie mustert die gemaserte Tischoberfläche. Vor ein paar Tagen ist sie von einer mehrmonatigen Indienreise zurückgekommen und versucht, erste Worte zu finden, was diese lange Reise mit ihr gemacht hat.

Sie hebt den Kopf. „Es war wunderschön. Aber: Soll ich Dir sagen, was mir gefehlt hat?", fragt sie etwas verschämt. „Das Glockenläuten. Und dabei ist mir das erst nach Wochen aufgefallen." Morgens beim Wachwerden, abends beim Betrachten des Sonnenuntergangs, irgendwann habe sie gedacht: „Jetzt weiß ich, was mir fehlt." Ausgerechnet. Die Glocken.

Wollte man einem Außerirdischen im Jahr des Herren 2017 erzählen, wie sich Europa anhört, welchen Ton es hat und wie es klingt, man würde ihm das mächtige Geläut des Kölner Doms, die Glocken von Santa Maria del Fiore in Florenz, die Vier-Tonnen-Glocke der Hedwig Eleonora-Kirche in Stockholm oder die Glocken der mächtigen Kathedrale von Lissabon zu Gehör bringen – und dazu die ungezählten Glocken der Dorfkirchen auf den Höhen und in den Tälern dieses Kontinents.

Oder man würde auf die gewichtigste Glocke Europas verweisen: der Big Ben, die größte Glocke des Uhrturms im Londoner Palace of Westminster mit 13,5 Tonnen Gewicht. Der „große Benjamin" ist sinnfällig in dem Augenblick (wegen Restaurierungsarbeiten) verstummt, in dem sich Großbritannien aus der Europäischen Gemeinschaft verabschieden will.

Ein Kontinent der Läutkultur, das ist Europa.

Dabei ist die Glocke im Zusammenhang mit religiösen Übungen bereits ein altchinesisches und altindisches Phänomen. Aber diese Kultur der sorgsamen Rhythmisierung des Alltags durch das Gebetsläuten, diese Form des Rufs zur Aufmerksamkeit auf Gott, hat sich in Europa besonders prächtig, kunstvoll und hörbar etabliert. Sie evozierte das noble Handwerk der Glockengießerei, durch die Jahrtausende bewährt. Glocken tragen die Signatur des Gießers, sie sind kunstvoll bebildert, geritzt oder figürlich geschmückt. Sie tragen ihre eigenen Namen, erhalten eine eigene feierliche Weihe und haben ihre originelle Melodiebildung zwischen großen und kleinen Terzen und Sekunden. Sie sind der Klang der Identität einer Gemeinschaft.

Die Glocke dient der Wahrnehmung, der Sammlung, der Ordnung, der Erinnerung, dem Fest und dem Lob Gottes. Die Aufgaben des Geläuts lassen sich aus den Glockeninschriften rekonstruieren:

> „Den wahren Gott lobe ich
> Ich rufe das Volk
> Ich versammle den Klerus
> Ich beweine die Toten
> Die Seuche verjage ich
> Die Feste ziere ich."[1]

Die Glocke erläutet also Aufmerksamkeit für den dreieinigen Gott: Im Kloster ruft sie Mönche und Nonnen zum Gebet. Sie läutet beim Erwachen und beim Schlafengehen und gemahnt, dass unser Tag in Gottes Händen liegt. Sie läutet zur mittäglichen Rast und zum Abendgebet und erinnert, dass unser Leib und unsere Seele Ruhe brauchen, inmitten der tätigen Arbeit. Sie läutet mit dem Vesperläuten den Sonntag ein, sammelt die Menschen und ruft zum Gottesdienst. Sie verschränkt Gottes Zeit mit der Zeit der Menschen. Sie öffnet mit ihrem Sonntagsgeläut den Raum für Gott in der Zeit der Menschen: Im Anfang! Die Glocke läutet für Schöpfung und Auferstehung in einem. Sie läutet zur Eucharistie und zum Vaterunser. Sie läutet zur Taufe, zur Hochzeit und zum Totenbegräbnis und begleitet somit melodisch die Biographie des Einzelnen.

Und auch das andere, das ‚säkulare Geläut' hat seit Alters höchste Relevanz für das Gemeinwesen: Glocken läuten, wenn Gefahr droht – eine Feuersbrunst, Sturm, Gewitter, Flut. Glocken läuten über dem verwüsteten Land, wenn der Krieg zu Ende ist. Das Friedensgeläut ist eine reformatorische Inkulturierung des katholischen Angelusläutens, wie es schon Johannes Bugenhagen in der Braunschweigischen Kirchenordnung von 1528 begründet. Dort heißt es:

> „Es ist keine böse Gewohnheit, daß man hier noch schlägt [läutet] pro Pace, d. i. zum Frieden. Es ist aber nicht recht, daß man hat einen Mariendienst daraus gemacht und nicht lassen bleiben, wie es die frommen Leute erstlich gefunden und gemacht haben. Denn der alte Name, daß es heißt pro Pace, weiset nach, daß es angefangen hat, als in diesen Landen viel Krieg ist gewesen, daß man sollte in allen Häusern und auf dem Felde bitten um einen zeitlichen Frieden."[2]

---

1 Der Ursprung dieser Inschrift sind die sieben Tugenden der Glocke (virtutes campanae septem) auf Latein: Laudo deum verum, plebem voco, congrego clerum, defunctos ploro, pestem fugo, festa decoro, est mea cunctorum terror vox daemoniorum. Erstmals tauchten diese Verse im Kloster Salmansweiler am Bodensee auf. Danach zierte die Inschrift zahlreiche Glocken wie zum Beispiel in Hildesheim, Köln, Münster und Bern. Vgl. hierzu Karl Walter, Glockenkunde, Regensburg/Rom 1913, 186f.

2 Johannes Bugenhagen, in: Christian Friedrich Bellermann, Das Leben des Johannes Bugen-

Die Glocke bittet um zeitlichen Frieden angesichts der Verheißung des ewigen Friedens. Es ist der Ton der anderen Dimension, der weithin hörbar von oben in unser Leben hineinläutet. Und sie ist in dieser Kultur untrennbar mit der Uhr verbunden. Die Glocke zeigt an, was die Stunde geschlagen hat – im Leben des Einzelnen und der Gesellschaft.

Tief verankert in der Volksseele ist die Glocke besonders in diesem Land: „Ach, wie wohl ist mir am Abend, wenn zur Ruh die Glocken läuten!" singt der Kanon: Bim Bam Bim Bam. Oder der Wiedergänger im Deutschunterricht aller Schularten: Schillers „Das Lied von der Glocke", ein Gedicht, dem es wie keinem zweiten Text gelang, den deutschen Alltag, das Handwerk, die Familie und die Religion volkstümlich zusammenzubinden.

> „Noch dauern wird's in späten Tagen
> und rühren vieler Menschen Ohr,
> und wird mit dem Betrübten klagen
> und stimmen zu der Andacht Chor."[3]

Von den Dichterkollegen schon bei Erscheinen heftig als populistisch kritisiert, hat sich das Gedicht von der Glocke so tief in die kollektive Seele gegraben, dass der Text zugleich zum Träger einer Reihe volkstümlicher Spruchweisheiten wurde und die Moral des Bürgertums im 19. Jahrhundert in eine Reihe von Merksprüchen bannte:

> „Der Mann muß hinaus
> In's feindliche Leben [...]
> Und drinnen waltet
> Die züchtige Hausfrau,
> Die Mutter der Kinder."[4]

Die Kirchenglocke, sie symbolisiert als akustische Zeichenhandlung den Ton, der seit ca. zwölfhundert Jahren mit der Christianisierung Europas verbunden ist, der aus den Klöstern Frankreichs über die schottische Insel Iona in die Dörfer und Städte Mitteleuropas wanderte und eine akustisch vermittelte Dominanz im Gemeinwesen fordert.

Die Glocken demonstrieren bis heute nach ‚Außen' eine ‚laute' Vorherrschaft des Christentums in der Gesellschaft, die grundgesetzlich als ‚Religionsfreiheit' verankert mit dem ‚Herkommen' und mit der Tradition argumentativ begründet wird.

---

hagen, nebst einem vollständigen Abdruck seiner Braunschweigischen Kirchenordnung vom Jahre 1528, Berlin 1859, 173.
3 Friedrich Schiller, Schiller's Lied von der Glocke. In gereimten lateinischen Rhythmen nachgesungen von Leonz Füglistaller, Luzern 1821, 6.
4 AaO., 14–16.

Nach ‚Innen' künden sie die Zusammenkunft der Gemeinde zum Gottesdienst und zum Gebet und bilden den Geleitton zu deren Identität. Es gibt ‚Läuteordnungen' und Glockenbeauftragte der Landeskirchen. Es gibt Beschlüsse von Kirchengemeinden, die in den Grenzen von Rahmenordnungen für jeden Ort eigene Traditionen des Glockengeläuts ausbilden.

Solange die ‚Christengemeinde' und die ‚Bürgergemeinde' weitgehend übereinstimmten, war es keine Frage, dass die Kirche den Mittelpunkt des Ortes bildet und die Glocke alle wesentlichen Lebensabschnitte einläutet.

Und man will es im Einzelnen gar nicht wissen, wofür im Laufe der Jahrhunderte die Glocken geläutet wurden: für Feste, Feiern und Fürsten und fleißig für den Führer, das ist gewiss.

Fraglich wird der gesellschaftliche Ort des Geläuts, wenn im Rahmen der Religionsfreiheit auch andere Religionen beginnen laut zu werden im Kern Europas.

Der juristische Streit um das Recht, sich in der Gesellschaft als religiöse Gruppe bemerkbar zu machen, wird wegen der Signalwirkung der Glocke hitzig geführt: rund um das Läuten, um den Stundenschlag von der Kirchturmuhr, um Lärmbelästigung am Sonntag, um Dezibel und Immissionsrichtwerte.

Und – in Zeiten der Pluralisierung der Gesellschaft – auch um die Frage, zu welchen Zeiten und zu welchen Anlässen der Muezzin zu den muslimischen Gebetszeiten rufen darf und ob er das ohne den öffentlich-rechtlichen Status der beiden Konfessionen von der Gesellschaft einfordern kann. Wie laut darf welche Religion werden? Dahinter steckt allerdings nichts Geringeres als die Frage, ob Europa und Deutschland mittendrin eine bestimmte religiöse Markierung hat, braucht, will.

Das christliche Geläut wird von zwei Seiten in der Gesellschaft in Frage gestellt:

Von denen, die jegliche religiöse Signatur einer säkularen Gesellschaft ablehnen, und von denen, die eine religiöse Vielstimmigkeit der Gesellschaft im öffentlichen Raum fordern.

Aber das Glockengeläut hat in dieser Kultur durch die Mischung von säkularer und sakraler Funktion eine überkonfessionelle und auch überreligiöse Position erworben, auch wenn der ökumenische Beratungsausschuss für das Deutsche Glockenwesen dringlich rät, „die Glocken nicht aus der kirchlichen Sinngebung zu entlassen"[5].

Denn die Kirchenglocken sind nicht nur rituelle Stimmen, sie sind auch prophetische Signale. Die Glocke kann verstanden werden als die prophetische

---

5 Der Beratungsausschuss für das Deutsche Glockenwesen in seiner Schrift: Zum Lobe seines Namens. Liturgie und Glocken: www.glocken-online.de/bibliothek/schriften/Liturgie_und_Glocken_mit_Text.pdf [Abruf 28.10.2017].

Nachfolgerin des Schofar aus dem jüdischen Gottesdienst. Dann meint der Schlag der Glocke: „Gott kommt, Gott erbarme Dich".

Er meint den Hilfeschrei der gebrochenen und verzweifelten Herzen und die Verheißung, dass Gott wiederkommt und diese Welt nicht alleine lassen wird.[6]

Es sind diese Glocken, die beim Fall der Mauer läuteten, die im Gedenken an den Abwurf der Atombomben zur Erinnerung an unermessliches Leid und unermessliche Schuld zu Versöhnung zwischen den Völkern mahnen. Es sind die Glocken, die gegen Rassismus und Ausgrenzung zur Buße rufen und zur Demut gegenüber den eigenen Ansprüchen. Es sind die Glocken, die in die Freiheit und Gerechtigkeit Gottes rufen und zur Dankbarkeit für die Welt, in der wir gemeinsam leben dürfen.

Sie rufen alle Menschen – nicht nur die Christen – zum Frieden Gottes, der höher ist als alle unsere Vernunft (Phil 4,7). Sie rufen alle Menschen zu einem aufmerksamen Leben – ausgespannt zwischen dem Gott, der uns geschaffen hat, und dem Gott, der kommt.

---

6 Vgl. Jürgen Ebach, Das Alte Testament als Klangraum des evangelischen Gottesdienstes, Gütersloh 2016, 35–37.

Wolfgang Ratzmann

Verdichtete Gottespräsenz – auch in einer Ruine?
Ein ungewöhnlicher Kirchenraum

Wer sich zu Kirchenräumen wissenschaftlich äußert, ist in der Regel vom Schönen fasziniert, von großen Kathedralen oder besonderen Kirchen, die sich meist in einem guten Bauzustand befinden. Schönheit und „verdichtete Gottespräsenz"[1] scheinen hier eng miteinander verwoben zu sein, das eine ist schwer ohne das andere denkbar. Aber es gibt eine Fülle anderer Kirchen, die finster und verfallen allenfalls von früherer Schönheit künden. Ich möchte an solche anderen Räume anhand eines drastischen Beispiels erinnern: Die klein gewordene evangelisch-lutherische Kirchgemeinde Mochau in der fruchtbaren „Lommatzscher Pflege" in Mittelsachsen besitzt eine Kirche mit einem mächtigen Turm von 35 Metern Höhe, der – wie die unteren, über zwei Meter dicken Mauern zeigen – in romanischer Zeit einmal als Wehrturm gedient haben mag, und einem im 19. Jahrhundert angebauten Kirchenschiff von imponierenden 30 Metern Länge und 15 Metern Breite, das aber leider nicht von einem Dach geschützt wird, sondern inzwischen zu einer einsturzgefährdeten Ruine geworden ist.[2] Welche Botschaften sendet ein solcher Ort mit seinen ruinösen Mauern aus? Kann man hier noch von einem Kirchenraum sprechen?

Ein Kirchenraum ohne Dach

Kirchenruinen sind den Älteren in Deutschland noch als Folge des Krieges gut bekannt. Sie waren Teil der zerbombten Innenstädte, und sie wurden nach und nach beseitigt oder wiederaufgebaut. Die Kirche in Mochau ist aber ein anderer Fall. Sie hatte dank ihres dörflichen Standortes den Krieg heil überstanden, aber die DDR wurde ihr zum Verhängnis. In den 1960er Jahren stellte man erhebliche

---

1 Martin Nicol, Weg im Geheimnis. Plädoyer für den Evangelischen Gottesdienst, Göttingen ³2011, 215.
2 Vgl. Georg Buchwald (Hg.), Neue Sächsische Kirchengalerie – Ephorie Leisnig, Leipzig 1900, 550–555.

Schäden durch fortschreitenden Schwammbefall fest, die ohne Zuteilung staatlicher Material- und Arbeitskontingente nicht zu beheben waren. Die damals zuständigen amtlichen Stellen verweigerten die Genehmigungen. So wurde die Kirche aus Sicherheitsgründen Anfang der 1970er Jahre gesperrt. Die Gemeinde richtete für ihre Zwecke im Pfarrhaus einen kleinen Kirchsaal ein, wo sie künftig ihre regelmäßigen Gottesdienste feierte. Für einige Jahre wurde das große Kirchenschiff noch als Lagerraum für Antiquitäten von der berüchtigten Stasi-Firma benutzt, die mit dem Verkauf alter Möbelstücke nach dem Westen auf fragwürdige Weise ‚Devisen' erwirtschaftete. 1980 musste das baufällige Dach abgerissen werden. Damit waren die Mauern Wind und Wetter ausgesetzt. Zwei Jahre nach der ‚Wende' gründete sich ein Verein, der es sich zum Ziel gesetzt hatte, die Ruine zu erhalten und nutzbar zu machen. Ihm gelang es, einen Ringanker auf der Mauerkrone anzubringen – allerdings ohne Wetterschutz. Dank des Vereins und des Einsatzes einzelner rühriger Gemeindeglieder eröffnete 1998 die ‚Sommerkirche Mochau' eine Veranstaltungsreihe. Seitdem fanden in mehrwöchigem Abstand regelmäßig festliche Gottesdienste, aber auch Konzerte und Feste statt, mit denen man ein größeres Publikum anzusprechen suchte. Aber der bauliche Verfall war nur gebremst worden: Ab 2007 durfte das Geläut im Turm wegen großer Risse im Mauerwerk nicht mehr erklingen, und die Veranstaltungen der Sommerkirche mussten unterbrochen werden. Gegenwärtig ermöglichen bauliche Notmaßnahmen wieder eine vorübergehende Nutzung des Kirchenschiffs.

Es sind wenige engagierte Glieder der Kirchgemeinde, vor allem Ruheständler, die seither mit großem persönlichem Einsatz dafür sorgen, dass das Projekt ‚Sommerkirche Mochau' vorerst weitergeht. Die alte Turmuhr mit ihrem Schlagwerk wurde wieder in Gang gesetzt. Aber der 1992 gegründete Kirchenbauverein hat sich – wohl auch nach inneren Konflikten – aufgelöst. Die klein gewordene Kirchgemeinde ist inzwischen mit mehreren anderen Dorfgemeinden strukturell zusammengelegt worden und wird von einem Pfarrer betreut, der neben der Gemeinde Beicha-Mochau mit 304 Gemeindegliedern und zwei Kirchen, darunter die Mochauer Sommerkirche, die Gemeinde Jahnatal mit 796 Gliedern und mit Kirchen in Ostrau, Jahna, Hof, Zschaitz und Zschochau zu versorgen hat. Die Dörfer sind überaltert, viele Junge ziehen weg. Und wenn tatsächlich jüngere Personen zuziehen, sind sie nur schwer für die Belange des Dorfes zu interessieren. Wird es eine Zukunft für Mochau und für dieses denkwürdige Gebäude in seiner Mitte geben?

Abb. 1: Kirche Mochau, Südansicht. © Foto: Dieter Baer, Mochau

Die Pforte des Himmels

Am Tag nach der festlichen Einweihung der Kirche am 11. November 1849 stellte der damalige Pfarrer von Mochau, Moritz Christian Facius, seine Ansprache unter Verse aus Gen 28,16f., in denen es heißt: „Wie heilig ist diese Stätte! Hier ist nichts anderes, denn Gottes Haus, und hier ist die Pforte des Himmels!" Eindrucksvoll sprach er von der Heiligkeit des neuen Baues, indem er ihn als „stillen Zeugen" der künftigen kirchlichen Handlungen benannte, indem er die Trostfunktion dieses Raumes herausstellte und indem er die Festgemeinde reichlich vermahnte: „Denn unsere Kirche ist eine heilige Stätte, darum sorget ohne Unterlaß für ihre Erhaltung ... Hoffen darf ich darum, Ihr werdet sie Eurer fortdauernden Sorge und Eurem beständigen Schutze anbefohlen sein lassen, und Alles aufbieten, um das sogleich wieder herzustellen, was etwa im Verlauf der Jahre der Zahn der Zeit an ihr zernagen wird."[3] „Hier schwebt ein beseeligender Friede von oben herab auf uns hernieder und erfüllt unsere Seele, so daß wir mit Jacob sprechen müssen: Hier ist die Pforte des Himmels ... Ist nämlich unsere

---

3 Moritz Christian Facius, Die Einweihung der neuen Kirche zu Mochau, Döbeln 1849, 34, 36.

Kirche eine heilige Stätte ... eine Pforte des Himmels, so dürfen wir nicht verlassen unsere Versammlungen, wie etliche pflegen, so müssen wir häufig, so müssen wir am liebsten hier verweilen."[4]

Die Jahre des Mochauer Kirchenbaues waren politisch in Deutschland Jahre eines erwachenden demokratischen und säkularen Bewusstseins. Ob die Zeichen einer veränderten Zeit unter den damaligen relativ wohlhabenden Bauern dieser Gegend mit ihren großen Höfen wahrgenommen wurden? Sie hatten kräftig gespendet, vielleicht aus echter Dankbarkeit Gott gegenüber, vielleicht aber auch ein wenig, um sich selbst mit einem Bau ein Denkmal zu setzen, der mindestens durch seine Größe imponieren sollte. Aber man kann vermuten, dass hinter den mahnenden Worten des Pfarrers schon zum Einweihungsfest wohl manche ernüchternde pastorale Erfahrung im Blick auf die Glaubenstreue und Kirchlichkeit seiner Gemeindeglieder steht.

Dass die „Pforte des Himmels" in Mochau einmal in einen solchen baulichen Zustand geraten würde, wie es jetzt der Fall ist, ahnte damals keiner. Er ist freilich nicht nur der um sich greifenden inneren Entkirchlichung der Gemeindeglieder zu verdanken, sondern wohl noch stärker der rigiden Politik der Besatzungsmacht in der SBZ und der SED, die viele Großbauern enteignete und vertrieb und mit der Zwangskollektivierung der Landwirtschaft in den 1960er und 70er Jahren eine erneute Flüchtlingswelle von Ost nach West auslöste. Mochau gehörte zu den ersten Dörfern, die mit dem Titel ‚Sozialistisches Dorf' für eine vollständige Kollektivierung der Landwirtschaft ausgezeichnet wurden. Vor und nach 1989/90 ereignete sich die letzte Auszugswelle von Ost nach West, um dem wirtschaftlichen Niedergang Ende der 1980er Jahre zu entkommen oder um nach 1990 einen Arbeitsplatz zu erhalten. Auch wenn heute viele Häuser im Dorf ein freundliches Äußeres erhalten haben, ziehen viele Jüngere noch immer weg: in die Großstädte, in die industriellen Zentren, wo man eine gut bezahlte Arbeit erhofft. Staat und Kirchenleitungen reagieren auf die krisenhaften Entwicklungen mit Strukturreformen, um das Schlimmste zu verhüten. Die Kirchenruine symbolisiert zwar in ihrer Weise einen „offenen Himmel" – für eine ostdeutsche Zeitschrift ein Anlass, von der „Kirche mit dem direkten Draht nach oben" zu spötteln.[5] Aber sie ist wohl auch ein starkes Symbol für die gesellschaftlichen und geistigen Krisen, von denen Mochau spätestens seit 1945 erfasst worden ist. Kann solch ein Gebäude überhaupt noch annäherungsweise als „Pforte des Himmels" und „heiliger Raum" empfunden werden?

---

4 AaO., 38f.
5 Zeitschrift „Super TV" vom Juli 2001.

Theoretische Raumfunktionen und subjektive Raumerfahrungen

Ob es eine Theologie des Kirchenraumes gibt, ist umstritten.[6] Unstrittig aber ist die erstaunliche Bedeutung, die Kirchengebäude für viele Menschen hierzulande besitzen – und zwar für Christen und Nichtchristen. Dafür werden in der reichlich vorhandenen kultur- und liturgiewissenschaftlichen Literatur[7] verschiedene Funktionen genannt, deren reale Relevanz ich anhand dieses besonderen Gebäudes prüfen wollte.[8]

Unstrittig ist die *topographische* Funktion des Gebäudes. Nur durch den mächtigen Turm und die noch immer hohen Mauern des Gebäudes existiert ein sichtbares Ortszentrum, das wesentlich für die Bildung einer kollektiven heimatlichen Identität ist.[9] Der längst geschlossene Laden war nur in einer ausgedienten Baracke untergebracht gewesen. Auch die alte Schule und das Pfarrhaus stellen räumlich keine dominanten Orte dar. Es ist so: Das einzig unübersehbare und sich zugleich von der übrigen Bebauung abhebende Gebäude ist die Kirche mit ihrem mächtigen Turm und ihren morbiden Mauern.

Im Rahmen der Offenen Sommerkirche ist die Kirchenruine auch ein *Ort für den Gottesdienst*. Der alte steinerne Altartisch wird wieder als Ort des Gebets genutzt. Ein für die Ruine angeschafftes großes Kreuz rückt durch die Verkündigung in die Mitte des Geschehens. Die im Schiff aufgestellten stabilen Gartenbänke bieten ca. 80 Menschen Platz. Blumen, große Grünpflanzen und Kerzen schmücken den Raum. Während sich sonst im Pfarrhaus oder in den Nachbarkirchen meist nur kleine Gruppen älterer Menschen versammeln, werden die Gottesdienste hier durch die größere Zahl der Teilnehmer, die festlichen Anlässe und den ungewöhnlichen Raum zu einem Ereignis, über das man öffentlich spricht und das diejenigen ermutigt, die unter den allgemeinen Rückgangs- und Rückzugstendenzen leiden.[10]

Die Kirchenruine spiegelt zweifellos in ihrer Weise unheilvolle historische Entwicklungen des Ortes und der Gemeinde wider. Sie erfüllt darin eine *Me-*

---

6 Vgl. Horst Schwebel, Die Kirche und ihr Raum, in: Sigrid Glockzin-Bever/ders. (Hg.), Kirchen-Raum-Pädagogik, Ästhetik – Theologie – Liturgik 12, Münster 2002, 9–30.
7 Zusammenfassend Franz-Heinrich Beyer, Geheiligte Räume. Theologie, Geschichte und Symbolik des Kirchengebäudes, Darmstadt 2008; Klaus Raschzok, Kirchenbau und Kirchenraum, in: Hans-Christoph Schmidt-Lauber u.a. (Hg.): Handbuch der Liturgik. Liturgiewissenschaft in Theorie und Praxis der Kirche, Göttingen 2003, 391–412.
8 Ich habe mich im Rahmen dieser kleinen Studie auf Gespräche mit dem ehemaligen Bürgermeister, dem Pfarrer und ausgewählten Gemeindegliedern beschränkt, die einem exakten wissenschaftlich-empirischen Anspruch freilich nicht genügen.
9 Vgl. Hans-Georg Soeffner, Gesellschaft ohne Baldachin. Über die Labilität von Ordnungskonstruktionen, Weilerswist 2000.
10 Auch die lokale Presse (Döbelner Anzeiger u.a.) berichtete häufig über Aktivitäten der Sommerkirche, wie z.B. über deren Eröffnung, über besondere Gottesdienste, Konzerte, Bau- und Finanzprobleme.

moriafunktion eigener ambivalenter Art. Aber sie wirkt nicht nur als ein tragisches Symbol, sondern auch als Ort, an dem weiter das individuell-biographische und das Familiengedächtnis haften. Es ist kein Zufall, dass die Jubelkonfirmationen besonders gut besucht sind. Viele suchen bewusst den Raum, in dem sie getauft und konfirmiert worden sind, in dem für ihre Toten gebetet wurde und in dem man früher zum Krippenspiel oder im Chor mitgewirkt hat. Auch eine Ruine vermag so durchaus positive Erinnerungen wachzurufen und trostbedürftige Seelen zu stabilisieren.

Jede Kirche im Dorf ist ein besonderer, ein „anderer Raum"[11], ein Gegenort zu den üblichen rein funktional bestimmten Räumen des Wohnens und Arbeitens. Solche „Heterotopoi" werden von einer bestimmten *ungewöhnlichen Atmosphäre* geprägt, die durch objektive Elemente des Raumes und subjektive Empfindungen konstituiert werden.[12] In Mochau ist es einerseits der Reiz des Morbiden, der Menschen durchaus ansprechen kann. Aber es gibt auch deutliche Gegenzeichen neuer Kraft und ungeplanter Schönheit, vor allem durch wilden Wein, der sich inzwischen an den Innenwänden hochrankt und dem Raum ein reizvolles Aussehen verleiht. Als ein atmosphärisch ambivalent wirkender „Heterotopos" steht das verfallende Gebäude dafür ein, dass menschliches Leben mehr war und mehr sein könnte als bloßes Funktionieren in den Routinen des Alltags.

Kann eine Kirchenruine auch *religiöse Funktionen* erfüllen, und zwar nicht nur im liturgischen Vollzug, sondern allein durch ihre Existenz? Die Meinungen in Mochau dazu sind geteilt: Die einen betreten den Raum, weil sie auf der Suche sind nach einem Event, das den als öde empfundenen Alltag unterbricht. Sie suchen subjektiv nichts Religiöses oder gar Christliches, und sie finden auch nichts, was sie religiös – in der Tiefe ihrer Seele – anspricht. Es mag sein, dass die ruinöse Gestalt sie sogar in ihrer Gesinnung stabilisiert, dass Kirche und christlicher Glaube vergehende Größen sind, die in der Gegenwart ausgedient haben. Die anderen spüren, wie sie gerade ein solcher Raum neu zur stillen Selbstbesinnung, auch zur Frage nach Gott animiert. Für sie spielt meist eine Rolle, dass sie diesen Raum auch als liturgischen Ort kennen: „Wo die Gemeinde am Sonntag die Doxologie anstimmt, nimmt eben am Montag dieser oder jener Kirchenbesucher einen Ort besonderer Gottespräsenz wahr."[13]

---

11 Vgl. Michel Foucault, Von anderen Räumen (1967), in: Jörg Dünne/Stephan Günzel (Hg.), Raumtheorie. Grundlagentexte aus Philosophie und Kulturwissenschaften, Frankfurt a.M. 2006, 317–329.
12 Vgl. Gernot Böhme, Atmosphäre. Essays zur neuen Ästhetik, Frankfurt/M. 1995/Neuauflage 2013.
13 Nicol, Weg im Geheimnis (Anm. 1), 238.

Abb. 2: Kirche im Herbst. © Foto: Dieter Baer, Mochau

Und die Zukunft?

Der frühere Berliner Bischof Albrecht Schönherr hat einmal geäußert, dass wenn man die vielen Dorfkirchen in Ostdeutschland wegen der Entkirchlichung und des demografischen Wandels nicht mehr erhalten könne, müsse man die Dächer abnehmen und die Mauerreste oben versiegeln, um sie „als schöne Ruinen" in den Dörfern zu bewahren.[14] Ob er dabei im Blick hatte, wie aufwändig und teuer es sein kann, „schöne Ruinen" zu erhalten? Und ob er dabei geahnt haben mag, wie eng oft der Niedergang einer Gemeinde und der Verfallsprozess einer Kirche miteinander verflochten sind? Deshalb sind für mich Kirchenruinen kein generelles Zukunftsmodell, wohl aber eine Herausforderung, vor der die Kirche da und dort steht.

Ich bin nicht sicher, ob die beschriebene Kirchenruine eine Zukunft haben wird. Sie ist nicht nur davon abhängig, ob es plötzlich ein Förderprogramm und damit finanzielle Mittel zum Erhalt und Ausbau der Ruine gibt. Noch mehr

---

14 Zit. von Rolf Schieder, Dorfkirchen als Orte der Identifikation. Kirchbaufördervereine in praktisch-theologischer Perspektive, in: PTh 95 (2006), 440–453, 441.

braucht dieser Raum Menschen, die ihn mit Leben, mit kulturellem und geistlich-liturgischem Leben erfüllen können.

Deshalb träume ich davon, dass in naher Zukunft zwei oder drei junge Ehepaare zuziehen, die als Christen oder auch als Nichtchristen Interesse an dieser beschädigten Ortsmitte entwickeln. Dass so ein kleiner neuer Freundeskreis entsteht, der sich der Sommerkirche annimmt. Und dass die Schwestergemeinden im Kirchspiel die Sommerkirche längerfristig nicht als Konkurrenz, sondern als wichtigen und markanten Teil ihrer Kirchenräume betrachten, nicht nur als Last, sondern als Chance.

Alexander Deeg

Die Sakristei als Raum gewordene Liminalität
Zwischen Rumpelkammer, Ort letzter Absprachen und geistlicher Präparatio

„Abstellraum" und Ort „schweigsame[r] Ehrfurcht"[1] – Ambivalenzen eines Schwellenraumes

Bei der am ersten Advent 2017 geweihten neuen Universitätskirche St. Pauli in Leipzig wurde sie faktisch vergessen. Der Architekt Erik van Egeraat hatte den komplexen Auftrag, die 1968 gesprengte Leipziger Universitätskirche so wiederaufzubauen, dass ein neues geistliches und geistiges Zentrum der Universität entsteht.[2] Dass zur Funktionalität einer Kirche auch eine *Sakristei* nötig ist, war ihm und vielen anderen augenscheinlich nicht wirklich bewusst. Im mehrheitlich konfessionslosen Leipzig musste manch Verantwortlichem erst einmal erklärt werden, was das eigentlich ist – eine Sakristei. Einer der Universitätsmitarbeitenden meinte dann irgendwann einmal in einem Gespräch: „Ach so, einen Abstellraum brauchen Sie!" Genau diesen gibt es nun auch, ein Stockwerk unter der Kirche, im Keller, ohne Fenster und gerade groß genug, um die neugestalteten Antependien sowie die Abendmahlsgeräte zu beherbergen und einen Tisch und Stuhl unterzubringen.

Die Leipziger Situation ist natürlich charakteristisch für Religion in einem mehrheitlich säkularen Kontext. Andererseits aber scheint sie mir leider auch nicht untypisch für den Umgang mit der Sakristei in vielen kirchlichen Kontexten. Ihr wird – vorsichtig gesagt – nicht immer und überall große Bedeutung beigemessen. Sie ist Funktionsraum zur Aufbewahrung geistlicher Gewänder, Blumenvasen, Altar-, Tauf- und Traukerzen, Staubsauger und Besen, (nicht mehr

---

1 Theodor Schnitzler, Art. Sakristei, in: LThK² 9 (1964), 245f., 246.
2 Vgl. Alexander Deeg, Zwischen Aula und Kirche. Kulturwissenschaftliche und theologische Perspektiven zum neu entstandenen Bindestrich-Gebäude und Konsequenzen für die Nutzung, in: Peter Zimmerling (Hg.), Universitätskirche St. Pauli. Vergangenheit, Gegenwart und Zukunft, Leipzig 2017, 275–282.

gebrauchter) liturgischer Bücher, vergessener Regenschirme. Sie ist ganzjähriger Aufbewahrungsraum des Advents- und Weihnachtsschmucks, Standort der Mikrofonanlage, manchmal auch der Glockensteuerung. Je nach Größe ist sie Besprechungsraum, Raum für die Kinderkirche und für Kirchenvorstandssitzungen. Immer wieder steht dort auch ein Altar und gelegentlich finden in solchen Multifunktionsräumen auch Andachten statt oder Kircheneintrittsfeiern.

Die Sakristei ist zudem der Ort für allerlei witzige sowie manch peinliche Geschichten. Besonders dann, wenn das Umhängemikrofon versehentlich schon an ist, während der/die Geistliche noch in der Sakristei zu tun hat, oder versehentlich noch an ist, wenn der Gottesdienst schon vorbei ist, und die Gemeinde im Kirchenraum so Zeugin der direkt und verstärkt übertragenen Sakristeigespräche wird.

Die Sakristei scheint ebenso ein Ort für Pleiten und Pannen zu sein wie für spirituell ergreifende Erfahrungen. Als Ort auf der *Schwelle zum Gottesdienst* ist sie zudem sicher nicht unbedeutend für das, was hernach im Gottesdienst geschieht. Auf diesem Hintergrund scheint es mir bedauerlich, dass die meisten Gesamtdarstellungen der Liturgik diesen Ort nur am Rande oder gar nicht erwähnen – was leider auch für Martin Nicols ansonsten gerade für Details der liturgischen Gestaltung so sensibles „Plädoyer für den Evangelischen Gottesdienst" gilt.[3]

Von West nach Ost und wieder zurück – Orts- und Funktionsverschiebungen

Von Anfang an, seit dem vierten Jahrhundert gibt es funktionale *Nebenräume* von Kirchen. Es kann allerdings angesichts des Funktions- und Ortswandels gefragt werden, ob sich eine Geschichte *der* Sakristei tatsächlich schreiben lässt. In den Basiliken des Westens gab es häufig einen Raum, der *secretarium* genannt wurde und dem Klerus dazu diente, auf den Bischof zu warten, um dann zum Gottesdienst gemeinsam in die Kirche einzuziehen. Da der Bischof hier auch Besucher empfangen konnte, wurde der Raum manchmal *salutatorium* genannt.[4] Im Laufe der Jahrhunderte wurde dieser Raum dann immer weiter nach Osten versetzt und zunehmend auf der Höhe des Altars gebaut; im Barock häufig auch hinter dem Hochaltar.

---

3 Vgl. Martin Nicol, Weg im Geheimnis. Plädoyer für den Evangelischen Gottesdienst, Göttingen ³2011.
4 Vgl. Rupert Berger, Art. Sakristei, in: ders., Pastoralliturgisches Handlexikon. Das Nachschlagewerk für alle Fragen zum Gottesdienst, Freiburg ³2005, 467.

In der Nähe des Altarraumes befinden sich Sakristeien auch in den meisten evangelischen Kirchen. Im sogenannten „Eisenacher Regulativ" (1861) wird dies genauso festgeschrieben:

> „Die Kirche bedarf einer *Sakristei*, nicht als Einbau, sondern als Anbau, neben dem Chor, geräumig, hell, trocken, heizbar, von kirchenwürdiger Anlage und Ausstattung."[5]

Der so genannte *Introitus* entstand, weil zwischen der Sakristei/dem *secretarium* im Westen und dem Altarraum im Osten ein Weg für den Klerus zurückzulegen war.[6] Der Psalm wurde so lange gesungen, wie der Einzug der liturgischen Funktionsträger dauerte – und verkürzte sich daher mit der Ortsverschiebung der Sakristei im Laufe des Mittelalters immer weiter. Dass auch dort, wo (wie in vielen evangelischen Gottesdiensten) kein Einzug stattfindet, ein Psalm am Anfang des Gottesdienstes steht und nicht selten auf das Eingangslied der Gemeinde folgt, ist eigentlich ein liturgischer Atavismus – ein wieder aufgetauchtes Relikt aus der liturgischen Evolution und in Verbindung mit dem Eingangslied mindestens eine Doppelung. Sie könnte dazu führen, entweder den Einzug wieder zu entdecken (und in Folge die Sakristeien erneut im Westen einzurichten!) oder für den Psalm im Gottesdienst kreativ nach neuen und anderen Orten zu suchen (etwa im Umkreis der Lesungen, wie Martin Nicol dies vorschlägt[7]). Natürlich kann man auch mit der Folge von Eingangslied und Psalm zu Beginn eines Gottesdienstes leben, wie viele Gemeinden es seit Jahren und Jahrzehnten tun. Wie ein über Jahrhunderte entstandener und immer neu begangener Pilgerweg nicht unbedingt die kürzeste Verbindung zwischen zwei Orten markiert, so ist auch die Liturgie in ihrer Traditionskontinuität niemals völlig stringent.

Das Evangelische Gottesdienstbuch kennt den „Einzug" als eine Möglichkeit: „Der Gottesdienst wird durch Musik (Orgel, weitere Instrumente) eröffnet. Dabei kann ein Einzug der liturgisch Mitwirkenden erfolgen."[8] In der katholischen Messliturgie gehört der Einzug von der Sakristei hingegen „üblicherweise" zur Feier der Messe.[9] Die Liturgiekommission der Deutschen Bischofskonferenz

---

5 Regulativ für den evangelischen Kirchenbau, Eisenach 1861, zit. nach: Gerhard Langmaack, Evangelischer Kirchenbau im 19. und 20. Jahrhundert. Geschichte – Dokumentation – Synopse, Kassel 1971, 272–274, 273.
6 Vgl. dazu den „Ordo Romanus I" (um 700), zitiert bei Karl-Heinrich Bieritz, Liturgik, Berlin/New York 2004, 390.
7 Vgl. Nicol, Weg im Geheimnis (Anm. 3), 159f.: „Als ‚Introitus' macht die Psalmodie schon deshalb keinen Sinn, weil niemand dazu ‚einzieht'. Es ist zu erwägen, die Psalmodie als Gesang zwischen Lesungen zu positionieren" (160).
8 Kirchenleitung der Vereinigten Evangelisch-Lutherischen Kirche Deutschlands/Kirchenkanzlei der Evangelischen Kirche der Union (Hg.), Evangelisches Gottesdienstbuch. Agende für die Evangelische Kirche der Union und für die Vereinigte Evangelisch-Lutherische Kirche Deutschlands, Berlin/Bielefeld/Hannover 2000, 37.
9 Allgemeine Einführung in das Messbuch (AEM) 162; Die Feier der heiligen Messe, Messbuch.

schreibt in den „Leitlinien für den Bau und die Ausgestaltung von gottesdienstlichen Räumen", einer Empfehlung des Zweiten Vatikanischen Konzils folgend:

> „Die Sakristei muss nicht unbedingt an den Altarraum grenzen. Trotz der offensichtlichen praktischen Vorteile, die eine solche Lösung beinhaltet, sollten bei der Planung einer Kirche auch andere Möglichkeiten in Erwägung gezogen werden. Aus liturgischen Gründen kann es sinnvoller sein, wenn die Sakristei im Eingangs- oder Seitenbereich der Kirche liegt, sofern die Entfernung zum Altarraum nicht zu groß ist."[10]

Die Tendenz ist klar: Die altkirchliche Anlage der Sakristei im Eingangsbereich der Kirche soll wieder erwogen werden, wobei in der Formulierung freilich offen bleibt, wann die Entfernung zwischen Sakristei und Altarraum „zu groß" wäre.[11] Ob es beim Kirchbau der Zukunft zu einem Rückweg der Sakristei von Ost nach West kommt? Liturgisch spräche einiges dafür – nicht zuletzt die Tatsache, dass der Schwellenraum Sakristei so auch deutlich an die Schwelle zwischen ‚Außen' und ‚Innen', ‚Profanität' und ‚Sakralität' verlagert würde.[12]

Liturgische Haltung

Wichtiger aber als die mit dem Einzug zusammenhängende Frage nach dem Ort der Sakristei ist die Frage, was darin eigentlich geschehen kann und soll. Theodor Schnitzler schreibt im Artikel „Sakristei" der zweiten Auflage des Lexikons für Theologie und Kirche:

> Die Sakristei ist ein „Nebenraum des Gotteshauses zur Vorbereitung der Liturgie, Aufbewahrung u. Bereitung der kultischen Gewänder, Geräte u. Bücher, Werkplatz für Zier, Sauberkeit u. Ordnung der Kirche u. des hl. Dienstes."[13]

Die Artikel in der ersten und zweiten Auflage des Lexikons für Theologie und Kirche betonen den Zusammenhang von *Inhalt* und *Form* im Blick auf die Sakristei. Weil es um den Gottesdienst geht, der hier vorbereitet wird, sind bauliche Gestalt, Ausstattung und Atmosphäre der Sakristei darauf zugeordnet. Joseph

---

Für die Bistümer des deutschen Sprachgebietes. Authentische Ausgabe für den liturgischen Gebrauch, Einsiedeln u. a. 1975/²1983, 19*–69*.

10 Liturgiekommission der Deutschen Bischofskonferenz, Leitlinien für den Bau und die Ausgestaltung von gottesdienstlichen Räumen, Bonn ⁵2000, 38; vgl. dazu auch Andreas Heinz, Art. Sakristei I. Liturgisch, in: LThK³ 8 (1999), 1464f., 1464.

11 Mit 211 m Länge gilt die Peterskirche im Vatikan als die längste Kirche der Welt (vgl. https://de.wikipedia.org/wiki/Liste_der_gr%C3%B6%C3%9Ften_Kirchen [Abruf 29.11.2017]). Und selbst hier funktionieren Einzüge von West nach Ost.

12 Vgl. zu diesen Begriffen und der notwendigen Spannung zwischen beiden Nicol, Weg im Geheimnis (Anm. 3), 189–214.

13 Schnitzler, Art. Sakristei (Anm. 1), 245.

Sauer schreibt 1937: „Ist die S.[akristei] auch nicht locus sacer, so verlangt doch ihre Zweckbestimmung, daß in ihr Schweigen beobachtet wird u. Ordnung herrscht."[14] Theodor Schnitzler fordert: „Die S.[akristei] muß durch die Würde ihrer Ausstattung u. durch die hier herrschende schweigsame Ehrfurcht auf die Liturgie einstimmen."[15] Und die „Handreichung der Liturgiekommission der Deutschen Bischofskonferenz" erklärt: „Weil die Sakristei zur rechten Einstimmung in den Gottesdienst beitragen kann, sollte sie nicht ausschließlich unter funktionalen Gesichtspunkten geplant und gestaltet werden."[16]

Wenn das vermeintlich ‚Innere' niemals ohne das ‚Äußere' existiert und diese Trennung sowohl epistemologisch als auch anthropologisch und erst recht liturgisch nicht taugt, dann ist es nicht egal, wie die Sakristei aussieht und gestaltet wird. Die multifunktionale Rumpelkammer macht es sicher schwer, den Gottesdienst konzentriert und gesammelt zu beginnen; ob der fensterlose Kellerraum des neuen Leipziger Paulinums dazu führt, dass die liturgisch Verantwortlichen heiter und entspannt im Kirchenraum erscheinen, wird sich noch zu erweisen haben.

Die Sakristei als Schwellenort ist ein *Ort der Transformation*. Das klingt dramatischer, als es ist. Aber in der Sakristei werden aus den Personen des Alltags, den Pfarrerinnen und Pfarrern und allen anderen für die Liturgie Verantwortlichen, die Menschen, die den gemeinsamen Weg im Geheimnis anleiten. Das Anlegen der liturgischen Gewänder markiert den Rollenwechsel:[17] Jetzt werde ‚ich' zum Liturgen/zur Liturgin, zu derjenigen, die einen Dienst tut für die anderen. ‚Ich' trete aus meiner linear bestimmten Zeitstruktur und hoffe darauf, ‚mich' mit der Gemeinde in Gottes Zeit wiederzufinden. ‚Ich' trete zurück – auch mit meiner Sprache und ihrer Individualität – und gestalte gemeinsam mit den Musikern, Lektorinnen, Abendmahlshelfern etc. eine Feier, die der Eigenlogik der symbolisch-rituellen Sprache des Gottesdienstes folgt.[18]

In Stil und Diktion des 19. Jahrhunderts meinte Wilhelm Löhe im Vorwort seiner Agende:

> „[…] so wird auch wahr bleiben, daß keine rechte Liturgie ohne ein *betendes*, zum Gebete lustiges, durchs Gebet erfreutes Volk möglich ist und in Schwang kommen kann.

---

14 Joseph Sauer, Art. Sakristei, in: LThK 9 (1937), 99f., 100.
15 Schnitzler, Art. Sakristei (Anm. 1), 246.
16 Sekretariat der Deutschen Bischofskonferenz (Hg.), Leitlinien für den Bau und die Ausgestaltung von gottesdienstlichen Räumen. Handreichung der Liturgiekommission der deutschen Bischofskonferenz, Bonn ⁶2002, 22.
17 Im Blick auf Parallelen in anderen Religionen und Kulten schreibt Manfred Josuttis: „Im Akt der Investition durch spezifische Kleidung können Menschen zu Göttern werden" (ders., Der Weg in das Leben. Eine Einführung in den Gottesdienst auf verhaltenswissenschaftlicher Grundlage, Göttingen ²1993, 166).
18 Vgl. dazu Nicol, Weg im Geheimnis (Anm. 3), 43–64.

Darum glaubt der Verfasser, es müsse vor allem [...] im Volke der Geist des Gebets geweckt [...] werden. In betenden Herzen läutet der liturgische Haupt- und Grundton, ohne welchen alle Liturgie zum puren Geplärre und Singsang [...] wird."[19]

Die Sakristei ist – wenn es gut geht – der Ort des gemeinsamen Sich-Einfindens in diese liturgische Haltung. (Es lohnt sich durchaus, diese Einübung einmal zu vergleichen mit der Rolle und Funktion der *Kabine* für Fußballspieler, in der es im Kern um *Investition* und *Einstimmung* bzw. *Zurüstung* geht![20]) Löhe beschreibt diese Haltung ganz schlicht als die Haltung des Gebets. Freilich: Sie gilt für die ganze Gemeinde, aber in besonderer Weise müssen die, die den Weg im Geheimnis anleiten, in diese Haltung finden.

Zwei Aspekte dieser Haltung sollten in einer evangelischen Sakristei m. E. in besonderer Weise eingeübt werden:

(1) Zunächst die paradoxe Handlungsstruktur der liturgisch Agierenden, die ‚handeln' und dabei wissen, dass sie das Entscheidende nicht ‚machen' können. In der mittelalterlichen Allegorese wurde die Sakristei „als Schoß Mariens gedeutet, aus dem Christus in die Welt, d. h. in das Kircheninnere trat"[21]. Dieses Verständnis hängt mit dem Rollenverständnis des Priesters zusammen, der in der Messe, allen voran in deren Zentrum der Eucharistie, *in persona Christi* agiert. Ein solches Verständnis ist mit einem evangelischen Amtsverständnis nicht vermittelbar. Christusgegenwart ist die Verheißung, die auf Wort und Sakrament liegt und somit auf einem Geschehen, das nur in der *communio* der Gemeinde und durch das Wirken des Geistes Gottes realisiert wird. Der Pfarrer/die Pfarrerin trägt nicht Christus in eine Christusferne Gemeinde; er oder sie handelt stellvertretend für die Gemeinde und erwartet mit ihr, das äußere Wort („verbum externum", CA V) in den Feiergestalten der Liturgie immer neu zu hören.

(2) Gleichzeitig ist die Pfarrperson (wie der Priester in der Messe) hoffentlich umgeben von den weiteren Mitwirkenden und liturgisch Gestaltenden. Die Handlungsträger des Gottesdienstes versammeln sich vorher *gemeinsam* in der Sakristei – nicht nur für Absprachen, sondern vor allem zum gemeinsamen Gebet, zur gemeinsamen Stille und Sammlung; und sie finden sich dort auch *nach* dem gefeierten Gottesdienst gemeinsam wieder ein – zu einem Dankgebet und einer Rückkehr in die Rollen des Alltages.

---

19 Wilhelm Löhe, Die Kirche in der Anbetung, Teilband 1: Agende für christliche Gemeinden des lutherischen Bekenntnisses, Gesammelte Werke 7/1, Neuendettelsau 1953, 21.
20 Auch wenn dies ein etwas eigentümlicher und wenig wissenschaftlicher Verweis ist: Eine gute Darstellung dieser Zurüstung findet sich in einem sechsminütigen Kurzfilm der „Sendung mit der Maus": http://www.wdrmaus.de/filme/sachgeschichten/fussballkabine.php5 [Abruf 29.11.2017].
21 Christian Freigang, Art. Sakristei. Kunstgeschichtlich, in: RGG[4] 7 (2004), 772.

„Vielleicht kommt auch die Sache dadurch wieder zu Stande, daß man sie voraussetzt", meinte Schleiermacher im Blick auf das nötige Vertrauen in die Gemeinde als Hörerin der Predigt.²² *Vielleicht kommt eine Sache auch dadurch wieder zustande, dass man sich gemeinsam auf sie einstellt* – so könnte man im Blick auf den Gottesdienst formulieren. Die Sakristei ist der Ort, an dem das auf hervorgehobene Weise geschieht.

„Sende deinen heiligen Geist, der mit mir das Werk treibe ..."

In der Sakristei meiner Vikariatsgemeinde hing Luthers Sakristeigebet gerahmt an der Wand – und fristete ein Schicksal, das annähernd dem unserer alten Altarbibel entsprach. Es war ein Relikt, hatte dereinst einmal Bedeutung (vielleicht) – und war nun zum ausgebleichten und wenig beachteten Schmuck geworden. Denn anders als die alte Altarbibel, die wenigstens zum Gottesdienst am Heiligen Abend zu Ehren kam, wenn aus ihr die Weihnachtsgeschichte in der Mitte des Ganges verlesen wurde, spielte dieses Gebet keine Rolle.

> „Herr Gott, lieber Vater im Himmel,
> ich bin wohl unwürdig des Amtes und Dienstes,
> darin ich deine Ehre verkündigen und der Gemeinde pflegen und warten soll.
> Aber weil du mich zum Hirten und Lehrer des Wortes gesetzt hast,
> das Volk auch der Lehre und des Unterrichts bedürftig ist,
> so sei du mein Helfer
> und lass deinen heiligen Engel bei mir sein.
> Gefällt es dir dann, durch mich etwas auszurichten,
> zu deiner Ehre und nicht zu meiner oder der Menschen Ruhm,
> so verleihe mir auch aus lauter Gnade und Barmherzigkeit
> den rechten Verstand deines Wortes
> und viel mehr, dass ich's auch tun möge.
> O Jesu Christe, Sohn des lebendigen Gottes,
> Hirte und Bischof unserer Seelen,
> sende deinen heiligen Geist,
> der mit mir das Werk treibe,
> ja, der in mir wirke das Wollen und Vollbringen
> durch göttliche Kraft."²³

Lediglich zwei Probleme erkenne ich in diesem Gebet: (1) Das Wort „Unterricht" erscheint mir angesichts all der Einsichten in einen allzu oft auf problematische Weise pädagogisch funktionalisierten evangelischen Gottesdienst etwas sperrig.

---

22 Hier zitiert nach Wolfgang Trillhaas, Schleiermachers Predigt, Berlin/New York ²1975, 18.
23 Zitiert nach: Sakristeigebete zum Evangelischen Gottesdienstbuch, Bielefeld/Hannover 2002, 6.

Und (2) die alleinige Ausrichtung auf den Pfarrer macht es als gemeinsames Gebet eher ungeeignet.

Davon abgesehen aber gelingt es diesem Gebet m. E. auf herausragende Weise, das zu bestimmen, worum zur Einstimmung in die liturgische Haltung gebetet werden muss. Das Gebet sagt:

(1) Ich kann es nicht, was nun eigentlich geschehen müsste. Es ist schade, dass das Wort „unwürdig" wohl eher als moralische Kategorie gehört wird – als ob es irgendeinen Menschen gäbe, der „würdig" dazu wäre! „Unwürdig" bin ich notwendig und immer, schlicht weil ich Mensch bin – und Gottes Wort nicht ‚habe'.

(2) Weil ich es nicht kann, wird das Geschehen des Gottesdienstes nur sinnvoll, wenn Gott als *cooperator* mein Handeln und Wirken begleitet. Gott wird um seinen Geist gebeten, damit dieser mein Mitarbeiter werde („der mit mir das Werk treibe").

(3) Auch ‚ich' als Liturg habe im Gottesdienst etwas zu erwarten und kann – so Gott will – das Wort hören, das ich mir selbst nicht sagen kann.

Diese zentralen Anliegen muss man nicht mit Luthers Worten zum Ausdruck bringen. Bedauerlicherweise ist der ‚Markt' für Sakristeigebete allerdings nicht allzu groß – m. E. ein Hinweis auf die Notwendigkeit einer kleinen Publikation zur Sakristei, die ästhetisch etwas liebevoller gestaltet sein müsste als das 2002 erschienene Sonderheft „Sakristeigebete" zum „Evangelischen Gottesdienstbuch".[24]

Liminalität und Potentialität

Zusammenfassend gilt: Eine Sakristei ist Raum gewordene Liminalität. Victor Turner beschreibt die Situation auf der Grenze wie folgt:

> „Wenn Personen, Gruppen, ein System von Vorstellungen usw. von einer Ebene oder Form der Organisation bzw. Regulation ihrer independenten Teile bzw. Elemente zu einer anderen übergehen, muß es eine Nahtstelle oder, um die Metapher zu wechseln, ein – wenn auch noch so kurzes - Intervall geben, eine *Schwelle (limen)*, an der die Vergangenheit für kurze Zeit negiert, aufgehoben oder beseitigt ist, die Zukunft aber

---

24 Vgl. aaO.; vgl. auch die sehr viel gefälliger aufgemachte Sammlung: Sakristeigebete, aus der Agende I für die Evangelische Kirche von Kurhessen-Waldeck, Kassel 1996. M. E. wäre es durchaus sinnvoll, wenn dieses Buch auch Gebete zum Anlegen des Talars/der gottesdienstlichen Gewänder enthalten würde – analog zu dem, was in der katholischen Kirche und in der Orthodoxie selbstverständlich üblich ist, aber etwa auch im Judentum beim Anlegen des Gebetsschales (Talit) praktiziert wird. Vgl. dazu z. B.: Sakristeigebete zum Gebrauch bei Gottesdiensten im Bundesgrenzschutz, o. O./o. J., Anhang.

noch nicht begonnen hat – einen Augenblick reiner Potentialität, in dem gleichsam alles im Gleichgewicht zittert."²⁵

Sicher wäre es übertrieben, das Pathos der großen Übergänge im Leben mit der bescheidenen Schwelle auf dem Weg zum Gottesdienst gleichzusetzen. Aber ein kleiner Übergang ist es zweifellos – und wenn es gut geht, so kann sich „ein Augenblick reiner Potentialität" und heiter-gelassener Erwartung einstellen. Denn trotz aller Vorbereitung ist es überraschend und neu, was im „Weg im Geheimnis" geschehen wird. Dass der Zwischenort Sakristei auch zu manchen Albernheiten führen kann und zu den vielen Sakristeigeschichten, von denen Menschen erzählen, ist zweifellos ebenfalls eine Eigenschaft liminaler Orte.

---

25 Victor Turner, Vom Ritual zum Theater. Der Ernst des menschlichen Spiels, Frankfurt/M. 1995, 69.

Klaus Raschzok

In-vestition
Liturgische Gewänder im evangelischen Gottesdienst

Der Talar als textiler Klassiker und Identitätssymbol des Protestantismus

Seit 1811, als König Friedrich Wilhelm III. von Preußen für die protestantischen Geistlichen seines Territoriums den schwarzen Talar mit Beffchen zur Amtskleidung bestimmte,[1] hat sich dieses Gewand in den evangelischen Kirchen des deutschsprachigen Kulturkreises als immer noch modern wirkender textiler ‚Klassiker' zu einem Identitätssymbol des Protestantismus entwickelt.[2] So stimmte die frühere Hannoversche Landesbischöfin und EKD-Ratsvorsitzende Margot Käßmann 2009 ein öffentliches persönliches Loblied auf den schwarzen Talar mit Beffchen an und verteidigte ihn mit Vehemenz als Markenzeichen eines

---

1 Vgl. Anselm Schubert, Des Königs schwarzer Rock. Der evangelische Pfarrertalar zwischen preußischen Reformen und Neukonfessionalismus, in: ZThK 112 (2015), 62–82, und Klaus Raschzok, Textiler Klassiker. Zweihundert Jahre Talar mit Beffchen als Identitätssymbol des Protestantismus, in: Nachrichten der Evangelisch-Lutherischen Kirche in Bayern 66 (2011), 383–392. Irrig ist die nicht näher belegte Behauptung von Ernst Hofhansl, Art. Gewänder, Liturgische, in: TRE 13 (1984), 159–167, 165, der preußische Talar sei 1817 auch für die Rabbiner verordnet worden. Vgl. dazu Auguste Zeiß-Horbach, Kleider machen Leute. Der Streit um den Rabbinertaler in Bayern im 19. Jahrhundert, in: Aschkenas 20 (2010), H. 1, 71–118, und Jochen Ramming, „… in dem Costüme eines protestantischen Geistlichen." Zu Verbreitung und Symbolgehalt des Rabbinerornates in der ersten Hälfte des 19. Jahrhunderts, in: Elisabeth Hackspiel-Mikosch/Stefan Haas (Hg.), Die zivile Uniform als symbolische Kommunikation: Kleidung zwischen Repräsentation, Imagination und Konsumption in Europa vom 18. bis zum 21. Jahrhundert (Studien zur Geschichte des Alltags 24), München 2006, 161–172.
2 Vgl. z. B. Friedemann Merkel, Schwarz – oder heller? Zur Amtstracht evangelischer Pfarrer, in: ders., Sagen – hören – loben. Studien zu Gottesdienst und Predigt, Göttingen 1992, 205–217 und als Gegenposition Gerhard Jüngst, „Nimm hin das weiße Kleid …" Zur Frage des liturgischen Gewandes, in: JLH 33 (1990/91), 151–158.

typisch evangelischen Amtsverständnisses wie als entscheidenden Bestandteil der Corporate Identity des evangelischen Pfarrberufs.³

Vom Messgewand zum Talar: Ein kurzer geschichtlicher Überblick

Während im Bereich der Züricher und Genfer Reformation ein radikaler Bruch mit der überkommenen spätmittelalterlichen gottesdienstlichen Kleidung der Priester erfolgte und die Gottesdienste im bürgerlichen dunklen Alltagsgewand und später in den reformierten Kirchen im schwarzen Predigermantel (und erst seit dem 19. Jahrhundert im Talar mit Beffchen) gehalten wurden, zeigte die Wittenberger Reformation gerade im Bereich der gottesdienstlichen Gewänder ihren selbstbewussten Willen zur Kontinuität gegenüber der römischen Kirche. Vorhandene Messgewänder und Chorhemden wurden selbstverständlich weiter gebraucht. Zeitgenössische Abbildungen lutherischer Abendmahlsfeiern zeigen meist einen der am Altar amtierenden Geistlichen mit der Kasel, die weiteren in der Regel mit Chorhemd über einem schwarzen priesterlichen Untergewand. Zur Predigt wurden die gottesdienstlichen Gewänder jedoch nach vorreformatorisch-spätmittelalterlicher Tradition häufig eigens abgelegt. Die Prediger standen in ihrer bürgerlichen dunklen Kleidung, der so genannten Schaube, auf der Kanzel.

Gegenüber der mit Rücksicht auf die modischen Hosen immer kürzer werdenden bürgerlichen Schaube bevorzugten die protestantischen Geistlichen ebenso wie die Gelehrten im 16. Jahrhundert die knöchellange, zunehmend hochgeschlossene schwarze Variante der Schaube, aus der sich dann das typische evangelische Standesgewand für Geistliche entwickelt, das mit unterschiedlichen Kragen, aus denen das heutige Beffchen entsteht, geschmückt sein oder wie in den Reichs- und Hansestädten mit der Halskrause getragen werden konnte. Beffchen und Halskrause waren jedoch bis ins 18. Jahrhundert hinein keine im spezifischen Sinne protestantischen geistlichen Kleidungsstücke, sondern selbstverständlicher Bestandteil der bürgerlichen Kleidung.

Weniger Sorgfalt dagegen wurde in den Kirchen der Wittenberger Reformation gegenüber den spezifischen textilen Zeichen des abgelehnten römischen Messpriestertums an den Tag gelegt. Manipel werden in den Inventaren und Visitationsprotokollen kaum mehr erwähnt und die Stolen nur eher am Rande. Insgesamt kommt es schon im 16. Jahrhundert in den lutherischen Territorien zu einem vereinfachten Gebrauch der Messgewänder und wird zum Teil nur noch das Chorhemd auf dem schwarzen Mantel als Zeichen des geistlichen Amtes

---

3 Vgl. Margot Käßmann, Bunt ist doch irgendwie schöner … Anmerkungen zur Amtskleidung, in: ZGP 27 (2009), H. 2, 31–33.

im Gottesdienst getragen. Chorhemden werden selbstverständlich bis in das 18. Jahrhundert hinein immer wieder neu angefertigt und angeschafft, ebenso auch Kaseln für den Gebrauch im lutherischen Gottesdienst.[4]

Das Chorhemd auf schwarzem Mantel, das nicht zuletzt auch aus Kostengründen die minimale gottesdienstliche Funktionskleidung im Luthertum darstellt, erfährt im Laufe der Zeit vielfältige symbolische Deutungen wie zum Beispiel in der 1666 gedruckten Kirchen-Ordnung der Herrschaft Limpurg-Speckfeld:

„Demnach die besondere Priesterlich- und Levitische Kleider / so im Alten Testament verordnet und gebräuchlich gewesen / durch das rechte wahre Licht des Hl. Evangelii / wie auch das ganze Levitische Priestertum / aufgehoben und abgetan / und weder von unserem Herrn Christo / noch von den Aposteln / andere gewisse Kleider in Verrichtung der Kirchen-Ämter Neuen Testaments verordnet / und aufgesetzt / sondern hierinnen der Kirchen ihre Freiheit / doch dass es alles erbarlich / und erbaulich gehe / gelassen ist: So wollen wir / daß die Kirchendiener in allen ihren Amtsverrichtungen sowohl publice als privatim, ... sampt den gewöhnlichen schwarzen Kirchen-Rock / den weißen Chor-Rock gebrauchen."[5]

Die Prediger sollen sich auch in ihrem privaten Auftreten einer Kleidung befleißigen, damit auch ihr äußerlicher Habit und nicht allein ihr Wort und ihre Predigt Lehre und Tugend ist. Daran erinnert sie ihr schwarz-weißer Chor- und Kirchen-Rock, der auf die Ordination zum geistlichen Amt zurückverweist. Kirchendiener sollen ein „choralisches geistliches Leben" führen und ihren Beruf in der Gegenwart Gottes ausüben. Die schwarze Farbe unter dem weißen Chorhemd erinnert an die Sünde und an die Predigt des Gesetzes, während der weiße Chorrock auf das Evangelium und die Unschuld Christi deutet. Der Chorrock

---

4 Vgl. Klaus Raschzok, Evangelisch betucht. Einführung in die Ausstellung mit Gottesdienstgewändern und Amtstracht, in: Evangelisch betucht. Katalog zur Ausstellung mit Gottesdienstgewändern und Amtstracht, hg. vom Gottesdienst-Institut der Evangelisch-Lutherischen Kirche in Bayern, Nürnberg 2007, 7–16. Außerdem: Martha Bringemeier, Priester- und Gelehrtenkleidung, Tunika/Sutane/Schaube/Talar. Ein Beitrag zu einer geistesgeschichtlichen Kostümforschung (Beiheft 1 zur Rheinisch-Westfälischen Zeitschrift für Volkskunde), Bonn und Münster 1974; Marina Flügge, Kontinuität und Wandel im Gebrauch liturgischer Gewänder in reformatorischer und nachreformatorischer Zeit, in: Helmut Reihlen (Hg.), Heilige Gewänder – Textile Kunstwerke. Die Gewänder des Doms zu Brandenburg im mittelalterlichen und lutherischen Gottesdienst, Regensburg 2005, 78–97; Walter Lotz, Das hochzeitliche Kleid. Zur Frage der liturgischen Gewänder im evangelischen Gottesdienst (Im Dienst der Kirche 6), Kassel 1949; Arthur Carl Piepkorn, Die liturgischen Gewänder in der lutherischen Kirche seit 1555, Neuausgabe Lüdenscheid und Lobetal 1987, und zur allgemeinen Orientierung Annemarie Bönsch, Formengeschichte europäischer Kleidung (Konservierungswissenschaft – Restaurierung – Technologie 1), Wien/Köln/Weimar ²2011.
5 Limpurgische Kirchen=Ordnung / Wie es beedes mit der Lehr / und Ceremonien / bei allen und jeden Christlichen Pfarr=Gemeinden / der Herrschafft Limpurg / Speckfelder Lini / soll gehalten werden. Gedruckt zu Schwäbischen Hall / bei Hans=Reinhard Laidigen / Anno 1666, 377–379 (IV. Von dem Kirchen=Habit), 377.

stellt das Ehren-Kleid der Gerechtigkeit dar, mit der alle Christen nach Paulus überkleidet werden.[6] Kirchen- und Chorrock erinnern den Kirchendiener permanent an seinen in der Ordination erhaltenen Auftrag. Dieser Auftrag wird auf textile Weise durch die Art der Kleidung lebendig gehalten.

Erst im ausgehenden 18. Jahrhundert im Zeitalter von Aufklärung und Rationalismus mehren sich die kritischen Stimmen gegen den Gebrauch der Chorhemden und Kaseln im evangelischen Gottesdienst. Es bürgert sich zunehmend die Praxis ein, den Gottesdienst in der schwarzen Alltagskleidung der Geistlichen zu halten und auf eine spezifisch gottesdienstliche Gewandung zu verzichten. Um dieser aus der Perspektive der liturgischen Restauration als schlampig und unwürdig empfundenen Praxis entgegenzutreten[7] und eine Vereinheitlichung der Bekleidungspraxis für evangelische Geistliche zu erreichen, reglementieren im Verlauf des 19. Jahrhunderts die einzelnen protestantischen Territorien nach dem Vorbild Preußens die gottesdienstliche Kleidung für evangelische Geistliche und legen spezifische Talarformen mit Beffchen als verbindliche Amtskleidung fest.

Noch ist der Talar mit Beffchen jedoch nicht ausschließlich gottesdienstliche Kleidung, sondern wird von den evangelischen Pfarrern zu besonderen Anlässen auch außerhalb des Gottesdienstes getragen. Er ist damit nicht nur Amts-, sondern zugleich auch Standesgewand. Der schwarze Kirchenrock wird daher konsequent bereits im Pfarrhaus und nicht erst in der Sakristei zum Gottesdienst angezogen, und der Gang vom Pfarrhaus zur Sakristei erfolgt bereits im Talar mit Beffchen und Barett. So geht auch die preußische Kabinettsordre von 1811 noch davon aus, dass der Talar neben seiner unmittelbaren gottesdienstlichen Verwendung eine Funktion als Amts- und Standeskleidung evangelischer Geistlicher besitzt und damit ähnlich wie der in dieser Zeit ebenfalls neu eingeführte Talar der Universitätsprofessoren als eine Ziviluniform sui generis verstanden werden kann.[8] Er soll auch bei öffentlichen Anlässen von den Pfarrern getragen werden,

---

6 Vgl. aaO., 378. Die weiten Ärmel des geistlichen Kleides stehen für die Dienstfertigkeit der Diener Christi, die Falten des Chorrockes erinnern die Kirchendiener daran, dass sie durch die brüderliche Liebe aneinanderhängen (379).
7 Vgl. Paul Graff, Geschichte der Auflösung der alten gottesdienstlichen Formen in der evangelischen Kirche Deutschlands, Bd. II, Göttingen 1939, 69–71.
8 Vgl. Jochen Ramming, Die uniformierte Gesellschaft. Zur Rolle vereinheitlichender Bekleidungsweisen am Beginn des 19. Jahrhunderts. Beamtenuniform – Rabbinertalar – Nationalkostüm (Veröffentlichungen zur Volkskunde und Kulturgeschichte 101), Würzburg 2009, der den Talar im Gegensatz zu Anselm Schubert, Des Königs schwarzer Rock (Anm. 1), als eine die Ziviluniformen ergänzende, aber nicht ersetzende Amtstracht und als romantisierende Ergänzung der Beamtenuniform versteht (134, 136 u. 144). Die im Grunde notwendige Auseinandersetzung mit Anselm Schubert kann leider an dieser Stelle aus Platzgründen nicht geführt werden.

und ebenso als Zeichen des geistlichen Standes beim Gottesdienstbesuch, wenn die Pfarrer nicht selbst amtieren.⁹

In einer späteren Phase im 19. Jahrhundert bürgert sich ein, dass der Talar über einem dunklen bürgerlichen Rock (der fälschlicherweise als „Lutherrock" bezeichnete „Amtsrock") bzw. im Laufe des 20. Jahrhunderts über einem dunklen Anzug von den Pfarrern getragen und erst in der Sakristei zum Gottesdienst angelegt wird. Aber noch bis ins ausgehende 19. Jahrhundert hinein wird der schwarze Talar mit Beffchen von den evangelischen Pfarrern zum Beispiel bei Synodaltagungen als Zeichen ihres geistlichen Amtes außerhalb des Gottesdienstes getragen.¹⁰ Letzte Hinweise darauf, dass der Talar mit Beffchen im Grunde genommen keine gottesdienstliche, sondern geistliche Alltags- und damit Standeskleidung ist, zeigen sich bis heute im gemeinsamen Zug von Pfarrerinnen und Pfarrern mit Talar zu den Gottesdiensten bei Amtseinführungen, Ordinationen oder Beerdigungen verstorbener Pfarrerskollegen.

Die Theologinnen müssen jedoch bis zu ihrer völligen Gleichstellung mit den männlichen Amtskollegen in den einzelnen Landeskirchen um das Recht kämpfen, den Talar tragen zu dürfen und werden zum Teil zunächst dazu gezwungen, auf die den männlichen Amtsinhabern vorbehaltenen Beffchen zu verzichten und lediglich einen weißen Rundkragen auf dem Talar zu tragen.¹¹

Die Liturgischen Bewegungen zwischen den beiden Weltkriegen führten im Bereich des deutschen Protestantismus zu einer Wiederentdeckung der ursprünglichen liturgischen Gewänder. Auf den Zusammenkünften, Freizeiten und Tagungen wird mit Albe, Stola, Kasel und weißem Chorhemd experimentiert und die körperbezogene Dimension der dann wieder auch das Abendmahl einschließenden Gottesdienstfeier neu entdeckt. Einzelne Landeskirchen wie Württemberg oder Sachsen dagegen pflegen kontinuierlich die Praxis des über dem Talar getragenen weißen Chorhemdes bei Abendmahlsfeiern und Taufen. Die skandinavischen lutherischen Kirchen dagegen haben die mit der römischen Kirche gemeinsame liturgische Gewändertradition nie aufgegeben und den schwarzen Talar mit Beffchen überhaupt nicht eingeführt.

Ähnlich wie bereits Jahrzehnte zuvor in den nordamerikanischen lutherischen Kirchen gibt es auch in Deutschland seit etwa 1970 Bemühungen, in den evan-

---

9 Der wesentliche Inhalt der nicht erhaltenen Kabinettsordre findet sich im Publikandum des Königl. Konsistoriums in Kölln, wegen der Amtskleidung der Preußischen Geistlichen, vom 31. Januar 1817, in: Annalen der Preußischen innern Staats-Verwaltung, hg. vom wirklichen Geheimen Ober-Regierungs-Rath v. Kamps, Erster Band, Jahrgang 1817, Erstes Heft. Januar bis März, Berlin 1817, Nr. 94, 140–144.
10 Vgl. z. B. Matthias Simon, Vom Priesterrock zum Talar und Amtsrock in Bayern, in: ZBKG 34 (1965), 19–61.
11 Vgl. Marlies Flesch-Thebesius, Talar und Beffchen in: Helga Engler-Heidle/dies. (Hg.), Frauen im Talar. Ein Stück Frankfurter Kirchengeschichte (Schriftenreihe des Evangelischen Regionalverbandes Frankfurt am Main 22), Frankfurt am Main 1997, 28–30.

gelischen Gottesdiensten neben dem weißen Chorhemd über dem Talar auch wieder die Albe mit einer dem Kirchenjahr und seinen Farben entsprechenden Stola zu tragen, um der Festlichkeit und Freude des Gottesdienstes neu Ausdruck zu verleihen. Nur zögerlich dagegen wird auch die in den Farben des Kirchenjahres gestaltete Kasel wieder zu Gottesdiensten mit integrierter Abendmahlsfeier in Gebrauch genommen. Diese Zurückhaltung hängt sicherlich auch mit der Veränderung der römisch-katholischen gottesdienstlichen Gewänderpraxis seit dem Zweiten Vatikanischen Konzil zusammen. Dort entwickelt sich zunehmend die als Minimalform zulässige Mantelalbe mit der breiten Stola zur Normalkleidung des Priesters in der Messfeier und wird auch die Kasel vom Zelebranten nur an den großen Festtagen getragen.[12]

Zur Funktion liturgischer Kleidung

Durch Martin Nicols Ansatz, den evangelischen Gottesdienst als eine unverwechselbar eigene, von anderen kirchlichen Vollzügen unterschiedene Weise, das Gottesgeheimnis zu begehen, zu verstehen, kommt auch den scheinbaren Äußerlichkeiten eine wichtige Rolle zu. Im Rahmen der von ihm propagierten Überwindung der Fixierung des gottesdienstlichen Geschehens auf das „Wort", das den Leib fast bedeutungslos hat werden lassen, muss eine ästhetisch wache Liturgik daher konsequent auch die Funktion der liturgischen Kleidung beschreiben können.[13]

Liturgische Kleidung gewährt denjenigen, die im Gottesdienst öffentlich die Feier der Gemeinde leiten und ihr bei der Verkündigung und der Austeilung der Sakramente gegenübertreten, Sicherheit und Schutz. Sie macht der feiernden Gemeinde gegenüber die liturgische Rolle sichtbar und bestätigt den zur Ausübung erforderlichen kirchlichen Auftrag. Diese Funktion der liturgischen Kleidung wird sowohl vom klassischen schwarzen Talar mit Beffchen wie auch etwa von einer hellen Mantelalbe mit darüber getragener Stola oder Kasel erfüllt.

Während der schwarze Talar die Körperbewegungen eher zurücktreten lässt und in erster Linie Gesicht und Hände seiner Träger hervorhebt und damit seine spezifische Funktion vor allem in der Predigt erfüllt, unterstützen hellere litur-

---

12 Vgl. Dietrich Stollberg, Stola statt Beffchen. Protestantismus und Sinnlichkeit – anhand eines Details, in: DtPfrBl 90 (1991), 45–47, Liturgische Kleidung im Evangelischen Gottesdienst, hg. von der Lutherischen Liturgischen Konferenz Deutschlands, Hannover 1992, Christian Trappe, Reformation im Kleiderschrank?, in: PTh 81 (1992), 117–130, und Jörg Neijenhuis, Liturgische Texte als Textilien. Zur Semiotik gottesdienstlicher Gewänder, in: PTh 89 (2000), 158–174.
13 Vgl. Martin Nicol, Weg im Geheimnis. Plädoyer für den Evangelischen Gottesdienst, Göttingen ³2011, 13 u. 39.

gische Gewänder das Bewegungserleben und gewähren der Körperlichkeit der liturgischen Vollzüge stärkere Aufmerksamkeit. Die vom schwarzen Talar unterstützte Feierlichkeit der gottesdienstlichen Atmosphäre tendiert damit eher zur Konzentration und Ruhe, während die hellere liturgische Kleidung stärker eine bewegte Freudigkeit und Fröhlichkeit im Gottesdienst unterstützt und die Albe mit Stola eine leuchtende Bewegungsspur im Kirchenraum hinterlässt.

Der schwarze Talar mit Beffchen bleibt jedoch eine eher solistische Gewandung. Unterstützt wird diese Tendenz durch die – nicht unproblematische – Praxis von Pfarrerinnen und Pfarrern, eine bunte Stola zum Talar zu tragen, die eher den Charakter des individuellen Schmuckes als einer Insignie des ordinierten Amtes erhält und bei der so genannten „Regenbogen-" oder „Dritte-Welt-Stola" auch nicht mehr nach den einzelnen Farben im Kirchenjahr differenziert wird. Allein vom Schnitt des klassischen Talares her stellt der Talar mit Stola eine problematische Kombination zweier unterschiedlicher textiler Codes dar. Sinnvoll erscheint das Tragen der Stola[14] im evangelischen Gottesdienst daher nur auf der Albe, während die Stola auf dem schwarzen Talar für sich genommen keine überzeugende Aussagekraft besitzt und zum persönlichen Schmuckabzeichen degeneriert.

Nimmt der schwarze Talar mit Beffchen beim geistlichen Amt seinen Ausgangspunkt, so kann die Albe im Sinne eines mit der Taufe allen Christen verliehenen Grundgewandes verstanden werden. Gottesdienstliche Funktionsträger tragen dann als Zeichen ihrer Taufe beim öffentlichen gottesdienstlichen Handeln die Albe, zum geistlichen Amt Ordinierte darüber hinaus als Zeichen ihres besonderen Auftrages zusätzlich die Stola. Durch die Albe als Grundgewand kommt somit deutlicher das Priestertum aller Getauften und die in ihm begründete Einheit der verschiedenen liturgischen Dienste im Gottesdienst zur Darstellung.

Der Talar gelangt überall dort an seine Grenze, wo mehrere Geistliche zusammen gottesdienstlich tätig werden, weil er im Grunde das Gewand für die solistisch wahrgenommene Prediger- oder Liturgenrolle im evangelischen Gottesdienst ist. Auch überall dort, wo es stärker auf die Bewegungsdimension wie Interaktion der menschlichen Körper im Gottesdienst ankommt, erweist sich der schwarze Talar als eher hinderlich. Insofern kommt dem gelegentlich unreflektiert artikulierten Unmut über ein zu gehäuftes Auftreten von schwarz gekleideten Talarträgerinnen und Talarträgern bei Ordinations- oder Einführungsgottesdiensten durchaus ein gewisses Wahrheitsmoment zu.

Die wesentliche Differenz zwischen Talar und Albe besteht für den evangelischen Gottesdienst im Paradigmenwechsel von der stärker lehrmäßigen zur

---

14 Eine kontroverse, klassisch römisch-katholische Interpretation der Stola bietet Jürgen Riegel, Die Stola – textile Symbolisierung des Dienstes vor Gott, in: LJ 67 (2017), 105–130.

körperlichen Christus-Darstellung. Der Gottesdienst kann als gemeinsame Körperarbeit der Getauften am Leib Christi verstanden werden.[15] Im liturgischen Gewand gewinnt Christus jeweils auf spezifische Weise sowohl in der Abendmahlsfeier wie in der Predigt Gestalt. Anders als beim schwarzen Talar mit Beffchen, der eher der Sicherung protestantischer Identität dient, gewinnt das Betrachten des liturgischen Gewandes und seines Trägers in der gottesdienstlichen Feier den Charakter eines geistlichen Aktes. Das Gewand verändert seinen Träger. Ich nehme ihn – und dann auch mich selbst – in der Christusgestalt wahr. Damit zeigt das liturgische Gewand etwas, das für den Glauben schon ist und zugleich immer noch aussteht. Zudem bildet sich am liturgischen Rollenträger mit dem Gewand etwas exemplarisch ab, das grundsätzlich allen Getauften eignet.[16]

---

15 Vgl. Klaus Raschzok, Traditionskontinuität und Erneuerung. Praktisch-theologische Einsichten zu Kirchenraum und Gottesdienst, hg. von Hanns Kerner u. Konrad Müller, Leipzig 2014.
16 Vgl. insgesamt die (auch die liturgischen Gewänder einschließende) von Beate Baberske-Krohs und Klaus Raschzok erstellte Auswahlbibliografie zur Paramentik, in: Wilhelm Löhe, Vom Schmuck der heiligen Orte, Neuausgabe Leipzig 2008, 185–195, sowie Dietrich Stollberg, Religion als Kunst. Nachdenken über Praktische Theologie und Ästhetik, Leipzig 2014, 197–236.

Jochen Arnold

Musik im Gottesdienst
Theologische und anthropologische Spannungsfelder zwischen Emotion und Kognition, Verkündigung und Gebet

Grundsätzliches

Musik ist in unserem Alltag nahezu allgegenwärtig. Junge Menschen in der nördlichen Hemisphäre hören laut aktuellen Untersuchungen im Durchschnitt ca. fünf Stunden Musik am Tag. Sieben Stunden Schlaf abgezogen sind das ca. 30 % der Lebenszeit! Dieses Phänomen gilt es zunächst einmal wahrzunehmen und zu deuten: Während Religion – namentlich in den christlichen Volkskirchen – in unseren Breiten an Bedeutung verliert und besonders der Gottesdienst am Sonntagmorgen einen hohen Sympathieverlust erlebt, erfreut sich die Musik einer stetigen, ja vielleicht sogar wachsenden Beliebtheit. Einen großen Anteil daran hat natürlich die auf multimediale Formen ausgerichtete Popkultur der Gegenwart. Doch auch Konzertanbieter im klassischen Bereich von Musik können auf eine feste Stammkundschaft zählen. Das ZDF sprach am 29.10.2017 bei der Übertragung der Verleihung des ECHO-Klassik aus der Elbphilharmonie davon, dass 2016/17 18,5 Millionen Menschen in Deutschland ein Konzert oder eine Opernaufführung besucht haben, während die Fußball-Bundesliga an 34 Spieltagen nur 13,5 Millionen Zuschauer angezogen hat. Dazu gehören auch Gottesdienste mit besonderen musikalischen Akzenten, z. B. Bach-Kantaten oder Gospelmusik.

Was bedeutet das in theologischer Perspektive? Ich meine: Auch wer ‚religiös unmusikalisch' ist, um es mit Jürgen Habermas bzw. Max Weber zu sagen, könnte durch Musik in weitestem Sinne spirituelle Erfahrungen machen. So sagte vor einiger Zeit Martin Schulz: „Wenn es etwas Göttliches gibt, dann ist es für mich Musik."[1]

---

[1] http://www.evangelisch.de/inhalte/91050/28-12-2013/eu-parlamentspraesident-zweifelt-gott-und-glaubt-die-musik [Abruf 29.10.2017].

Theolog*innen müssten eigentlich Luftsprünge machen angesichts solcher Aussagen.

Doch vielfach ist das Gegenteil der Fall. Noch immer geistert eine grundsätzliche Skepsis gegenüber Musik durch unsere Kirchen. Zwinglis Diktum, wonach es „wider aller Menschen vernunft [sei], dass man in grossem getös und getön sinnig oder andächtig sye"[2], wird zwar nur von wenigen Geistlichen offen propagiert, scheint sich aber doch hartnäckig zu halten. Die damit verbundene Frage lautet schlicht: Ist Musik theologisch entbehrlich? Oder gehört sie zum Gottesdienst und zu christlichem Leben wie das Salz zur Suppe oder die Farbe zum Bild?[3] Reichen nicht Wort und Gebet für einen lebendigen Dialog mit Gott? Oder eher lutherisch: Sind nicht Wort und Sakrament die beiden exklusiven Gipfel, in denen sich Gott seinem Volk zuwendet?[4]

Doch fragen wir nun: Von welcher Musik reden wir eigentlich? Wir könnten uns in sehr klar definierten Grenzen bewegen und den gregorianischen Choral, das (evangelische) Kirchenlied oder die Orgelmusik betrachten, um nur drei prominente Stile und Gattungen gottesdienstlicher Musik zu benennen. Damit wären die (rein) instrumentale Musik, der unbegleitete Gesang und der (meist) begleitete Gesang der Gemeinde im Blick.

Martin Luther und etliche andere haben anders angesetzt: Sie haben nicht von Kirchenmusik oder Musica sacra gesprochen, sondern von der Musica und diese ganz weitherzig als göttliche Gabe (und fröhliche Kreatur) begriffen, übrigens auch in instrumentaler Form. Sie hatten eine Ahnung davon, dass Musik mehr ist als nur eine funktionale Begleitung von Kult, Fest oder politischer Kundgebung. Luther gab der Musik einen Platz neben der Theologie bzw. nach dem Wort Gottes.[5]

Wovon reden wir nun? Musik verstehe ich als eine Folge von klanglichen Ereignissen innerhalb einer bestimmten Zeit, die sich durch harmonische, me-

---

2 ZW I, 373 (Auslegung des 46. Artikels zu den Schlussreden der Züricher Disputation 1523). Vgl. dagegen allerdings Alfred Ehrensperger, Die Stellung Zwinglis und der nachreformatorischen Zürcher Kirche zum Kirchengesang und zur Kirchenmusik, in: Institut für Kirchenmusik Zürich (Hg.), Musik in der evangelisch-reformierten Kirche – eine Standortbestimmung, Zürich ²1989, 15–45.
3 Die darauf bezogene Debatte seit dem 17. Jh. im Luthertum verbindet sich mit dem Begriff des Adiaphoron, also einem Zwischending, das man *de iure humano* so oder so regeln kann. Ein vergleichbares Beispiel ist die Frage nach den Riten in der Liturgie (vgl. CA XV), von denen die Confessio Augustana sagt, dass sie nicht zur Seligkeit nötig sind.
4 Vgl. dazu klassisch Wilhelm Löhe, Die Kirche in der Anbetung, Teilband I 13, Neuendettelsau 1953 (vgl. dazu Alexander Deeg, Das äußere Wort und seine liturgische Gestalt. Überlegungen zu einer evangelischen Fundamentalliturgik [APTLH 68], Göttingen 2012, 246).
5 Vgl. WA 50, 370: „NU sollte ich auch von dieser edlen Kunst Nutz sagen, welcher also gros ist, das jn keiner, er sey [noch] so beredt, als er wolle, gnugsam erzelen mag, das einige kann ich itzt anzeigen, welchs auch die erfarung bezeuget, das nach dem heiligen Wort Gottes nichts nicht so billich und so hoch zu rhümen und zu loben, als eben die Musica."

lodische und rhythmische Parameter ebenso beschreiben lassen wie durch Aspekte der instrumentalen und/oder vokalen Besetzung. Musik ist Performance-Kunst. Noten auf dem Papier einer Partitur geben lediglich den ‚Fahrplan' für das Eigentliche, oder sagen wir es schöner: die mehr oder weniger präzise Ausführungsanweisung für das performative Ereignis. Leider kann in diesem Essay die Darbietung oder Interpretation von bestimmen Stücken nicht Gegenstand des Nachdenkens sein.[6]

Musik ist im Übrigen schwer gegenüber anderen akustischen Phänomenen abgrenzbar. Die Übergänge von Rede in Gesang sind fließend (Sprechgesang), auch Geräusche (z. B. von Maschinen)[7] werden in der Avantgarde-Musik bewusst als musikalische Ereignisse begriffen und eingesetzt. Phänomene, die wir im Abendland durchaus als Musik bezeichnen, wie etwa der Gesang eines Muezzin, sind in anderen Kulturen dagegen keinesfalls unter diesem Label subsummiert. ‚Liturgische Musik' in der Moschee gibt es *per definitionem* nicht, selbst wenn das, was dort tönt, in unseren Ohren so klingt. Ist es dann Musik oder nicht?

Von daher ist die Aufgabe, Spannungsfelder von Musik im christlichen Gottesdienst zu beschreiben, denkbar komplex. Allerdings wird diese Aufgabe wieder einfacher, wenn wir bedenken, dass es dezidiert um den Kontext des *evangelischen* Gottesdienstes geht, in dem gelesen und gehört, gebetet und gesungen, gesegnet und gefeiert wird.

Gottesdienst ist nach reformatorischem (und römisch-katholischem) Verständnis ein Wort- und Klanggeschehen, in dem Gott selbst in besonderer Weise gegenwärtig (vgl. Mt 18,20) ist[8] und mit Menschen in einen sinnlichen Kontakt und verständlichen Dialog kommt. Gott teilt sich uns mit und wir uns ihm. Im Kern erklingt hier das Evangelium, die frohe Botschaft von Christus zur Weckung und Vergewisserung des Glaubens. Gott wird angerufen und gepriesen mit Worten und Musik.

Legitimiert das dazu, als evangelische Kirche im Bereich der gottesdienstlichen Musik einen starken Akzent zu setzen? Wir halten kirchenmusikalisches Personal vor und bilden es selbst aus, wir setzen relativ viel Zeit im Gottesdienst selbst für Musik ein. Wir lassen Orgeln bauen, kaufen auch andere Instrumente und halten sie instand. Wir drucken Gesangbücher und veranstalten Konzerte. Warum?

Folgen wir – gleichsam als Arbeitshypothese – einmal dem Dichter Paul Gerhardt und seiner programmatischen Strophe (EG 324,1):

---

[6] Vgl. dagegen Martin Nicol, Gottesklang und Fingersatz. Beethovens Klaviersonaten als religiöses Erlebnis, Bonn 2015, z. B. mit der Gegenüberstellung der Beethoven-Epigonen Wilhelm Kempff und Edwin Fischer, 175–197.
[7] Vgl. etwa Arthur Honeggers Werk Pacific 231.
[8] Vgl. dazu die vielfach angeführte Torgauer Formel (WA 49, 588).

„Ich singe dir mit Herz und Mund,
Herr, meines Herzens Lust.
Ich sing und mach auf Erden kund,
was mir von dir bewusst."

Damit ist gleichsam auf zwei Achsen, einer theologisch-liturgischen und einer anthropologischen, das Wesen gottesdienstlicher Musik beschrieben.

Musik im Gottesdienst dient der Verherrlichung Gottes und der Verkündigung des Evangeliums (bzw. Mission, vgl. die erste und die dritte Zeile).[9] Aber auch das Andere (Z. 2 und Z. 4) ist programmatisch. Musik dient zur Freude des Menschen und zielt auf Verstehen, womit die affektive und die kognitive Dimension der Musik in den Blick kommen, die natürlich weit über nur gottesdienstliche Musik hinausragen.[10]

Vier Grunddimensionen gottesdienstlicher Musik

a) Das höchste Ziel des christlichen Glaubens (und der Theologie[11]) ist es, Gott zu loben. Eine mögliche Ausdrucksform solchen Lobs ist der Lob*gesang,* wie er spätestens seit Miriams Lied (Ex 15,21) im jüdisch-christlichen Kontext erklingt.[12] Miriam begleitet sich selbst auf einer Handpauke und tanzt dazu, womit ein gleichsam körperlicher Akt und eine ganzheitliche Form der Anbetung ausgedrückt sind. Der Hymnus ist geboren, anlassbezogen als Dank für Gottes Handeln in der Geschichte, aber auch aus purer Freude an Gottes Größe, Schönheit und Gnade. Wo das Lob Gottes verstummt – so die Psalmen (vgl. Ps 88) – ist der Tod nicht fern. Eine starke Begründung für die Musik – nicht nur – im Gottesdienst. Empirisch ist dieser Aspekt in allen Konfessionen (und Religionen) stark präsent. Fast alle vokalen liturgischen Formen enthalten Aspekte der An-

---

9 Vgl. Jochen Kaiser, Musik im Gottesdienst – Qualität, in: Folkert Fendler/Christian Binder/Hilmar Gattwinkel (Hg. im Auftrag des Zentrums für Qualitätsentwicklung im Gottesdienst), Handbuch Gottesdienstqualität, Leipzig 2017, 89.
10 Zur Bedeutung von Musik für *alle* Dimensionen des kirchlichen Auftrags vgl. Peter Bubmann, Musik – Religion – Kirche. Studien zur Musik aus theologischer Perspektive, Leipzig 2009, 99–115.
11 Johann Gerhard, Loci theologici, Band I,7, Berlin 1863–1875: „Finis theologiae est vel principalis ac summus, vel intermedius. Principalis ac summus est Dei glorificatio, ideo enim Deus in verbo suo sese revelavit ac theologicam sapientiam eo fine hominibus communicat, ut ab aliis recte agnitus in hac et futura vita celebretur, colatur, invocetur."
12 Zur doxologischen Dimension des Singens vgl. Peter Bubmann, „Nun singe Lob, du Christenheit". Zur Notwendigkeit des Hymnischen in christlicher Lebenskunst und Liturgie, in: ders./Konrad Klek (Hg.), „Ich sing Dir mein Lied". Kirchliches Singen heute. Analysen und Perspektiven, München 2018, 9–17.

rufung Gottes in Bitte und Klage, Dank und Lob, auch als *silentium laus* im Sinne erhabenen Staunens.

b) Doch damit nicht genug. Die Schöpfung – sagt Ps 19,2 – klingt nicht nur Gott zur Ehre, sie kündet zugleich von seiner Größe und Weisheit.[13] Damit ist eine weitere Spur gelegt: Luther beschreibt ihn prägnant in seiner Vorrede zum Neuen Testament (1522): Das Evangelium ist klingendes Wort, das laut werden will als „gute Newezeitung, gut Geschrey".[14] Die gute Nachricht von Jesus Christus klingt schöner, befreiender und seliger mit Musik. Es lohnt sich, sie musikalisch zu verbreiten. Dann entspricht die anmutig-animierende Form dem seligmachenden Inhalt. Nicht zufällig wird es schon im Neuen Testament der Gemeinde aufgetragen, das Wort Christi mit Psalmen, Hymnen und geistlichen Liedern erklingen zu lassen. So heißt es in Kol 3,16 (Übersetzung Jochen Arnold).

> „Lasset das Wort Christi reichlich wohnen unter euch.
> Lehrt und ermutigt einander in aller Weisheit
> mit Psalmen, Hymnen und vom Geist inspirierten Liedern,
> singt Gott dankbar in euren Herzen."

Der Schüler des Paulus macht deutlich, dass Christus und sein Wort nicht uniform, sondern pluri-form, oder besser: *polyphon* in der christlichen Gemeinde zum Klingen kommen sollen.[15]

Christus soll unter uns selbst zum Klingen kommen, sich immer wieder neu gerade musikalisch inkarnieren. Das österliche Ereignis trägt den Gesang der Gemeinde.

> „Denn Gott hat unser Herz und Mut fröhlich gemacht durch seinen lieben Sohn, welchen er für uns gegeben hat zur Erlösung von Sünden, Tod und Teufel. Wer solches mit Ernst glaubt, der kann's nicht lassen, er muss fröhlich und mit Lust davon *singen und sagen*, dass es andere auch hören und herzukommen."[16]

Zur gegenseitigen (!) Erbauung und zur Ermahnung soll das geschehen. Damit sind die theologischen Grunddaten von Zuspruch und Anspruch[17] im Blick.

---

13 Zur Verkündigungsdimension des Singens vgl. Jochen Arnold, „Wer singt, verkündigt doppelt" – Singen als Verkündigung heute, in: Bubmann/Klek, „Ich sing Dir mein Lied" (Anm. 12), 18–35.
14 Martin Luther, Vorrede zum Neuen Testament, WA DB 6, 3.
15 Vgl. Eduard Schweizer, Der Brief an die Kolosser (EKK XII), Neukirchen/Zürich 1976, 156f.: „Subjekt solchen Gottesdienstes ist nicht eigentlich die Gemeinde, […] sondern das Wort Christi selbst. Es ist das, was Paulus das ‚Evangelium' nennt […]." Der Ausdruck *logos tou Christou* (Kol 3,16 und Eph 5,19) ist also im Sinne eines doppelten Genitivs zu deuten: als ein „Wort, das von Christus zeugt" (gen. obj.), aber mehr noch als ein „*Wort das Christus selbst redet*" (gen. subj.) und austeilt.
16 WA 35, 477.
17 Die Figur findet sich vielfach im Werk Karl Barths, z. B. in Karl Barth, Evangelium und Gesetz,

Musik im Gottesdienst kann demnach – zumindest in der vokalen Form – nicht einfach ausfallen. Denn die Kommunikation des Evangeliums geschieht *zunächst* ‚äußerlich' – an konkrete poetisch-musikalische Formen der Verkündigung (und des Gebetes) gebunden.

c) Musik als Affektkunst

Eine dritte Dimension gottesdienstlicher Musik setzt beim Menschen bzw. der Musik selbst an. Luther bezeichnete die Musik als „domina et gubernatrix affectuum humanorum".[18] Musik erreicht uns, darüber besteht auch in der Musikpsychologie Konsens, zuallererst auf der emotionalen Ebene, dabei können wir zentrale Gefühle des menschlichen Lebens ausdrücken:[19] Liebe und Hass, Trauer und Freude, Angst und Hoffnung.[20] Dies ist von eminent biographischer Bedeutung: „Mächtige Emotionen können über die Koppelung von Musik an wichtige Lebensereignisse entstehen."[21] So rührt uns Musik an, begeistert, erschüttert, tröstet und ermutigt. Auch die Erfüllung oder Täuschung musikalischer Erwartungen gehört hierher. Es entsteht jedenfalls eine gewisse emotionale Befriedigung, wenn Hör-Erwartungen erfüllt werden.

Musik – so wissen wir es aus neueren Untersuchungen – bringt Erinnerungen aus der Vergangenheit und damit Bilder und Gefühle zurück (vgl. den berühmten Satz „Play it again, Sam" aus Casablanca, gemünzt auf das Lied „As time goes by"), schenkt aber auch besonders intensive Erfahrungen von Gegenwart, etwa durch die Gänsehaut, ein Phänomen, das übrigens auch gemessen werden kann.[22] Die neuere musikpsychologische bzw. neurologische Forschung und die Musiktherapie bestätigen, wie wichtig Musik für die Resilienz ist.[23]

---

 erstmals in: Theologische Existenz heute 32, München 1935, sowie in These 2 und 3 der Barmer Theologischen Erklärung, vgl. Alfred Burgsmüller/Rudolf Weth (Hg.), Barmer Theologische Erklärung. Einführung und Dokumentation, Neukirchen 1983, 35f.
18 Martin Luther, Vorrede zu den *Symphoniae iucundae* des Leipziger Kantors Georg Rhau (1538), WA 50, 371.
19 Martin Luther redet in seiner zweiten Psaltervorrede von 1528 von vier Grundaffekten (Trauer und Freude, Furcht und Hoffnung). Er vergleicht das menschliche Herz mit einem Schiff, das von diesen vier Winden bewegt wird, vgl. WA.DB 10/1, 100, 102.
20 In Bachs Vokalwerk spielt diese Dimension eine wichtige Rolle. So werden etwa in den Kantaten *Erfreut euch, ihr Herzen* (BWV 66) zum Ostermontag und besonders in *O Ewigkeit, du Donnerwort* (BWV 60) Furcht und Hoffnung gleichsam personifiziert und dialogisch konfrontiert.
21 Eckart Altenmüller, Warum bewegt Musik? Über die emotionale Wirkung und den evolutionären Ursprung in: Forschung und Lehre 3/2013, 190f., 190.
22 Vgl. zur Gänsehaut bzw. zur aktuellen musikpsychologischen Diskussionslage von Kognitivisten und Emotivisten: Eckart Altenmüller, Warum bewegt Musik (Anm. 21), 190.
23 Vgl. exemplarisch Luise Reddemann, Überlebenskunst, Stuttgart 2006.

d) Vokalmusik als hermeneutische Kunst

Zugleich kann Musik, insbesondere jedoch Vokalmusik – Luther sprach ja gerne gleichsam hypostatisch von der Frau Musica – in die Gestalt der Interpretin schlüpfen. Das singende Sagen oder mitteilende Singen will noch mehr als nur berühren und affizieren. Johannes Block schreibt: „Theologie wird unter Gesang getrieben und kommt unter Gesang zum Verstehen."[24]

Beim Singen wird in aller Regel eine Botschaft vermittelt. Eine prosaische oder poetische Aussage kann durch Melodieverlauf oder Harmonik, Rhythmus oder Instrumentierung unterstrichen werden und so das Verstehen des Textes wesentlich in eine bestimmte Richtung gelenkt werden. In der Barockzeit wurde (im lutherischen Kontext) eine differenzierte musikalische Rhetorik entwickelt. Die Figurenlehre bezeichnet mit den Mitteln der Rhetorik musikalisches Material, das in einer Komposition zum Bedeutungsträger wird. Eine absteigende Tonleiter wird zum Bild des herabkommenden Engels und seiner Botschaft (vgl. Luthers „Vom Himmel hoch": „Davon ich singen und sagen will"), ein Rhythmus von Achtelnote und zwei Sechzehnteln (*figura corta*) wird zum Signal der Freude, eine aufsteigende Quart zu einem Weckruf usw.[25]

Die Affekte bekommen damit eine deutlichere Richtung. Die der Musik unterlegten Worte bzw. die durch Musik verklanglichte Rede[26] kommt auf eine andere Stufe mitteilender Intensität.

Klaus Röhring legt in einer großen Monographie zu neuer Musik ein differenziertes Konzept musikalischen Verstehens vor,[27] das ich im Folgenden kurz darstellen möchte: Am Beginn des Prozesses steht die Begegnung mit dem musikalischen Werk in seiner Form und seinem „emotionalen Gehalt". Sie bringt zunächst ein ästhetisches Verstehen zutage ohne Sprachbegriffe: „Es ist der Versuch des Verstehens, das sich zunächst ganz auf die Musik, auf das Klanggeschehen konzentriert. Das bedeutet auch, sich auf verschiedene Musiken momentan einlassen zu können, auf die Musik der Gegenwart und die der Geschichte, in verschiedenste [sic!] Musikstile und Musikarten, auf E- und U-Musik" (29). Darauf folgt das reflektierende Verstehen, welches musikanalytisches Denken, Sprechen oder gar Schreiben miteinbezieht. „Das erkennende Verstehen bereichert das ästhetische Verstehen, weil es Perspektiven eröffnet und ein Wissen vermittelt, welches das ästhetische Verstehen von sich aus nicht haben

---

24 Johannes Block, Verstehen durch Musik. Das gesungene Wort in der Theologie, Tübingen 2002, 24.
25 Vgl. dazu Jochen Arnold, Von Gott poetisch-musikalisch reden. Gottes verborgenes und offenbares Handeln in Bach-Kantaten (APTLH 57), Göttingen 2009, 84–90.
26 Vgl. dazu klassisch: Nikolaus Harnoncourt, Musik als Klangrede. Wege zu einem neuen Musikverständnis, Kassel 2001.
27 Klaus Röhring, Ulrich Gasser – Die aufgehobene Zeit. Eine Monographie in Essays, Hofheim 2015, hier: 28–31.

kann" (30). Hinzu treten sollten dann idealer Weise noch drei weitere Schritte: ästhetisch erkennendes als sinnbildlich erkennendes Verstehen, symbolisch-theologisches und ästhetisch erkennendes als geistliches Verstehen. Zunächst geht es um die Frage nach dem Gehalt von Musik, „der als musikalische Struktur erscheint", also die Frage nach dem tieferen Sinn (z. B. von Tönen oder Formen). Sie zielt dann auf ein symbolisch-theologisches Verstehen im Sinne einer Aneignung, wie man sie früher durch das Begriffspaar von *explicatio* und *applicatio* ausgedrückt hat. Die geistlich-theologische Auslegung eines musikalischen Werkes ist nicht als Gegenrede zur musikwissenschaftlichen Analyse gedacht, sie vertieft lediglich diese Dimension unter der Voraussetzung des Glaubens. Röhring hält am Ende fest: „Musik kann also durch das symbolisch-theologische Verstehen hindurch zu einem ästhetisch erkennenden als geistlichem Verstehen werden, indem es den im ästhetisch-erkennenden Verstehen erfassten Sinn- und Emotionsgehalt der Musik *in* die jeweilige Gegenwart auslegt" (31).

Zusammengefasst: Vokalmusik im Gottesdienst zielt auf ein ganzheitliches Kommunikationsgeschehen. Singen kann Gott nicht nur schöner verherrlichen als bloße Worte, sondern auch deutlicher von ihm künden als reiner Klang, wie es in der Instrumentalmusik oder beim Summen möglich ist. „Das Spezifische der Musik, noch mehr des Singens, ist die emotionale und ästhetische Ebene der Kommunikation, die nonverbal die Musizierenden mit Leib und Seele, mit Verstand und besonders mit dem Gefühl (aktiv) einbezieht."[28]

Musik ist eine wunderbare Gabe des Schöpfers an die Menschen. Sie ist *pathos und poiesis*, Gottesgeschenk und menschliches Kunstwerk. Damit bildet sie ab, was der Gottesdienst in seinem Wesen ist. Sabbatereignis und kreatives Geschäft, rezeptives Hören sowie aktives Beten und Singen. Wer singt, betet nicht nur doppelt, sondern kündet auch doppelt – und dies geschieht beides in der Art, dass Emotion und Kognition beim Menschen zusammen im Spiel sind. Der Mensch erfährt sich darin zugleich als ganz bei sich und in gemeinsamer Resonanz mit anderen, als Mensch in Beziehung, und dies gleich vierfach: Mit offenen Ohren gehen wir durch die Natur und lauschen den Klängen der Schöpfung nach. Wir hören die hohe, tiefe, angenehme oder scharfe Stimme eines Menschen neben uns. Wir erfahren uns selbst bzw. unser Stimm-Instrument als eine Art Resonanzraum. Person sein kommt wohl von *personare* und lenkt uns gar dankbar zu Gott, der uns durch seinen Atem/Geist belebt hat (Gen 2,7).

Versuchen wir nun an zwei konkreten Beispielen diese vier Annäherungen zu erfassen. Wir begreifen dabei die ersten und die letzten zwei Beschreibungen als Pole einer großen Einheit, die miteinander verschränkt ist: Anrede und Antwort, Erleben und Verstehen gehören zusammen. Anrede zielt auf Verstehen; Gebet ist ohne Emotion nicht denkbar. Ebenso wenig kommt aber auch eine musikalische

---

28 Kaiser, Musik im Gottesdienst (Anm. 9), 89f.

Predigt ohne emotionale Berührung aus. Und ein Gebet artikuliert neben Emotionalem verständliche Anliegen.

Ich wähle dazu ein Kirchenlied von Christian Fürchtegott Gellert zur Passion (EG 91) und ein neues geistliches Lied (freiTöne 56) von 2015. Typisch für Gellert ist seine Idee, das Leiden Christi einerseits zu „bedenken" und sich andererseits in das „Meer der Liebe zu versenken", also Emotion und Kognition innerlich zu verbinden:

> „1. Herr, stärke mich, dein Leiden zu bedenken,
> mich in das Meer der Liebe zu versenken,
> die dich bewog, von aller Schuld des Bösen,
> uns zu erlösen.
> 2. Vereint mit Gott, ein Mensch gleich uns auf Erden
> Und bis zum Tod am Kreuz gehorsam werden;
> An unsrer Statt gemartert und zerschlagen,
> die Sünde tragen:
> 3. welch wundervoll hochheiliges Geschäfte!
> Sinn ich ihm nach, so zagen meine Kräfte,
> mein Herz erbebt; ich und ich empfinde
> den Fluch der Sünde."

Gellert schreibt (1757) im Versmaß der sapphischen Strophe (drei jambische Langzeilen und eine betonte Kurzzeile), die bei der Eindeutschung von lateinischen Hymnen entstanden ist. Die (heute) in dunklem f-Moll notierte Melodie von Johann Crüger aus dem Dreißigjährigen Krieg bringt tiefe Trauer und Klage zum Ausdruck. Dies geschieht u. a. dadurch, dass die erste Note gegen die Textbetonung lang ist, wodurch der seufzende Charakter unterstrichen wird. Insgesamt entsteht durch den Wechsel von ruhigen Halben und bewegteren Vierteln gleichsam ein Trauermarsch. Sprachlich changieren die Strophen zwischen persönlicher Aneignung (Str. 1 und 3) und „objektiv-theologischer" Betrachtung des Passionsgeschehens (Str. 2 und 4). Die Sprache ist reich an Affekten. Begriffe wie Liebe, Böses, Sünde, Erbeben, Empfinden, Entzücken illustrieren die innere Bewegung des Beters angesichts des Kreuzes. In der Spannung von Entsetzen und Glück (Str. 4) werden das emotionale, erkennende und geistliche Verstehen gleichsam ‚durchbuchstabiert', um am Ende (Str. 9) erhoben zu werden und „unendliches Glück" zu erleben. Damit wendet sich der Schrecken des Kreuzes in Freude, die in der letzten Strophe auch eschatologisch entfaltet wird: Der Himmel ist offen (Str. 10).

Während Gellert sich theologisch im zweiten und dritten Glaubensartikel bewegt, ‚dockt' Christa Atten lebensweltlich an. Sie konfrontiert menschliche Furcht mit ihrer ‚Aufhebung' durch Gottes Wort (Fürchte dich nicht).

> „1. Wir sorgen uns um Menschen, die wir lieben;
> ertragen jene herzenswache Angst;

wir fürchten, diese Leiden sind geblieben;
und hoffen nur, dass du, Gott, mit uns bangst.
2. Wir fürchten uns vor Menschen, wenn sie hassen,
erschrecken vor der seelenblinden Wut;
wir können ihren Spott und Hohn nicht fassen
und schließen daraus: Nichts wird wieder gut.
Refrain: Gibst du uns dein Wort? Ehe alles zerbricht:
Fürchtet euch nicht? Fürchtet euch nicht!
3. Wir sehnen uns nach menschenfrohem Handeln
und warten auf den friedenslichten Geist,
der täglich hilft, das Dasein zu verwandeln
und sinnenvolles Leben uns verheißt.
Refrain II: Dass nicht alles zerbricht, gib du uns dein Wort:
Fürchtet euch nicht! Fürchtet euch nicht!"

Die Poetin schildert in den Strophen die Zerrissenheit menschlichen Lebens: Die Sorge um geliebte Menschen, die Furcht vor dem Hass feindlicher Menschen usw. bestimmt unser Leben. Diese Emotionen werden im Gebet Gott hingehalten. Im Refrain dreht sich dann jeweils der Sprechakt in eine Zusage um: Fürchte dich nicht! Raffiniert, weil dies nur sichtbar und nicht hörbar ist: Wo nach Str. 1 und 2 noch ein Fragezeichen notiert ist, steht in der letzten Version des Refrains ein Ausrufezeichen. Horst Hinzes ‚Funk'-Vertonung (d-Moll) illustriert die menschliche Furcht in den Strophen treffend durch eine pochende, bisweilen synkopische Achtelbewegung, die jeweils um einen oder zwei Töne (d und f; d; c und a) kreist. Demgegenüber hat der Refrain im ‚straight beat' eine andere rhythmische und melodische Kontur. Die Melodie öffnet sich dreimal (in fallender Sequenz) nach oben und führt dann sicher nach F-Dur (parallele Tonart), wobei sich musikalisch ein ‚Viertel-Groove' durchsetzt. Somit geschieht musikalisch eine ‚Aufhebung der Furcht'.

Vergleichen wir beide Lieder, so geschieht auf der Textebene jeweils eine deutliche Veränderung: Aus Furcht wird Zuversicht, aus Trauer (Passionslied) Staunen und Glück. Während die Polarität von Meditation und Empfindung den Prozess im Passionslied durchzieht, ist es im Neuen Geistlichen Lied die Polarität der liturgischen Sprechakte (Gebet und Zusage) und des Kontrasts von Wort *und* Musik in Strophe und Refrain. Dadurch, dass der Refrain im Neuen Geistlichen Lied am Schluss steht, gelingt so etwas wie eine musikalische ‚Problemlösung', die im klassischen Kirchenlied nur auf der Sprachebene vollzogen wird.

Qualität der Musik im Gottesdienst

Vielfach wird heute im praktisch-theologischen und publizistischen Kontext von Qualität der Musik (im Gottesdienst) gesprochen. Was damit gemeint ist, bleibt allerdings oft diffus. Viele meinen einfach nur Perfektion oder die Umsetzung eines geplanten Gottesdienstablaufs mit Musik. Das ist aber deutlich unterbestimmt.

Deshalb haben wir im Zentrum für Qualitätsentwicklung im Gottesdienst am Michaeliskloster Hildesheim beobachtende Leitfragen erarbeitet, die zunächst einmal nicht normativ, sondern deskriptiv als Sehhilfe für die Auswertung zu verstehen sind.

Die Fragen verorten musikalisches *Verstehen* zwischen *Einfachheit und Komplexität* und möchten wissen, ob Musik geholfen hat, sich im Gottesdienst zu konzentrieren oder ob sie z. B. geeignet war, „etwas zu erahnen, das man mit Worten schwer ausdrücken kann". Eine weitere Frage zielt auf den ganzen Gottesdienst: „Hat die Musik geholfen, den Gottesdienst bewusster wahrzunehmen?"

Aber auch die bewusste Reflexion von *Emotionen* zwischen *Trauer* und *Freude* bzw. *Angst* und *Zuversicht* ist wichtig: Die Fragen zielen nicht zuletzt auch auf die Unterscheidung *hervorgerufener Gefühle* bzw. *bereits bestehender Gefühle*. Damit wird überlegt, ob Musik eher der Impression oder der Expression dient:

„– Welche Gefühle hat die Musik im Gottesdienst in Ihnen wachgerufen?

– Haben Sie im Gottesdienst emotionale Momente erlebt, die durch die Musik hervorgerufen oder verstärkt wurden?

– Sind Ihnen durch die Musik Ihre [schon mitgebrachten] eigenen Gefühle im Gottesdienst stärker bewusst geworden?

– Stellen Sie sich vor, es hätte keine Musik im Gottesdienst gegeben. – Welche emotionalen Aspekte hätten dann gefehlt?"[29]

Darüber hinaus werden im Fragenkatalog weitere Spannungsfelder mit fünf Verben beschrieben: *vorstellen, erinnern, ergriffen werden, bewegen* und *begegnen*.

Zuletzt seien, was die Erhebung von musikalischer Qualität im Gottesdienst angeht, weitere Parameter erwähnt, die Musik in Beziehung zu Dramaturgie,

---

29 Folkert Fendler, Musik im Gottesdienst – Spannungspole wahrnehmen und gestalten, in: ders./Binder/Gattwinkel, Handbuch Gottesdienstqualität (Anm. 9), 101–113, 113.

Kirchenjahr, gesellschaftlichen Milieus, politischem Tagesgeschehen und nochmals zu Emotion und Kognition setzen:[30]

a) Hilft die Musik dazu, dass die Liturgie im Fluss bleibt? Oder unterbricht sie den Gottesdienst „konzertant", aufstörend (Dramaturgie, Stimmigkeit)?
b) Passt die Musik in den Kirchenraum? Ist sie akustisch (Tempo) gut wahrnehmbar?
c) Eröffnet die Musik Möglichkeiten zur Beteiligung der Gemeinde? (Partizipation)
d) Kann die Musik Generationen, Frömmigkeitsstile und Milieu übergreifend Menschen, ansprechen? (Inklusion) Kann sie gezielt bestimmte Menschen (z. B. Jugendliche, Ältere) ansprechen?
e) Ist ein Bezug zum Kirchenjahr bzw. zur Gegenwartssituation („politische Großwetterlage") erkennbar? Kann sie ggf. aktuelle Nöte von Flucht oder Katastrophen usw. aufnehmen? Tritt die Musik in einen konstruktiven Dialog mit politischen Themen der Gegenwart?
f) Besitzt die Musik deutliche emotionale Intention? Als Ausdruck oder auch zur Weckung von Gefühlen?
g) Ist sie geeignet, zentrale Botschaften des Gottesdienstes zu unterstreichen, weiterzuspielen bzw. nachklingen zu lassen?
h) Eröffnet die Musik Räume zur Stille?
i) Bildet die Musik evtl. auch einmal einen *Kontrapunkt, ja eine Antithese zum Wort*, indem sie etwa nach einem schwermütigen Text Leichtigkeit vermittelt oder einen ‚flachen' Text zuspitzt bzw. vertieft?
j) Wirkt die Musik eher vertraut oder fremd, drückt sie damit Distanz (Geheimnis) oder Nähe (Geborgenheit) aus?

Fazit: Musik im Gottesdienst bewegt sich zwischen zahlreichen Polen: den Spannungsfeldern menschlicher Rezeption und Aktion, Kognition und Emotion sowie der Begegnung mit Gott in Gebet und Verkündigung. Es wird weiterhin eine wichtige Aufgabe der Theologie bleiben, dieses Ereignisfeld zu verantworten und zu deuten. Martin Nicol ist es zu verdanken, dass der Dialog mit den Künsten und ihren Protagonisten in den letzten Jahren erheblich fortgeschritten ist. Die Beschäftigung mit der Musik im Gottesdienst zeigt, dass der christliche Gottesdienst nicht nur wort- oder sakramentaltheologisch, sondern auch musiktheologisch gedeutet werden muss. Sie erweist sich beim näheren Hinsehen als tragende Kraft des evangelischen Gottesdienstes. Ganz im Sinne Johann Sebastian Bachs, der zu 2Chr 5,13 an den Rand seiner Bibel schrieb: „NB. Bey einer andächtigen Musique ist Gott allezeit mit seiner Gnaden-Gegenwart".

---

30 Diese Fragen habe ich selbst immer wieder Kolleginnen und Kollegen aus beiden Berufsgruppen zur Überprüfung oder Erarbeitung gottesdienstlicher Qualität vorgelegt.

Christian Lehnert

Himmlische Musica
Zwei fliegende Blätter zu Stimme und Klang im Gottesdienst

Erstes Blatt

Jubel. – Engel singen. Diese Aussage, die bis in die Antike zurückreicht, bringt heute in Verlegenheit. Sie klingt nach Kitsch. Seine Tragweite für das Verständnis gottesdienstlicher Musik eröffnet dieser Satz erst, wenn ich seinen Lebensweg betrachte und die vielen Verwandlungen, die sein Subjekt und sein Prädikat erfahren haben.

Nach antikem und mittelalterlichem Verständnis bestand die Welt wesentlich in einer musikalischen Struktur. Sie hatte ihre Gestalt nach Zahlenverhältnissen von Intervallen, nach Harmonien und Tönen, die das akustische Fassungsvermögen des Menschen jedoch weit überstiegen – wo er doch selbst mitklang. Die Gestirne im Verhältnis ihrer Bahnen zueinander sangen ebenso wie Kristalle, die regelmäßig geformt in den Bergen ruhten, ihre Farben und ihr steinerner Glanz waren Töne, wie auch das Meer sang mit den Gezeiten, wie die Jahreszeiten und die Routen der Schwalben Klänge waren, die sich einfügten in den Sphärengesang der höheren Wesen, der Engel und Mächte. Maß und Proportion, das Wesen antiken Ordnungsverständnisses seit Pythagoras, waren musikalischer Natur: „Nimm die Zahl aus den Dingen und alles geht unter ..." (Isidor von Sevilla).[1] Noch Jakob Böhme schreibt im siebzehnten Jahrhundert:

> „Wan nun auffgehet die Himmlische *Musica* der Engel / so gehet in der Himmlischen *pomp* [Herrlichkeit], in dem Göttlichen Salitter auff allerley gewächse / allerley figuren /

---

1 *Tolle numetum in rebus omnibus, et omnia pereunt.*" Isidor von Sevilla, Etymologiarum siv Originum libri XX, 3, 4, zitiert nach Reinhold Hammerstein, Die Musik der Engel. Untersuchungen zur Musikanschauung des Mittelalters, Bern 1990, 124.

allerley farben / dan die Gottheit erzeiget sich in unendlich / und in unerforschlicherley art / farben / formen und freuden."²

Wenn ‚Engel singen', dann verwirklichen sie nach diesem Verständnis die Schöpfung in einer formenden Synästhesie, welche alle Wahrnehmungen dem Gehör unterordnet. Ich werde gesungen, also bin ich. Und wenn ich selbst singe, etwa im Gottesdienst? Dann füge ich mich ein in einen Klang, der lange vor mir da ist. Die Vorstellung von einer Wort-Klanggestalt am Anfang der Schöpfung hat das europäische religiöse Denken geprägt. Der Gesang der Engel, verstanden als *con-creatio continua,* verdeutlicht einen oft beiseitegeschobenen Aspekt des Bildes: Das ‚Wort' ist auch Stimme und Laut. „Im Anfang war das Wort" – davor liegt ein Atemholen. Der Atem geht, nimmt man das biblische Bild beim Wort, dem Logos voraus. Vor der Silbe ist der Hauch, und so ist alles Beten und religiöse Denken, alles Predigen und Sprechen von dem Gott, letztlich zunächst eine Atemfindung – kein Schweigen, aber ein Geräuschsinn, erlauschter Klang und Sinn vor der Sprache. Der frühe theologische Sprachexperimentator und Wortschöpfer Paulus schreibt an die Gemeinde in Korinth in vorsichtigen Andeutungen von einer Entrückung und muss konstatieren, dass er nichts hörte, was er mitzuteilen hätte. Er vernahm lediglich „unaussprechliche Worte", „die ein Mensch nicht sagen darf" (2Kor 12,4). Da war nichts, was theologisch anschlussfähig wäre (‚anschlussfähig' – dieses üble, alles nivellierende, auf Verwertung zielende Modewort). „Wovon man nicht sprechen kann, darüber muß man schweigen": Dieses klassische Ansinnen Wittgensteins impliziert einen anderen Bezirk, in dem Unaussprechliches daheim ist, von den bedeutenden Worten unberührt. Das Reich des Faktischen und Benennbaren grenzt daran, ohne dass es Übergänge gäbe – und so verhält es sich dann auch mit der Sprache des Paulus, der vor der leeren Kammer eines Allerheiligsten sprachlos verharrt. Denn, sobald sich hier jemand sprechend nähern will, kann man ihm immer nachweisen, „daß er gewissen Zeichen in seinen Sätzen keine Bedeutung gegeben hat."³ Die singenden Engel bringen eine fröhliche Verwirrung in dieses Konzept. Die Sprache entgleitet der Kontrolle. In der Gebetspraxis der antiken Christen entstanden Ausdrucksformen, die zwischen Sprache und Musik oszillierten. So hörten sie sich an, die klanglichen Gravitationswellen, wenn zwei schwarze Löcher, Sagbares und Unsagbares, zusammenfielen: „Erhöre mich, mein Vater, Du Vater aller Vaterschaft, Du unendliches Licht: aeēiou iaō aōi ōia psynōther thernōps nōpsiter zagourē pagourē nethmomaōth nepsiōmaōth marachachtha

---

2 Jakob Böhme, Morgen-Röte im Aufgang, Werke, hg. v. Ferdinand van Ingen, Frankfurt am Main 2009, 196.
3 Ludwig Wittgenstein, Tractatus logico-philosophicus (6.53 und 6.54), Frankfurt am Main 2003, 111.

thōbarrabou tharanachachan zorokothora ieou sabaoth ..."⁴ Dieses Gebet legt das vierte Buch der gnostischen Schrift *Pistis sophia* Jesus in den Mund. In solchen Lautgestalten dringt das Unsagbare ins Sagen ein. Wort und Sache, Signifikat und Signifikant, Meinen und Verstehen implodieren zum reinen Augenblick des voraussetzungslosen Klangs (... und ich muss daran denken, wie ich morgens durch den nebligen, dick überfrorenen Wald ging, durch gläserne Stille, und als ein Wind in die Lärchen griff, rieselte das Eis wie feines Salz von den Zweigen herab, und es sirrte, ein Klang, dem ich gebannt lauschte, als sei er aufgeladen mit tiefem Sinn, den ich doch nicht verstand).

Solcherart Rede durchdrang und durchdringt in besonderer Weise die christliche Liturgie, obwohl Kleriker ab dem dritten nachchristlichen Jahrhundert fieberhaft dabei waren, die frühen pneumatischen Energien zugunsten von Ordnung und Objektivierung einzudämmen. Aber es blieb doch ein Glutkern des ‚Jubels' – dies ist ein Grundwort des Gebets. Das lateinische Verb *jubilare* hat eine Doppelbedeutung: Schreien und Singen. Der Milan schreit: *jubilat milvus*. Jubilus ist im Latein aller Gesang ohne Worte – Jodeln und Juchzen, Brummen, Brüllen, Stöhnen, Summen, Hirten- und Matrosenrufe.⁵ Luther übersetzt *jubilare* mit „jauchzen", und er holt damit die ganze Wortfülle ins Deutsche. Wortloses Jubilieren, in juchzenden, lallenden Silben und Lauten, ist der erstrangige Weg, ‚Gott' sprachlich zu realisieren: „Was heißt: im Jubilieren singen? Erkennen, daß man mit Worten nicht ausdrücken kann, was man im Herzen singt. Der Jubel ist darum ein Klang, der bezeichnet, daß das Herz überfließt von dem, was man nicht sagen kann. Und wem geziemt dieses Jubilieren, wenn nicht dem unaussprechlichen Gott? Unaussprechlich ist der, den man nicht sagen kann – und wenn man ihn nicht sagen kann und nicht schweigen darf, was bleibt dann anders, als daß man jubelt?" So schreibt Augustinus.⁶

Das „Jubilieren" war im Mittelalter verbunden mit der kunstvollen Ausgestaltung der Halleluja-Gesänge. Man konzentrierte sich in deren musikalischer Formung fast vollständig auf die letzte Silbe: das lange, offene *A*. Erster Buchstabe im Alphabet und Laut des Staunens, ungehaltener Atem aus dem Mund, ein tiefes Verströmen. Daraus wuchs die Melismatik des liturgischen, gregorianischen

---

4 Pistis Sophia, c. 136, zitiert nach Henri-Charles Puech, Gnostische Evangelien und verwandte Dokumente, in: Edgar Hennecke/Wilhelm Schneemelcher (Hg.), Neutestamentliche Apokryphen in deutscher Übersetzung, I. Band, Evangelien, Berlin 1961, 182.
5 Vgl. zum Wortfeld von *jubilus/jubilare* Hammerstein, Musik der Engel (Anm. 1), 40.
6 „Quid est in jubilatione canere? Intelligere verbis explicari non posse quod canitur corde ... Jubilum sonus quidam est significans cor parturire quod dicere non potest. Et quem decet ista jubilatio, nisi ineffabilem Deum? Ineffabilis enim est, quem fari non potes: et si eum fari non potes et tacere non debes, qiud restat nisis ut jubiles ..." (Augustinus, Patrologia, Series Latina, hg. v. Jacques-Paul Migne, Band 36, Paris 1865, 283 [PL 36, 283]).

Gesangs wie eine üppige rankende Pflanze. Die Liturgie verlässt den Raum des Verstehens. Der Mensch selbst wird Klang und Gesang in ihr.

Zweites Blatt

Musikalische Aporien. – In der Musikauffassung des Mittelalters war der Engelsgesang Ausgangspunkt aller Reflexionen über das Wesen der Musik, denn menschliche Tonkunst wurde als deren Nachahmung erlebt – sei es liturgisch, im Versuch, den himmlischen Gottesdienst auf die Erde zu holen, sei es im Nachlauschen der Sphärenharmonie. Dem Engelsgesang wurden einige besondere Merkmale zugeordnet: die extreme Lautstärke, die Verbindung mit Tanz und Bewegung, Wechselgesang und Einstimmigkeit, sowie die paradoxe Entzogenheit von der Zeit.[7] Diese Merkmale sind von großer Bedeutung für diejenigen, die eine Musiktheologie suchen.

Engelsgesang sei, so das übereinstimmende Zeugnis der Musiktheoretiker der Entrückung, dröhnend. Menschliche Maßstäbe verlieren sich vor der puren Lautstärke. Schon für Jesaja galt das: Die Stimmen der Engel, die er hörte im himmlischen Gottesdienst, gingen über in Erdstöße, „und die Schwellen bebten" (Jes 6,4). Der Engelklang kann ohrenbetäubend, aber auch in einem ganz anderen Sinn sein: als überwältigender Wohlklang in höchster Schönheit, erschütternd, traumatisch, „des Schrecklichen Anfang"[8]. Keine Ästhetik hilft weiter, wenn Musik das ‚ganz Andere' berührt.

Der Gesang der Engel sei verbunden mit dem Tanz ihres Chores. Der *choros* der Griechen und auch noch der *chorus* der Lateiner vereinte mehrere sinnliche Ausdrucksformen: Worte singend bewegte sich die Menge im Reigen. Sprache, Gesang und Gestus waren unvermischt und ungeschieden. Was das heißt, führen uns kleine Kinder vor: Sie hüpfen lallend vor Freude und kauern sich zusammen, wenn sie weinen. So sind die Engel ganz ursprünglich und undiszipliniert in einer natürlichen Synästhesie unterwegs. Aus Worten entstehen Bilder, aus Tönen werden Farben, Silben haben Tönungen und Klänge vermitteln Sinn, und alles wird Tanz und Gestus. Als Teil der Schöpfungsfrühe, aus der die Engel stammen, wissen sie nicht viel von Unterscheidungen – zu nah ist das erste „Es werde!" Von diesem Urzustand schreibt der Mystiker Seuse: „da di minneklichen töhtern von Syon frilichen trettent den frölichen reien in schalle und in fröden, der da heisset ewikeit"[9]. Gottesdienstliche Musik lässt sich nicht destillieren zur reinen Ton-

---

7 Vgl. Hammerstein, Musik der Engel (Anm. 1), 44 ff.
8 Rainer Maria Rilke, Duineser Elegien, Erste Elegie, in: ders., Sämtliche Werke, hg. v. Rilke-Archiv durch Ernst Zinn, Band 1, Frankfurt am Main 1987, 685.
9 Zitiert nach Hammerstein, Musik der Engel (Anm. 1), 29.

gestalt, sie weitet sich zu einer ursprünglichen und ersehnten Einheit der Kunstformen.

Die Engel singen *alter ad alterum*, einer zum andern. Die alte Kirche führt die wesentliche Gestalt ihres liturgischen Gesanges, wenn zu beiden Seiten des Altars Chöre standen und im Wechsel Psalmen intonierten, auf eine Vision des Ignatius von Antiochien zurück. Er sah, „wie die Engel wechselweise in Lobgesängen" im Himmel Gottesdienst feierten.[10] Doppelchörigkeit bildet die poetische Struktur der hebräischen Psalmen ab, deren Versprinzip im Parallelismus liegt. Sie bringt aber vor allem eine Grundgegebenheit des Lebens zur Darstellung: Niemand wird allein geboren. Alles was ist und sich seiner bewusst wird, hat einen Umraum, ein Gegenüber, eine Begleitung. Gaston Bachelard bringt das in seiner „Poetik des Raumes" in ein häusliches Bild: „Unser Unbewußtes ist einquartiert. Unsere Seele ist eine Wohnung … Jetzt sieht man es, die Bilder das Hauses bewegen sich in zwei Richtungen: sie sind in uns ebenso, wie wir in ihnen sind."[11] Unser Hier hat ein Dort, jedes Ich hat ein Du, sei es als Leerstelle. Der Anfang des Selbstbewusstseins ist das Staunen vor dem, was draußen ist – so regt sich das Drinnen. Engel, als Erstlinge der Schöpfung, verbleiben in diesem ursprünglichen Dual. Sie singen nicht für sich, sondern einer zum andern. (Die Vorstellung des Schutzengels, mit dem antiken Vorbild des Genius, bringt genau diesen doppelten Anfang jeder Existenz zum Ausdruck. Was geboren wird, wird hineingeboren. Der Glaube sagt: in Geborgenheit. In heidnischer Tonart klingt das bei Censurius so: „Genius ist der Gott, in dessen Schutz jeder lebt, sobald er geboren wird."[12]) Die Engel singen *una voce,* mit einer Stimme. Das verhält sich reziprok zum eben Gesagten: Personalität und Identität sind Begriffe, die nicht weit tragen in der Angelologie und auch nicht im Musikverständnis. Engel sind flüchtig, sie formen sich in einer Wirkung, verschwimmen als Kräfte in ihrer Sendung, und Tauler sagt: „Und darum sprechen wir von ihrem [der Engel] Wirken uns gegenüber und nicht von ihrem Sein."[13] In den Engeln wird das bewegte Ganze der Wirklichkeit deutlicher als eine Unterscheidung in bestimmte Gestalten. Der Engelsgesang liegt vor der Formwerdung der Dinge und Lebewesen. Er beschreibt das Kraftfeld, in dem sie geschehen. Die Hierarchien der Engel, die das Mittelalter entwarf, sind bildhafte Erschließungen von Erscheinungsweisen. Die Engel sind – wie ein Bienenschwarm – Wesen, die erst zusammen eine Gestalt bilden. Auf den Blüten sitzen Bienen einzeln, aber ihr eigentlicher Körper wird sichtbar im Winter, wenn

---

10 Zitiert nach Hammerstein, Musik der Engel (Anm. 1), 44f.
11 Gaston Bachelard, Poetik des Raumes, Frankfurt am Main 2014, 26f.
12 Der Rhetor Censurius hielt 238 nach Christus eine Lobrede auf seinen Gönner zu dessen Geburtstag: Betrachtung zum Tag der Geburt, De die natali, zitiert nach Peter Sloterdijk, Sphären, Band I, Mikrosphärologie, Blasen, Frankfurt am Main 1998, 422.
13 Johannes Tauler, Predigt am Tag des Festes der heiligen Engel, Predigten, Band II, übertragen und hg. v. Georg Hofmann, Freiburg 2011, 516f.

sie wärmend um die Königin wimmeln. Der Sommerleib ist luftig und weit, der Winterleib zieht sich zusammen. So wird im Chor der Singende hinausgeführt über sich selbst und wird ein Schwarmwesen. Er erfährt die Unzulänglichkeit des Konzeptes ‚Ich' in einem gemeinsamen Klang, den er allein nicht zu erzeugen vermag und den er doch mitformt. So singe ‚ich', weil es um mich singt – und dieser Klang weiß mehr von mir als ‚ich'. Die Musik zielt auf das Ganze der Wirklichkeit und erinnert sich wieder: An den Klangraum vor dem einzelnen Ton, der doch erst durch den einzelnen Ton hörbar wird. „Mit einer Stimme" – das ist die mystische Urform des Singens. Sie begleitet, eine angelische Sehnsuchtsfigur, alle neuzeitliche Subjektivität als ein Hintergrundrauschen.

Die Engel singen *sine fine*, ohne Ende. Klösterliche Gemeinschaften haben dies wörtlich nachgeahmt und den ununterbrochenen Gesang geübt, Tag und Nacht in Schichtbetrieb. Die notwendig penible planerische Organisation weist auf ein Paradox: Gesang *sine fine* ist ein Selbstwiderspruch. Töne sind bemessen in der Zeit. Gesang hat mit dem Atem ein elementares Zeitmaß. Musik ist, naiv gesagt, immer das, was sie gerade ist – sie ist Klang*präsenz*. Musik nimmt während ihrer Darbietung und ihres Hörens „einen gewissen Zeitraum ein, dessen Dauer man festlegen kann, einen meßbaren, jedoch unkomprimierbaren Zeitraum, der sich nicht verkürzen oder verlängern läßt; daher ist eine Sonate eigentlich keine Folge von Ausdrucksinhalten, die sich *in* der Zeit entfalten: Als verzauberte Chronologie und melodisches Werden ist sie *die Zeit selbst*."[14] Engelsgesang, *sine fine*, ist also etwas anderes als Musik, wie wir sie hören können. In der Musik erscheint, wie es Paulus in der Sprache erlebte, etwas anderes als die Musik. Darüber aber zu schreiben, ist unmöglich. Das Hyperbolische der Musik, das Hören über das Hören hinaus, entzieht sich der sprachlichen Abbildung. Aber wir kennen den Eindruck, der unsere Wirklichkeit tröstend verstörend durchlöchert: Wenn große Musik verklungen ist, etwa nach dem Schlusschor der Matthäuspassion Bachs, dann weiß jeder, dass man jetzt keine Kommentare benötigt, denn es ist *alles* gesagt: „Nun hier heißt es schweigen und fortgehen" (Plotin).[15]

---

[14] Vladimir Jankélévitch, Die Musik und das Unaussprechliche, Berlin 2016, 104.
[15] Zitiert nach Jankélévitch, aaO., 120.

Erich Garhammer

„Freude und Hoffnung, Trauer und Angst"
Sprache und Gefühle in der Liturgie

> „Liebesgeschichten und Kunstwerke haben eine Form, die der formlosen Freiheit abgetrotzt werden muss. Beide sind endlose Reihen kleiner Entscheidungen, komplexe Bauten, dauernd in Gefahr einzustürzen und gerade deshalb so reizvoll. Ihre Schönheit liegt im Ganzen, nicht in einem aufregenden Anfang oder einem glücklichen Ende."[1]

Der Schweizer Schriftsteller Peter Stamm hat in dieser Notiz die Fragilität von Liebe und Kunst festgehalten. Wenn sie nur auf Pointen abgeklopft werden, erschlagen sie in ihrer Monumentalität die Zartheit von Liebe und Kunst und entwichtigen sie durch angemaßte Grandiosität. Schönheit lebt immer auch aus ihrem Gegenteil, aus den Kontrasterfahrungen. Martin Nicol versteht den Gottesdienst als Kunstwerk mit solchen Kontrasten, wobei das Ritual des Gottesdienstes für eine Balance sorgt: auf das Kyrie folgt das Gloria – unabhängig davon, ob ich in Kyrie-Stimmung bin oder in Gloria-Euphorie. Das ist beruhigend: „Ich kann ins Ritual eintreten mit meinem Leben, wie es gerade ist."[2] Das Ritual gibt und lässt dem Leben Raum.

Die Pastoralkonstitution des Zweiten Vatikanischen Konzils hat in ihren Anfangssätzen genau diese Bedeutung von Kontrasterfahrungen und ihren Resonanzen eingefangen:

> „Freude und Hoffnung, Trauer und Angst der Menschen dieser Zeit, besonders der Armen und Bedrängten aller Art, sind auch Freude und Hoffnung, Trauer und Angst der Jünger Christi, und es findet sich nichts wahrhaft Menschliches, das nicht in ihrem Herzen widerhallte (resonet)."[3]

---

1 Peter Stamm, „Ich kann nicht lieben, weil ich will." Die freie Liebe ist gescheitert, um die unfreie steht es nicht besser, in: NZZ Folio „Freiheit", Dezember 2006.
2 Martin Nicol, Weg im Geheimnis. Plädoyer für den Evangelischen Gottesdienst, Göttingen ³2011, 62.
3 Pastoralkonstitution über die Kirche in der Welt dieser Zeit „Gaudium et spes", in: Peter Hünermann (Hg.), Die Dokumente des Zweiten Vatikanischen Konzils. Lateinisch-deutsch, Freiburg i. Br. 2012, 592–749, 593.

Es ging den Konzilsvätern um keine fortschrittsselige Euphorie-Nötigung (Freude und Hoffnung), aber auch um keinen schwarzmalerischen Pessimismus (Trauer und Angst), sondern um das Ernstnehmen von Kontrasterfahrungen. Es wird keine Sonderwelt für christliche Gefühle reklamiert, sondern die Christen partizipieren an der Abgründigkeit der Gefühle aller Menschen. Es geht um kein schmalziges Gefühlskino, sondern um konkrete Lebensgeschichten von Menschen, um Solidarisierungsfähigkeit mit ihnen und um einen parteilichen Blick besonders für die Armen, für sprachlos gemachte und von Bedrängnissen geplagte Menschen. Es geht schlichtweg um Resonanzfähigkeit auf die Menschen von heute und ihre Gefühle.

Die Gefühlswelt der Psalmen: Literaten entdecken sie neu

Es gibt im Gottesdienst eine Gebetsform, der genau diese Ambivalenz von Gefühlen eingeschrieben ist: die Psalmen. Der Münsteraner Alttestamentler und Psalmenforscher Erich Zenger hat in seiner heute noch lesenswerten Einführung in das Psalmenbuch „Mit meinem Gott überspringe ich Mauern" den Schriftsteller Heinz Piontek zitiert:

> „Ich bin ziemlich sicher, daß heutzutage außer unseren Geistlichen nur noch wenige in den Psalmen des Alten Testaments lesen. Ein paar Bibeltreue wahrscheinlich, einige kranke alte Menschen, vielleicht auch ein junger Dichter, der bei Brecht gelernt hat, wie gut Luthers kräftiges oder feingestimmtes Deutsch in unserer Zeit noch zu gebrauchen ist."[4]

Erich Zenger hat dem Schriftsteller damals als Exeget und Theologe widersprochen; in der Zwischenzeit ist das ‚Genus' der Psalmen auch literarisch wieder zu Ehren gekommen. Deshalb sind sie keineswegs nur in der Liturgie oder im Gebetsleben der Priester oder einiger frommer Zirkel, sondern auch in der Literatur von heute anzutreffen. Und das durchaus nicht nur im Brecht-Ton oder in der Spur der Lutherübersetzung, sondern in ganz eigenen Zugängen. Die Psalmen spielen eine wichtige Rolle in ihrer bis heute spürbaren Bewältigung von Angst und Trauer, aber auch ihrer Expression von Freude und Hoffnung. Drei literarische Beispiele sollen dafür angeführt werden.

Der im Iran geborene und in München lebende Poet SAID hat die Psalmenform mit einem neuen Sprachton angereichert.[5] Er schreibt nicht als konfessionell Glaubender, sondern er spricht Gott an mit seinen Gefühlen, Regungen, seinen Brüchen. Er will diesen angeredeten Gott schützen gegen alle Gottbesitzer,

---
4 Erich Zenger, Mit meinem Gott überspringe ich Mauern. Einführung in das Psalmenbuch, Freiburg i. Br. 1997, 9.
5 SAID, Psalmen. Mit einem Nachwort von Hans Maier, München 2007.

gegen die „Faktisten" (103), die positivistisch über Gott reden. Er will ihn aber auch schützen vor der eigenen Rechthaberei, die Gott klein macht, um sich groß zu machen: „Ich suche Zuflucht bei dir vor meinen Wahrheiten" (83). In den Psalmen von SAID ist aber immer auch die Angst zu spüren, durch die Anrede Gottes das eigene Ich auszulöschen: „Herr schütze meine Freiheit" (43) – Stets ist die Bitte zu hören, barfüßig zu bleiben, auf die eigenen Schritte zu hören, die Fühlungnahme mit sich selber nicht preiszugeben. Hier haben wir einen Schreiber vor uns, der nicht auf die Knie geht vor Gott, in die Knie schon gleich gar nicht, einen, der in der Anrede Gottes den aufrechten Gang übt. Ludwig Wittgenstein hat in seinen Tagebüchern formuliert:

> „Eine religiöse Frage ist nur entweder Lebensfrage oder sie ist leeres Geschwätz. Dieses Sprachspiel – könnte man sagen – wird nur mit Lebensfragen gespielt. Ganz ähnlich, wie das Wort ‚Au-weh' keine Bedeutung hat – außer als Schmerzensschrei."[6]

Ein Gebet, das nicht mit der existentiellen Bedürftigkeit des Beters zu tun hat, ist kein Gebet, sondern fromme Wortdiarrhö. Insofern sind die Psalmen von SAID Gebete, sie haben mit dem Beter, in diesem Fall mit dem Schreiber zu tun. Sie sind Sehnsuchtssprache, Durstsprache. Etwas von diesem Durst, von dieser Sehnsucht steckt in den Psalmen von SAID:

> „so laß mich beides sein
> bürger und wanderer
> suchender und gesuchter
> denn nur suchende sehen
> und nur gesuchte finden" (79)

Für den Schriftsteller Arnold Stadler sind die Psalmen voll von prallem Leben, wirklich, nicht nur buchstäblich. Hier sind Leben und Literatur eine Einheit eingegangen. Man hört an vielen Stellen geradezu den Atem, die Atemlosigkeit, die Empörung und den Schmerz dessen, der da spricht, nein: um Hilfe schreit.

> „Ich werde zu Gott schreien und
> rufen und schreien, solange,
> bis er mich hört.
> Heute such ich ihn, heute, es ist Nacht,
> meine verzweifelten Hände!
> Meine trostlose Seele!"

Und dann „schwindelt" Arnold Stadler einen von Heinrich Heine stammenden, abgewandelten Vers hinein:

---

6 Ludwig Wittgenstein, Denkbewegungen. Tagebücher 1930–1932, 1936–1937, hg. v. Ilse Somavilla, Innsbruck 1997, n. 203.

> „Denk ich an Gott bei Nacht,
> dann bin ich um den Schlaf gebracht!"[7]

Gott wird zum Zufluchtsort, zum letzten Verbündeten des in Not Geratenen, denn: „Die Menschen lügen. Alle", so der Titel der Psalmenübertragungen von Arnold Stadler.

Uwe Kolbe – der in Ostdeutschland geborene Literat, Brecht-Skeptiker und Reiner-Kunze-Preisträger 2015 – hat in einem kleinen Band ebenfalls zu den Psalmen gefunden im Ton des Zweiflers, des Ketzers, Skeptikers und Atheisten, wie er sich an einer Stelle bezeichnet.[8] Die Psalmen in der Bibel strotzen seiner Meinung nach noch in der größten Pein von Gottvertrauen, die seinen dagegen sind nicht von der sicheren Seite aus gesprochen. Seine Psalmen sind Psalmen eines Heiden, der Gott verpasste, weil keiner mit ihm ging und ihn darauf hinwies: Hörst du die Stimme? Und so wurde Gott der Verschwiegene, er wurde verraten an die banale Zeit.

Für Kolbe wird jedes Gedicht ein Psalm, jeder Psalm ein Gedicht, seit das Du nicht mehr fehlt:

> „Das Lied ohne Gott ist tonlos, es langweilt sich bei sich selbst, und seine Sänger schlafen ein. Dem Lied ohne Gott fehlt Gott, das geistlose hat keinen Geist ... Das Lied ohne dich ist tonlos, Herr, dies ist mein Psalm" (12).

Den de profundis-Psalm 130 beschließt er nach den Versen „Mag das ein Lied nennen, wer will. Der ist nicht allein, der es kann" mit einem Zitat von Paul Celan: „Gelobt seist du, Niemand" (71). Durch die Anrede einer Person entrinnt der Beter der Vereinzelung. Und so endet das Psalmenbuch von Uwe Kolbe: „Lass nur den Weg mich, der noch bleibt, an deiner Hand zu Ende gehen" (72).

Die Anämie der biblischen Texte in der Liturgie

Kommt die ausdrucksstarke Sprachwelt der biblischen Texte in der Liturgie zum Klingen oder wird sie schon beim Vorlesen verharmlost, akustisch eingeebnet? Für Andreas Maier, der in seinen Büchern seine Heimat, die Wetterau, wehmutsvoll und erinnerungsstark nachzeichnet, ist der wichtigste Text das Matthäusevangelium, er nennt es sogar das größte philosophische Werk des

---

7 Arnold Stadler, „Die Menschen lügen. Alle" und andere Psalmen, Frankfurt a. Main und Leipzig 1999, 54. Vgl. dazu Andreas Bieringer, „Gott, der mich erfreut von Jugend auf." Arnold Stadler und die Liturgie, in: Jan-Heiner Tück (Hg.), „Auch der Unglaube ist nur ein Glaube". Arnold Stadler im Schnittfeld von Theologie und Literaturwissenschaft, Freiburg i. Br. 2017, 25–39.
8 Uwe Kolbe, Psalmen, Frankfurt a. M. 2017.

Abendlands.⁹ Freilich haben die Lesungen der biblischen Texte im Gottesdienst nie einen Zauber entfaltet, sie schienen ihm zerhackt durch ihre Auswahl und den pathetischen Vortragston. Der Begriff ‚Fest' etwa hat sich für ihn nicht liturgisch erschlossen, obwohl er ihn dort immer hörte: „Heute feiern wir das Fest ..." Er hat sich erschlossen über eine Freundin, die ihm ein liebevolles Essen zubereitete und das Essen zum Fest machte. Es war lediglich ein Brot, mit Butter bestrichen, mit Käse belegt, akkurat in mehrere Teile geschnitten und auf einem Holzbrett angerichtet. Auf diesem Holzbrett lag eine kleine, aufgeschnittene Tomate, etwas von einer frisch geschnittenen Zwiebel, etwas Gurke. Es sah schön aus, wie das alles da auf dem Holzbrett lag. Die Freundin stellte das Brett auf ihren aufgeräumten Schreibtisch vor das Fenster und sagte den Satz, der ihm plötzlich den Begriff ‚Feier' für sein ganzes Leben aufschloss. Sie sagte nur: „Jede Mahlzeit soll ein Fest sein." Hier schlägt ein Mensch neu die Augen auf, ein Wort, ein Gefühl bekommt plötzlich Körpertemperatur. Fest und Freude klingen zusammen, reanimieren sich gegenseitig. Die leeren liturgischen Worthülsen vorher hatten keine Kraft, nun wurde aus einem Begriff ein mit Leben angereichertes Wort. Das Vortragen der Lesungen im Gottesdienst dagegen glich oft einer sterilen Inszenierung, nichts vom Wort des lebendigen Gottes war spürbar. Man merkte den Lektoren richtig an, wie sie eine dienstmäßige Miene aufsetzten, „wenn sie nach vorne gingen und eine andachtmäßige Haltung einzunehmen versuchten. Wie in alten Filmen der Schrankenwärter, wenn der Zug kommt, eigens seine Dienstkappe aufsetzt und erst dann die Schranke umlegt."¹⁰

Immer wenn beim ‚Aschermittwoch der Künstler' ein Schauspieler oder eine Schauspielerin den biblischen Text vorträgt, spricht der Text ganz neu zu mir. Warum gelingt uns das nicht in unseren normalen Gottesdiensten? Sind wir so schlechte Leser, weil wir den biblischen Texten keine Kraft mehr zutrauen? Dann wird es Zeit, endlich wieder Freude und Hoffnung, Trauer und Angst in ihnen zu entdecken.

---

9 Andreas Maier, Ich. Frankfurter Poetikvorlesungen, Frankfurt a. Main 2006, 88.
10 Andreas Maier, Flaschenpost Evangelium, in: Erich Garhammer (Hg.), Literatur im Fluss. Brücken zwischen Poesie und Religion, Regensburg 2014, 95–100, 95.

Sándor Percze

Aus dem Kämmerlein ins Rampenlicht
Kleines Plädoyer für eine geistig-spirituelle Existenz
der Liturginnen und Liturgen

Der sich hinter die Wörter zurückzieht

Der schönste Gottesdienst, an dem ich in meinem Leben je teilgenommen habe, ist mit Worten kaum beschreibbar. Es war an einem Nachmittag. Der Kirchenraum halbdunkel, der Altar im hellem Licht schwimmend. Die Gemeinde bestand aus etwa fünfzig Menschen, die hier und dort in der großen Kirche in den Bänken zerstreut saßen. Das Erlebnis hatte also nichts mit der ‚großen Menge' zu tun. Auch nicht wegen des sonst schönen Orgelspiels bekomme ich bis heute Gänsehaut, wenn ich mich zurückerinnere.

Es war der Liturg, der am Altar stehend mich in eine andere Wirklichkeit führte. Und zwar vor allem mit seinen Worten, die völlig mit den agendarischen Texten übereinstimmten und doch seine eigenen waren. Er hatte kein Wort zum liturgischen Text zugefügt und kein Wort davon verändert oder weggelassen. Ohne erklärende Nebensätze und ohne jegliche Anfügungen, die den anwesenden Teilnehmenden das Verstehen liturgischer Sachverhalte erleichtern, blieb er im Fluss des Geschehens: die Liturgie nicht einfach zu halten sondern zu feiern.

Seine Körperhaltung war gerade, aber nicht starr oder verspannt. Er stand am Altar, als ob er seine Wurzeln dort geschlagen hätte und aus den Wörtern Kraft schöpfte. Deswegen waren die wenigen Bewegungen, die er machte, würdevoll und nicht künstlich. Er musste nicht wackeln oder schaukeln, weil er anwesend war in den Sätzen, die er zu sagen hatte.

Es war kein Pathos in seiner Stimme, eher eine Zurückhaltung. Da sprach einer, der die Macht und Kraft seit Jahrhunderten ausgereifter Sätze an sich spürte und in sich trug. Er zog sich selber hinter den Wörtern zurück, die er zu lesen und sagen hatte. Er wollte nicht größer sein als sie. Vielmehr wollte er so klein werden, wie es nur geht, damit die Worte groß werden. Er hat ihnen den Vorrang gegeben und ihnen gegenüber Respekt gezeigt. Ja, er war im wahrsten Sinne des Wortes demütig der Sache, der Feier, der Liturgie, schlicht Gott gegenüber. Von „Im Namen des Vaters, des Sohnes und des Heilgen Geistes" bis hin zum „sei Euch gnädig" wusste ich: Der hier vor mir (auch seinen ‚eigenen') Gottesdienst feiert, kommt von wo anders her in diese Kirche. Was ich hier und jetzt an ihm sehe und erfahre, ist ein Funke, eine sichtbare Ausstrahlung seiner inneren Beziehung zu dem, von dem er spricht.

Ein Riss mit Abgründen

Die Diskussion um die Liturgie wird durch die Fragen was, wann, wo und wie bestimmt. Die Frage nach der Person und der Spiritualität des/der Liturgen/in wird nicht unter den Hauptthemen behandelt. Dies ist einerseits selbstverständlich. Im Gottesdienst werden vor allem tradierte Texte gelesen und gesprochen. Das liturgische Geschehen ist so weit geregelt und vorgegeben, dass dabei das Individuelle des Personals nur eine marginale Rolle spielen kann.

Trotzdem taucht die scheinbar belanglose Frage nach dem ‚Wer' immer wieder auf. Vor allem dann, wenn es um Probleme mit der gängigen Praxis und um Kritik an Fehlhandlungen geht. Und wenn Störungen im Gottesdienst auf der Tagesordnung stehen, dann haben diese fast immer etwas mit dem/der Liturgen/in zu tun. Er/sie ist nämlich der/die Agierende, der/die im Amt steht,[1] den Gottesdienst zu gestalten und zu leiten. Er/sie ist der-/diejenige, der/die damit beauftragt ist, die Gemeinde „in die verborgene und verbotene Zone des Heiligen"[2] zu führen. Und wenn die Führung irre geht, kann der Weg keinesfalls einladend sein. Rudolf Bohren bringt messerscharf auf den Punkt, was mit der liturgischen Verantwortung steht und fällt: „Der Prediger, der in letzter Minute zur Agende greift, um dem lieben Gott hastig etwas vorzulesen, heiligt den Namen Gottes nicht."[3] Diese Heiligung des Namens geschieht einerseits öffentlich im Gottesdienst selbst. Aber auch wenn die Liturge äußerlich, d. h. in ihrem Ablauf der Tradition und Agende folgt, müsste der Name auch durch den/die für heilig gehalten werden, der/die die Liturgie zu leiten hat.

Nicht nur in den 1970er Jahren, in denen Bohren diesen Satz geschrieben hat, war die liturgische Sensibilität nicht sonderlich entwickelt. Waren damals das Eilen und die schlechte Vorbereitung der Liturgie die Markenzeichen problematischer Gottesdienstgestaltung, so ist diese heutzutage als falsches Rollenspiel von Prediger*innen und Priestern zu bestimmen, die vor allem Moderator*innen

---

1 Vgl. Christoph Wetzel, Die Träger des liturgischen Amtes im evangelischen Gottesdienst, in: Karl Ferdinand Müller/Walter Blankenburg (Hg.), Leiturgia. Handbuch des evangelischen Gottesdienstes, Bd. IV., Kassel 1961, 269–342, 322.
2 Manfred Josuttis, Einführung in das Leben. Pastoraltheologie zwischen Phänomenologie und Spiritualität, Gütersloh 2004, 67.
3 Rudolf Bohren, Predigtlehre, München 1971, 385.

und Entertainer*innen sein wollen. Martin Nicols Beschreibung gibt sehr präzise die landläufige Realität wieder: „Der Moderator fällt dadurch auf, dass er sich verpflichtet fühlt, eine alte und unverständliche Liturgie Schritt für Schritt zu erklären, ... für kirchenferne Menschen nachvollziehbar zu machen. ... Der gottesdienstliche Entertainer meint, das Gelingen der Liturgie hinge an seiner gewinnenden Persönlichkeit und an der Kreativität, mit der er den veralteten Laden saniert."[4]

Eine ästhetisch orientierte Liturgiewissenschaft ist sich des Risses zwischen den Fragen nach dem ‚Was' des Gottesdienstes und dem ‚Wer' der liturgischen Leitung bewusst. Und weiß sehr wohl, dass dieser Riss in der wissenschaftlichen Reflexion auf Abgründe in der Paxis und im Leben von Pfarrerinnen und Pfarrern verweist. Eine mangelnde Ausbildung in liturgischen Handlungen ist ein deutlicher Hinweis auf die Problematik dieses Faches. Schmerzend negative Erfahrungen mit dem Gottesdienst und der Predigt im kirchlichen Leben bringen den Abgrund ans Licht, der zwischen der Persönlichkeit und der geistig-spirituellen Reife[5] der Liturginnen und Liturgen klafft.

Innen und Außen

Gottesdienst und Liturgie werden erst authentisch gefeiert und gestaltet, wenn dieser Abgrund zwischen Person und geistig-spiritueller Existenz des Liturgen/der Liturgin überwunden wird. Solange beides nicht in Balance steht, droht der Gottesdienst zu Kitsch, Witz oder zu seiner eigenen Groteske entstellt zu werden.

Die Heligung des Namens, die Führung in die Zone des Heiligen, ein Weg im Geheimnis verlangen eine geistig-spirituelle Existenz seitens des Liturgen/der Liturgin. Dass diese Existenz erst geboren werden und dann reifen und wachsen soll, wird im Neuen Testament immer wieder bezeugt (vgl. das Gespräch Jesu mit Nikodemus in Joh 3). Das ist das eigentliche Ziel menschlichen Lebens. Solange diese Existenz nicht in Entstehung und Wachsen ist, bleibt das Leben gespalten in einen Innen- und Außenbereich.

Wie zwiespältig ein solches Leben ist, wird in der Debatte zwischen Jesus und den Pharisäern deutlich. Der größte Teil der Reden Jesu richtet sich gegen eine Gesinnung, die der Jesus der Evangelien in manchen Vertretern dieser Gruppe repräsentiert sieht. An ihrem religiösen Leben wird eben das kritisiert: Sie leben ihre Frömmigkeit nur nach außen hin, sind aber blind für das, was dadurch bei ihnen abläuft.

---

4 Martin Nicol, Weg im Geheimnis. Plädoyer für den Evangelischen Gottesdienst, Göttingen ³2011, 279f.
5 Vgl. aaO., 285.

„Weh euch, Schriftgelehrte und Pharisäer, ihr Heuchler, die ihr die Becher und Schüsseln außen reinigt, innen aber sind sie voller Raub und Gier! Du blinder Pharisäer, reinige zuerst das Innere des Bechers, damit auch das Äußere rein wird! Weh euch, Schriftgelehrte und Pharisäer, ihr Heuchler, die ihr seid wie die übertünchten Gräber, die von außen hübsch aussehen, aber innen sind sie voller Totengebeine und lauter Unrat! So auch ihr: von außen scheint ihr vor den Menschen fromm, aber innen seid ihr voller Heuchelei und Unrecht" (Mt 23, 25–28).

Überträgt man diese Kritik auf die Liturgie, so wird deutlich, dass das Innere und Äußere, d.h. die Persönlichkeit und die geistig-spirituelle Existenz des/der Liturgen/in eine Einheit bilden, in Harmonie zueinander stehen sollen. Wird das Innere vernachlässigt, bleibt nur der fromme Schein. Er ist nicht einfach nur ein Hindernis des gottesdienstlichen Feierns, sondern dessen Verkehrung in Lüge.

Ort des Lebens mit Gott

Der Gottesdienst ist der Ort, an dem die Gemeinde öffentlich das Wort hört, Gott anbetet und ihren Glauben bekennt. Er ist die äußere Seite, die Gestaltseite christlichen Lebens. Es stellt sich die Frage, wo der Ort geistig-spiritueller Existenz zu finden ist? Wo wird diese geschaffen, wo kann sie wachsen und reifen? Wenn der Kirchenraum der Ort öffentlichen Gebets ist, wo ist dann der Ort für die innere Sammlung?

In den Evangelien wird dafür ausgerechnet der versteckteste Platz im Haus empfohlen:

„Wenn du aber betest, so geh in dein Kämmerlein und schließ die Tür zu und bete zu deinem Vater, der im Verborgenen ist; und dein Vater, der in das Verborgene sieht, wird dir's vergelten" (Mt 6,6).

Schaut die Gemeinde im öffentlichen Gottesdienst auf den Vater, so wird der Einzelne im Kämmerlein allein vom Vater angesehen, der hinein in das Verborgene sieht und die menschliche Existenz durchschaut. Und derjenige, der in dem fensterlosen, dunklen Raum drinnen ist, kann an einem solchen Ort nichts sehen außer den Vater, der im Verborgenen ist. Seine Aufmerksamkeit wird von niemand und nichts abgelenkt.

Eine solche gegenseitige Anschauung und ein solches Verweilen in der Gegenwart des anderen hat entscheidende Auswirkung auf die menschliche Existenz. „Nur wer in dieser Mitte verweilen kann, wird in der Außenwelt die Freiheit haben"[6], schreibt Franz Jalics.

---

6 Franz Jalics, Der kontemplative Weg, Würzburg ⁵2012, 36.

In der Geschichte des Christentums gab es eine Zeit, in der dieses Kämmerlein als eigentlicher Lebensraum eines Geistlichen angesehen wurde. Im dritten und vierten Jahrhundert haben die Wüstenväter ein Leben mit Gott in dem Kellion geführt, wo sie die Welt, sich selbst und Gott „in der konkretesten und konzentriertesten Form"[7] erfuhren. Hierfür ein Beispiel:

> „Abermals sagte er [Antonios; SP]: Wenn die Fische auf dem Trockenen liegen bleiben, dann verenden sie. So auch die Mönche. Verweilen sie außerhalb des Kellions [...], dann lösen sie sich aus dem Zug der Beschauung. Wie also der Fisch sich ins Wasser, müssen wir uns ins Kellion zurückziehen, damit wir nicht durch Verweilen außerhalb die Bewahrung des Inneren vergessen."[8]

Damit Pfarrerinnen und Pfarrer den Gottesdienst feiern und überhaupt sich authentisch ins Rampenlicht der Öffentlichkeit stellen können, müssen sie einen Weg der inneren und verborgenen Gottesbeziehung gehen. Dieser Weg führt zunächst in das ‚dunkle' Kämmerlein, wo das Innere durch das Angesehen-Werden die Größe und Kraft des Wortes erfährt. Aus dem Kämmerlein ins Rampenlicht heraustretend wird Liturgie zur Feier der Gottesbeziehung. Und auf diese Weise wird es vielleicht auch für den Liturgen/die Liturgin selbstverständlich werden, sich selber hinter die Wörter zurückzuziehen.

---

7 Manfred Seitz, Wüstenmönche. Menschen, die den Eindruck machen, daß sie beten, in: Christian Möller (Hg.), Geschichte der Seelsorge in Einzelporträts, Bd. 1, Göttingen/Zürich 1994, 81–111, 84.
8 Bonifaz Miller, Weisung der Väter. Apophthegmata Patrum, auch Georgikon oder Alphabeticum genannt (Sophia. Quellen östlicher Theologie Bd. 6.), Trier ³1986, 16f.

Klaus Röhring

Praeludieren und Intonieren

Zur „Musik zum Eingang"

Aller Anfang ist schwer

„Aller Anfang ist schwer." Martin Nicol hat recht: „Trotzdem muss angefangen werden. Damit der christlichen Gemeinde auf ihrem sonntäglichen Weg im Geheimnis der Anfang gelingt, braucht sie die Kirchenmusik."[1] Im Evangelischen Gesangbuch, Ausgabe für die Evangelisch-Lutherischen Kirchen in Bayern und Thüringen, findet sich in den „Ordnungen des Gottesdienstes" unter der Überschrift „Eröffnung und Anrufung" als erstes das Stichwort „Musik zum Eingang".[2] Dieser allgemein üblichen und wenig hinterfragten Praxis setzt Nicol – aus schlechter Erfahrung – eine eigene entgegen. Er beobachtete, dass solche Eingangsmusik mit ihren Allegro oder Adagio, ihren Dur oder Moll oft eher der Musik zu einer Feierstunde eines Firmenjubiläums gleicht, statt eine Intonation zum wöchentlichen Ostermorgen zu sein. Darum schlägt er eine Alternative für den Beginn eines Gottesdienstes vor: „Vorspiel zum Lied – Eingangslied". Damit wären die „ersten Töne der Auftakt zum Gotteslob der Gemeinde", womit die Gemeinde „das erste Wort im Gottesdienst" hätte. Das wäre dann auch der richtige Ort ihrer „participatio actuosa".[3] Das würde unter anderem verhindern, dass die „Musik zum Eingang" zur Darstellung der Virtuosität des Organisten wird. Damit hat sie sich „so in den Vordergrund geschoben, dass nicht nur die Gemeinde von ihrem Platz verdrängt wurde, sondern auch Ort und Stellenwert der Salutation undeutlich geworden sind". Das erhärtet für Nicol den Verdacht, „dass die ‚Musik zum Eingang' weder theologisch noch anthropologisch präzise bestimmt ist." Darum sein apodiktischer Vorschlag: „Lassen wir sie weg!"[4]

---

1 Martin Nicol, Weg im Geheimnis. Plädoyer für den Evangelischen Gottesdienst, Göttingen ³2011, 169.
2 EG-BT, S. 1145.
3 Nicol, Weg im Geheimnis (Anm. 1), 171.
4 AaO., 171f.

Das alles ist auf Grund der schlechten Erfahrungen, von denen Nicol berichtet, verständlich und als mögliche Alternative ernsthaft zu bedenken. Dennoch sollten auch andere Aspekte für den Beginn eines Gottesdienstes und die „Musik zum Eingang" für die *participatio actuosa* der Gemeinde bedacht werden – und dies aus theologischen und anthropologischen Gründen, die sich präzise bestimmen lassen und dem Gottesdienst schon von den ersten Takten her den typisch evangelisch-reformatorischen Charakter geben.

Praeludieren

Eine geschichtliche Erinnerung, die durchaus immer noch für die Gegenwart von Bedeutung ist oder sein könnte:

> „Noch bis weit ins 18. Jahrhundert hatte die Orgel präludierende, intonierende, alternierende und die liturgische Handlung begleitende Funktionen, wurde jedoch nicht – wie heute üblich – zur Begleitung des Gesangs von Liturgen oder Gemeinde gebraucht. Auf diese Weise gab der Organist mit dem gewaltigen Instrument der liturgischen Feier eigene musikalische Impulse."[5]

Johann Sebastian Bach hat das Wort „præludieret" als Anweisung für den Organisten z. B. für den Anfang eines Gottesdienstes mehrfach gebraucht.

Musik zum Eingang als Eingangs-Musik

Man darf das Wort „zum Eingang" auch ganz wörtlich nehmen, zum Hinein-Gehen. Bei Hochzeiten, Ordinationen, Amtseinführungen begleiten Präludien solche Ein-Gänge, fordern zu einer getragenen Schrittfolge heraus (die leider zu oft zu einem diffusen Gerenne werden). Der Mittelteil („gravement") des *Pièce d'Orgue* (BWV 572) von Bach wird bei solchen Gelegenheiten oft gespielt und gibt ein entsprechendes feierliches Schreiten vor, dem man sich kaum entziehen kann. Könnte man nicht so auch wieder öfters die Gottesdienste mit dem Einzug der am Gottesdienst beteiligten Personen beginnen lassen, besonders bei den Abendmahlsgottesdiensten, wenn Pfarrer*innen, Küster*in und Kirchenälteste die Elemente zum Altar tragen? Die *participatio actuosa* der Gemeinde könnte darin bestehen, dass sie, aus den Bänken erhebend, sich schweigend an dieser Prozession mit ihren Blicken beteiligt und dadurch äußerlich wie innerlich auf das Herrenmahl vorbereitet.

---

5 Matthias Schneider, Zum Orgelspiel in der Liturgie, in: Albert Gerhards/Matthias Schneider (Hg.), Der Gottesdienst und seine Musik, Bd. 2: Liturgik, Laaber 2014, 68.

Zusammen rufen

Die Funktion der Präludien könnte aber auch darin bestehen, dass die Organist*innen die Zuhörer zusammen rufen, d. h. ihre Aufmerksamkeit zu erheischen suchen, um vielleicht die Gesangbücher aufzuschlagen oder damit das laute oder leise Sprechen mit dem Nachbarn zu unterbrechen, um still zu werden und das Lauschen zu beginnen.

Ein bekanntes Beispiel eines solchen Präludiums ist das von Dietrich Buxtehude in C-Dur (BuxWV 137):

Abb. 1: C-Dur-Präludium, Dietrich Buxtehude (BuxWV 137), aus: Neue Ausgabe sämtlicher Orgelwerke, © Bärenreiter Verlag (BA 8221).

Die Töne des ersten Taktes des Pedalsolos wirken wie ein Signal, das durch die Pause und die folgenden drei Töne verstärkt wird. Es ist eine unmissverständliche Aufforderung zum Zuhören. Die folgenden Lauffiguren wollen zur Konzentration führen, zu gespannter Aufmerksamkeit. Die eingeworfenen Akkorde wirken dabei wie Haltepunkte. Nach einer Kadenz mit einem G-Dur Septakkord, dem der Grundton fehlt, kommt es zum Halt auf der Tonika C-Dur. Ihm folgt eine lange halbe Pause. Jetzt herrscht Stille, jetzt ist erreicht, was der Organist wollte und nun kann das eigentliche Präludium beginnen: „Seid stille und erkennet" (Ps 46,11).

Man könnte viele ähnliche Beispiele anführen, z. B. das *Präludium C-Dur* (BWV 531) oder das *Präludium c–moll* (BWV 549) von Johann Sebastian Bach, die wie von Buxtehude beeinflusst scheinen. Es können aber auch ‚Präludien' der Musik der Gegenwart sein. Nicol hat recht: „Ich ermuntere dazu, es im Gottesdienst auch mit fremden Klängen zu versuchen [...]. Aus dem Erleben stilistisch fremder Musik kann ein Erleben der fremden Seite des Geheimnisses werden."[6] So wäre die präzise anthropologische Bestimmung einer „Musik zum Einzug": Anleitung und Hinführung zum (Zu)Hören, da der Mensch ein hörendes Wesen ist. Der Komponist Hans Zender hat das „Happy new ears" genannt.[7] „Durch Musik verstehen wir die Wahrnehmungsform des Hörens besser." Denn: „Bewusstes Hören ist ein konzentrativer Vorgang."[8] Carolin Emcke hat dies noch präzisiert: „Hören, das wäre einfach nur, die Geräusche oder Töne wahrzunehmen – Zuhören verlangt dagegen ein Sich-Einlassen auf das, was zu hören ist, was gespielt oder gesagt wird, und das verlangt, das Gehörte gedanklich nachzuvollziehen. Erst durch das Zuhören tritt das Eigene für einen Augenblick zurück und öffnet sich für ein neues Thema, einen neuen Gedanken, eine neue Welt. Das Zuhören impliziert die Bereitschaft, sich auf die Gedanken, die Interpretation, die Perspektive eines anderen einzulassen."[9]

Könnte man es nicht vergleichen mit dem Hören des Gottesknechtes und dieses als Vorbild nehmen? „Er weckt mich alle Morgen; erweckt mir das Ohr, dass ich höre wie Jünger hören" (Jes 50,4).

„Solae aures sunt organa Christiani hominis"

Neben einer so anthropologisch zu präzisierenden Bestimmung, die man noch weiter ausführen könnte, gibt es eine theologische Präzisierung, die vor allem für den evangelischen Gottesdienst von konstitutiver Bedeutung ist und hier auch nur angedeutet werden kann.

Martin Luther hat zu Recht diese anthropologische Bestimmung theologisch grundiert. „Ocularia miracula longe minora sunt quam auricularia."[10] Das Christentum ist für Luther zuerst und vor allem eine hörende Religion. Die göttliche Botschaft ist viva vox, lebendige Stimme, als gesprochene, gespielte oder gesungene. Sie ist eine des Singens und Sagens.[11] Darum „solae aures sunt organa Christiani hominis, quia non ex ullius membri operibus, sed de fide iustificatur et

---

6 Nicol, Weg im Geheimnis (Anm. 1), 185.
7 Hans Zender, Happy New Ears, Das Abenteuer, Musik zu hören, Freiburg 1991.
8 Hans Zender, Waches Hören, München 2014, 7, 30.
9 Carolin Emcke, in: Süddeutsche Zeitung Nr. 175, 30./31. Juli 2016, 5.
10 WA 44, 352 (zu Gen 39,5.6a).
11 Vgl. EG 24,1 „davon ich singen und sagen will".

Christianus iudicatur."[12] Also: Aus gutem Grund ist für Luther und die Wittenberger Reformatoren das Hören das vornehmste Werk eines Christen. Die iustificatio impii hängt daran, das Heil der Menschen überhaupt. Denn der Glaube kommt aus dem Hören (Röm 10,17), nicht aus dem Sehen. Dazu braucht es auch besonders die glaubwürdigen Wunder der Musik. Die Reihenfolge nach Röm 10,17 ist also: Das Wort Christi, das Evangelium, die Predigt, das Hören und dann der Glaube. „Gott, der sich durch sein Wort hören lässt, hat auch durch die Musik sein Wort ergehen lassen: ‚Sic Deus praedicavit euangelium etiam per musicam' (WA.T 2,11,24–12,2)"[13] Gerade durch die „Musik zum Eingang" wird deutlich, dass die participatio actuosa nicht zuerst im Mitmachen und Mitsingen der Gemeinde als ihrem „ersten Wort" besteht, sondern im Vernehmen, Zuhören und Empfangen: „Komm, heiliger Geist!", wie es nach der Agende der Kirche von Kurhessen-Waldeck die Gemeinde anschließend singend artikuliert. Die participatio actuosa ist also zunächst das Stillesein und (Zu)hören.

Improvisieren und intonieren – ein Plädoyer

Seit jeher ist es Aufgabe der Organist*innen gewesen, im Gottesdienst zu improvisieren. Denn damit konnten sich die Organist*innen „spontan am liturgischen Geschehen beteiligen und mit Mitteln der Musik eigene Akzente setzen."[14] Matthias Schneider meint zu Recht:

> „Die Bedeutung der Improvisation bleibt [...] auch in der weiteren Geschichte gottesdienstlicher Orgelmusik essentiell für die musikalisch-dramaturgische Gestaltung der Liturgie: Improvisierte Musik begleitet Ein- und Auszüge sowie weitere Handlungen, etwa in der Eucharistie, sie leitet in Lieder und andere Stücke der Liturgie ein und begleitet Gemeinde und Liturgen bei ihrem Gesang. Warum sonst sollten die Kirchen so monumentale Orgeln errichten lassen, an denen ein einzelner Spieler aus dem Moment heraus eine Melodie, einen Text, eine Atmosphäre aufnehmen und für alle eindrucksvoll verarbeiten kann? Die flüchtige Kunst der Improvisation entspricht dem Wesen der Liturgie und der ihr innewohnenden Dramaturgie am ehesten. Sie ist einerseits dienend – in der Aufgabe, Liturgie zu begleiten –, tritt andererseits aber aus dem funktionalen Dienst heraus, indem sie selbst zum Instrument der Verkündigung wird."[15]

Freilich bedarf dieses Improvisieren auch einer besonderen Einbindung in den gesamten Kontext der Liturgie und einer präzisen praktischen Vorbereitung. Auch für sie gilt: „Aller Anfang ist schwer." Aber so kann auch aus der „Musik

---

12 WA 57, 222 (Scholie zu Hebr. 10,5).
13 Johannes Schilling, Musik, in: Albrecht Beutel (Hg.), Luther Handbuch, Tübingen ²2010, 236–244, 237.
14 Schneider, Zum Orgelspiel (Anm. 5), 68f.
15 AaO., 69.

zum Eingang", aus dem Præludieren, ein Intonieren des gesamten Gottesdienstes und des Gemeindegesangs werden.

Präzise Abstimmungen

So gehört die „Musik zum Eingang" – ob improvisiert oder nach Noten gespielt – in diesem Verständnis zum Ganzen der Liturgie eines Gottesdienstes und prägt ihn damit mit allen anderen Elementen als ein ‚Gesamtkunstwerk'. Sie sollte darum auf keinen Fall weggelassen werden. Das setzt freilich eine gemeinsame Vorbereitung ihrer Akteure voraus. Gemäß des jeweiligen Sonntags im Kirchenjahr könnten so alle liturgischen Teile (Musik, Lieder, Lesungen, Predigt, Gebete usw.) aufeinander abgestimmt werden. Das könnte die von Martin Nicol geschilderten schlechten Erfahrungen vermeiden. Und die Musik zum Eingang wäre dann „Musik am Eingang zum Weg im Geheimnis".[16]

---

16 Nicol, Weg im Geheimnis (Anm. 1), 171.

Heinrich Assel

„Im Namen ..."
Die ersten Worte und das Ganze des Gottesdienstes

> „Wir sehnen uns nach Offenbarung,
> Die nirgends würd'ger und schöner brennt
> Als in dem Neuen Testament.
> Mich drängt's, den Grundtext aufzuschlagen,
> Mit redlichem Gefühl einmal
> Das heilige Original
> In mein geliebtes Deutsch zu übertragen.
> *(Er schlägt ein Volum auf und schickt sich an.)*
> Geschrieben steht: »Im Anfang war das Wort!«
> Hier stock ich schon! Wer hilft mir weiter fort?
> Ich kann das Wort so hoch unmöglich schätzen,
> Ich muß es anders übersetzen".
> Johann Wolfgang Goethe,
> Faust. Der Tragödie Erster Teil,
> Studierzimmer, 1217–1227

„Wer hilft mir weiter fort?" Oder: Jedem Anfang wohnt ein Stocken inne

Hat der Gottesdienst überhaupt einen Anfang, ein erstes Wort? Einen Anfang, der den Namen ‚Anfang', ein erstes Wort, das den Namen ‚Wort' verdient? Weil dieser liturgische Anfang mit ersten Worten *adäquat antwortete* auf das ‚Im Anfang war das Wort'? Bleibt das Anfangen des Gottesdienstes noch vor dem ersten Wort unweigerlich *zurück* hinter dem, worauf es *adäquat* antworten sollte? Bleibt das Anfangen unweigerlich die *wahre* Antwort auf das ‚im Anfang' schuldig? Sind die ersten Worte nicht schon allzu vollmundig – das Nennen des trinitarischen Namens im eröffnenden Votum: „Im Namen Gottes, des Vaters, des Sohnes und des Heiligen Geistes"[1]; das Adjutatorium aus Ps 124,8: „Unsere Hilfe steht im Namen des HERRN – der Himmel und Erde gemacht hat"[2], vielleicht fortgesetzt

---

[1] EGb, 64, Grundform I, sowie EGb 136, Grundform II. Namen in der Verwendung als göttliche Namen, *nomina sacra*, werden im Folgenden durch Kapitälchen indexiert.
[2] Die Herkunft des Adjutatoriums aus der ältesten evangelischen Messe von Caspar Kantz, Nördlingen 1522, und aus Calvins „La Forme des Prières Ecclésiastiques": Michael Meyer-

mit „der Bund und Treue hält ewiglich/und der nicht loslässt das Werk seiner Hände"³?⁴ Vergrößern sie nicht das In-Adäquate des allsonntäglichen Anfangens des Gottesdienstes ins Beschämende? Wäre es nicht allemal richtiger, das Nicht-Anfangen-Können des Gottesdienstes durch unmerklichere Anfänge zu begehen, durch die ‚wir', die ‚wir' hier versammelt sind, uns anonymer vor den Anfang bringen? Glockengeläut, Präparationen in der Sakristei, Präludien und Eingangsgesänge, gestufte Einzüge und Introiten?

Ich kann dem anderen Anfangen jüdischer Synagogal-Gottesdienste manches abgewinnen. Dort beginnt es mit Sequenzen von Morgenberachot, Psalmen, Kaddisch einer sich während dieser Sequenzen versammelnden Gemeinde, bevor irgendwann mit dem Ruf zum Gebet des Kantors das ‚Wir' öffentlich da ist.⁵ Oder war es schon immer verborgen da in den nur vermeintlich ‚privaten' Gebeten? Jedenfalls beginnt es dort *nicht* mit der Formel: ‚Im Namen JHWHS', im Namen ADONAIS, im Namen DES EWIGEN oder mit: „Unsere Hilfe steht im Namen des HERRN". Als ob sich ‚der Name' unversehens unter die Gebete der Gemeinde mischte, gleichsam anonym schon mit dabei, ohne je im ausdrücklich ausgesprochenen Nennen zu erscheinen.

Anonymes Anfangen und Akronymes Anfangen

Dort also ein ‚im Namen ohne Nennung des Namens', ein anonymes Anfangen; hier die ausdrücklich ‚im Namen JESU versammelte Gemeinde',⁶ ein akronymes Akklamieren und Proklamieren: Im Grund verkürzt und verdichtet *ein* Name all die möglichen Namen Gottes⁷ und den Namen über allen Namen; das ‚Wörtlein' und ‚Nämlein', das selbst den ‚Fürst dieser Welt' fällen kann.⁸

Blanck, Gottesdienstlehre, Tübingen 2011, 410. Über die Preußischen Agenden von 1822 und 1895 gelangte es in die unierte Agende I von 1959 und in das EGb von 1999.
3 RL (Reformierte Liturgie), 55, fakultativ auch in der Grundform II, EGb 136.
4 Das Element „Gruß" in der Eröffnung wird dem Beitrag von Michael Herbst überlassen. Die Grußformulare des EGb, 492 enthalten ebenfalls den trinitarischen Namen oder den Namen HERR Jesus Christus.
5 Leo Trepp, Der jüdische Gottesdienst. Gestalt und Entwicklung, Stuttgart u.a. 1992, 61–63.
6 Peter Brunner wählte mit Bedacht dies als Titel seiner Lehre vom „Gottesdienst der im Namen Jesu versammelten Gemeinde", aaO., 105f.: Im Namen Jesu versammelt, *synagesthai* nach Mt 18,20; 1Kor 5,4; Apg 4,41; 20,7f. Dass ich gelegentlich ebenso vollmundig namenstheologisch zu reden wusste, mag folgender Aufsatz belegen: Heinrich Assel, Zur evangelischen Lehre vom Gottesdienst der im Namen Gottes versammelten Gemeinde im Geist, in: Irene Mildenberger/ Wolfgang Ratzmann (Hg.), Was für ein Stück wird hier gespielt? Zur Theologie des Gottesdienstes, Beiträge zu Liturgie und Spiritualität 25, Leipzig 2011, 35–68.
7 Der Versuch, die Namen Gottes zu zählen, kennt bekanntlich symbolische Summen, z.B. 14 oder 99 Namen Gottes. Tatsächlich bewegt man sich hier aber immer im Überabzählbaren,

Das Paraktaktische, Unvermittelte[9] und Akronyme dieses Anfangens reizt dazu, probeweise weiter verdichtet, weiter abgekürzt zu werden. Warum nicht einsetzen mit dem Ruf „HERR JESUS!" (1Kor 12,3)? „HERR!" (Bach, Johannespassion, Eingangschor „Herr, unser Herrscher")? Oder schlicht: „JESUS!"? Das Gedankenexperiment brächte das Absurde einer zwischen Gesang und Votum verbindenden Einleitungsformel ans Licht: *„Wir beginnen diesen Gottesdienst im Namen …"*. Das ist, als ob Bachs Johannespassion mit den Worten des Dirigenten einsetzte: „Wir beginnen diese kleine Passionsmusik im Namen unseres Herrschers HERR!"

Was auch immer die liturgiehistorischen Gründe dafür sind, dass in den Agenden der deutschen evangelischen Kirchen ein solennes Namensvotum steht[10]: Das erste Wort wird zu ersten Worten, zum ausgefalteten trinitarischen Namen: ‚Im Namen' DES VATERS, DES SOHNES UND DES HEILIGEN GEISTES.

Es ist diesem Anfangen das „Hier stock ich schon! Wer hilft mir weiter fort?" eingeschrieben. Weil dieses Anfangen mit den ersten Worten eben so überhaupt nicht dem ‚Wort-im Anfang' *adäquat* sein kann. Es bleibt richtig, dass ‚wir' mit dem gottesdienstlichen Wort im Prä-Ludieren, Re-Zitieren, Introieren, Salutieren, Deklamieren, Psalmodieren, Invozieren, Akklamieren, Kommunizieren, Post-Ludieren anfangen *sollen*, aber eben nicht anfangen *können*, und eben darum mit dem „Hier stock ich schon! Wer hilft mir weiter fort?" schon im Beginnen GOTT „die Ehre geben sollen"[11].

Das gilt umso mehr, wenn sich die evangelische Liturgin, der evangelische Liturg erlaubt, mit dem Adjutatorium aus Ps 124,8 anzufangen: „Unsere Hilfe steht im Namen des HERRN, der Himmel und Erde gemacht hat".[12] Weil eben die Religions- und Wahrheitsverwandten den synagogalen Gottesdienst nicht ‚im Namen' beginnen. Wer den christlichen Gottesdienst mit der Anrufung und Nennung des alttestamentlichen Gottesnamens beginnt: ‚Unsere Hilfe steht im Namen des HERRN …', sollte also wissen, dass er/sie es *anders* macht. Das gilt

---

zwischen dem Namen über allen Namen, der weder Eigenname noch Gattungsname ist, und den unendlich vielen göttlichen Namen und Götternamen.
8 EG 362,3. Der Entzifferung dieses einen ‚Wörtleins' widmet sich Emanuel Hirsch, Das Wörtlein, das den Teufel fällen kann, in: ders., Lutherstudien II, Gesammelte Werke Bd. 2, Waltrop 1998, 93–99.
9 So unvermittelt, wie das Vaterunser mit dem Anruf des Namens einsetzt: VATER!
10 Erstaunlicherweise fand ich dazu kaum Erläuterungen und bin beruhigt, dass Martin Nicol, Weg im Geheimnis. Plädoyer für den evangelischen Gottesdienst, Göttingen ³2011, 119f., dieses Erstaunen teilt.
11 Karl Barth, Das Wort Gottes als Aufgabe der Theologie (1922), in: GA III/19, 144–175.
12 Geschmacklos, wenn im Re-Zitieren die Betonung des Liturgen auf ‚*des* Herrn' verrutscht: Der Name HERR (Qere für Ketib JHWH) verkommt zum beliebigen Titel: Es gibt mancherlei Herrn, wir versammeln uns im Namen *des* Herrn, der Himmel und Erde gemacht hat.

übrigens auch für das Nicht-Selbstverständliche des Abschließens mit dem aaronitischen Segen.¹³

Beginnt der Gottesdienst ‚im Namen Gottes', so beginnt er in *einem* Namen: im *trinitarischen* Namen. Dass auch der Beginn im Namen ‚des HERRN, der Himmel und Erde gemacht hat' im trinitarischen Namen fortsetzt, ist auf lehrreiche Weise vieldeutig. Wer im Namen des HERRN beginnt, fängt gleichsam ‚zwischen Trinität und Tetragramm' an. Mit diesem Beginn stellt sich Unschärfe, ja Subversives *nolens volens* ein: Wir beginnen im Namen JHWH, nennen aber fortan VATER, SOHN UND GEIST. In allem Nennen bleibt so der ‚Name über allen Namen' proklamiert, doch ungenannt.

GOTT als Name und Pro-Nomen

Die großartige Beschreibung des Anfangs des jüdischen Gottesdienstes ‚*im Namen' ohne Nennung ‚des Namens'*, die Franz Rosenzweig gab, muss hier nicht eigens aufgerufen werden.¹⁴ Überlassen wir Emanuel Lévinas das Wort, der kurz und gut zusammenfasst, wie das Wort GOTT sich in seiner ureigenen Anonymität und Übernamentlichkeit unter die Worte mischt:

> „Umstürzendes semantisches Ereignis des Wortes Gott, das die von der Illeität ausgehende Subversion bezwingt. Die Herrlichkeit des Unendlichen, die sich einschließt in ein Wort und sich darin zu Seiendem macht, aber schon ihre Wohnung auflöst und sich schon zurücknimmt, ohne sich in Nichts aufzulösen; die das Sein einsetzt in eben der Kopula, durch die es Attribute erhalten hat ... Gesagtes, das einzig ist in seiner Art und sich – als Wort – nicht sehr eng an die grammatischen Kategorien hält (weder Eigen- noch Gattungsname), das sich – als Sinn – nicht richtig den Regeln der Logik fügt (als ausgeschlossenes Drittes zwischen Sein und Nichts). Gesagtes, das seinen Sinn von Zeugnis erhält, welches in der Thematisierung zwar durch die Theologie verraten wird, indem diese es ins System der Sprache, in die Ordnung des Gesagten einführt. Dessen mißbräuchliche Verwendung sich jedoch sogleich verbietet."¹⁵ Das Wort GOTT sei in seiner Umkehrung des Aussagevorgangs und seiner Bedingungen jedesmal „Hapaxlegomenon der Sprache"¹⁶.

Levinas nennt Illeität (Er-heit/Sie-heit) das immer noch Größere, immer noch Unendlichere, das Unmögliche des Wortes GOTT. Die „an-archische Beziehung

---

13 Hermann Cohen, der sich aaronitscher Abstammung bewusst war, empfand es als anmaßend, wenn evangelische Pastoren mit dem aaronitischen Segen segneten.
14 Franz Rosenzweig, Der Mensch und sein Werk. Gesammelte Schriften: Bd. II: Der Stern der Erlösung. Mit einer Einführung von Reinhold Mayer, Haag ⁴1976.
15 Emmanuel Lévinas, Jenseits des Seins oder anders als Sein geschieht. Aus dem Französischen übersetzt von Thomas Wiemer, München ²1998, 331f.
16 AaO., 341.

mit der Illeität" bringe in jedes Reden im Namen Gottes das Subversive. Es werde diese Subversion, die sich im Nicht-Anfangen-Können, im Stocken meldet, nur bezwungen durch die Herrlichkeit des Unendlichen, die sich einschließt in ein Wort und sich darin zu einem Seiendem macht, dessen Wohnung es alsbald auflöst, sich zurücknimmt, ohne sich in Nichts aufzulösen. So mischt sich GOTT im Anfangen unter die Worte, als volkssprachlich ausgesprochener, von der unverkennbaren Stimme des Liturgen getönter, alsbald verklungener Name, freilich ohne sich in einen *flatus vocis*[17] aufzulösen, vielmehr mündliches ‚leibliches Wort'[18] und Name, Wörtlein, Nämlein – nicht mehr, nicht weniger: ‚Im Namen des Vaters, des Sohnes und des Heiligen Geistes'. Die Herrlichkeit des Unendlichen löst die Wohnung des *nomen sacrum* sofort auf, nimmt sich zurück, aber löst sich nicht auf in Schall und Rauch, sondern ins leibliche Wort. Die *Spur* des Namens im Nennen setzt das Reden unter Verwendung des Wortes GOTT ein, all die Kopula und Attribute, die Handlungsverben und Pro-Nomina Gottes, die von diesem Anfang an im Gottesdienst in der Ordnung des Gesagten folgen: ‚der Himmel und Erde gemacht hat, der Bund und Treue hält …'; ‚erbarme Dich', ‚heilig, heilig, heilig' ist etc.

Das Wort GOTT, DER NAME hält sich nicht sehr eng an die grammatischen Kategorien: Er ist weder Eigenname – JHWH, ABBA, JH, VATER, SOHN, GEIST sind doch keine Eigennamen! – noch Gattungsname – GOTT ist doch nicht der einzige seiner Gattung, HERR kein Mitglied des Herrenclubs!

Er fügt sich – als Sinn – nicht richtig den Regeln der Logik: GOTT ist ausgeschlossenes Drittes zwischen Sein und Nichts. Das Gebet ist daher weder wahr noch falsch. Das konstatierte schon Aristoteles. Was Aristoteles für unmöglich hielt, ist GOTT als ausgeschlossenes Drittes zwischen Sein und Nichts. Wird GOTT als dieses Dritte genannt, so wird ein Anfang vor diesem Prinzip (*archē*) des ausgeschlossenen Dritten namhaft gemacht. Das meint Lévinas wohl, wenn er vom *An-archischen* redet: Reden, das dem Prinzip der Aussagenlogik und der alltäglichen Rede ‚entweder wahr oder falsch, kein Drittes' nicht folgt und ihm zuvor kommt; Reden, das Herrlichkeit des Unendlichen bezeugt und sie, sei es als jüdischer, sei es als christlicher Gottesdienst, begeht; Reden, das keinen prinzipiellen Anfang hat, weil das Wort-im-Anfang ihm immer schon zuvorkommt und ihm diachron bleibt.

GOTT ist Gesagtes, das seinen Sinn von Zeugnis erhält, welches in der Thematisierung zwar durch die Theologie und den Gottesdienst verraten wird,

---

17 Diese Befürchtung ist ausgesprochen in: Anselm von Canterbury, Epistolae De Incarnatione Verbi prior recensio, in: S. Anselmi Cantuariensis Archiepiscopi Opera omnia I/1: Continens Opera quae Prior et Abbas Beccensis composuit, hg. v. Franciscus Salesius Schmitt OSB, Stuttgart/Bad Cannstatt 1968, 281–290, 285.
18 Confessio Augustana V, BSLK 58,12 f.

indem diese und dieser es ins System der Sprache, in die Ordnung des Gesagten einführt: in die *liturgische Ordnung* des Gesagten.

Wer Lévinas liest, ahnt, warum jedem Anfang ‚im Namen' ein Stocken innewohnt, und warum der jüdische Gottesdienst anfängt wie er anfängt: anonym. Weil ‚DER NAME', ‚GOTT' schon mit den ersten ausgesprochenen Worten ‚im Namen' verraten wird und von nun an beständig in der gottesdienstlichen Ordnung des Gesagten nicht nur akklamiert, verkündigt, angerufen und verherrlicht, sondern stets auch verraten werden wird. Illeität nennt Lévinas diese Nicht-Beziehung, die Subversion, das An-Archische GOTTES in jedem Anfang ‚im Namen', die Gegenbewegung des Abschieds, wo ‚wir' anfangen ‚im Namen' zu salutieren.

Wer Lévinas liest, versteht aber auch: Es ist dasselbe Wort GOTT, das sich diesen allsonntäglichen Verrat jedesmal verbietet. *Wer* weiter fort hilft, ist derselbe, der stocken lässt. Vielleicht ist dies ein möglicher Sinn des Beginns mit dem Adjutatorium: „Unsere Hilfe steht im Namen des HERRN …"

Der jüdische Gottesdienst eröffnet nicht ‚im Namen', aber er schließt mit dem charakteristischen Ausblick im *Alenu*: „an jenem Tag wird ER der Einzige sein und SEIN NAME der einzige" (nach Sach 14,9). Er verbindet damit die Aussicht auf die Reinigung der Lippen: „Dann aber wandle ich den Völkern an eine *geläuterte Lippe*, – dass sie alle ausrufen Seinen Namen, mit geeinter Schulter ihm dienen … An jenem Tag brauchst du dich nicht zu schämen all deiner Handlungen, womit du mir abtrünnig wurdest" (Zeph 3,9.11).

> „Die Messe beginnt: ‚Im Namen' … Wie die Taufformel zum Sakrament gehört, das uns in das Leben und Wesen Gottes hineintaucht, so will auch die Eucharistie in ihrer Weise uns in den Namen Gottes tauchen. Namen, dieses Wort hören wird hier wie: in das Wesen – in das Sein – in das endlose Meer der Herrlichkeit."[19]

Provokant zitiert und affirmiert Martin Nicol diese katholische Beschreibung des ‚Im Namen' und die damit proklamierte sakramentale Wirklichkeit des Gottesdienstes von der Taufe her. Vielleicht ist dies der Punkt, an dem Nicol assertorischer beschreibt, ich aber dialektischer. Bezeichnet der Name das Wesen, das Sein, die auflösende Unendlichkeit (endloses Meer) Gottes? Oder GOTT als das Dritte jenseits von Sein und Nichts und Gottes Herrlichkeit als jene Dynamik, die geschaffenes und gelebtes Leben in seinem Zeugnis verunendlicht – so dass sich dafür eher die Metapher des Kristalls nahelegt, der das Licht unendlich bricht und individualisiert. So bewährt jeder Zeuge, jede Zeugin GOTT, der die ganze Wahrheit ist, aber diese ganze unendliche Wahrheit Gottes als je unvertretbar einzig bewährte Wahrheit. Der Anfang ‚Im Namen' ist daher – in und unter dem rituellen Votum

---

19 Theodor Schnitzler, Was die Messe bedeutet, Freiburg/Br. u. a. 1976, 49, zit. bei Nicol, Weg im Geheimnis (Anm. 10), 119.

und dem Schutz des Amtes des Liturgen – stets auch Zeugnis eines Zeugen, der *einziger* Zeuge ist: „Hier bin ich, sieh mich" (Gen 22,1) im Namen Gottes.[20]

Das ‚Ganze' zwischen Trinität und Tetragramm als Weg im Geheimnis

Erschließt sich von *diesem* Anfang ‚Im Namen' das Ganze des Gottesdienstes? Die Gegenfrage lautet: Was wäre ‚das Ganze' des Gottesdienstes? Klar ist: Wenn GOTT Wort ist, aber weder Eigenname noch Gattungsname, Drittes zwischen Sein und Nichts, diesseits von theo-logischer Wahrheit und Unwahrheit, dann ist das Ganze gewiss nicht Totalität. Die an sich großartige These – es war notabene! eine These über den *Gottesdienst* der Vernunft, formuliert von einem Lutheraner, der von den Gottesdiensten der Reflexionsvirtuosen der Liebe tief enttäuscht war[21] –, wonach das Ganze, das Durchlaufen der gesamten Bestimmtheit von Sein und Nicht-Sein, erst das Wahre ist, scheitert an diesem Anfang ‚im Namen', weil im ‚Namen' ein Drittes zwischen Sein und Nichts geltend gemacht ist und von einem Jenseits von Sein und Nicht-Sein beansprucht ist. Kein Gottesdienst, der ‚im Namen' beginnt, wird die *ganze* Wahrheit, die nur GOTT ist, darstellen und mitteilen können.

Die ganze Wahrheit ist ausschließlich Gottes Wahrheit, während sie für uns, die wir versammelt sind, existierende Wahrheit ist; als notwendig zu begreifen, aber nicht als alternativlos notwendig, also zugleich kontingent, in sich plural, weil in konträren und sogar kontradiktorischen christlichen und jüdischen Wahrheiten zu bewähren.

> „Be-währt also muß die Wahrheit werden, und grade in der Weise, in der man sie gemeinhin verleugnet: nämlich indem man die ‚ganze' Wahrheit auf sich beruhen läßt und dennoch den Anteil, an den man sich hält, für die ewige Wahrheit erkennt."[22]

Weil es so ist, deshalb ist der evangelische Gottesdienst ‚unser' Weg im Geheimnis und im Sakrament des leiblichen Namens und leiblichen Wortes:

> „Das Sakrament ist, als Gedächtniszeichen und als reale Vergegenwärtigung des auferweckten Gekreuzigten, Zeichen ikonischer Hoffnung des noch nicht aussagbaren Geheimnisses des göttlichen Namens."[23]

---

20 Lévinas, Jenseits des Seins (Anm. 15), 314, 327.
21 Michael Theunissen, Hegels Lehre vom absoluten Geist als theologisch-politischer Traktat, Berlin/New York 1970.
22 Rosenzweig, Der Stern der Erlösung (Anm. 14), 437.
23 Nicol, Weg im Geheimnis (Anm. 10), 112; vgl. Heinrich Assel, Geheimnis und Sakrament. Die Theologie des göttlichen Namens bei Kant, Cohen und Rosenzweig, FSÖTh 98, Göttingen 2001, 3. Die Ausführung dieser These über das Sakrament im Gottesdienst und das Geheimnis des Namens: in: Heinrich Assel, Elementare Christologie, Gütersloh 2018.

Helmut Schwier

Adiutorium nostrum

Der Name und wir

Preußisch-unierte Relikte oder doch mehr?

Ein unerfahrener Gottesdienstbesucher wird sich sicher wundern über den Beginn der liturgischen Wechselrede zwischen Liturg*in und Gemeinde. Dass da zweimal vom „Namen" die Rede ist bzw. dass sogar zweimal „im Namen" gesprochen wird, fällt auf – doch was soll das heißen? So was wie „im Namen des Volkes" oder „im Namen meiner (leider abwesenden) Eltern"?

Wer im Gottesdienstfeiern erfahren ist und vielleicht sogar das Glück hat, in der liturgischen Tradition der altpreußischen Union und der EKU aufzuwachsen, erfährt die beiden eröffnenden Wechselverse zwischen Liturg und Gemeinde als seit je gewohntes rituelles Zusammenspiel: „Im Namen des Vaters ..." – „Unsere Hilfe steht im Namen des Herrn, der Himmel und Erde gemacht hat." Nach dem trinitarischen Votum mit starkem Taufbezug, also nun: „Unsere Hilfe im Namen des Herrn ..." – ein Psalmvers (Ps 124,8), im Wechsel gesprochen und seitens der Gemeinde sicher ausgeführt.

Vermutlich hat die preußische Agendenreform im 19. Jahrhundert diesen doppelten Beginn auch als (vermeintlich) lutherisches und reformiertes Traditionsgut aufgenommen und dadurch uniert, gehörte doch seit Calvins Genfer Gottesdienstordnung der Beginn mit Ps 124,8 zum Marker reformierter Tradition.[1] Diese beiden Versikel erscheinen kombiniert wohl zum ersten Mal in der preußischen Agende von 1822,[2] wurden dann in die 1954 bzw. 1959 beschlosse-

---

[1] Vgl. Wolfgang Herbst (Hg.), Evangelischer Gottesdienst. Quellen zu seiner Geschichte, Göttingen ²1992, 115. In der ältesten evangelischen Messe (von Caspar Kantz, Nördlingen 1522) findet sich das *Adiutorium nostrum* im Rüstteil vor der Präfation und leitet nach dem Sündenbekenntnis zur Bitte um den Heiligen Geist über (vgl. aaO., 9f).

[2] 1822 in folgender Formulierung: „Gesegnet sey das Reich des Vaters und des Sohnes und des heiligen Geistes, jetzt und immerdar und von Ewigkeit zu Ewigkeit. Amen. Unsere Hülfe sey im Namen Gottes, der Himmel und Erde gemacht hat"; in der 1895er Agende: „Im Namen des

nen Agenden sowohl der VELKD wie der EKU übernommen[3] und 1999 in das Evangelische Gottesdienstbuch.[4] Also heute eine gemeinsame evangelisch-liturgische Konvention preußisch-unierter Provenienz?

Alle, die sich mit Liturgik beschäftigen, wissen, dass die historischen Fragen komplex sind und dass genaue liturgiegeschichtliche Ableitungen immer kompliziert und fehleranfällig bleiben. Angemessener als normativ gemeinte Ableitungen zu konstruieren, ist es ohnehin, Liturgiegeschichte als Reichtum und als Erkundungszusammenhang zu verstehen.[5] Jedoch: gibt es dann noch Geltungsmaßstäbe und wenn ja, welche?

Martin Nicol hat in seinem Plädoyer für den Evangelischen Gottesdienst gerade im Blick auf die Namenrede verdeutlicht, dass hier prinzipiell Wichtiges geschieht und das Geheimnis Gottes mit einer (noch nicht geschriebenen) Theologie des Namens zu verbinden sei, auch um die Balance zwischen Gottes Nähe und Fremdheit zu halten.[6] Dies ist auch ein Plädoyer für systematisch Notwendiges in der Gotteslehre und -verehrung statt bloßer Beschäftigung mit historischen Zufälligkeiten.

Auch wer eine gewisse Reserve gegenüber der Rede vom Geheimnis Gottes – zumindest als liturgiesystematischer Leitkategorie – verspürt, wird die damit gestellte theologische Grundfrage als zentral für das Verstehen und Feiern des Gottesdienstes ansehen. Erkunden wir sie im Blick auf das *Adiutorium nostrum*.

Vaters und des Sohnes und des heiligen Geistes. Amen. Unsere Hülfe stehet im Namen des Herrn, der Himmel und Erde gemacht hat" (vgl. Herbst, Evangelischer Gottesdienst [Anm. 1], 173).

3 Vgl. Herbst, Evangelischer Gottesdienst (Anm. 1), 263. Genaue Angaben, in welchen Agenden des 19. und 20. Jhs. dieser Versikel vorgesehen ist, finden sich in der Synopse von Frieder Schulz als Beilage, in: Christhard Mahrenholz, Kompendium der Liturgik des Hauptgottesdienstes, Kassel 1963.

4 Vgl. Evangelisches Gottesdienstbuch. Agende für die Evangelische Kirche der Union und für die Vereinigte Evangelisch-Lutherische Kirche Deutschlands, hg. von der Kirchenleitung der VELKD und i. A. des Rates von der Kirchenkanzlei der EKU, Berlin 2000, 64.68.87 (Grundform/Liturgie I: fakultativ, in Wechselrede bzw. Wechselgesang), 136 (Grundform/Liturgie II: obligat, aber ohne Wechselrede).

5 Vgl. auch Michael Meyer-Blanck, Gottesdienstlehre, Tübingen 2011, 15: „Das Historische bildet einen Entdeckungszusammenhang, aber keinen automatischen Begründungszusammenhang."

6 Vgl. Martin Nicol, Weg im Geheimnis. Plädoyer für den Evangelischen Gottesdienst, Göttingen ^{3}2011, 36–38.

Älter als gedacht ...

Bis zum Spätmittelalter wird der Eröffnungsteil der römischen Messe immer wieder variiert und ergänzt.[7] Das Stufengebet, also das auf den Stufen zum Altar, nicht zur Gemeinde, gesprochene *Confiteor*, erhielt verschiedene Umrahmungen durch Psalmverse, bei denen Ps 43 im Mittelpunkt stand; seit dem 11. Jh. in Italien, seit dem 15. Jh. weiter verbreitet, leitet Ps 123,8 (Vulgata) zum *Confiteor* über; das ist wohl keine neue Erfindung, sondern war auch beim *Confiteor* im Offizium üblich.[8] Im Tridentinischen Missale Romanum (1570) wird dies verbindlich festgeschrieben: Im Anschluss an das Kreuzeszeichen mit der Formel *In Nomine Patris ...* und Ps 43 (Antiphon: *Introibo ad altare Dei: Ad Deum qui laetificat iuventutem meam*) leitet das ebenfalls mit Kreuzeszeichen verbundene *Adiutorium nostrum* zum *Confiteor* über; die Wechselrede erfolgt durch Priester und die ihn begleitenden *Ministri*.[9]

Diese Erkundung zeigt eine erste wesentliche Bedeutung des liturgisch verwendeten Psalmverses. Im Kontext des Rüstaktes am Altar gehört der Vers zur Präparation der die Messe feiernden Priester und Ministranten. Gemeinsam haben sie sich dem Altar genähert und bitten nun, um ihre Unwürdigkeit wissend, um Gottes Erbarmen. Der Psalmvers versichert dabei, dass der Schöpfer Himmels und der Erde ihnen hilft. Er kehrt den Blick von den Menschen und ihrer Unwürdigkeit um auf Gottes Handeln, im Kreuzeszeichen als Heil für uns verbürgt. Im Vertrauen auf dieses Handeln wird dann die Schuld bekannt: Menschliche Umkehr beginnt mit Gottes Hinkehr zum Menschen. Gottes Größe und sein Wirken zugunsten der Schöpfung erfordert und ermöglicht das Bekenntnis der Schuld als Bitte um Gottes erbarmende Hilfe. Wer sich dem Altar nähert, um Gott zu dienen, nähert sich dem Gott, der von Jugend an unsere Freude ist (vgl. Ps 42,4, Vulgata) und der in Kummer und Trauer unserer Seele aufhilft (vgl. Ps 42,5, Vulgata). Zugespitzt formuliert: Das Bekenntnis der Schuld ist nicht das erste, sondern folgt dem Vertrauensbekenntnis und richtet sich an den helfenden, nicht an den vernichtenden oder ängstigenden Gott; das *Adiutorium nostrum* ist solch ein komprimiertes Vertrauensbekenntnis.

Seines römischen Kontextes entkleidet, erscheint die heutige evangelische Praxis zunächst als bloßes Relikt von formelhaftem Text. Jedoch sind zwei Än-

---

7 Vgl. zum Ganzen Josef Andreas Jungmann, Missarum Sollemnia. Eine genetische Erklärung der Römischen Messe, Bd. 1 (Messe im Wandel der Jahrhunderte, Messe und kirchliche Gemeinschaft, Vormesse), Freiburg ⁴1958, 339–449; Karl-Heinrich Bieritz, Liturgik, Berlin/New York 2004, 382–396.
8 Vgl. Jungmann, Missarum Sollemnia I (Anm. 7), 382f., 399.
9 Vgl. Bieritz, Liturgik (Anm. 7), 392; Das vollständige Römische Meßbuch, lateinisch und deutsch, ... im Anschluß an das Meßbuch von Anselm Schott, hg. v. den Benediktinern der Erzabtei Beuron, Freiburg u. a. 1963, 436–441.

derungen bedeutsam: An die Stelle des stillen oder unverständlichen Gebetes der Kleriker tritt die Wechselrede von Liturg*in und Gemeinde, die gemeinsam agieren, und statt des vorausgehenden Psalmgebetes folgt nun ein wechselseitiges Psalmbeten, das den Blick auf Gottes vielfältiges Handeln richtet und beispielsweise auch die Klage mit dem nun gemeinschaftlichen Vertrauensbekenntnis verbindet.

In der römischen Liturgie gehört der Versikel aber nicht nur in den Rüstakt der Messe, sondern eröffnet auch alle Segnungen.[10] Im alten Firmritus beispielsweise steht er zu Beginn zwischen Epiklese und *Salutatio*.[11] Damit wird eine weitere Bedeutung sichtbar: Das *Adiutorium nostrum* wird durch das epikletische Vorzeichen und den Segnungskontext zur Anrufung und Herabrufung des heilschaffenden Gottes, der seine Schöpfung segnet und bekundet gleichzeitig die uneingeschränkte Bereitschaft, diesen Segen zu empfangen.[12]

... und zurück in die Zukunft

Wer auf den biblischen Text und Kontext schaut, gerät nicht in noch fernere Vergangenheit, sondern wird an die Gegenwart und Zukunft erinnert. Ps 124,8 hat im masoretischen Text nur sechs Worte und ist ein Nominalsatz (V. 8a) und eine Partizipialaussage (V. 8b) und damit zeitstufenneutral.[13] Damit ist zunächst offen, welches Verb in V. 8a zu ergänzen ist. Das „steht" der lutherischen Tradition oder ein „ist" wie in der katholischen Tradition?[14] Philologisch ist die Kopula vorzuziehen, während die lutherische Tradition den Charakter des unerschütterlichen Vertrauensbekenntnisses verstärkt. V. 8b ist eine Gottesprädikation: der Schöpfer von Himmel und Erde.

Der Nominalsatz ist gleichzeitig die allgemeingültige „Quintessenz"[15] der in V. 6f. vorausgehenden Rettungserzählung. Dabei ist im Vergleich zum ähnlich klingenden Ps 121,2 die theologische Nuancierung wahrzunehmen: Hier kommt die Hilfe nicht ‚von JHWH her' (121,2), sondern „Israel wurde gerettet, weil JHWH seinem Namen gemäß handelte."[16] Er ist der „Gott-für uns" (Ps 124,1f.) und sein Handeln ist Hilfe und Beistand in der Not und Bewahrung vor Ver-

---

10 Vgl. Jungmann, Missarum Sollemnia I (Anm. 7), 399.
11 Vgl. Bieritz, Liturgik (Anm. 7), 580f.
12 Dies bekundet durch den Kontext auch das *Adiutorium nostrum* in der Messe von Kantz (vgl. Anm. 1).
13 Vgl. Frank-Lothar Hossfeld/Erich Zenger, Psalmen 101–150 (HThKAT), Freiburg u.a. 2008, 485.
14 Die französische reformierte Tradition lautet im Anschluss an Calvin: „Notre aide soit au nom de Dieu"; so auch in der preußischen Agende von 1822: vgl. oben Anm. 2.
15 Hossfeld/Zenger, Psalmen (Anm. 13), 477.
16 AaO., 485.

nichtung und Tod.[17] Gottes Schöpfungshandeln ist *creatio continua*[18] und umfängt Vergangenheit, Gegenwart und Zukunft. Er hat nicht nur Himmel und Erde gemacht, sondern macht und erhält sie noch immer, wie bereits die Partizipialkonstruktion nahelegt.

Der biblische Psalm weitet unseren Blick in Gegenwart und Zukunft und zeigt, dass JHWHs Name[19] nicht eine geheimnisvolle Größe, sondern seine Präsenz darstellt, die durch sein Rettungshandeln charakterisiert ist.[20] Mit Israel spricht die Kirche diesen Psalm und bekennt den gegenwärtig und zukünftig handelnden Gott. Dies ist ein wesentlicher israel- und erwählungstheologischer Aspekt, von der EKD-Synode 2016 erneut bekräftigt,[21] der liturgisch, soweit ich sehe, nur in der reformierten Tradition zum Ausdruck gelangt, wenn sie den Versikel abschließt mit dem an Dtn 7,9, Ps 138,8, 146,6 anklingenden Bekenntnis: „der Bund und Treue hält ewiglich und nicht preisgibt das Werk seiner Hände."[22]

Immer in Beziehung

Während die Rede von „Gott" deistisch entleert sein kann oder eine Definition des Gottesbegriffs leicht den Bedeutungsgehalt zu verlieren droht, ist die gottesdienstliche Anrufung des Namens auch sprachphilosophisch betrachtet der Eintritt in eine Beziehung, in die Präsenz des Du, der Himmel und Erde schafft und erhält; bei ihm und durch ihn bleiben auch Vergangenheit, Gegenwart und Zukunft der Betenden bewahrt.[23] Die Bekundung und öffentliche Darstellung,

---

17 Vgl. Ps 124,6f. sowie Ps 28,6f.; 94,17; 146,5f. und Hossfeld/Zenger, Psalmen (Anm. 13), 485.
18 Vgl. Jürgen Ebach, Das Alte Testament als Klangraum des evangelischen Gottesdienstes, Gütersloh 2016, 86f.
19 Der Gottesname im Psalmvers belegt, dass hier nicht ein Herr neben anderen Herren gemeint ist, der durch den Relativsatz näher spezifiziert werden müsste. Daher ist die in der liturgischen Wechselrede mitunter zu hörende Betonung „... im Namen *des* Herrn ..." irreführend. In der Lutherbibel ist dies bekanntlich durch die grafische Hervorhebung mit Kapitälchen lesend erkennbar, während die mündliche Rede dies kaum hörbar machen kann.
20 Auch in Ex 3, dem alttestamentlichen *locus classicus* des Gottesnamens samt seiner Dialektik von Kundgabe und Entzug, wird Gottes Mit-Sein hervorgehoben (V. 12) und dann mehrschrittig in V. 14 und V. 15 sein Name kundgetan.
21 Vgl. https://www.christen-juden.de/fileadmin/user_upload/baukaesten/Baukasten_Christlich_J_discher_Dialog/Dokumente/2016-EKD-Judenmission-Beschluss.pdf [Abruf 05.11.2017].
22 Vgl. Reformierte Liturgie. Gebete und Ordnungen für die unter dem Wort Gottes versammelte Gemeinde, i. A. des Moderamens des Reformierten Bundes erarb. u. hg. v. Peter Bukowski u. a., Wuppertal/Neukirchen 1999, 55 (Erste Form); vgl. auch Evangelisches Gottesdienstbuch (Anm. 4), 136.
23 Vgl. Richard Schaeffler, Adiutorium nostrum in nomine Domini. Sprachphilosophische Überlegungen zur Anrufung Gottes im Gebet, in: Lebendiges Zeugnis 43 (1988f, 26–40. Zu den neueren exegetischen und religionsphilosophischen Diskursen vgl. Ingolf U. Dalferth/

dass dieser Gott und die ihn anrufenden Menschen immer in Beziehung zueinander stehen, kennzeichnet die zweifache Namensanrufung zu Beginn der liturgischen Wechselrede.

Im Namen Gottes zu reden, stellt also weder eine Anmaßung oder Ermächtigung des Klerikers dar, noch fällt die Liturg*in ein Urteil oder grüßt von Abwesenden. Der Versikel komprimiert vielmehr ein gemeinschaftliches Vertrauensbekenntnis, in dem unterschiedliche Bedeutungen überlagert sind und bleiben: das Vertrauen in den erbarmenden und vergebenden Gott, die Bereitschaft, seinen Segen zu empfangen und neu zu beginnen, die Zuversicht auf Gottes Schöpfungs- und Rettungshandeln in Vergangenheit, Gegenwart und Zukunft, seine bleibende Treue zu Israel und seine nie endende Beziehung zu den Betenden, durch die deren Leben und Seelen bewahrt bleiben. Gottes Namen zu Beginn so anzurufen, eröffnet der versammelten Gemeinde einen gottesdienstlichen Weg, der sie im *Sanctus-Benedictus* und im Vaterunser den Namen erneut in Ehrfurcht und Lobpreis nennen lässt: ein Weg im Geheimnis, den die Namensanrufung charakterisiert als Weg im Geheimnis des rettenden und befreienden Gottes.

Philipp Stoellger (Hg.), Gott Nennen. Gottes Namen und Gott als Name (RPT 35), Tübingen 2008.

Michael Herbst

Salutatio
Vom Sinn des rituellen Anfangs

Erfahrungen mit der Salutatio

Als Vikar im westfälischen Münster hatte ich es mit einer liturgisch anspruchsvollen Kirchengemeinde zu tun, die eher hochkirchlich geprägt worden war. Nun tat ich hier meine ersten Schritte, trug Mitverantwortung für Gottesdienste und zum ersten Mal für eine Gruppe von Konfirmandinnen und Konfirmanden. Ihr sollte ich den Ablauf des Gottesdienstes erklären und den jungen Leuten die alte Liturgie lieb machen. Das war sowieso keine leichte Aufgabe. Bei der Salutatio aber gingen mir die Argumente aus. Warum, so fragten die Jugendlichen, begrüßt der Pastor die Gemeinde, nachdem im Gottesdienst schon eine Viertelstunde verstrichen ist? „Das tun Sie doch auch nicht, wenn Sie jemanden besuchen." Als noch unzugänglicher erwies sich die Wortwahl der Salutatio: Nicht wenige zeigten sich irritiert, als ich sie korrigieren musste, nachdem sie auf den Gruß „Der Herr sei mit euch" geantwortet hatten: „Und mit *seinem* Geist!" Dass ein solcher Gruß etwas mit *Gottes* Geist zu tun haben könnte, hätte ihnen noch eingeleuchtet, aber wer grüßt einen anderen mit solchen Worten: „Und mit *deinem* Geist!"? Und überhaupt, einige freundliche, freie Worte zur Begrüßung wären doch zeitgemäßer und natürlicher.

Dass sich solche rituell-symbolischen Formulierungen hart stoßen mit dem Sprach- und Lebensgefühl einer von der Tradition weitestgehend entwöhnten Generation, wird an dieser Stelle im Gottesdienst besonders sinnenfällig. Als Vikar in den 1980er Jahren erlebte ich noch eine relativ vitale Volkskirchlichkeit in Westfalen und genoss das Leben in einer recht lebendigen Kirchengemeinde, die viel dafür tat, Jugendlichen eine Brücke in das Land des Glaubens zu bauen, freilich bald schon jenseits der traditionellen Liturgie in alternativen Gottesdienstformen, vor allem im einem regelmäßigen Jugendgottesdienst, der nun völlig ohne Salutation auskam, dafür aber eine ausführliche Moderation am Anfang vorsah.

Wechselvolle Geschichte

Dabei haben wir es bei der Salutatio mit biblischem Urgestein in Sachen Gottesdienst zu tun. Im Buch Ruth grüßt Boas die Schnitter auf dem Feld: „Der Herr sei mit euch!" Und diese antworten: „Der Herr segne dich!"[1] Im Neuen Testament treffen wir auf Grüße Jesu: „Friede sei mit euch!"[2] Der Apostel Paulus eröffnet und beschließt seine Briefe mit geprägten Grüßen. Im Evangelischen Gottesdienstbuch wird uns eine dieser Grußformeln für unsere Gottesdienste empfohlen: „Die Gnade unseres Herrn Jesus Christus und die Liebe Gottes und die Gemeinschaft des Heiligen Geistes sei mit euch allen."[3] Da die apostolischen Schreiben in Gottesdiensten vorgelesen wurden, sind die literarischen Grüße sinnreiche Scharnierstücke, die die Verlesung mit der weiteren Liturgie verknüpfen.[4] Übrigens: Dass der Herr „mit deinem Geist" sein möge, findet sich schon hier.[5]

Sich wechselseitig zu grüßen und sich gegenseitig zu segnen, liegt für die Menschen in der Zeit der Bibel näher beieinander als für unser Empfinden: „Ursprünglich war jeder Gruß zwischen Menschen ein Segen."[6] Einander „Gnade und Frieden"[7] zu wünschen, bedeutet ja, für den je anderen die „Fülle des eschatologischen Heils"[8] zu erbitten und zu erhoffen. So kann gelten: „Der gottesdienstliche Gruß schließt immer ein Segnen ein."[9]

Die weitere Geschichte ist schnell zu erzählen: Die Formeln „Friede sei mit euch" als Gruß des Bischofs und „Der Herr sei mit euch" als Gruß des Priesters (in der westlichen Kirche) bürgern sich allmählich fest ein.[10] Die Zahl solcher Grüße im Gottesdienst schwillt mit der Zeit an, schrumpft wieder und stabilisiert sich an (bis zu neun) markanten Orten.[11] Zudem ereignen sich Verschiebungen,

---

1 Ruth 2,4.
2 Joh 20,21.
3 2Kor 13,13. Vgl. Evangelisches Gottesdienstbuch, hg. von der Kirchenleitung der Evangelisch-Lutherischen Kirche Deutschlands und im Auftrag des Rates von der Kirchenkanzlei der Evangelischen Kirche der Union, Berlin 2000, 64.
4 „Die epistolischen Salutationen des Neuen Testaments haben ihren ‚Sitz im Leben' in der Liturgie des urchristlichen Gottesdienstes", schreibt Kurt Frör, Salutationen, Benediktionen, Amen, in: Karl Ferdinand Müller/Walter Blankenburg (Hg.), Leiturgia. Bd. 2, Kassel 1955, 569–596, 573.
5 Vgl. z. B. 2Tim 4,22.
6 Hermann Wolfgang Beyer, Art. εὐλογέω, in: ThWNT, Bd. 2 (1935), 756.
7 Vgl. z. B. Gal 1,3.
8 Frör, Salutationen (Anm. 4), 570.
9 Ebd.
10 Vgl. Berthold W. Köber, Die Elemente des Gottesdienstes, in: Hans-Christoph Schmidt-Lauber/Karl-Heinrich Bieritz (Hg.), Handbuch der Liturgik, Leipzig/Göttingen 1995, 712.
11 Detailliert wird diese Geschichte von Karl-Heinrich Bieritz nachgezeichnet, Liturgik, Berlin/New York 2004, u. a. 269 f. oder 382–384 und 393 f.

die wir auch an anderen Stellen in der mittelalterlichen Liturgie sehen: Auf den Gruß antwortet bald nicht mehr die Gemeinde, sondern nur noch der Kreis der Ministranten. Der priesterliche Gruß soll jetzt den Gläubigen Gnade „wirksam, weil mittlerisch" zusprechen.[12] Die reformatorischen Gottesdienstordnungen übernehmen die Salutatio (im ursprünglichen Sinn als wechselseitigen Segen/ Gruß), aber konzentrieren sie auf die Eingangsliturgie zwischen Gloria und Kollektengebet und auf die liturgischen Dialoge zu Beginn der Abendmahlsfeier. Die Salutatio kann in rationalistisch geprägten Agenden wegfallen.[13] Dies bleibt aber ein Intermezzo. Die Preußischen Agenden im 19. Jahrhundert haben die Salutatio ebenso im Programm wie die Agenden nach dem Zweiten Weltkrieg und nun auch das Evangelische Gottesdienstbuch.

Historisch lässt sich auch das Problem des „verspäteten Grüßens" erklären. Der Eingangsteil des Gottesdienstes erlebte wie andere Sequenzen ein allmähliches Wachstum. Stand die Salutatio erst tatsächlich am Anfang, schoben sich mit der Zeit weitere Stücke davor, die die ursprüngliche Stellung „nahezu unkenntlich" werden ließen – und die bekannten Probleme (nicht nur) meiner Konfirmanden erzeugten. Zwar blieb es eine Weile dabei, dass mit der Salutatio der Liturg erstmals in das *direkte* „Gespräch" mit der Gemeinde eintrat,[14] doch wurde die Stellung des Grußes auf Dauer als merkwürdig empfunden. „Daß hier der Liturg die Gemeinde grüßt, nachdem er schon vorher in Wechselverkehr mit ihr getreten ist, forderte Widerspruch heraus, der durch allerlei Erklärungsversuche nicht überzeugend zum Schweigen gebracht werden konnte."[15]

Immerhin können wir als Zwischenfazit feststellen, dass das Evangelische Gottesdienstbuch diese *eine* Baustelle geschlossen hat: Der Gruß ist nun nach oben gewandert, hat also seine Stelle vor dem Kollektengebet geräumt, um nun mit dem Votum als „segnender Gruß"[16] zu den tatsächlich *eröffnenden* Stücken der Liturgie zu zählen.[17]

---

12 Valentin Thalhofer (1894), zitiert bei Frör, Salutationen (Anm. 4), 576.
13 Vgl. Paul Graff, Geschichte der Auflösung der alten gottesdienstlichen Formen in der evangelischen Kirche Deutschlands, Bd. 2, Göttingen 1939, 115; Köber, Die Elemente des Gottesdienstes (Anm. 10), 712.
14 Vgl. Friedrich Kalb, Grundriss der Liturgik, München ²1982, 123f.
15 Frör, Salutationen (Anm. 4), 577.
16 Christian Grethlein, Abriß der Liturgik, Gütersloh ²1991, 123.
17 Vgl. Evangelisches Gottesdienstbuch (Anm. 3), 490–492; Fritz Baltruweit/Günter Ruddat, Gemeinde gestaltet Gottesdienst, Gütersloh 1994, 62–67.

Zuspruch der Heilswirklichkeit

Theologisch trägt dieses dramaturgisch eher schmale und unscheinbare Stück also eine große Last: Es geht auch, aber nicht nur um eine höfliche oder gemeinschaftsförderliche Sitte. Vielmehr ist der Gruß als Segenswunsch Ausdruck gegenseitiger geistlicher Verantwortung füreinander: Wer den Gottesdienst leitet, wünscht der feiernden Gemeinde die „Fülle des eschatologischen Heils"[18]. Und zugleich zeigt sich die mündige Gemeinde für die leitende liturgische Person verantwortlich, denn auch sie braucht solche heilvolle Erfahrung. Darin dass auch die leitende Person etwas empfängt, erkannte Christhard Mahrenholz eine echte christlich demütige Geste.[19] Man kann beide Dimensionen auch verknüpfen, so dass die Akklamation gegenüber dem Göttlichen die Kommunikation unter den Menschen möglich macht und trägt.[20]

Martin Nicol bringt diese Mehrdimensionalität treffend auf den Punkt:

> „Da ist zunächst rituelle Interaktion auf anthropologischer Ebene: Liturg und Gemeinde begrüßen sich wechselseitig. Zugleich aber symbolisiert sich in diesem Wechselgruß eine andere, unanschauliche Wirklichkeit, nämlich die Wirklichkeit des erhöhten Herrn: ‚Der Herr sei mit euch!' Wir haben es mit einer symbolisch-rituellen Handlung zu tun."[21]

Herausfordernde Sperrigkeit

An dieser Stelle wird der Dialog mit Martin Nicol nötig und anregend: Er plädiert dafür – wen wundert's –, dieses aus alter Tradition gewachsene und ökumenisch verbindende rituell-symbolische Element des Gottesdienstes nicht anzutasten, sondern in seiner Schlichtheit und Strenge zu erhalten. Und er findet wie so oft starke Argumente: Ersetzt man die Salutatio durch moderierende Auftakte (wie in nahezu allen alternativen Gottesdienstformen), fördert man die Flut der Wörter und die verhängnisvolle Neigung des Protestanten, aus allem eine Predigt zu machen.[22] Wo es neben der Salutatio lange freie Begrüßungen gibt, wird sie „zur bloßen Auftaktfloskel entwertet".[23] Der Gruß ist dem Erlanger Liturgiker wichtig: Sieht denn keiner, wie politisch dieser Auftakt ist? Sogleich zu Beginn

---

18 Vgl. Anm. 8.
19 Vgl. Christhard Mahrenholz, Kompendium der Liturgik, Kassel 1963, 116f.
20 Vgl. Manfred Josuttis, Der Weg in das Leben. Eine Einführung in den Gottesdienst auf verhaltenswissenschaftlicher Grundlage, Göttingen 1991, 234f.
21 Martin Nicol, Weg im Geheimnis. Plädoyer für den Evangelischen Gottesdienst, Göttingen ³2011, 51.
22 Vgl. aaO., 46, 66 und 73 (unter anderem in Anlehnung an die Kritik Fulbert Steffenskys an diesem Phänomen).
23 AaO., 46.

wird allen „Herren" erklärt, wer der Herr ist![24] Und überhaupt mahnt er, man solle Sequenzen des liturgischen Rituals nicht einfach austauschen oder ihren Wortlaut durch andere Formulierungen ersetzen. Mindestens in Frage zu stellen sei doch, ob Verständlichkeit immer wichtiger sei als Selbstverständlichkeit.[25] Schließlich macht sich Martin Nicol auch für das sperrige „…und mit deinem Geist" stark. Bedenke, sagt er, dass der Liturg hier eben nicht bloß als Geschöpf, sondern als „das für Gott empfängliche Geschöpf"[26] angesprochen werde.

Zugleich überdehnt Nicol das Argument nicht. Auch er sieht, dass aller Anfang im Gottesdienst schwer ist, zumal so viele Akte des Anfangs nebeneinander stehen.[27] Auch wenn er den moderierenden Bemühungen gegenüber skeptisch bleibt, sieht er doch in seinem eigenen Vorschlag nach der Salutation eine freie Begrüßung vor. Nur kurz sei sie, lieber auf den Ort im Kirchenjahr bezogen als auf das Wetter.[28] „Wortaskese ist der beste Schutz gegen Plattitüden."[29] Keineswegs dürfe der Eindruck stehen, im Gottesdienst sei der Liturg der Gastgeber, der seine Gäste empfängt.[30]

Ist damit nicht alles klar? Man könnte sich willig überzeugen lassen von solchem Plädoyer. Es ist ein Musterbeispiel für Nicols gesamten Ansatz, „es noch einmal mit dem überlieferten evangelischen Gottesdienst zu versuchen."[31] Es steht für seine Hoffnung, dass der evangelische Gottesdienst, „wieder mit Respekt, Lust und Liebe gefeiert, eine veränderte liturgische Spiritualität aus sich herabsetzen wird."[32]

Man könnte … Manchmal könnte man nicht nur, sondern wollte es auch nur zu gerne: wenn tatsächlich die innere Aufmerksamkeit für Gott unter einer nicht endenden wollenden pastoralen Wortfülle zu ersticken droht. Wenn die neuen liturgischen Formate zwar menschenfreundlicher daherkommen, aber den Blick auch im netten Miteinander fixieren. Wenn das uralte gemeinsame Muster gottesdienstlicher Feiern hinter all dem Neuen gänzlich zu verschwinden droht. Wenn an die Stelle einer erprobten und sinnvoll *strukturierten* Wegführung in das Gebet hinein[33] der Eindruck einer eher breiigen *Unstrukturiertheit* tritt.[34]

---

24 Vgl. aaO., 213.
25 Vgl. aaO., 52.
26 Ebd.
27 Vgl. aaO., 171f.
28 Vgl. aaO., 158f.
29 AaO., 159.
30 Vgl. aaO., 46 und 171. Ähnlich wird es auch im Evangelischen Gottesdienstbuch, 491, formuliert: Die freie Begrüßung erleichtert demnach den Schritt von draußen nach drinnen, soll aber den liturgischen Gruß weder verdrängen noch überlagern und vor allem nicht das Missverständnis befördern, die Gemeinde sei ein „Publikum" und die liturgische Person ein „Veranstalter".
31 Nicol, Weg im Geheimnis (Anm. 20), 14.
32 AaO., 13.
33 Vgl. Michael Meyer-Blanck, Gottesdienstlehre, Tübingen 2011, 409.

Man könnte ... dann aber auch wieder nicht. Nicht nur, weil mir die Konfirmanden nicht aus dem Sinn gehen, die Anno 2018 kaum liturgieerprobter sein dürften als Anno 1985. Heute unterrichte ich nicht mehr Jugendliche, sondern angehende Pastorinnen und Pastoren. Erkläre ich denen im Seminar die Liturgie und versuche, einen Sinn für die Architektur des Gottesdienstes und die Schönheit der einzelnen Bausteine zu wecken, schaue ich in nicht minder irritierte Gesichter. Das alles ist nicht nur ungewohnt, es ist dem Empfinden und Ansinnen der Mehrheit völlig fern. Und sie, die bald den Staffelstab liturgischer Verantwortung neben anderen in den Gemeinden übernehmen sollen, machen mich, den sie doch auf ihrer Seite hoffen, darauf aufmerksam: Alles schön und gut, beeindruckend sogar, theologisch tiefsinnig, für eine kleine kerngemeindliche Liebhaberschaft auch vertraut! Aber was ist mit den Ungeübten, den ungeduldigen jungen Leuten, den Fernstehenden, den zufälligen Gästen, den nicht so Gebildeten unter den Verächtern, den suchenden Konfessionslosen, den Nachbarn, Freundinnen und Kollegen, die wir mitbringen möchten, um mit ihnen den Glauben erst neu zu entdecken, nach all den tiefen Abbrüchen, zumal im Osten? Was ist mit denen, die es befremdet, wenn sie es mal versuchen und statt einer freundlichen Begrüßung einen merkwürdigen Gruß vernehmen, auf den zu antworten ihnen mangels Vokabelkenntnis nicht möglich ist?

Kosmetische Korrekturen werden dieses Problem nicht lösen. Es wird nicht leichter, wenn uns modifizierte Dialoge angeboten werden, wie es das Evangelische Gottesdienstbuch tut.[35]

So bleibt eine gewisse Aporie, eine schmerzende Stelle: Wie sinnvoll ist (war?) es, wenn Liturg und Gemeinde sich so begrüßen und segnen! Wollen wir diese geistliche Haltung erhalten oder neu gewinnen, werden wir wohl zweierlei zu beachten haben:

Zum einen werden wir die Kommunikationsbedingungen mit von der Tradition nicht mehr oder noch nie geprägten Menschen nicht straflos missachten können. „Eine persönliche Begrüßung vermittelt: Die Kirche nimmt die Menschen, die kommen, wahr und ernst. ‚Herzlich willkommen' – dieses einladende Wort hat auch theologische Qualität."[36] So wird mindestens die freie Begrüßung *neben* der Salutatio am Anfang stehen, umso mehr, wenn wir mit dem „fremden Gast" rechnen.

Zum anderen werden wir den tiefen Abbruch der Traditionen nicht bewältigen, indem wir ihn leugnen oder gering achten. Wollen wir der feiernden Gemeinde aus Geübten und Ungeübten dieses Stück erschließen, werden wir – immer wieder! – erklären, einüben und kreativ zugänglich machen müssen, was wir da miteinander tun. Eine neue Selbstverständlichkeit ohne Verständlichkeit wird sich nicht einstellen.

---

34 Vgl. Michael Herbst, Aufbruch im Umbruch (BEG 24), Göttingen 2017, 139.
35 Vgl. Evangelisches Gottesdienstbuch, 492.
36 Baltruweit/Ruddat, Gemeinde gestaltet Gottesdienst (Anm. 16), 66.

Daniel Meier

Freie Begrüßung
Von der Notwendigkeit der Kontaktaufnahme und der Gefahr des verplapperten Gottesdienstes

Sie ist ein optionaler Bestandteil des Gottesdienstes, hat keine sprachlichen Vorgaben und steht damit in der Gefahr, der Beliebigkeit pastoraler Rede anheim zu fallen – die freie Begrüßung der Gemeinde. Doch wer über sie nachdenkt, merkt rasch, dass es nicht nur um eine Stilübung geht, die es zu meistern gilt, sondern dass vielmehr Grundfragen des Gottesdienstes zur Debatte stehen: zum Beispiel nach dem „Ich" des Pfarrers bzw. der Pfarrerin unter und auf der Kanzel, nach dem Verhältnis von horizontaler und vertikaler Kommunikation oder zwischen intendierter und faktischer Öffentlichkeit.

Zunächst ein Blick in die Praxis: Da die gottesdienstlichen Realitäten in deutschen Landen immer noch unzureichend erforscht sind und die Frage, welchen Stellenwert Pfarrerinnen und Pfarrer der freien Begrüßung beimessen, empirisch kaum beantwortet werden kann, sei zunächst auf exemplarische Befragungen und eigene Beobachtungen im Kontext der badischen Landeskirche zurückgegriffen. Drei Wege scheinen hier derzeit begangen zu werden: Die freie Begrüßung erfolgt zwischen Orgelvorspiel und dem erstem Lied, nach dem Eingangslied oder gar nicht. Für die Begrüßung gleich nach dem Orgelvorspiel machen die befragten Pfarrerinnen und Pfarrer geltend, dass damit die notwendigen Informationen auf der Ebene der horizontalen Kommunikation (z.B. „wir begrüßen heute" bzw. „heute wird getauft") früh abgehakt sind, um sich dann möglichst rasch der vertikalen Kommunikation im Sinne eines *Gottes*dienstes widmen zu können.

Einen kleinen, aber erhellenden Einblick in die Begrüßungskultur deutschsprachiger Gottesdienste bieten die journalistischen Gottesdienstrezensionen, wie sie zum Beispiel das Magazin „chrismon" seit vielen Jahren monatlich präsentiert. Was ist demnach von der Begrüßung zu halten? Eingesetzt wird sie zum Beispiel, um der Gemeinde fremde Mitwirkende beim Gottesdienst vorzustellen. Da erzählt etwa ein Pfarrer die bewegte Geschichte des Dialogpartners vom katholischen Geistlichen zum niedergelassenen Psychotherapeuten.[1] Auf diese

---
1 Thomas Röbke, Mein Kirchgang. Sonntag, 10 Uhr: Bremen, in: chrismon 12/2002.

Information hat die Gemeinde schon ein Anrecht, die Begrüßung scheint plausibel zu sein. Umgekehrt finden sich Fälle, in denen nicht der predigende Gast der Ortsgemeinde unvertraut, sondern der Ort den vielen Gästen unter den Kirchgängern fremd ist – zum Beispiel dann, wenn der Pfarrer in der Berliner Kapelle der Versöhnung die Lage auf dem ehemaligen Todesstreifen in Erinnerung ruft, an dem „die alten Lieder nicht verklingen".[2] Besonders in der Schnittmenge von Kirche, Tourismus und Urlauberseelsorge ist die freie Begrüßung oft ein Dienst an dem Fremden. Eine dritte Kategorie der Begrüßung zielt gemäß journalistischer Wahrnehmung auf das Kirchenjahr: Wenn etwa die Predigerin zitiert wird, die meint, das Pfingstfest wolle daran erinnern, „dass die Kirche im Letzten nicht von uns Menschen lebt, sondern aus der Kraft des Geistes".[3] Hier kommt man ins Grübeln: Müsste sich der Bezug zum Kirchenjahr nicht auch aus dem Eingangslied erschließen? Braucht es eine Zusammenfassung der Pfingstbotschaft quasi als Inhaltsangabe zum Gottesdienst? Problematisch wird die Begrüßung vor allem dann, wenn sich das „Ich auf der Kanzel" auf ein „Ich im Altarraum" weitet. So gibt es offenbar tatsächlich Pfarrer, die der Gemeinde berichten, sie seien „grade aus dem Urlaub zurückgekommen, gut erholt und wieder belastbar".[4] Eines zeigt der Journalismus auf jeden Fall: Die freie Begrüßung hat Gewicht und bleibt in Erinnerung; sonst würde sie nicht trotz knapper Zeilen- und Zeichenzahl häufig Beachtung finden.

Der optionale Stellenwert der freien Begrüßung spiegelt sich auch in der Liturgik wieder: So kommt sie zum Beispiel in der Gottesdienstlehre von Michael Meyer-Blanck als eigenes Stichwort im Sachregister, aber auch inhaltlich im Paragrafen „Eröffnung und Anrufung"[5] nicht vor; allein die geistliche Salutatio wird hier reflektiert. In den Agenden lässt sich die freie Begrüßung allenfalls der allgemeinen Rubrik „Gruß" bzw. „Adjutatorium und Gruß" zuordnen. Laut Evangelischem Gottesdienstbuch kann sich dem liturgischem Gruß „aus besonderem Anlass eine Begrüßung mit freien Worten, gegebenenfalls eine knapp gehaltene Einführung in den Gottesdienst mit notwendigen Hinweisen"[6] anschließen. Die freie Begrüßung stände demnach zwischen Musik und Eingangslied. Martin Nicol nimmt in seiner Liturgik die freie Begrüßung an mehreren Stellen in den Blick, indem er überwiegend kritisch von Begrüßungen berichtet, die ihm in Gottesdiensten begegnet sind.[7] Wünschenswert ist für Nicol

---

2 Reinhard Mawick, Mein Kirchgang. Sonntag, 10 Uhr: Berlin-Wedding, in: chrismon 6/2002.
3 Steffen Gross, Mein Kirchgang. Sonntag, 10 Uhr: Heidelberg, in: chrismon 7/2002.
4 Uwe Birnstein, Mein Kirchgang. Sonntag, 10 Uhr: Oberaudorf am Inn, in: chrismon 10/2002.
5 Vgl. Michael Meyer-Blanck, Gottesdienstlehre, Tübingen 2011, 407–420 (§ 37).
6 Evangelisches Gottesdienstbuch. Agende für die Evangelische Kirche der Union und für die Vereinigte Eangelisch-Lutherische Kirche Deutschlands, hg. von der Kirchenleitung der VELKD und im Auftrag des Rates von der Kirchenkanzlei der EKU, Berlin 1999, 37.
7 Vgl. Martin Nicol, Weg im Geheimnis. Plädoyer für den Evangelischen Gottesdienst, Göttingen

eine kurze Begrüßung *nach* Eingangslied, Votum und Salutatio in freien Worten, die sich Plattitüden widersetzt und als „Zeitansage"[8] auf die kirchenjahreszeitliche Prägung des Sonntags hinweist. Recht vielfältig sind die Anregungen zur Begrüßung im Internet, teils gespeist aus Materialien landeskirchlicher Arbeitsstellen für den Gottesdienst.[9]

Zu Recht schreibt Thomas Hirsch-Hüffell, Leiter des Gottesdienstinstitutes der Nordkirche: „Ob Begrüßung im Gottesdienst liturgisch, theologisch oder menschlich sinnvoll ist oder nicht, lässt sich nicht prinzipiell entscheiden."[10] Dieser Hinweis ist insofern hilfreich, als mit Hirsch-Hüffell der Versuchung zu widerstehen ist, „viel aufgeregte Ideologie um diesen Topos" zu betreiben. Sicherlich hängt der Stellenwert der freien Begrüßung stark vom eigenen Gottesdienstverständnis des Predigers und der Gemeinde ab. Sprich: Wer nach Glockengeläut und Orgelvorspiel einen starken ‚transzendentalen Akzent' setzen bzw. gesetzt sehen möchte, um das Gottesdienstgeschehen klar von der Alltagsrealität abzugrenzen setzen, dürfte eher auf eine Begrüßung im Sinne horizontaler Kommunikation verzichten. Etwa dann, wenn sich der Kirchgänger mit Michael Meyer-Blanck von Anfang an auf die Abkehr von der Alltagskommunikation einstellen soll, um „eine spezifisch religiöse, liturgische Form der Mitteilung und Darstellung […] als Kommunikation mit Gott (zu) erfahren"[11]. Oder wer mit Manfred Josuttis postuliert, dass alle zwischenmenschliche Kommunikation im Gottesdienst „nur im Licht und unter dem Schutz der übermächtigen Wirklichkeit des Göttlichen sinnvoll"[12] ist, mag vielleicht den Verweis auf die fremde Konfi-Gruppe, die in der Stadtkirche zu Gast ist, als trivial einstufen. Aber widerspricht es wirklich der Wirklichkeit Gottes, Gäste willkommen zu heißen? Und kann es nicht sogar geboten sein, ein hoch betagtes Ehepaar namentlich zu begrüßen, das nach der Feier der Goldenen Hochzeit im benachbarten Hotel tags darauf mit ihren Gästen Gott in der Kirche danken will? Freilich ließen sich diese Informationen auch in die Abkündigungen einbauen, aber wäre das nicht seltsam: Erst gemeinsam feiern, um sich am Ende der Feier vorzustellen?

---

[3] 2011, z. B. 66 („eine lange Begrüßung führt ins Thema ein"), 73 („Smalltalk schon bei der Begrüßung") oder das Zitat eines Pfarrers aaO.,171: „Frau (…) an der Orgel hat uns ja schon mit einem Orgelstück von Vivaldi begrüßt", womit die eigentliche Begrüßung auf das musikalische Geschehen am Anfang verlagert worden wäre.

8 Nicol, Weg im Geheimnis (Anm. 7), 159, im Original hervorgehoben.

9 Vgl. besonders ausführlich und instruktiv Thomas Hirsch-Hüffell in: http://gottesdienstinstitut-nordkirche.de/begruessung-und-eroeffnung-im-gottesdienst/ [Abruf 29.08.2017].

10 Ebd.

11 Meyer-Blanck, Gottesdienstlehre (Anm. 5), 408.

12 Manfred Josuttis, Der Weg in das Leben. Eine Einführung in den Gottesdienst auf verhaltenswissenschaftlicher Grundlage, Göttingen 1991, 235.

Auch wenn eine freie Begrüßung m. E. theologisch nicht grundsätzlich in Abrede zu stellen ist, heißt das jedoch nicht, dass sie immer erforderlich ist. Wer sich für eine freie Begrüßung entscheidet, begründet dies gelegentlich mit dem Argument, Menschen dadurch die Teilhabe am Gottesdienstgeschehen zu erleichtern. Auch wenn es liturgisch korrekt ist, zu behaupten, dass sich nach dem Orgelvorspiel „eine für jeden zugängliche öffentliche Versammlung als ‚die im Namen Jesu versammelte Gemeinde'"[13] eröffne, braucht es nicht viel Einfühlungsvermögen, um sich klarzumachen, welchen Mut der Kirchgang für ungeübte Gottesdienstbesucher*innen einfordern kann – vergleichbar vielleicht dem Besuch eines Konzertes der „Böhsen Onkelz" für den Liebhaber klassischer Liederabende. Anders als das Rockkonzert mit seiner von vornerein stark segmentierten Zielgruppe steht der (kostenlose) Besuch des Gottesdienstes in einem deutlichen Spannungsfeld von intendierter und faktischer Öffentlichkeit. Dies vor allem angesichts der Behauptung, bzw. bescheidener formuliert: des Wunsches, der Sonntagsgottesdienst sei „für alle" da – aber faktisch nur von einem kleinen, milieuspezifischen Teil der Gemeinde besucht wird.

In der Tat kann eine freie Begrüßung hilfreich sein, um das Ritual Gottesdienst öffentlich erklärbarer und verständlicher zu gestalten. Etwa dadurch, dass der Liturg in den Ablauf einführt, damit sich zum Beispiel die Taufgesellschaft am fremden Ort Kirche heimisch fühlt. Und um vielleicht zugleich von der Alltagskommunikation zur Kommunikation mit Gott überzuleiten. Andererseits sollte die Begrüßung als schmale Brücke zwischen Alltag und Transzendenz nicht überstrapaziert werden. Denn vielleicht ist es für manchen Zeitgenossen grade das fremde Ritual, das seinen Reiz ausübt. Um es noch einmal an einem Beispiel aus der Kulturszene zu verdeutlichen: Über eine Wagneroper kann ich mich als Neuling in der Einführung im Theaterfoyer informieren lassen, muss es aber nicht: Ich kann das Gesamtkunstwerk auch schlicht auf mich wirken lassen. Wird dem skeptischem Zeitgenossen in der Begrüßung signalisiert, er dürfe all seine Zweifel vor Gott bringen, um ihm den gefühlten Widerspruch zwischen Alltagswelt und Gottesdienst zu erleichtern, kann das gut tun. Aber es ist anmaßend, zu glauben, dass sich dadurch das Gefühl der Heimatlosigkeit beim Kirchgänger, der vielleicht mit biblischen Gottesbildern hadert, in eine rasche Beheimatung wandelt. Vielleicht gilt es manchmal schlicht, diese Heimatlosigkeit und den Widerspruch zwischen ansprechender und irritierender Kommunikation auszuhalten, ohne alles „voll und ganz [zu] verstehen, um sich begrüßt zu fühlen."[14]

Als Gefühl einer innerlichen Spaltung beschreibt der Lyriker und Theologe Christian Lehnert eindrücklich sein Empfinden in der liturgischen Eröffnungsphase: „Wann

---
13 Peter Brunner, zitiert nach Meyer-Blanck, Gottesdienstlehre (Anm. 5), 408.
14 Nicol, Weg im Geheimnis (Anm. 7), 52.

immer ich einen Gottesdienst besuche, empfinde ich nach wenigen Minuten eine sonderbare innere Gespaltenheit: Enttäuschung mischt sich mit einer Beseelung, die einem Heimweh gleicht. Ich singe die alten Lieder, die mich teils tief berühren, ich bete mit den vorgesprochenen Worten, die mich fortnehmen in ihren Fluss oder mich kopfschüttelnd allein lassen mit ihren stilistischen Missgriffen, hohlem Pathos oder der geistigen Unbedarftheit des Pfarrers"[15]. Die innerliche Spaltung hängt für Lehnert „mit dem Gottesdienst in mir und vor mir gleichermaßen zusammen".[16]

Von zentraler Bedeutung ist auf jeden Fall die Beziehungsaufnahme zwischen Redner*in und (Gemeinde-)Publikum. Und die Maxime „Halte Dich kurz!", um nicht die ohnehin vorhandene „Dominanz pastoraler Worte"[17] im protestantischen Gottesdienst unnötig zu verstärken. Dass Pfarrerinnen, Pfarrer und Älteste nicht wie ein Gastgeber oder eine Moderatorin „begrüßen" (erst recht nicht „im Namen des Vaters und des Sohnes und des Heiligen Geistes") dürfte mittlerweile weitgehend Beachtung finden. Der Verzicht auf die Vorsilbe und das „Ich grüße Sie mit dem Wochenspruch" kann aber auch – je nach Bibeltext – Fallstricke bergen. Schließlich möge man der Versuchung widerstehen, die vermeintlich zentrale „Hauptaussage" einer Predigt bereits in der Begrüßung zusammenzufassen, nach dem Motto „Heute geht es um ...". Vielleicht lässt sich der Kirchgänger in den nächsten 60 Minuten ja durch etwas ganz anderes berühren und nimmt seinen ‚eigenen Gottesdienst' mit nach Hause und in die nächste Woche. „Mir soll der geistliche Raum und die heilige Zeit eröffnet werden, dann erst die Lehre und das Mahl"[18], schreibt Hirsch-Hüffel und vergleicht: „Man platzt weder mit der Tür ins Haus, noch belästigt man die Gäste schon im Flur mit allem, was man auf dem Herzen hat. Ein Aperitif dagegen ist sehr angenehm."

---

15 Christian Lehnert, Der Gott in einer Nuß. Fliegende Blätter von Kult und Gebet, Berlin 2017, 16.
16 AaO., 19.
17 Nicol, Weg im Geheimnis (Anm. 7), 73.
18 Hirsch-Hüffel (Anm. 9), 3.

Konrad Müller

Das ‚Vorbereitungsgebet'

Die Wurzeln

Nach 1945 wurde von der Vereinigten Evangelisch-Lutherischen Kirche Deutschlands sowie von der Evangelischen Kirche der Union eine Agendenreform in Angriff genommen. Einer der großen Streitpunkte betraf das ‚Confiteor'.

Beim Confiteor handelt es sich um ein in mittelalterlichen Traditionen wurzelndes Sündenbekenntnis, das sich, mit charakteristischen Veränderungen, auch in einigen Gottesdienstordnungen der Reformationszeit findet. Es ist im Kern zumeist dreigliedrig. Zuerst spricht der Liturg ein Sündenbekenntnis. Die Gemeinde nimmt dies mit einer Bitte um Erbarmen auf (Misereatur). Der Liturg führt diesen feststehenden Dialog in einem Misereatur-Folgetext fort. In der von dem Theologen Christhard Mahrenholz präferierten Vorlage besteht er aus einer Bitte um Gottes Beistand, damit man den Gottesdienst mit „lauterem Herzen und reinen Lippen" feiern könne. Andere, wie der in der bayerischen Tradition verwurzelte Liturgiker Otto Dietz, ziehen an dieser Stelle eine Gnadenzusage vor, die das Confiteor stärker in die Nähe einer Beichte rückt.[1]

Die Diskussionen zum Confiteor betrafen nicht nur inhaltliche Fragen wie diejenige, wie in einem liturgischen Kurztext sachgemäß von Sünde und Schuld geredet werden kann. Der Streit entzündete sich auch an *funktionalen* und *rezeptionsästhetischen* Fragen: Welche Aufgabe konnte solch ein Confiteor im Gottesdienstablauf überhaupt haben? Was war seine Absicht? Wie wirkte es auf die Gemeinde? Strittig war auch, ob das Confiteor ein *regelmäßig, allsonntäglich*

---

[1] Neben diesen beiden Formen des Confiteor ist in einigen Kirchen eine viergliedrige Gestalt des Confiteor in Gebrauch, bei der es mit Kyrie und Gloria verbunden ist. Vgl. Evangelisches Gottesdienstbuch. Agende für die Evangelische Kirche der Union und für die Vereinigte Evangelisch-Lutherische Kirche Deutschlands, hg. v. der Kirchenleitung der Vereinigten Evangelisch-Lutherischen Deutschlands und im Auftrag des Rates von der Kirchenkanzlei der Evangelischen Kirche der Union, Bielefeld/Hannover 2000, 493.

zu sprechendes Element des Gottesdienstes sein müsse oder ob man es höchsten bei Bedarf und Gelegenheit verwenden solle.

Ein entscheidender Schritt auf dem Weg zum Konsens war es schließlich, dem Confiteor einen neuen Namen zu geben. Was in den Überlegungen und Entwürfen zu dieser neuen Agende traditionell als *Confiteor* bzw. als *Rüstgebet* bezeichnet worden war, wurde im Lauf der Diskussionen schließlich *Vorbereitungsgebet* genannt. Das Confiteor müsse, so Mahrenholz, in Entsprechung zu jenem Gebet verstanden werden, das viele vor dem Gottesdienst still in der Bank sprächen, bevor sie sich setzen.[2] Ein so verstandenes Vorbereitungsgebet ist natürlich fakultativ.

Der Begriff ‚Rüstgebet' war und ist demgegenüber anders konnotiert. „Rüstgebet" bringt zum Ausdruck, dass durch das Confiteor die Gemeinde „zugerüstet" wird. Die Gottesdienstgemeinde bereitet sich nicht selbst vor. Vielmehr soll sie vom Liturgen in Stand gesetzt werden, das Evangelium recht zu hören. Dabei erlebt sich das Gemeindeglied passiv als jemanden, der in rechter Weise eingestimmt, vielleicht sogar besser: eingedacht und ins gottesdienstliche Geschehen eingeführt wird, so dass in jenen verkündigenden und zusprechenden Elementen des Confiteor etwas an ihm geschehen soll, was er sich nicht selbst sagen, zumindest nicht sich selbst nahebringen kann. Dietz hat das Confiteor in dieser Weise verstanden und es deswegen dem Ordinarium zugeordnet wissen wollen.

Mit dem Confiteor verbinden sich so zwei unterschiedliche Vorstellungen von der Dramaturgie des Gottesdienstes. Ausgangspunkt der abweichenden Auffassungen ist die Frage, *wo die Mitfeiernden innerlich stehen, bevor das Confiteor beginnt*: Stehen sie a) an je ihren inneren Orten, also dort, wo sie sich eben gerade befinden – so dass sie durch das Confiteor ggf. zum Verlassen dieser Orte bewegt und (im Sinne eines Aktes der Hinführung und Zurüstung) auf eine gemeinsame, dem Wesen des Gottesdienstes entsprechende innere Haltung eingestimmt werden? Oder soll eben b) genau dies *nicht* geschehen, dass sie auf Anderes eingestimmt werden, und das Confiteor soll ihnen helfen, ihren je eigenen, individuellen Standpunkt einzunehmen, so dass sie lernen, auf das zu sehen, was sie bewegt, und es loszulassen? Ja, besteht die Funktion des Confiteor nicht genau darin, mit sich selbst wieder in Kontakt zu kommen, bevor danach das „Evangelium kommuniziert" wird?

Ist das Confiteor eher Rüstakt, der von uns weg und zur Begegnung mit dem Evangelium hinführt? Oder ist es Vorbereitungsgebet, in dem wir noch einmal

---

2 Vgl. Entwurf. Agende für evangelisch=lutherische Kirchen und Gemeinden. Bd. 1: Der Hauptgottesdienst mit Predigt und Heiligem Abendmahl (Die evangelische Messe), Teil 1 (Vorwort und Ordinarium), bearb. von der Lutherischen Liturgischen Konferenz Deutschlands und dem Liturgischen Ausschuß der Vereinigten Ev.=Luth. Kirche Deutschlands, o.O. 1951, 50.

vertieften Kontakt zu uns aufnehmen, um uns dadurch für das, was kommt, öffnen zu können?

Wo ‚stehen' Gemeindeglieder innerlich, bevor das Confiteor beginnt – und wo stehen sie, wenn das Vorbereitungsgebet beendet worden ist? An welchem inneren Ort befinden sie sich, wenn das Confiteor beginnt? Wie lässt sich ihr ‚Bewusstseinsraum' beschreiben?

Ich schlage vor, den Gottesdienst nicht nur nach der Logik eines roten Fadens oder nach der Logik des Fühlens, sondern auch nach einer Logik innerer Orte und Räume wahrzunehmen.

Der Gottesdienstbeginn

Vor einigen Wochen besuchte ich einen Gottesdienst in einer mir unbekannten, ländlichen Gemeinde. Wegen der längeren Anfahrt hatte ich zeitlich einen großen Spielraum eingeplant und war aus diesem Grund etwa zwanzig Minuten zu früh angekommen. Ich ging also in die gut geheizte Kirche – und war dann doch überrascht, schon erste Gemeindeglieder, meist ältere Damen, anzutreffen. Sie hatten sich offensichtlich früh aufgemacht, wohl, um für sich sein zu können und Ruhe zu finden.

Allmählich begann sich der Kirchenraum zu füllen. Die meisten gingen in ihre Reihen, sprachen ein stilles Gebet und setzten sich.

Schließlich betrat ein älterer Mann die Kirche. Als er die Bankreihe erreicht hatte, in die er sich setzen wollte, nahm er reihum Blickkontakt auf und grüßte dann, nicht laut, aber gut vernehmlich, alle mit einem freundlichen „Grüß Gott". Über diese Art von direkter Kontaktaufnahme war ich überrascht. Sie zeigte mir, dass in dieser Gottesdienstgemeinde ein gutes Miteinander gepflegt wurde.

Diese Beobachtung bestätigte sich, als eine jüngere Frau zu einer älteren Dame hinzutrat. Sogleich entwickelte sich ein kurzes Gespräch, das der Beseitigung einer möglichen Beziehungsstörung diente: „I hab di fei ned vergessn!" (Ich habe dich nicht vergessen!), begann die Jüngere mit einer Art Entschuldigung, und die kurze, aber angeregte Unterhaltung endete mit einer Versicherung wechselseitiger Wertschätzung.

Schließlich kam noch ein jüngeres Paar. Vielleicht waren die beiden frisch verliebt oder frisch verheiratet. Sie setzten sich ohne Umschweife auf ihren Platz. Dann gab die Frau ihrem Partner einen flüchtigen Kuss auf die Lippen.

Ich breche meine Schilderung ab. Sie zeigt, wie vielfältig sich Menschen auf den Gottesdienst vorbereiten, und deutet an, wo sie sich innerlich befinden, wenn der Gottesdienst beginnt.

Viele sprechen, bevor sie sich setzen, in der Bank ein kurzes Gebet.

Eine alte Frau sucht Zeit für sich. Sie nimmt sich Zeit für das, was sie gerade bewegt und was in ihr aufbricht.

Eine andere Gottesdienstbesucherin nutzt die Gelegenheit, um vor dem eigentlichen Gottesdienstbeginn etwas zu klären.

Ein Pärchen versichert sich seiner Zuneigung und freut sich offensichtlich darauf, miteinander diesen Gottesdienst zu erleben.

Und ein vermutlich alleinstehender, älterer Mann nimmt Kontakt auf und pflegt die Gemeinschaft.

Bevor also im Gottesdienst das erste Wort gesprochen wird, bevor der erste Ton erklingt, hat für die Gemeinde der Gottesdienst schon längst begonnen.

Modelle

Von daher stellt sich die Frage: Braucht denn die Gemeinde noch ein *Vorbereitungsgebet, das ihr helfen soll, mit sich selbst in Kontakt zu kommen, wenn die Gottesdienstbesucherinnen und Gottesdienstbesucher sich schon selbst (so kompetent) vorbereiten?*

Nun, das Confiteor wirkt jedenfalls nicht als *Vorbereitungsgebet* im Sinne einer ersten inneren Selbstvorbereitung. Diese ist ja längst geschehen. Sie ist auch dort bereits geschehen, wo Menschen nicht zur Ruhe kommen können, weil sie etwas sehr bewegt, oder wo sich bei einigen eine innere Haltung des Widerstands und der Abwehr aufgebaut hat, weil sie etwa, wie Konfirmanden, die zwangsverpflichtet wurden, oder wie Menschen, die allgemein kirchenkritisch eingestellt sind, nur aufgrund eines äußeren Anlasses gekommen sind.

Bevor also im Gottesdienst der erste Ton erklingt oder das erste Wort gesprochen ist, hat sich im Regelfall die innere Verfasstheit, der Bewusstseinsraum derer, die zum Gottesdienst gekommen sind, verändert. Er ist im Regelfall nicht-alltäglich geworden, im positiven Fall bestimmt durch *innere Sammlung*, durch ein Gefühl von *Zugehörigkeit* und durch eine bestimmte *Erwartung*.

Gehen wir jetzt verschiedene Formen des Confiteor durch und fragen wir, wie sie auf Menschen wirken, die sich bereits auf ihre Weise auf den Gottesdienst eingestimmt haben. Ich setze für mein Gedankenexperiment voraus, dass die *Begrüßung* nicht bereits einen störenden Einfluss entfaltet hat.

Wie wirkt es – *Variante (1)* – ‚textuell', wenn ein Liturg jenes agendarische Confiteor spricht, das von des Menschen „Unwürdigkeit" redet, davon, dass wir gesündigt haben mit Gedanken, Worten und Werken, und dass wir uns aus eigener Kraft nicht von unserem sündigen Wesen erlösen können? Wie wirkt es auf das Paar, das sich einen Kuss gegeben hat? Auf einen Mann, der sich Sorgen um seine Arbeit macht? Wie wirkt es auf einen Konfirmanden, der in der Schule gemobbt wird?

Wie auch immer wir uns die jeweiligen Gottesdienstbesucher vorstellen – dieses Confiteor der Agenden der 50er-Jahre des letzten Jahrhunderts ist nach seiner Wirkung ganz anders einzuschätzen als jene Vorbereitungsakte und Vorbereitungsgebete, die Menschen vor dem Gottesdienst sprechen. Dort suchen Menschen bewusst eine eigene Gestimmtheit, die ihnen wichtig ist. Anders, als es die liturgiehistorisch junge Mahrenholzsche Parallelisierung von Confiteor und Vorbereitungsgebet suggeriert, entspricht nicht einmal jene Variante, die mit einer Beistandsbitte schließt, solch einer ‚Vorbereitung'. Denn dieser Beistandsbitte ist im Confiteor eben eine inhaltlich gedrängte, dichte, nicht aus sich selbst heraus verständliche, schon gar nicht auf einem Konsens ruhende Sequenz höchst missverständlicher Aussagen vorangestellt: Wir sollten unsere Unwürdigkeit bekennen, wir sollten bekennen, dass wir gesündigt haben mit Gedanken, Worten und Werken, und wir sollten einsehen, dass wir aus eigener Kraft nicht selig werden können. Wer dieses Confiteor hört, um seinen Inhalt zu *verstehen*, oder wer durch dieses Confiteor dazu bewegt wird, zu überlegen, was er in der vergangen Woche alles falsch gemacht und wo er „gesündigt" hat, der wird durch das Sündenbekenntnis mit höchster Wahrscheinlichkeit von jenem Ort, an den ihn seine eigene Vorbereitung gebracht hat, wieder *weggeführt*. Ein Vorbereitungsgebet ist dieses Gebet nicht – eher ein Rüstgebet, das die versammelte Gemeinde zu dem gottesdienstlichen Geschehen, das folgt, zurüsten, in es einführen, „eindenken" will.

Gehen wir unter diesem Gesichtspunkt zur *Variante (2)* – zur thematischen Variation des Confiteor, die sich vor allem seit den 1960er-Jahren vielerorts durchsetzen konnte. Bereits die Etablierung des Themas durch die Konkretisierung von Schuld impliziert, wie beim agendarischen Sündenbekenntnis, dass die Gemeinde jetzt beeinflusst werden soll. Themen holen nicht ab, sondern weisen Bewusstseinsräume zu. Die störende Wirkung dieser Art von Confiteor wird, vergleicht man es mit der agendarischen Vorlage, im Regelfall sogar noch erheblich verstärkt. Wer beispielsweise bekennen soll, dass wir blind sind für unser eigenes Versagen,[3] wird hier, zumindest wenn er an einem Übermaß an Selbstzweifeln leidet, nicht in seiner Selbsterfahrung ernstgenommen, sondern im Grunde genommen gezwungen, ein *theologisches* Urteil über die menschliche Natur in ein empirisches Urteil über sich selbst zu überführen. Anders, als manchmal vermutet wird, nämlich dass wir durch Konkretion von Sünde „uns dem Bewußtsein von unsrer Sünde heute überzeugender und überzeugter"[4] nähern, haben solche thematisch fokussierte Anklagen nicht die Rede von Sünde

---

[3] Vgl. Gottesdienstbuch (Anm. 1), 502.
[4] (Friedrich Karl Barth [Hg./Bearb.]), Liturgieentwürfe für das Kirchenjahr (Frankfurt 1982) (Materialhefte der Beratungsstelle für Gestaltung von Gottesdiensten und anderen Gemeindeveranstaltungen, Heft 36), 335.

plausibilisiert, sondern sie endgültig unglaubwürdig gemacht und ihr den Charakter einer (im Übrigen realitätsfernen) Psychopathologie vermittelt: Überall lauert jetzt der Eigennutz und die Unvollkommenheit, überall haben wir zu wenig getan, überall wird auch das Gute als letzte Form der Eigenliebe enttarnt. Im äußersten Fall werden hier psychologische Thesen zum Zeugen einer menschlichen Verfasstheit, die doch im Gottesdienst eher *theologisch* beschrieben werden sollte. Zudem würde zu einer theologischen Anthropologie auch das *simul iustus gehören,* welches die Gotteskindschaft der Glaubenden bezeugt. Aus ihr ließe sich sogar eine Kritik allzu kritischer Rede vom Menschen ableiten.

Man stelle sich nur jemanden vor, der nach der Geburt seines ersten Kindes am Sonntag höchst dankbar in den Gottesdienst geht und nach dem Willen des Pfarrers im Confiteor bekennen soll, er sei zu wenig dankbar. Das Beispiel zeigt, dass zwischen theologisch verantworteter und empirisch begründbarer Rede doch ein gewisser Unterschied besteht.

Es hat gedauert, bis erkannt wurde, wie viel Irritation mancher „Sündenzuspruch" in der Gemeinde auslöst. Keine „konkrete" Aussage über menschliche Schuld kann so weit verallgemeinert werden, dass sie auf jeden Menschen zutrifft. Wie wirkt ein Sündenbekenntnis, das feststellt, „dass uns unser Vorteil wichtiger war als die Sorgen des Nächsten"[5], auf eine Ehepaar, das über Jahrzehnte hinweg aufopferungsvoll sein schwer behindertes Kind pflegt?

Man hat vom „Vorbereitungsgebet" geredet und damit eigentlich nur einen liturgischen Akt begründet, der vor allem den Liturginnen und Liturgen Macht gegeben hat, Gottes Kindern zu sagen, wie sie zu denken und zu fühlen haben.

Solche Beobachtungen haben zu *Variante (3)* geführt, bei der ein Sündenbekenntnis durch abholende Überlegungen eingeleitet wird. Unter dem Gesichtspunkt der „Bewusstseinsräume", die durch liturgisches Handeln er- oder verschlossen werden, ist allerdings diese Art der Vorbereitung von der eigenen Vorbereitung derer, die in die Kirche gehen, deutlich unterschieden. Die vier oben genannten Gottesdienstbesucher hatten sich alle spontan vorbereitet. Sie hatten „unreflektiert" – in dem Sinne, dass sie nicht auf sich oder in sich blickten, – getan, was sie gerade bewegte. Ein Confiteor, das jedoch konkrete Schuld behauptet und so in die Introspektion führt, ist demgegenüber ein selbstreflektierender Akt: Lassen wir uns jedoch auf die Aufforderung ein, uns und unser Leben in der Art eines Beichtspiegels zu betrachten – nur dass sich jetzt das, was belastet, freut oder beschäftigt, in den Vordergrund schiebt. Dadurch bricht aber wieder die eigene „Vorbereitung" ab – zumal in jener Variante, in der der „Lebensspiegel" ein folgendes Sünden- oder Schuldbekenntnis einleitet. Ein Mensch, der nach der Aufforderung, vor Gott auszubreiten, was ihn bedrückt, gerade seine innere Not und Angst, die eine bedrohliche ärztliche Diagnose in

---

5 Gottesdienstbuch (Anm. 1), 547.

ihm auslöste, vor Gott gebracht hat, wird jetzt von diesem „Thema" weggerissen und durch die Feststellung des Liturgen, dass wir Böses gedacht, lieblos geredet und unrecht gehandelt haben, zur Selbstkritik aufgerufen.[6] Man kann nur hoffen, dass solch ein Gottesdienstbesucher dann nicht seine Not mit dem Sündenbekenntnis in Beziehung setzt und einen Tun-Ergehen-Zusammenhang konstruiert, der sicherlich ebenso wenig hilfreich wie theologisch unsachgemäß ist. Ein *Confiteor* eignet sich, weil es irgendwann Sünde und/oder Schuld thematisiert, nicht für vermeintlich vorbereitende oder abholende, eigentlich aber hinführende, die Gemeinde *zu* etwas bereitende Präfamina. Zumal sich gerade auch bei erfolgreich „abholenden" Textsequenzen immer die Frage stellt, ob man, nachdem man die Menschen erst einmal dazu gebracht hat, sich dem zu stellen, was sie gerade umtreibt, sie wieder erneut zu den existentiell weniger relevanten Gedanken- oder Gebetsgängen des Pfarrers zurückholen kann.

Es bleibt immer dieselbe Schwierigkeit: Die Gemeinde hat sich vorbereitet. Danach folgt die Begrüßung, und das Confiteor ist zweiter oder gar dritter Akt einer vermeintlichen „Vorbereitung", die aber im Regelfall die *Vorbereitung der Gemeindeglieder* aufhebt. Wie oft bedeuten die freie Begrüßung oder das vermeintliche „Vorbereitungsgebet" nichts anderes, als dass der Liturg oder das den Gottesdienst leitende Team ein Eigenes an die Stelle dessen setzt, was den Gemeindegliedern im Rahmen ihrer Gottesdienstvorbereitung wichtig gewesen ist.

Kommen wir zur letzten *Variante (4)*. Dass durch das Vorbereitungsgebet auch die ganze Gestimmtheit der Gemeinde sich verändert, braucht hier nicht näher entfaltet zu werden. Da jedes Sündenbekenntnis, unabhängig von seiner Form, in die Schattenbereiche menschlicher Existenz und Wirklichkeit führt, auch wenn es diesen Schattenbereichen immer ein Gegenbild entgegenhält, ist das Confiteor auch wegen seiner Emotionalität problematisch. Bereits Ende des 19., Anfang des 20. Jahrhunderts haben von Schleiermacher geprägte Theologen wie Julius Smend versucht, das Confiteor zum Beispiel für Ostern oder Pfingsten durch liturgische Elemente zu ersetzen, die eine andere Emotionalität mit sich bringen.[7] Wenn überhaupt, scheint mir bei dieser Variante der Begriff „Vorbereitungsgebet" am ehesten eine gewisse Berechtigung zu haben. Dass allerdings auch auf *diesem* Weg die Art, wie sich Gemeinde selbst auf den Gottesdienst vorbereitet hat, wieder durch eine *Vorgabe des Liturgen* ersetzt wird, der hier den Gottesdienst nach Art eines Dramaturgen komponiert, ist ebenfalls schwierig.

Es wird deutlich: *An dieser Stelle des Gottesdienstes, in dem sich schon so vieles ereignet hat – die Gemeinde hat sich vorbereitet, die Glocken haben geläutet, die Orgel hat gespielt, ein Lied wurde gesungen, ein liturgisches Votum und eine*

---

[6] Vgl. Gottesdienstbuch (Anm. 1), 501.
[7] Vgl. Julius Smend, Kirchenbuch für evangelische Gemeinden, Bd. 1: Gottesdienste, Gütersloh ⁴1929.

(freie) Begrüßung haben stattgefunden –, ist der Gedanke, es solle jetzt noch ein *Vorbereitungsgebet* gesprochen werden, nicht mehr wirklich nachvollziehbar.

Die Rede vom Vorbereitungsgebet und die mit dieser Rede einhergehenden liturgietheoretischen Modelle und Behauptungen haben vielmehr eine rezeptionsästhetische Illusion erschaffen: Das Confiteor war noch nie ein Vorbereitungsgebet. Ich schlage deswegen vor, mit Blick auf das Confiteor oder jeden liturgischen Akt im Eingangsteil, der Sünde oder Schuld artikuliert, auf den Begriff ‚Vorbereitungsgebet' zu verzichten.

Das Confiteor ist kein Vorbereitungsgebet. *De facto* führt es die Menschen aus den Bewusstseinsräumen und Stimmungen, in denen sie sich bewegt haben, im Regelfall hinaus, um bei den Hörerinnen und Hörern eine innere Verfasstheit zu erzeugen, die einer Idee des Liturgen oder des Vorbereitungsteams entspricht.

Rituelles Hören

Unter welchen Bedingungen kann dann aber ein Confiteor überhaupt Sinn machen?

Für Dietz war es entscheidend, dass das Confiteor Teil des Ordinariums ist. Wirft man einen Blick in seine Liturgik, fällt sofort auf, dass er weder will, dass das Confiteor ein *Thema etabliert, noch, dass es* emotiv *einstimmt* oder *Menschen ‚abholt'*. Das Alleinstellungsmerkmal des Confiteor besteht nach Dietz darin, dass es in der Tat eine hinführende Funktion hat und den *Raum* eröffnet, in dem *jeglicher* christliche Gottesdienst sich vollzieht. Es beschreibt die Entfremdung des Menschen, die nur von Gott her überwunden werden kann.[8]

Insofern ist für Dietz das Confiteor zugleich ein *performativer Akt*, der in denen, die das Confiteor hören und verstehen, einen bestimmten Bewusstseinsraum eröffnet, in dem sich die Aufmerksamkeit der Hörenden *nicht in erster Linie auf konkrete Schuld und Verschuldung bezieht*. Dieser Bewusstseinsraum ist dadurch charakterisiert, dass sich der Mensch in seiner Abhängigkeit von Gottes Gnade erkennt, sich gleichzeitig der Gewissheit von Gottes Zuwendung versichert und sich so in eine innere Bewegung hineinbegibt oder eindenkt, die den ganzen Gottesdienst durchziehen soll. Als ein solches gottesdienstliches Propädeutikum ist das Confiteor notwendig rituell. Es steht, da es nicht primär etwas aussagen, sondern eine innere Haltung erzeugen will, auch in seiner Textgestalt nicht zur Disposition. Denn Änderungen, die wahrgenommen werden, verändern die Art unserer Aufmerksamkeit, und führen die Hörenden schnell zur Frage, warum die jeweilige Änderung vorgenommen wurde und

---

8 Vgl. Otto Dietz, Unser Gottesdienst. Ein Hilfsbuch zum Hauptgottesdienst nach Agende I für evangelisch-lutherische Kirchen und Gemeinden, München ²1983, 28 f.

welche Absicht sich dahinter verbirgt. Auf diese Weise aber würde aus der Dietzschen *Einübung in den Glauben* ein *Denkakt*. Dietz setzt in seiner Interpretation der Funktion des Confiteor eine eigene Weise des Hörens voraus. Ich nenne sie *rituelles Hören*.

Demnach erreicht ein Confiteor seine propädeutische Absicht nur, wenn die Gemeinde versteht, dass all die verschiedenen Dimensionen der Artikulation von Sünde und Schuld nur eines wollen: den Menschen von sich selbst und seinem Allmachts- oder Ohnmachtswahn, von falscher Glaubenssicherheit und Machbarkeitsphantasien zu befreien. Das Confiteor verweist nach Dietz den Menschen an jenen Ort und zielt auf eine Haltung, durch die wir uns unserer Entfremdung stellen und im Glauben ihre Überwindung einüben können.

Im Sinne von Dietz ist daher das Confiteor nicht *textuell*, sondern *rituell* zu hören: Es soll nicht etwas aussagen und *überzeugen*, sondern will mit unterschiedlichen Worten die Glaubenden an die grundlegenden Wahrheiten des Evangeliums *erinnern*. Erinnerung aber ist subjektiv; in der Erinnerung gewinnt jede Aussage eine individuelle inhaltliche *Prägung* und *Färbung*. Die hamartologische Flächigkeit der Aussagen des Confiteor der 1950er-Jahre, die von Unwürdigkeit, von Gedanken, Worten und Werken und von der Unfähigkeit spricht, aus eigener Kraft selig zu werden, erhält von daher ein eigenes Recht.

Ausblick

Was ist das Confiteor?

Ich lasse diese Frage an dieser Stelle offen. Zumindest ist es *kein* Vorbereitungsgebet.

Fasst man es im Sinne von Otto Dietz auf oder gibt man ihm eine Bedeutung und Funktion, wie sie sich bei Martin Nicol andeutet,[9] setzt es eine Gemeinde voraus, die dieses liturgische Element nicht textuell, sondern rituell hört und in ein solches Hören auch eingeübt ist.

Rituelles Hören im Gottesdienst entsteht dort, wo Menschen sich auf den Gottesdienst innerlich vorbereiten *und wissen können, was sie im Gottesdienst erwartet*. Dann können sie ihre inneren Anliegen stark machen. Sie beteiligen sich dann in je frei gewählter Distanz am Gottesdienst. Ein Gottesdienstbesucher äußerte einmal:

„Ob ich jetzt nun wirklich intensiv da mitbete oder das nun genauso nehme, wie das jetzt vorgebetet wird, spielt keine Rolle. ... Man ist ja oft so unruhig über irgendetwas

---

9 Vgl. Martin Nicol, Weg im Geheimnis. Plädoyer für den Evangelischen Gottesdienst, Göttingen ³2011, 268–271.

und sagt da: Ich kann mich jetzt da einmal versuchen, ein bisschen zurückzunehmen und einmal [die] Augen [zu] schließen und einfach einmal Ruhe zu geben."[10]

Eine zu starke Textualisierung oder die Intensivierung des Kommunikationscharakters des Gottesdienstes wirken diesem Bedürfnis entgegen. Der Gottesdienst ist aber kein Denkakt oder ein primär nur emotionales Ereignis.

Für viele Gottesdienstbesucher, wenn auch nicht für alle, ist die Ermöglichung rituellen Hörens ein hoher Wert, sogar das Entscheidende an rituellen Sequenzen. Vielen gibt die Liturgie „Freiraum, bei gleichzeitig empfundener innerer Beteiligung"[11].

Am Confiteor zeigt sich, dass wir unsere liturgische Kriteriologie erweitern sollten: Es geht im Gottesdienst nicht nur um Aussagen, um Dogma oder Moral. Ebensowenig geht es nur um Gefühl. Der Gottesdienst ist mehr als das, was uns Melanchthon, Adorno oder Schleiermacher sagen können. Es geht auch – und zwar zentral – darum, an welche *inneren Orte* wir die Menschen führen und welche Bewusstseinsräume wir ermöglichen, wenn wir mit ihnen den Gottesdienst *feiern*.

---

10 Zit. nach Hanns Kerner, Wie viel Ordnung braucht der Sonntagsgottesdienst, in: ders., Gottesdienst im Wandel, Leipzig 2015, 129–141, 134.
11 Ebd.

Irene Mildenberger

Psalm und Gloria Patri
Ein jüdisches Lied im christlichen Gottesdienst

Ein jüdisches Lied im christlichen Gottesdienst? Der Titel, den mir die Herausgeber des Bandes vorgegeben haben, weckt meinen Widerspruch, jedenfalls in dieser knappen verkürzten Form. Kein Buch der Hebräischen Bibel wird im Neuen Testament so oft zitiert wie die Psalmen. Von Anfang an gehört das Gebet der Psalmen zu den christlichen Gottesdiensten. Warum muss die Fremdheit so sehr betont werden?

Natürlich, ich verstehe das Anliegen und weiß, dass die Vereinnahmungstendenz bei den Psalmen groß ist – das zeigen unter anderem unzählige Teilausgaben der Bibel, die das Neue Testament und die Psalmen enthalten. Hier wird der Psalter sozusagen ins Neue Testament ‚eingemeindet'.

Es gibt auch das Umgekehrte: Viele Psalmen bleiben einer Mehrheit der Christen tatsächlich fremd. Da wird dann ausgewählt, nicht nur einzelne Psalmen, sondern auch Verse und Abschnitte aus längeren Psalmen – wie das geht, kann man z. B. auch im Evangelischen Gesangbuch sehen. Ich nehme, was mir passt, und streiche den Rest – auch eine Form von Vereinnahmung.

Und dann ist da noch das weitverbreitete und bis heute weitertradierte Missverständnis, als müssten Psalmen durch das Gloria Patri ‚getauft' werden, um sie brauchbar zu machen für Christen.

Ja, ich verstehe das Anliegen der Herausgeber, die fremde Herkunft der Psalmen zu betonen. Aber als jemand, die seit vielen Jahrzehnten mit Psalmen singt und betet und lebt, schmerzt es mich zugleich. Mit dieser Formulierung wird mir etwas Kostbares weggenommen, meine geistliche Praxis in Frage gestellt. Ich darf nicht zu Hause sein in diesem Teil der Bibel, dieser Teil der Bibel darf nicht zu Hause sein in meinem Leben – schließlich ist er ja jüdisch, nur jüdisch, auch 2000 Jahre nach Christus, auch nach 2000 Jahren des christlichen Lebens mit den Psalmen.

Nur ein jüdisches Lied?

Die Hebräische Bibel als das Andere, das Fremde, damit allein kann ich mich nicht zufrieden geben. Das verbreitete Bild von der Wurzel, die uns trägt, oder von Mutter und Tochter ist nicht wirklich treffend, jedenfalls nicht in Sachen Gottesdienst. Es gibt ein neues Bild für unser Verhältnis: Rabbinisches Judentum und Christentum als Brüder, sogar als Zwillinge. Beide, der jüdische Gottesdienst, wie wir ihn jetzt kennen, genau wie der christliche, haben sich nach der Zerstörung des Tempels herausgebildet. Es gab wechselseitige Abgrenzung, aber auch Übernahmen aus der jeweils anderen Tradition. Und beide Seiten gingen zurück auf die Tradition der Hebräischen Bibel.

Also gibt es auch zwei nebeneinander verlaufende Rezeptionen des biblischen Buchs der Psalmen. Wieweit diese Traditionen in die Zeit vor der Zerstörung des Tempels zurückgehen, bleibt unklar, wir wissen nicht, wie die Psalmen im Tempel und in den frühen Synagogen verwendet und gebetet wurden. Die Tempelzerstörung bildete auf alle Fälle eine große Zäsur, nach der auch der jüdische Gottesdienst neu anfangen musste.[1]

Biblische Lieder also, die im jüdischen wie im christlichen Gottesdienst erklingen. Dabei ist es aber wichtig, immer zu sehen, dass unsere christliche Weise, mit den Psalmen zu leben und zu beten, nicht die einzige und nicht die einzig wahre ist!

Biblische Lieder im christlichen Gottesdienst – historische Schlaglichter

Ein paar historische Schlaglichter, mehr ist hier zu einem so großen Thema nicht möglich – mit einem Schwergewicht auf dem, was unsere heutige deutsche evangelische Situation erhellen kann.

Von Anfang an gehören Psalmen mit dazu, zum Gottesdienst und zur Alltagsfrömmigkeit (vgl. 1Kor 14,26; Eph 5,19f. und Kol 3,16), aber auch in die Predigt, auch in die theologische Argumentation. Dabei werden im Neuen Testament längst nicht alle Psalmzitate als solche auch gekennzeichnet.[2]

Wenn wir nach Psalmen in der Geschichte des christlichen Gottesdienstes fragen, dann müssen wir unterscheiden zwischen dem täglichen Gebet und der

---

[1] Vgl. grundlegend Gerard Rouwhorst, Christlicher Gottesdienst und der Gottesdienst Israels. Forschungsgeschichte, historische Interaktionen, Theologie, GdK 2/2, Regensburg 2008, 491–572; außerdem Irene Mildenberger, Die Geschichte zweier Zwillingsbrüder. Interdependenzen zwischen christlicher und jüdischer Liturgie, in ThLZ 134 (2009), 649–664.

[2] Vgl. Hans-Joachim Kraus, Theologie der Psalmen, BK.AT XV/3, Neukirchen-Vluyn 1979, darin §7. Die Psalmen im Neuen Testament, 223–257.

Mahlfeier. Im Stundengebet waren und sind die Psalmen ein zentrales Element, im Osten wie im Westen. In der Mahlfeier der westlichen Kirche, der Messe, wurden die Psalmen immer in Auswahl gebetet, als Introitus, Gesang zum Einzug, als Zwischengesänge zur Lesung (Graduale, Hallelujavers, Tractus), als Gesänge zur Gabenbereitung und zur Kommunion. Meist sind sie auf wenige, gar auf einen Vers zusammengeschrumpft, gerahmt von einer Antiphon, die längst nicht immer dem Psalm selbst entstammt. Die gregorianische Vertonung schließlich verlangte einen Chor, für manche Stücke sogar Solisten, die Gemeinde verstummte.

Es war ein gewichtiges Anliegen der Reformation, der Gemeinde den Gesang der Psalmen zurückzugeben. Luther selbst hat Psalmlieder gedichtet und andere ermuntert, es ihm nachzutun. Der Genfer Psalter entstand, seine Liedpsalmen wurden in vielen Sprachen nachgedichtet. Bis heute gibt es neue Bereimungen zu den alten Melodien. Für manche reformierte Kirchen ist der Psalter bis heute das einzige Gesangbuch. Im Unterschied zum Psalmlied lutherischer Prägung, das den Psalm auch aktualisieren und christologisch deuten kann, bleibt der Liedpsalm reformierter Prägung eng am biblischen Text des Psalms. Übrigens verfasste der vom Protestantismus zum Katholizismus konvertierte Theologe Kaspar Ulenberg schon im 16. Jahrhundert auch einen vollständigen katholischen Liedpsalter, zum Teil mit eigenen Melodien.[3]

Psalmen für die Gemeinde heute

Ein großer Sprung in die Gegenwart: In den letzten gut zwanzig Jahren hat sich in vielen Gemeinden die Praxis herausgebildet, im Eingangsteil des Gottesdienstes einen Psalm zu beten, meist im Wechsel, meist aus dem Evangelischen Gesangbuch. Der Weg dahin war vielschichtig und kompliziert.[4] Einerseits fand der Eingangspsalm, der Introitus, als vom Liturgen gesprochene oder von einem Chor gesungene Zusammenstellung einiger Psalmverse seit dem 19. Jh. den Weg zurück in den Evangelischen Gottesdienst. Andererseits etablierte sich durch die Berneuchener Alltagsfrömmigkeit ein Wochenpsalm. Dazu wurde in die Perikopenordnung der 50er Jahre eine vollständige Psalmenreihe aufgenommen, übrigens zur Verwendung als Predigttext gedacht. Im Laufe verschiedener

---

3 Für einen ersten Überblick zu den Liedpsalmen vgl. Peter Ernst Bernoulli/Frieder Furler (Hg.), Der Genfer Psalter. Eine Entdeckungsreise, Zürich ²2005.
4 Vgl. Frieder Schulz, Das Psalmengebet im Gemeindegottesdienst, in: Gemeinsame Arbeitsstelle für gottesdienstliche Fragen 31/1998, 43–65; Ausschuss Umfeld der Perikopen, Psalmen im Gottesdienst, in: Liturgie und Kultur 2012/1, 45–49, auch im Netz unter: https://www.liturgische-konferenz.de/download/1-2012%20LuK_Perikopen_final_web.pdf [Abruf 02.12.2017].

Überarbeitungen passten sich diese drei Ordnungen aneinander an, sind aber bis heute nicht deckungsgleich.

Zudem – und von diesem Prozess erst einmal unabhängig – wurde eine Auswahl von Psalmen ins Evangelische Gesangbuch aufgenommen, bestimmt für das persönliche Gebet. Aber damit hatte die Gemeinde Psalmen in der Hand und nutzte sie anders als vorgesehen. Als wäre der gemeinsam gebetete Psalm schon immer ein festes Element des Gottesdienstes gewesen, wird inzwischen über die unverständigen Gesangbuchmacher geschimpft, die nicht alle Wochenpsalmen aufgenommen haben,[5] statt ihnen dankbar zu sein dafür, dass sie durch ihren Betpsalter den Weg gebahnt haben für die Wiederentdeckung des gemeinsamen Psalmgebets.

Die neue Perikopenordnung, die zum 1. Advent 2018 in Gebrauch genommen wird, hat ihre Psalmreihe bewusst auch mit Blick auf die Verwendung als Betpsalm im Gottesdienst konzipiert. Es soll keine davon abweichende Introitenreihe mehr geben.

Ein Blick über den Tellerrand

Und was machen die anderen? Die dreijährige Leseordnung, die die Römisch-Katholische Kirche nach dem Zweiten Vatikanischen Konzil erarbeitet hat, enthält in allen drei Lesejahren für jeden Sonntag jeweils einen Psalm – bzw. eine Auswahl aus einem Psalm – als Zwischengesang zwischen erster und zweiter Lesung. In der Praxis wird er meist solistisch vorgetragen, die Gemeinde ist aber durch einen responsorialen Antwortruf beteiligt. Das Revised Common Lectionary, das diese Ordnung in überarbeiteter Form übernommen hat, enthält ebenfalls eine Psalmreihe für jedes Lesejahr.

Der Psalm ist dabei vor allem auf die Lesung aus dem Alten Testament bezogen, auf die er ja folgt. Er changiert in seiner Funktion zwischen Lesung und Gebet. In der katholischen Kirche wird er vom Ambo aus vorgetragen, dem Ort der Verkündigung. Protestantische liturgische Bücher für die Hand der Gemeinde enthalten oft all die Psalmen, die in der Leseordnung vorgesehen sind, so ist auch ein gemeinsames Beten oder Singen des Antwortpsalms möglich.[6]

---

5 In Württemberg, wo schon seit den 1960er Jahren das gemeinsame Psalmgebet im Gottesdienst heimisch wurde, finden sich alle Wochenpsalmen im Gesangbuch. In Bayern, wo schon lange der im Wechsel gesungene Introitus gebräuchlich ist, finden sich im Gesangbuch ebenfalls alle notwendigen Psalmen. Andere Landeskirchen haben die fehlenden Wochenpsalmen inzwischen in neue Gesangbuchanhänge aufgenommen.

6 Ein lutherisches und ein reformiertes Beispiel: Evangelical Lutheran Worship, Minneapolis 2006, die Psalmen hier vor den Liturgischen Gesängen und Liedern als Nr. 1–150; Book of Common Worship, prepared by The Theology and Worship Ministry Unit for the Presbyterian

Ich plädiere dafür, diesen Ort im Gottesdienst auch bei uns für den Psalm in Betracht zu ziehen. Hier kann er sehr direkt ins Gespräch mit den anderen biblischen Texten kommen.

Gelobt sei der Name des HERRN ...

So kann sich ereignen, was mir neulich zufiel – auch ein vertrauter Psalm erschließt sich durch den ihn umgebenden Textraum ganz neu.

Ein Sonntagsgottesdienst im Augustinerkloster in Erfurt war zugleich Abschluss eines Einkehrwochenendes, in dem die Berufung des Mose betrachtet wurde. Grund genug, vom Sonntagsproprium abzuweichen und Ex 3 nochmals ins Zentrum zu stellen. Für diesen Gottesdienst hatte ich Ps 113 ausgewählt. Gott, der aus der Höhe „niederschaut in die Tiefe" und „den Geringen aufrichtet aus dem Staub". Passend zu dem Gott, der das Elend seines Volkes ansieht und herniederfährt um es zu erretten (Ex 3,7f.).

Im Beten merkte ich plötzlich, dass da noch ganz Anderes zusammenklang: Dass dieser Psalm zuerst einmal den Namen Gottes lobt und preist – den unaussprechlichen Namen, der in Ex 3 geoffenbart und gedeutet wird!

... von nun an bis in Ewigkeit – Ein Nachtrag zum Gloria Patri

„Gelobt sei der Name des HERRN von nun an bis in Ewigkeit." So beten wir mit Ps 113,2. Vergleichbare doxologische Formeln stehen am Ende der einzelnen Bücher innerhalb des Psalters (Ps 41,14; Ps 72,18f.; Ps 89,53; Ps 106,48). Das Gloria Patri, die ‚kleine Doxologie', die in der Kirche oft das Gebet eines Psalms abschließt, hat keinen unmittelbaren Bezug zu diesen Formeln, aber auch eine abschließende Funktion.[7]

Als Bekenntnis richtet sich diese trinitarische Formel nicht gegen das Judentum, sondern gegen den Arianismus. Und sie schließt ursprünglich wohl nicht den Psalm ab, sondern ein stilles Gebet nach dem Psalm. Cassian berichtet vom Gebet der Mönche in Ägypten, dass auf jeden als Lesung vorgetragenen Psalm ein längeres stilles Gebet aller folgt, abgeschlossen durch die Kollekte des Vorstehers. Im Westen kennt Cassian die Verkürzung dieses Gebets auf das ge-

---

Church (USA) and the Cumberland Presbyterian Church, Louisville 1993, 597–783; hier werden 127 der 150 Psalmen abgedruckt. Vgl. daneben auch den Band: Psalms for All Seasons. A Complete Psalter for Worship, Grand Rapids 2012, und die zugehörige Website: http://www.psalmsforallseasons.org [Abruf 02.12.2017].

7 Vgl. Frieder Schulz, 177 Ehre sei dem Vater (Gloria Patri): Einführung, Liederkunde zum Evangelischen Gesangbuch (HEG 3) Heft 6/7, Göttingen 2003, 7f.

meinsame Gloria Patri.⁸ In der Benediktsregel ist das Gloria Patri dann schon gängiger Brauch, der sich vom Stundengebet auch auf den Introitusgesang der Messe ausdehnt.⁹ Ein Teil der Psalmlieder endet ebenso mit einer Gloria-Patri-Strophe – die reformierten Reimpsalmen tun das allerdings nie!

In Abgrenzung von dem Missverständnis, das Gloria Patri sei notwendig, um einen jüdischen Psalm zu christianisieren oder zu ‚taufen‘, wird heute diese trinitarische Doxologie oft grundsätzlich abgelehnt. Eine Alternative – die den Brauch der ägyptischen Mönche aufnimmt – ist es, den Psalm nach einer Zeit der Stille mit einer Psalmoration bzw. Psalmkollekte zu beschließen. Auch das Evangelische Gottesdienstbuch bietet solche Psalmkollekten an.[10]

Möglich ist auch, durch die Gestaltung die enge Bindung zwischen Psalm und Gloria Patri zu lockern, um so die selbständige Stellung der Doxologie zu zeigen. So kann z. B. das „Ehre sei dem Vater" nach einem gesprochenen Psalm gesungen werden.

Martin Nicol sagt zum Gloria Patri:

„Das mag so aussehen, als werde da der alte Gottesname im Psalm durch den trinitarischen Namen in der Doxologie ersetzt: Trinität statt Tetragramm, Offenbarung statt Verborgenheit. Dem ist entgegenzuhalten: Die Fremdheit im scheinbar gekannten Namen bleibt, solange wir in der Zeit leben. Trinität und Tetragramm bezeichnen auf je eigene Weise, aber letztlich gemeinsam die Grundspannung des Geheimnisses, in dem wir liturgisch auf dem Weg sind."[11]

Ja, gelobt sei der Name des HERRN – auch durch unsere biblischen Lieder.

---

8 Der Bericht Cassians ist abgedruckt bei Reinhard Meßner, Einführung in die Liturgiewissenschaft (UTB für Wissenschaft 2173), Paderborn ²2009, 235–237.
9 Die anderen Psalmgesänge der Messe, Graduale, Halleluja, Offertorium und Communio wurden ohne Gloria Patri gesungen. Und auch der Antwortpsalm nach der ersten Lesung wird grundsätzlich ohne die Doxologie gebetet.
10 Psalmorationen finden sich z. B. in den in Anm. 6 genannten Büchern. Sie sollen nach einer Stille den Psalm abschließen, das Gloria Patri ist nicht vorgesehen. Die ausführlichste mir bekannte deutsche Sammlung von Psalmorationen findet sich in: Odo Haggenmüller u. a. (Hg.), Gebete zu den Psalmen, St. Ottilien 1995. Übrigens hat auch Ambrosius Lobwasser in seiner deutschen Nachdichtung des Genfer Psalters schon Psalmgebete mit abgedruckt: Ambrosius Lobwasser, Der Psalter deß Königlichen Propheten Dauids, hg. und komm. von Eckhard Grunewald und Henning P. Jürgens, Hildesheim 2004 (Nachdruck der Ausgabe Leipzig 1576).
11 Martin Nicol, Weg im Geheimnis. Plädoyer für den Evangelischen Gottesdienst, Göttingen ³2011, 38.

Manacnuc Mathias Lichtenfeld

Kyrie
Geglaubte Gottesherrschaft in der Weltwirklichkeit

Zwei Worte, die Himmel und Erde umspannen: *Kyrie eleison!* Ein „Gebetstelegramm" (Jan Milič Lochman)[1] – heute würden wir sagen: eine Twitter-Nachricht mit zwölf Zeichen. Zwei Worte immerhin, nicht nur eines: Wer *Kyrie* sagt, muss auch *eleison* rufen – Herr, *erbarme dich!* Und wer *eleison* ruft, bekennt damit, wer *Herr* ist in dieser Welt. Es ist der Schrei der kanaanäischen Frau um Erbarmen für ihre geistgeplagte Tochter (Mt 15,22). Es ist der Hilferuf des blinden Bartimäus um Erbarmen in sein Dunkel (Mk 10,47f.). Und in all diesen Begegnungen mit Jesus, dem Christus, erklingt immer neu das Rufen des alttestamentlichen Beters: „Du, HERR, sei mir gnädig und hilf mir auf" (Ps 41,11). Wer so ruft, wendet sich an den, von dem er alles für sein Leben erwartet. Im Angesicht des *Kyrios* der Welt kann es kaum andere Worte geben: Wenn die Gemeinde im Eröffnungsteil des Gottesdienstes das Kyrie singt, dann bekennt sie sich zu dem in ihr gegenwärtigen Christus, der die Not dieser Welt kennt und wenden kann. *Kyrie eleison*: geglaubte, herbei gerufene, proklamierte und gefeierte Gottesherrschaft in der Weltwirklichkeit.

Ordinarium

Mit dem Kyrie betreten wir endgültig den Kernbereich des christlichen Gottesdienstes: Es ist das erste Stück des *Ordinarium Missae*, das dem Gottesdienst sein „Gerüst" gibt (Christhard Mahrenholz), seine Verlässlichkeit und Wiedererkennbarkeit durch die Jahrhunderte – während das *Proprium* ihm seine unverwechselbare Gestalt verleiht in Raum und Zeit. *Kyrie, Gloria, Credo, Sanctus, Agnus Dei* – diese fünf großen Gesänge der Gemeinde beschreiben den *ordo*, die Regel und Ordnung des Gottesdienstes. Bis heute begegnen sie in den großen Messvertonungen der Kirchenmusik. Wer einmal die *h-moll-Messe* von Johann

---
[1] Jan Milič Lochman, 17. Sonntag nach Trinitatis – 22.9.1991, Matthäus 15,21–28, in: GPM 45 (1990/1991), 380–385, 381.

Sebastian Bach gehört oder selbst mit aufgeführt hat, ist überwältigt von der Macht und zugleich dem Klangreichtum dieser Anrufung Gottes. Was John Elliot Gardiner, der große Bach-Interpret, darüber schreibt, könnte ja auch für den Gottesdienst als solchen zutreffen: „Die Art und Weise, wie Bach am Anfang der *h-moll-Messe* dieses dreifache Kyrie in Töne meißelt, gleicht einem geradezu physischen Akt, an dem wir alle beteiligt sind. [...] Schon bald dämmert uns, dass wir zu einer der monumentalsten musikalischen Reisen überhaupt aufgebrochen sind, durch eine Vertonung des Messordinariums, die in ihrer Anlage, Erhabenheit und Ernsthaftigkeit ohne Beispiel ist. Sind wir einmal an Bord und die Anker gelichtet, so haben wir keine Gelegenheit auszusteigen, bis – nach etwa 100 Minuten – der letzte Akkord, die letzte Bitte um ‚*pacem*' (Frieden) verklungen ist."[2]

Ursprünge und Weitungen – Huldigungsruf, Litanei und Kirchenlied

Das Kyrie gehört zu den ältesten Akklamationen, deren Wurzeln in die vorchristliche Antike zurückreichen als Huldigungsruf an den Herrscher, die aufgehende Sonne oder an eine Gottheit; „sie ist nicht Bitte, sondern wie alle Heilrufe primär Huldigung".[3] Das Neue Testament überträgt den *Kyrios*-Titel auf Christus und verbindet damit das Bekenntnis seiner Gottheit (Phil 2,6–11). Die Anrufung *Kyrie eleison*, aus den Psalmen der Septuaginta vertraut, erhält in den frühchristlichen Gottesdiensten also eine eminent politische Bedeutung: Als Bekenntnis zu Christus ist sie zugleich eine Absage an jede (göttliche) Verehrung irdischer Herrschaft. Ist Christus der Herr, kann es neben ihm keine anderen Herren geben. Hier erweist sich – mit Martin Nicol – „die diskrete Macht der Doxologie zur Klärung der Machtverhältnisse zwischen Himmel und Erde als unerlässlich".[4]

Die Ostkirche verwendet das Kyrie schon früh als wiederholten Bittruf des Volkes in den Fürbittengebeten (*Ektenien*). In der westlichen Messform wird dieser Brauch um 500 übernommen, wobei das bisherige Gläubigengebet als Kyrie-Litanei vom Ende in den Eröffnungsteil des Gottesdienstes wandert. Die heutige Ordnung geht auf Gregor den Großen (590–604) zurück: ohne Gebetsanliegen, mit neunmaligem (später dreimaligem) Ruf und Wechsel der Anrede zwischen *Kyrie* und *Christe*. Ursprünglich rein christologisch verstanden, wird

---

2 John Elliot Gardiner, Bach. Musik für die Himmelsburg, München 2016, 579.
3 Rupert Berger, Neues pastoralliturgisches Handlexikon, Freiburg u.a. 1999, 291.
4 Martin Nicol, Weg im Geheimnis. Plädoyer für den Evangelischen Gottesdienst, Göttingen ³2011, 189. Aus Gründen der „liturgische(n) Machtfragen" hat deshalb auch heute – z.B. auch gegenüber Einwänden von feministischer Seite – die Gottesanrede „Herr" ihren notwendigen Ort im Gottesdienst (aaO., 211.213f).

diese Anordnung seit dem Mittelalter zunehmend trinitarisch gedeutet. Die Beteiligung des Volkes ist immer vorausgesetzt, wobei mit der Erweiterung durch eingeschobene Paraphrasierungen (*Tropen*) zunehmend wieder der Bittcharakter in den Vordergrund rückt. Die reformatorischen Ordnungen übernehmen fast ausnahmslos das Kyrie sowohl als gregorianischen Gesang wie auch als Kirchenlied der Gemeinde. Das heute weithin gebräuchliche dreifache Kyrie – griechisch und deutsch im Wechsel zwischen Liturg bzw. Chor und Gemeinde – entstand 1524 in Straßburg (EG 178.2).

Bemerkenswert ist die Entwicklung des deutschen Kirchenliedes aus dem Kyrie heraus: Um 1500 begegnen im deutschsprachigen Raum sogenannte ‚Leisen' – aus der frühmittelalterlichen Sequenz erwachsen als vom Volk gesungene, eingeschobene Strophen mit angehängtem *Kyrieleis*. Bald erscheinen sie in zahlreichen neuen Liedschöpfungen wie Luthers berühmten Weihnachts- und Osterleisen (EG 23 bzw. 99), die als Kyrie gesungen werden können. Zugleich aber wandert das Kyrieleis weiter über den Gottesdienst hinaus und wird volkstümlich, beliebt bei liturgischen Spielen, auf Pilger- oder Wallfahrten.[5] Gott und die Welt spielend und pilgernd zusammengesungen: *Kyrieleis!*

Verengungen – von der Anrufung zur Beichtliturgie

Im Zuge der Aufklärung verschwindet das Kyrie aus dem evangelischen Gottesdienst. Die Preußische Agende von 1895 enthält es zwar wieder zusammen mit dem Gloria, nun jedoch als „kleine Beichtliturgie"[6] durch Voranstellung eines Confiteor und Abschluss mit Gnadenzuspruch, worauf das Gloria folgt. Solches „Streben nach psychologischer Vermittlung" (Peter Brunner)[7] in der Verkoppelung von Confiteor und Kyrie bzw. Gnadenzuspruch und Gloria findet in der Folgezeit weite Verbreitung. Auch im Evangelischen Gottesdienstbuch (EGb) von 1999 ist diese Verknüpfung als mögliche Option wieder anzutreffen und begegnet im gegenwärtigen Gottesdienstleben häufig.[8]

„Kyrie eleison – der Herr ist groß und wir sind klein?" Mit dieser Frage benennt Jörg Neijenhuis präzise eine fatale Konsequenz aus der neuzeitlichen

---

5 Vgl. Markus Jenny, Art. Kirchenlied I. Historisch (bis 1900), in: TRE 18 (1989), 602–629, 607f.
6 Michael Meyer-Blanck, Gottesdienstlehre (NThG), Tübingen 2011, 411.
7 Zit. nach Karl Ferdinand Müller, Das Ordinarium Missae, in: ders./Walter Blankenburg (Hg.), Leiturgia. Handbuch des evangelischen Gottesdienstes, Bd. 2: Gestalt und Formen des evangelischen Gottesdienstes. I. Der Hauptgottesdienst, Kassel 1955, 1–44, 20.
8 Evangelisches Gottesdienstbuch, Berlin 1999, „Grundform I", 36–49, hier 38; Ausführungsvorschläge aaO., 500–507. Vgl. auch die in Bayern wieder mögliche „Alte Form G 4": EG (Ausgabe Bayern und Thüringen), 682.

Verknüpfung mit dem vorhergehenden Confiteor.[9] Muss der Mensch sich klein machen, um Gott groß sein zu lassen? „Als ob Gott nur von absolvierten Sündern gelobt werden wollte!" (Martin Nicol)[10] Dagegen wendet sich bereits um 1850 Wilhelm Löhe: „Das ‚Kyrie eleison' ... zu einem Sündenbekenntnis und das ‚Gloria in Excelsis' zu einer Absolution zu machen, ist, scheint mir, eine rein genötigte Sache. So wenig der Bettler am Wege mit seinem ‚Seid so barmherzig' seine Sünde bekennen will, so wenig die Kirche mit dem Kyrie. Nicht die Sünde, die *Not* wird bekannt. ... Ganz als Bettlerin, nicht als Sündenbekennerin rief auch schon das cananäische Weiblein Mt. 15,22 ihr Kyrie eleison".[11] Damit holt Löhe ins gottesdienstliche Bewusstsein zurück, dass es im Kyrie um Größeres geht als um die persönliche Schuld.

Kyrie und Gloria – irdisch-menschliches „*De profundis*" und himmlischer Engelsgesang

Ursprünglich ist das Kyrie der unaufhörliche Gebetsruf der Kirche, der aus der Tiefe dieser Weltwirklichkeit – „*de profundis*" mit Psalm 130[12] – sich an den geglaubten und bekannten *Kyrios* der Welt richtet. Nicht von ungefähr finden sich in Johann Sebastian Bachs „Kyrie" der *h-Moll-Messe* Anklänge an Luthers Psalmlied „Aus tiefer Not" (EG 299).[13] Denn „das Kyrie umfaßt ohne Ausnahme alle Lasten und Leiden dieser Welt und befiehlt sie Gottes Erbarmen."[14] Deshalb stimmen alle nicht-unierten Gottesdienstordnungen der 1950er Jahre darin überein, „daß Kyrie und Gloria ohne Zwischenvoten (Sündenbekenntnis und Gnadenverkündigung) fest aneinander gefügt sind wie zwei erratische Blöcke und so ohne psychologisch vermittelnde Einleitungen nebeneinander stehen. Damit ist dem Kyrie der umfassende Gebetsanruf aus der Tiefe aller menschlichen und kreatürlichen Not zurückgegeben und dem Gloria der Charakter des in sich selbständigen Lobgesanges über die vollendete Erlösung. Dieses herbe Nebeneinander ist die Spiegelung des Rechtfertigungsglaubens ... im *simul justus et peccator* ..."[15] Mit Martin Nicol: Den „Weg im Geheimnis" eröffnet gerade „die offen gehaltene Spannung und die ausgehaltene Fremdheit". Der „liturgische

---

9 Jörg Neijenhuis, Liturgik. Gottesdienstelemente im Kontext, Göttingen 2012, 46–54.
10 Nicol, Weg im Geheimnis (Anm. 4), 33.
11 Wilhelm Löhe, Agende für christliche Gemeinden des lutherischen Bekenntnisses, Nördlingen ²1853, 30f.
12 Beginn von Ps 130,1 in der lateinischen Übersetzung (Vulgata Ps 129,1): *de profundis clamavi ad te Domine*.
13 Vgl. Gardiner, Bach (Anm. 2), 580.
14 Müller, Ordinarium (Anm. 7), 22.
15 AaO., 20.

Fauxpas" einer Auflösung dieser parataktischen Spannung von Kyrie und Gloria in ein konditionales Nacheinander führt dagegen „en passant" zu einer Außerkraftsetzung des lutherischen *simul*.[16] Als Ausdruck des „*De profundis*" hat dann auch die trinitarische Deutung ihre tiefe Berechtigung: In der Hinwendung zum dreieinigen Gott „wird das Kyrie zum umfassenden Erbarmungsruf der gesamten Schöpfung, der ... die gänzliche Verlorenheit dieser Welt bekennt und dabei bereits um die Erlösung weiß. So wird das Kyrie als Bittruf zugleich zum Glaubenslied und auch zum Lobgesang."[17] Das Kyrie als Doxologie: *Gloria in excelsis!*

Geglaubte Gottesherrschaft ...

Es wird im Kyrie geglaubt und bekannt, gelobt und herbei gefleht, was schon längst ist und doch noch vielfach verborgen im Gegenteil: Gottes Herrschaft in der Weltwirklichkeit. In seiner „Fastenpostille" von 1525 zur Perikope von der kanaanäischen Frau verweist Luther auf diesen Widerspruch des im Nein verborgenen Ja Gottes: Denn Jesu harsch zurückweisende Antworten an die Frau „lauten allerdings stärker nach nein als nach ja, – und ist dennoch mehr ja drinnen als nein. Ja, es ist sogar lauter ja drin, aber gar tief und heimlich; und der Schein weist auf lauter nein."[18] Geglaubte Gottesherrschaft gegen allen Augenschein: dass Gott der Herr ist, der Himmel und Erde geschaffen hat, das wird im Kyrie öffentlich bekannt. Anders lässt sich Gottesherrschaft und Weltwirklichkeit nicht zusammensprechen als unter diesem Vorzeichen.

... in der Weltwirklichkeit

Könnten wir das Potential der alten Litaneien und „Leisen" für uns neu entdecken? Das *Kyrie eleison* als elementare Grundform des Herzensgebetes, als liturgisch verdichtete Form einer geistlichen Lebenshaltung? Gottesherrschaft und Weltwirklichkeit mit dem Kommen und Gehen des Atems, betend und singend, klagend und lobend immer wieder ‚miteinander versprechen': Ich freue mich am Spiel der Kinder und lobe Gott für die Größe seiner Herrlichkeit, die an ihnen sichtbar wird (Ps 8): *Kyrie eleison!* Ich sehe die Obdachlose sitzen vor der Einkaufspassage und versuche, in ihrem Gesicht das Antlitz Jesu zu entdecken (Mt

---

16 Nicol, Weg im Geheimnis (Anm. 4), 23 u.55. AaO., 33: „Schon in der Liturgiegeschichte selbst griff man zu problematischen Mitteln, um den tradierten Weg im Geheimnis leichter begehbar zu machen."
17 Müller, Ordinarium (Anm. 7), 22. Vgl. Nicol, Weg im Geheimnis (Anm. 4), 132ff. u.ö.
18 Predigt zu Mt 15,21–28 aus Luthers „Fastenpostille" 1525, zit. nach Erwin Mühlhaupt (Hg.), Martin Luthers Evangelienauslegung, Bd. 2, Göttingen ⁴1973, 510.

25,31–46): *Christe eleison!* Die täglichen Nachrichten von Krieg und Terror drohen mein Beten und Handeln zu lähmen – und ich will doch glauben, dass der Geist meiner Schwachheit aufhilft und uns vor Gott vertritt „mit unaussprechlichem Seufzen" (Röm 8,26f.): *Kyrie eleison!* Das Kyrie kann die Gemeinde anleiten zu einer Lebenshaltung geistlicher Achtsamkeit, die die Welt wie mich selbst mit aller Schönheit und ihren Abgründen aufmerksam wahrnimmt und Gottes Herrschaft in sie hinein glaubt und bekennt. Karl Ferdinand Müller, mit dem Pathos seiner Zeit: „Mit dem Kyrie eleison singen wir uns durch unser Leben und mit dem Kyrie treten wir schließlich vor Gottes Thron. Nur mit dem Kyrie im Herzen und auf den Lippen begleitet uns Gottes Barmherzigkeit."[19]

Haltung und Gestaltung

Liturgen und Predigerinnen können sich und der Gemeinde zu einer neuen Kyrie-Haltung verhelfen, indem sie seiner Gestaltung – wie der ganzen Liturgie – Aufmerksamkeit und Sorgfalt widmen und zu liturgischem Verstehen und Handeln anleiten. Warum nicht eine Gottesdienstreihe zu den liturgischen Stücken, jeweils verbunden mit einem passenden Predigttext?[20] Oder wir gehen auf Spurensuche in der Alltagswelt, in Film- oder Popkultur – z. B. mit dem Welthit „Kyrie" der amerikanischen Pop/Rock-Band Mr. Mister von 1985, der mit seinem Ohrwurm-Refrain durchaus Züge einer Kyrie-Alltagsspiritualität trägt.

Die Stimmpädagogin im Nürnberger Predigerseminar, Susanne Schrage, fragte eine Gruppe Vikarinnen: „Woran denken Sie, wenn Sie das Kyrie singen?" „Dass ich den richtigen Ton treffe", kam die spontane Antwort. Für die Ausbildung ist das oft eine ernste Herausforderung. Tatsächlich aber geht es um mehr als die passende Tonhöhe: Den „richtigen Ton" treffe ich, wenn ich in die angemessene Haltung finde und präsent bin in dem, was ich tue. „Wenn Sie wissen, *was* Sie da *von wem* erbitten, dann treffen Sie auch den richtigen Ton" – war sinngemäß die Erwiderung der Dozentin. Mit Thomas Kabel geschieht der Kyrieruf eben „nicht kleinlaut, klagend oder nörgelnd-depressiv, sondern in Verbindung dieser Bitte mit einem starken, trotzigen Bekenntnis. … So wage ich dieses trotzige Gebet."[21]

Versteht die *Gemeinde*, was sie da singt? Das fängt schon beim Griechischen an, das sich durch alle Sprachumbrüche hindurch bis heute erhalten hat. Und wie

---

19 Müller, Ordinarium (Anm. 7), 22.
20 Vgl. exemplarisch: Hans-Christoph Schmidt-Lauber/Manfred Seitz (Hg.), Der Gottesdienst. Grundlagen und Predigthilfen zu den liturgischen Stücken, Stuttgart 1992; darin: Werner Horn, Kyrie, 76–85.
21 Thomas Kabel, Handbuch Liturgische Präsenz. Zur praktischen Inszenierung des Gottesdienstes, Bd. 1, Gütersloh 2002, 206.

könnte sie besser in die Haltung der Anrufung geführt werden, die direkt ins Gloria führt? Mit Michael Meyer-Blanck erfolgt hier auf dem Weg aus der „Distanz" in die „Nähe" „einer der wichtigsten und größten Schritte im Gottesdienst, derjenige von der dritten in die zweite Person, von der proklamatorischen Rede *über* Gott zur Zwiesprache *mit* Gott. ... Mit dem ‚Du' setzt die Gemeinde eine andere Realität."[22]

Schließlich bieten EG und EGb zahlreiche Gestaltungsmöglichkeiten, die das Ordinarium des Kyrie erhalten und zugleich je nach Kirchenjahr und Sonntagsproprium variieren. Verschiedene Varianten können einzelne Aspekte verstärken und andere zurücktreten lassen, z.B. als „entfaltetes Kyrie" (EGb, 520–527). Eine Kyrie-Litanei am Anfang kann das Fürbittengebet im Sendungsteil entfallen lassen oder selbst dorthin – an seinen ursprünglichen Ort – rücken. Insgesamt bietet allein das EG (178.1–14) vierzehn Kyriefassungen an, von Gregorianik bis Taizé oder Peter Janssens. Dazu kommt eine Vielzahl neuer Vertonungen, von Eugen Eckerts „Meine engen Grenzen" bis zu Clemens Bittlingers Abendmahls-Kyrie „Ich bin das Brot", das sich auch gut als Kyrielied zur Mahlfeier singen lässt.[23]

Gottesherrschaft in der Weltwirklichkeit, ob sonntags oder mitten im Alltag: „Dann wird das Kyrie für den Christen zu dem innigsten und zugleich erhabensten Lied seines Lebens"[24], wenn wir anfangen und den *Kyrios* neu in unsere Welt hinein singen, beten, glauben und loben.

---

22 Michael Meyer-Blanck, Inszenierung des Evangeliums. Ein kurzer Gang durch den Sonntagsgottesdienst nach der Erneuerten Agende, Göttingen 1997, 68f.; vgl. ders., Gottesdienstlehre (Anm. 6), 418f.
23 Kommt atmet auf. Liederheft für die Gemeinde, Gottesdienst-Institut Nürnberg 2011 (KAA), 083 bzw. 096.
24 Müller, Ordinarium (Anm. 7), 22.

Peter Bubmann

Gloria
Ein Weihnachtslied fürs ganze Jahr

Im Lobgesang sind wir uns selbst voraus – da tönt Himmlisches herein und klingt Gottes zukünftiges Reich an, wie es in Gottes Menschwerdung in die Welt kam und zugleich noch auf uns wartet. Deshalb singen wir auch mitten im Sommer den weihnachtlichen Engelsgruß als ‚hymnus angelicus': „Ehre sei Gott in der Höhe und Friede den Menschen seines Wohlgefallens" (Lk 2,14).

Vielleicht waren es diese Sehnsuchtsklänge einer anderen Welt des Friedens und der Versöhnung, die mich schon als Kind das Gloria gerne singen ließen: Immer wieder in der Fassung des Liedes „Allein Gott in Höh' sei Ehr" (EG 179), meist nur mit der ersten Strophe, mit seinen mir damals völlig unverständlichen altertümlichen Sprachwendungen („all Fehd") und der sonderbaren doppelten Verneinung („nimmermehr ... kein Schade"). Als Jugendlicher hätte ich gerne dem tänzerischen Rhythmus, der doch unbedingt flott zu singen ist, mit der Betonung der off-Beats mit Claves oder anderem Schlagwerk auf die Sprünge geholfen. An Festtagen hingegen gab's dann das Straßburger Gloria (EG 180.1), mühsam zwar im ungewohnt gregorianischen Ton, aber archaisch in der Wirkung. Jahrzehnte später als (ökumenisch verbundener) Organist in römisch-katholischen Osternächten: Die langen meditativen Lesungsteile und Psalm-Gesänge in der dunklen Kirche waren verklungen, gerade der Osterruf „Christus ist erstanden" vom Priester intoniert und von der Gemeinde beantwortet. Da hatte ich – der örtlichen Tradition folgend – die ersten Orgeltöne in dieser Auferstehungsliturgie zu intonieren, während die Lichter angingen: brausend-jubelnde Freuden-Klänge, die in einer Bass-Pedal-Durchführung mit Posaunen-Register die über eineinhalb Oktaven reichende Melodie des Trierer Anhangs-Osterliedes anspielten:

> „Dir großer Gott, sei Ehre, und Dank sei dir, o Sohn, durch Himmel, Erd und Meere im hohen Jubelton! Du hast den Sieg errungen, du Held auf Golgotha: Dich preist mit allen Zungen die Welt. Halleluja" (GL alt/Trier, 833 V.1).

Hoch-emotional als schreitender Triumphmarsch komponiert, war es sicherlich für viele Gottesdienstbesucher ein Höhepunkt in der Osternachtsliturgie. Nur der im Kirchenschiff sitzende katholische Liturgiewissenschaftler dürfte kritisch notiert haben, dass es eben doch kein ‚richtiger' Gloria-Gesang war, der hier erklang, eigentlich nicht einmal eine Gloria-Paraphrase ...

„Gott loben, das ist unser Amt."[1]

„Wozu sind wir auf Erden?" – auf diese erste Frage vieler (katholischer) Katechismen hatte der Begründer des Jesuitenordens Ignatius von Loyola geantwortet: „Der Mensch ist geschaffen, um Gott, seinen Herrn, zu loben ..."[2]. In Martin Luthers Kleinem Katechismus findet sich ein Reflex der ökumenisch geteilten Anthropologie des lobenden Menschseins: In der Erläuterung zum ersten Artikel des Glaubensbekenntnisses zählt Luther all die alltäglichen Gaben und Bewahrungen auf, mit denen Gott uns am Leben erhält und schließt: „für all das ich ihm zu danken und zu loben und dafür zu dienen und gehorsam zu sein schuldig bin." Im Sermon von den guten Werken ist das weiter ausgeführt:

> „Nach dem Glauben vermögen wir nichts Größeres tun, denn Gottes Lob, Ehre, Namen preisen, predigen, singen und in allerlei Weise erheben und groß machen."[3]

Solches Loben und Verkündigen erfordert für Luther das gottesdienstliche Singen als Intensivform des Sagens: „davon ich singen und sagen will" (EG 24,1). Das gesungene Gotteslob stellt daher einen notwendigen Grundvollzug christlicher Lebenskunst dar: „Religion drückt sich in Tönen aus."[4] Den Impressionen des Himmels (‚Himmelsklänge') entsprechen die religiösen Expressionen des Lebens (‚Lebenstöne'). Für beides bietet sich Musik an. Daher gilt: Gott klingend und singend loben, das ist unser Amt![5]

Anrufen, Ausrufen & Aufrufen

Im Gloria-Gesang wird Gott angerufen und ausgerufen als einer, der der Welt Gnade und Friede bringt. Man kann den intensiven Lobgesang auch als ‚Herbeirufen' und ‚Aufrufen' Gottes interpretieren, in dem auch ein Rest jenes ma-

---

1 EG 288,5 nach Ps 100.
2 „Creatus est homo ad hunc finem, ut Dominum Deum suum laudet ..." (Exercitia spiritualia St. Ignatii de Loyola, Rom 1753, 37).
3 Martin Luther, Von den guten Werken (1520), WA 6, 217, zit. nach Martin Luther, Ausgewählte Werke, Bd. II, München ³1962, 18.
4 Martin Nicol, Weg im Geheimnis. Plädoyer für den Evangelischen Gottesdienst, Göttingen ³2011, 183.
5 Vgl. Jochen Arnold, „Gott loben, das ist unser Amt". Eine biblisch-reformatorische Besinnung, in: MuK 80 (2010), 400–409.

gischen Herbeisingens steckt, von dem die Musik in vielen Kulten der Welt zeugt. Es liegt etwas Dringliches in diesem Singen: Nun komm schon: „abwend all unsern Jamm'r und Not! Darauf wir uns verlassen" (EG 179,4). Zugleich hat der Gesang eine aufrichtende Wirkung auf die Singenden selbst (und müsste eigentlich im Stehen gesungen werden).

> „Im Hymnus, im Lobgesang, erfährt der Mensch etwas von seiner Bestimmung: aufrecht zu stehen, frei zu atmen und mit Stimme, Denken, Fühlen, Wollen und Sein hinzuweisen auf Den, der ihn gemacht hat – und dies alles zusammen mit dem Menschen neben ihm."[6]

„Erzählen will ich von all seinen Wundern und singen seinem Namen"[7]

Der Gloria-Gesang knüpft an die Weihnachtsbotschaft (Lk 2,14) an, entfaltet danksagend Gottesprädikationen und ruft Christus (das Agnus Dei integrierend) als Versöhner mit der Bitte um Erbarmen an, bevor Elemente des Sanctus den Bogen zur Eucharistie schlagen. Dass dieser altkirchliche Hymnus, der seinen Ort ursprünglich im ostkirchlichen Morgengebet hatte und erst ab dem 5. Jahrhundert in die westliche Messliturgie eingewandert ist, heute im evangelischen Gottesdienst und selbst in der katholischen Messfeier kaum noch in seiner vollständigen Version erklingt – es sei denn in Form einer der großartigen Messvertonungen der Musikgeschichte, mag auch pragmatische Gründe haben und ist dennoch als Verlust zu beklagen (in der katholischen Liturgie gibt es die Tendenz, auf Ein-Strophen-Gloria-Lieder auszuweichen wie „Gott in der Höh sei Preis und Ehr" [GL 464 alt/EG 180.2]). Die Komplexität dieses Hymnus (eigentlich „ein aus mehreren Liedern zusammengesetzter Hymnus"[8]), der aus Akklamationen, Gottesprädikationen, Bitten und doxologischen Formeln besteht, ergibt in der Verbindung mit dem zuvor erklingenden Kyrie-Ruf (und ggf. dem vorlaufenden Introitus-Psalm und Confiteor-Gebet) ein Kompendium spiritueller christlicher Lebenskunst.

Die preußischen Agenden ab Ende des 19. Jahrhunderts meinten allerdings, diesen Weg methodisch in eine bestimmte Logik bringen zu müssen: das Kyrie wurde mit dem Sündenbekenntnis verbunden und dem Gloria ein „Gnadenzuspruch" im Sinne einer Absolutionsformel vorgeschaltet, der es als freudige

---

6 Christa Reich, Evangelium: klingendes Wort. Zur theologischen Bedeutung des Singens, Stuttgart 1997, 27.
7 EG 272.
8 Karl Ferdinand Müller, Das Ordinarium Missae, in: ders./Walter Blankenburg (Hg.), Leiturgia. Handbuch des Evangelischen Gottesdienstes. Zweiter Band: Gestalt und Formen des evangelischen Gottesdienstes. I. Der Hauptgottesdienst, Kassel 1955, 1–44, 28.

Reaktion auf die Heilszusage erscheinen ließ. Das ist in der Liturgiewissenschaft überwiegend ablehnend kommentiert worden.

> „Kyrie und Gloria stehen wie zwei erratische Blöcke nebeneinander, die das geheimnisvolle Ereignis der Rechtfertigung widerspiegeln ohne jeglichen Versuch, das Geheimnis im Sinn eines Sündenbekenntnisses mit nachfolgender Gnadenverkündigung rationalisieren zu wollen."[9]

Positiv würdigt mit konkreten Formulierungsvorschlägen diese Form hingegen Jochen Arnold.[10] Er schlägt auch Erweiterungen von Gloria-Strophen um Psalmverse oder mehrere Lobpreislieder am Stück vor und erinnert (mit dem Evangelischen Gottesdienstbuch) an die Möglichkeit, das Gloria erst nach dem Abendmahl oder am Ende des Gottesdienstes zu platzieren. Hierfür plädiert auch Wolfgang Bretschneider, der den Eingangsteil insgesamt für „überladen" hält und wegen dieser „Überfrachtung" befürchtet, dass das Gloria nur mehr selten seine Wirkung entfalten kann.[11]

Nun ließe sich allerdings von den boomenden Praise-Musik-Szenen lernen, dass längere Anrufungsteile mit mehreren Gesängen durchaus Zuspruch finden können. Wobei die traditionelle Abfolge von Psalm, Kyrie und Gloria deutlich mehr theologische Substanz und spirituelle Vielfalt bietet als die meisten Kompilationen von aktuellen charismatischen Praise-Songs …

In der römisch-katholischen Liturgie gelten die Ordinariums-Gesänge und damit auch das Gloria deswegen als unverzichtbar.

> „Ihnen kommt im jeweiligen Kontext eine zentrale theologische Funktion zu, sodass ein Ersatz nur im Ausnahmefall akzeptabel ist. Das Gloria als ‚große Doxologie' darf nicht gegen ein beliebiges Kirchenlied ausgetauscht werden […]."[12]

Das sieht das Evangelische Gottesdienstbuch deutlich gelassener und ermöglicht Schwerpunktsetzungen, so dass einmal Kyrie, ein anderes Mal auch das Gloria wegfallen oder intensiviert werden können (in den Bußzeiten 2.–4. Advent und in der Passionszeit ist das Gloria heute aus liturgischen Gründen bis auf Gründonnerstag nicht vorgesehen und dann auch nicht durch andere Lieder zu ersetzen). Dennoch ist es m. E. empfehlenswert, im Normalfall liturgisch den Weg dieser Ordinariumsgesänge bewusst abzuschreiten. Übrigens ließe sich das

---

9 Friedrich Kalb, Grundriss der Liturgik. Eine Einführung in die Geschichte, Grundsätze und Ordnungen des lutherischen Gottesdienstes, München 1965, 108 f.
10 Jochen Arnold, Was geschieht im Gottesdienst? Zur theologischen Bedeutung des Gottesdienstes und seiner Formen, Göttingen 2010, 87–89.
11 Beide Zitate: Wolfgang Bretschneider, Die verblasste Gloria Dei. Die Gloria-Gesänge im ‚Evangelischen Gesangbuch' und im ‚Gotteslob', in: MuK 80 (2010), 420–427, 420.
12 Benedikt Kranemann, Liturgie – Theologie und Elemente, in: Richard Mailänder/Britta Martini (Hg.), Basiswissen Kirchenmusik. Ein ökumenisches Lehr- und Lernbuch in vier Bänden, Bd. 1 Theologie – Liturgiegesang, Stuttgart 2009, 30–66, 50.

Glorialied EG 179 auch durchaus einmal mit seinen vier Strophen über den ganzen Gottesdienst verteilen (Str. 1 als Gloria-Strophe, Str. 2 als ‚Präfationslied' anstelle der liturgischen Präfation, Str. 3 als Agnus-Lied, Str. 4 als Lied zu den Fürbitten oder als Schlussstrophe des Gottesdienstes).

„... da will ich dir, wenn alles wird wohl klingen, / Lob und Dank singen"[13]

Was erst noch kommt, klingt bereits jetzt an. Das bildet sich in der Struktur des Gloria-Gesangs ab: Er setzt ein mit dem Lobgesang der Engel angesichts des Weihnachtswunders. Diese Akklamation gilt zunächst Gott selbst, dann aber auch den Menschen: „Friede auf Erden"! Und dann setzt die menschliche Antwort ein: „Wir loben, preisn, anbeten dich ..." (in der Fassung von EG 179). Solches Loblied bleibt nicht ohne Folgen. Die Singenden werden verwandelt, umgestimmt und neu eingestimmt auf Gottes gute Lebensordnung.

Neuere Varianten des Gloria unterstreichen im Gefolge einer stärker anthropologisch-existentiellen Theologie diesen Aspekt und holen das Gloria bewusst ‚herab' auf die Erde: „Ich lobe meinen Gott, der aus der Tiefe mich holt, damit ich lebe" – „Ehre sei Gott auf der Erde" (EG 615). Erst am Ende des Refrains dieses Kirchentagsschlagers darf es sein, dass das Lob auch „zum Himmel steigt"; zugleich wird hier – durchaus in lutherischer und zugleich befreiungstheologischer Perspektive – das ‚pro me' stark eingetragen: „damit ich lebe/frei bin". Allerdings kritisiert Wolfgang Bretschneider zu Recht, hier fehlten die christologischen Teile des Gloria.[14] Das Lied kann also nicht dauerhaft das traditionelle Gloria ersetzen.

Ebenso weit entfernt von der trinitarischen Struktur des Originals ist das beliebte Strophenlied bzw. der Singspruch „Ich lobe meinen Gott von ganzem Herzen." (Text nach Ps 9,2f.; Melodie: Claude Fraysse, Original: „Je louerai l'Eternel"; EG 272, dreistrophig im Liederheft „Kommt, atmet auf" 02). In der deutschen Übersetzung geht übrigens die futurische Form der Verben aus dem französischen Original verloren und damit eine mögliche eschatologische Deutung des Gotteslobs, das eben immer schon etwas von der zukünftigen Herrlichkeit vorwegnimmt (anders im Kehrvers von EG 615: „die Menschen werden singen, bis das Lied zum Himmel steigt"). Natürlich ist der Singspruch mit der starken Betonung des singenden „Ich" weit weg von der gemeindlichen Wir-Verbundenheit des traditionellen Gloria-Textes. Dennoch wäre eine Kombination beider Varianten denkbar und damit eine Verstärkung der persönlichen Bekenntnisdimension des Gloria: Der Singspruch als antiphonale Refrain-Stro-

---

13 EG 81,11.
14 Vgl. Bretschneider, Die verblasste Gloria (Anm. 11), 420.

phe der Gemeinde, zwischen die die vier Teile des Straßburger Gloria (EG 180.1) durch eine Schola intoniert werden.

„Dich, Gott Vater auf dem Thron, / loben Große, loben Kleine" (EG 331,5)

Das Gloria gehört der Gemeinde, nicht nur einzelnen. Es war eine Fehlentwicklung, dass im Mittelalter das Gloria allein den Klerikern und Klerikerchören vorbehalten war. Noch heute steht es in der römischen Liturgie alleine den Priestern zu, den Anfang des Gloria-Gesangs zu intonieren (ursprünglich allein dem Papst, später dann den Bischöfen und Priestern). Die evangelische Normalform des Gottesdienstes bietet häufig eine Doppelung des liturgischen Rufes „Ehre sei Gott in der Höhe" (mit der Antwort der Gemeinde) durch die darauffolgende Wiederholung des Textes im Gemeindegesang nach EG 179,1. Ob diese sonderbare Verdoppelung liturgisch wirklich Sinn macht, darf mit Fug und Recht kritisch hinterfragt werden. Eigentlich müsste auf die deutsch-gregorianische Intonation „Ehre sei Gott..." dann sofort Str. 2 des Liedes EG 179 folgen!

Lob des Originals

Gegenüber den neueren Lobliedern sind es in der Sprachstruktur des traditionellen Gloria-Textes folgende Elemente, die festhaltenswert erscheinen und als Maßstab für heutige Lieder und liturgische Gestaltungsweisen des Gloriateils dienen können:
- Das Gotteslob ist *trinitarisch* strukturiert: Es betrifft in jedem Fall den „allmächtigen Vater", den „Sohn, der zur rechten des Vaters sitzt", und den „Heiligen Geist".
- Der weihnachtliche Gruß der Engel verbindet sich mit der lobenden Gemeinde zu einem starken *„wir"*: „Wir loben dich ..."
- Ins Gloria fließen *Gottes- und Christusprädikate* und *Akklamationen* ein, die das Proprium des christlichen Gottes bezeichnen: Herr, Himmelskönig, allmächtiger Vater, Herr und Gott, Höchster, Lamm Gottes, Sohn des Vaters, Jesus Christus.
- Zugleich werden zentrale *Prozesse des Heils*, die dieser Gott uns zukommen lässt, angedeutet: „der Du hinwegnimmst die Sünd der Welt"
- Was wiederum zweierlei beim Menschen auslöst: das *Gebet* um Erbarmen („erbarm dich unser") und die *lobende Anrufung Gottes* („du bist allein heilig, du bist allein der Herr ...").

All diesen Kriterien genügt unter den Liedern vor allem das Decius-Lied EG 179 (mit der vierten Ergänzungsstrophe). Sprachlich und theologisch dürfte dies alles gerne aktualisiert werden (etwa im Hinblick auf gendergerechte Sprachformen). Die Liedermacher sind also weiterhin gefordert. Die Grundstruktur jedoch (Wir-Form, bekennende Gottesprädikationen, Heilsbeschreibung, Bittgebet und Anrufungsformeln) ist es wert, weitertradiert und aktualisiert weiterentwickelt zu werden. Solange mir keine überzeugendere Neu-Aktualisierung unterkommt, singe ich also gerne weiterhin sonntäglich mit Freude und beschwingt: „Allein Gott in der Höh' sei Ehr" – damit es auch zukünftig mitten im Sommer zugleich weihnachtlich und österlich zugehen kann ...

Tanja Gojny

Kollektengebet
Artenschutz für eine bedrohte liturgische Spezies?

Vom Aussterben bedroht

Das Kollektengebet hat es nicht leicht: Außerhalb des überschaubaren Kreises der Liturgieprofis weiß kaum jemand, was sich hinter diesem Begriff verbirgt: Selbst Menschen, die einigermaßen christlich sozialisiert sind, vermuten, dass es sich bei diesem Gebet um die gottesdienstliche Bitte um einen vollen Klingelbeutel bzw. um reichhaltige Spenden handelt. Kein Wunder also, dass in Internetbeiträgen zum Begriff zunächst über dieses Missverständnis aufgeklärt wird[1] – und dass im Evangelischen Gottesdienstbuch stattdessen vom ‚Tagesgebet' die Rede ist.[2] Und selbst da, wo in groben Umrissen bekannt ist, dass es sich hierbei um ein „sammelndes, konzentrierendes, zuspitzendes Gebet [handelt], das die Eingangsliturgie abschließt",[3] sieht es nicht gut aus für das Kollektengebet: Mancher Pfarrer und manche Pfarrerin lässt die notwendige dramaturgische Kompetenz vermissen, es so in den Gottesdienstablauf einzubinden, dass es seine liturgischen Aufgaben tatsächlich auch erfüllen kann.[4] Oder Liturgen werfen bei ihrem Bemühen um eine zeitgemäße Diktion unbedacht Sprachschätze der

---

1 Vgl. z. B. https://www.bayern-evangelisch.de/den-glauben-feiern/was-geschieht-in-einem-gottesdienst.php#tab18 [Abruf 20.09.2017].
2 Vgl. Evangelisches Gottesdienstbuch. Agende für die Evangelische Kirche der Union und für die Vereinigte Evangelisch-Lutherische Kirche Deutschland, hg. v. d. Kirchenleitung d. Vereinigten Ev.-Lutherischen Kirche Deutschlands u. i. A. d. Rates von d. Kirchenkanzlei d. Ev. Kirche d. Union, Berlin ⁵2012, 528.
3 Fritz Baltruweit, Das Tagesgebet – sein liturgischer Ort, seine Herkunft und sein Potenzial für den sonntäglichen Gottesdienst und darüber hinaus, in: Jochen Arnold/Fritz Baltruweit/Christine Tergau-Harms (Hg.), Tagesgebete – nicht nur für den Gottesdienst (gemeinsam gottesdienst gestalten, Bd. 4), Hannover 2006, 20–26, 21.
4 Vgl. Martin Nicol, Weg im Geheimnis. Plädoyer für den Evangelischen Gottesdienst, Göttingen ³2011, 46 f.

Tradition über Bord.⁵ Dieses mag damit zusammenhängen, dass dem Kollektengebet kein besonders ‚frisches' Image anhaftet, sondern es häufig als eher formelhaft, lebensfern, streng oder schematisch empfunden wird. Zumindest lassen selbst Liturgiespezialisten, die nicht verdächtig sind, gottesdienstliche Traditionen leichtfertig zu Grabe tragen zu wollen, durchblicken, dass das gemeine Kirchenvolk bisweilen seine Mühen mit dieser Gebetsgattung hat.⁶ Vermutlich ist das angestaubte Image auch einer der Gründe dafür, dass es „zu den bedrohten liturgischen Spezies"⁷ gehört. Es bestehe die Gefahr, dass es verschwindet und ersetzt wird durch ein Eingangsgebet, das auf die Situation der versammelten Gemeinde eingeht, oder durch ein Gebet, das thematisch in die nachfolgende Schriftlesung einführt.⁸ Wenn, wie Martin Nicol diagnostiziert, die liturgische Sprache undeutlich wird, weil „der theologische Sinn und die dramaturgische Funktion einzelner Sequenzen der Liturgie nicht mehr präsent sind"⁹, lohnt sich ein genauerer Blick auf die Bedeutung dieses Gebets.

Sammlung – und Vorbereitung?

Dass das Kollektengebet sprachlich auf lat. ‚colligere', sammeln, zusammenlesen, zurückgeht, erklärt noch nicht erschöpfend, worum es hier geht. Wie Michael Meyer-Blanck bemerkt, ist der „Sinn der Bezeichnung […] nicht ganz klar: Sammelt das Gebet die bisherigen Teile in einem zusammenfassenden Gebet? Oder ist es das Gebet, das dann gesprochen wird, wenn die Gemeinde versammelt ist?"¹⁰ Andere Versuche, den ‚sammelnden' Charakter des Kollektengebets zu erklären, sind, dieses als Bündelung ‚der Gebete der Kirche für die Kirche' oder als Zusammenfassung der Gebete der einzelnen Gemeindeglieder zu einem Gebet zu deuten.¹¹ Gerade um den letztgenannten Aspekt des Kollektengebets deutlich zu machen, erscheint es als sinnvoll, nach dem Gloria Gelegenheit zu einem Gebet in der Stille zu geben – und diese individuellen Gebete dann im Kollektengebet zu ‚sammeln'.¹²

---

5 Vgl. aaO., 199.
6 Vgl. Thomas Klie/Markus J. Langer, Evangelische Liturgie. Ein Leitfaden für Singen und Sprechen im Gottesdienst, Leipzig 2015, 60; Alexander Deeg, Das Kollektengebet. Ein Plädoyer, in: Christian Lehnert (Hg.), „Denn wir wissen nicht, was wir beten sollen …" Über die Kunst des öffentlichen Gebets (Impulse für Liturgie und Gottesdienst, Bd. 1), Leipzig 2014, 38–48, 45.
7 Deeg, Das Kollektengebet (Anm. 6), 38; vgl. 41.
8 AaO., 38. Vgl. Nicol, Weg im Geheimnis (Anm. 4), 47.
9 Nicol, Weg im Geheimnis (Anm. 4), 46.
10 Michael Meyer-Blanck, Gottesdienstlehre, Tübingen 2011, 416.
11 Vgl. Evangelisches Gottesdienstbuch, 39; Deeg, Das Kollektengebet (Anm. 6), 48.
12 Vgl. Deeg, Das Kollektengebet (Anm. 6), 48.

Die Bedeutung des Kollektengebets geht aber über die des ‚Sammelns' hinaus: Es hat auch die Funktion eines „Scharnier[s]"[13]. Es bringt den Eingangsteil der Liturgie, der die Aufgabe hat, einen „Weg aus dem Alltag zum Gebet" zu bahnen[14], zu seinem Abschluss;[15] gleichzeitig leitet es zu den Lesungen über bzw. weist auf „den sich anschließenden Wortgottesdienst"[16] voraus.

Die Konfessionen akzentuieren einmal mehr den sammelnden und einmal mehr den vorausweisenden Charakter des Kollektengebets: Während in der katholischen Tradition v. a. der abschließende Charakter betont wird,[17] ist in einigen reformierten Kirchen das traditionelle Kollektengebet nach dem Vorbild der Gottesdienstpraxis von Johannes Calvin und Martin Bucer durch eine Bitte um ‚Erleuchtung' ersetzt worden.[18] In der Gegenwart zeigt sich in den Gottesdienstagenden unterschiedlicher reformatorischer Kirchen ein Ringen darum, ob es ein traditionelles Kollekten- bzw. Tagesgebet geben soll und/oder ein Gebet um das rechte Hören – etwa in der Presbyterianischen Kirche in den USA oder auch der reformierten Kirche in Deutschland.[19] Auch im Hinblick darauf, wie eng man sich sprachlich an die lateinische Tradition anlehnt, unterscheiden sich die Konfessionen: Während sich z. B. die lutherische Schwedische Kirche diesbezüglich als sehr traditionell erweist, ist die anglikanische ‚Church of England' weniger an einem Anknüpfen an die Originalsprache interessiert.[20]

Traditionelle Form als Chance?

Zu den Grundcharakteristika der „althergebrachte[n], aus der römischen Liturgie vertraute[n] und von Luther übernommene[n] Kollekte"[21] gehört zum einen deren Kürze: Das Gebet umfasst nicht mehr als drei bis vier Sätze. Zum anderen ist es durch eine feste Form bzw. Struktur geprägt, die allerdings im Detail keineswegs immer gleich beschrieben wird: Dabei schwanken die Angaben im Hinblick auf die Anzahl der Teile bzw. Schritte des Gebets zwischen vier und

---

13 AaO., 38; Baltruweit, Das Tagesgebet (Anm. 3), 21; vgl. Nicol, Weg im Geheimnis (Anm. 4), 47.
14 Meyer-Blanck, Gottesdienstlehre (Anm. 10), 420; vgl. aaO., 417.
15 Vgl. aaO., 415; vgl. 420.
16 AaO., 416; vgl. Klie/Langer, Evangelische Liturgie (Anm. 6), 60.
17 Vgl. Paul Galbreath, Between Form and Freedom: The History of the Collect in the Reformed Tradition, in: Bridget Nichols (Hg.), The Collect in the Churches of the Reformation, London 2010, 123–138, 124f.
18 Vgl. aaO., 124–130.
19 Vgl. aaO., 136; vgl. Reformierte Liturgie: Gebete und Ordnungen für die unter dem Wort versammelte Gemeinde, hg. v. Peter Bukowski u. a., Wuppertal 1999, 33f.46.
20 Vgl. Bridget Nichols, Introduction, in: dies. (Hg.), The Collect in the Churches of the Reformation, London 2010, 1–7, 3.
21 Deeg, Das Kollektengebet (Anm. 6), 38.

sechs. Differenzen ergeben sich dadurch, dass z. T. Anrede und Prädikation zu einem Teil zusammengefasst[22] oder einzeln angeführt werden,[23] dass „Gewährungsbitte" und „Zielsatz" als einzelne Schritte gesehen[24] oder zur „Bitte" zusammengefasst werden,[25] und dass das Amen der Gemeinde nach der trinitarischen Schlussformel mitgezählt wird[26] oder nicht.[27] Als Frage drängt sich auf: Stellt diese traditionelle Form eher eine Chance oder eher eine Belastung dar? Alexander Deeg entfaltet in seinem Plädoyer für das Kollektengebet drei Argumente:

Besonders überzeugend erscheint mir das dritte: *„das Kollektengebet als Praxis liturgischer Askese"*[28]. In der Tat wäre es wünschenswert, wenn sich der eine oder die andere Liturg*in von einem Gebet, das das „ganze christliche Leben in 54 Worten"[29] konzentrieren kann, zu mehr Prägnanz anregen ließe. Und: Wer weiß – vielleicht kann ja auch gerade die Kürze eine Brücke bauen zu Sprachgewohnheiten von Menschen, die gewohnt sind, sich bei SMS und Twitter auf 160 bzw. 140 Zeichen zu beschränken. Als Herausforderung bleibt freilich, wie man die durch die Form des Kollektengebets geforderte Verdichtung so gestaltet, dass dieses auch für Gemeindeglieder verstehbar bleibt,[30] die zwar häufig mit kurzen, nicht aber in dieser Weise inhaltlich verdichteten Texten zu tun haben, die man überdies lediglich *hören* kann.

Grundsätzlich leuchtet auch ein, das *„Kollektengebet als Einübung in die Bewegung des liturgischen Betens"* sowie in die Praxis „jedes Beters und jeder Beterin"[31] zu verstehen: Nach dem „Wagnis der Anrede" folgt eine Erinnerung an die Handlungen Gottes, bevor die Bitte an Gott formuliert wird „in der Gewissheit, dass Gott sich durch die Zeiten als Schöpfer und Erhalter, als Richter und Retter erweist". Die Schlussformel, die auch eine doxologische Funktion hat, erinnert an die christologische bzw. trinitarische Grundstruktur christlichen

---

22 Vgl. Klie/Langer, Evangelische Liturgie (Anm. 6), 61
23 Vgl. Meyer-Blanck, Gottesdienstlehre (Anm. 10), 416; Deeg, Das Kollektengebet (Anm. 6), 42; Evangelisches Gottesdienstbuch, 528.
24 Meyer-Blanck, Gottesdienstlehre (Anm. 10), 416; vgl. Klie/Langer, Evangelische Liturgie (Anm. 6), 61.
25 Vgl. Deeg, Das Kollektengebet (Anm. 6), 42; Evangelisches Gottesdienstbuch, 528.
26 Vgl. Meyer-Blanck, Gottesdienstlehre (Anm. 10), 416; Evangelisches Gottesdienstbuch, 528.
27 Vgl. Klie/Langer, Evangelische Liturgie (Anm. 6), 61; Deeg, Das Kollektengebet (Anm. 6), 39, 42.
28 Deeg, Das Kollektengebet (Anm. 6), 45.
29 AaO., 40 (Bezug genommen wird auf ein Kollektengebet von Martin Luther: WA 19, 86f.).
30 Vgl. Alexander Deeg, Zur Sprachgestalt des Kollektengebets, in: Christian Lehnert (Hg.), „Denn wir wissen nicht, was wir beten sollen…". Über die Kunst des öffentlichen Gebets (Impulse für Liturgie und Gottesdienst, Bd. 1), Leipzig 2014, 49–51, 49.
31 Deeg, Das Kollektengebet (Anm. 6), 42.

Betens.³² Die strenge Form bewahrt zudem davor, dass unter der Hand das Gebet den eigentlichen Adressaten aus den Augen verliert und statt Gott letztlich die Gemeinde mit Belehrungen und Ermahnungen adressiert wird.³³

Inwiefern aber tatsächlich von einer *„lebendige[n] Aufnahme liturgischer Tradition"* gesprochen werden kann, ist m.E. zumindest fraglich: Die Hinweise Deegs, dass es „einiger Einübung [bedarf], um die Schönheit und Dichte dieses Gebets schätzen zu lernen"³⁴, dass ein Subjekt- und Situationsbezug oft nur schwer zu erkennen sind und dass es Verstehensschwierigkeiten gibt, verweisen bereits darauf, dass der Traditionsbezug eben längst nicht von allen als sehr *lebendig* empfunden wird. Natürlich lässt sich im Kollektengebet die Erfahrung machen, dass der eigene Glaube „auf den Schultern anderer"³⁵ ruht. Aber andere machen diese Erfahrung nicht – der notwendige Aspekt der Fremdheit von Liturgie kann auch zu einer Barriere werden.

Zu fremd?

Sind Kollektengebete also tatsächlich eine „überaus geeignete Schule für das liturgische Gebet"³⁶? M.E. hängt das von den jeweiligen ‚Schülerinnen und Schülern' ab. (Angehende) Pfarrerinnen und Pfarrer profitieren sicherlich; vielleicht auch Gemeindeglieder, die regelmäßig den Sonntagsgottesdienst besuchen. Und die Gelegenheitsbesucher? Diejenigen, denen sich die Schönheit des traditionellen evangelischen Gottesdienstes nicht so einfach erschließt? Genauso ernst wie die Tradition sollte die Aufgabe genommen werden, die sich durch die Struktur des Kollektengebets selbst stellt: Mitbeten muss *allen* Gemeindegliedern möglich sein!³⁷ Wenn sie am Ende ‚Amen' sagen (sollen) zu einem Gebet, das stellvertretend für sie gesprochen wurde, dann darf der Abstand zu dieser Sprachform nicht zu groß werden. Das gemeinschaftliche Gebet sollte vielleicht wie der Evangelische Gottesdienst insgesamt ein „Weg im Geheimnis" sein. Ein Rätsel darf er auch den Christinnen und Christen, für die die liturgische Sprache (zunächst?) eine Fremdsprache ist, nicht bleiben. Hilfreich sind hier m.E. Versuche, die altehrwürdige Form mit einer vielleicht nicht zeitgeistgemäßen, wohl aber in der heutigen Zeit verständlichen liturgischen Sprache neu zu füllen.³⁸ Sie

---

32 AaO., 42. Auch Meyer-Blanck geht von einer ‚pädagogischen' Wirkung des Kollektengebets aus (vgl. ders., Gottesdienstlehre (Anm. 10), 416f.).
33 Vgl. Deeg, Das Kollektengebet (Anm. 6), 41.
34 AaO., 44.
35 Ebd.
36 AaO., 41.
37 Vgl. Klie/Langer, Evangelische Liturgie (Anm. 6), 59.
38 Vgl. Deeg, Zur Sprachgestalt des Kollektengebets (Anm. 30), 49ff. Deeg nimmt dabei Bezug

können zum ‚Überleben' des Kollektengebets und damit zum Erhalt liturgischer Artenvielfalt beitragen. M. E. ist es aber auch nicht verwerflich, jenseits der traditionsreichen strengen Form nach neuen Gestaltungsmöglichkeiten für das Tagesgebet zu suchen, das der konkreten Situation der betenden Menschen mehr Raum gibt.[39]

---

auf Anton Rotzetter, An der Grenze des Unsagbaren. Für eine zeitgemäße Gebetssprache in der Liturgie, Ostfildern 2002.
39 Vgl. Arnold/Baltruweit/Tergau-Harms (Hg.), Tagesgebete – nicht nur für den Gottesdienst (Anm. 3).

Hanns Kerner

Die gottesdienstliche Lesung zwischen Ideal und Wirklichkeit

„Zwei Lesungen zu hören, womöglich noch zusätzlich einen Predigttext, fällt mir schwer, besonders dann, wenn sie lang sind. Das Aufstehen zum Hören des Evangeliums stört mich meistens und es fällt mir schwer, im Stehen mit Andacht zuzuhören."[1]

Diese persönliche Erfahrung einer Pfarrerin markiert zwei bedeutsame Fragestellungen: Zum einen: Wie werden die gottesdienstlichen Lesungen gehört und aufgenommen? Zum anderen: Welche Haltung ist beim Hören angemessen?

In der Reflexion der Lesungen in ihrer Gemeinde sucht dieselbe Pfarrerin nach Lösungswegen für verbesserte Hörvoraussetzungen. Dabei setzt sie auf einen gestalteten Auftritt des Lektors, der aus der Gemeinde heraustritt, eine Bibel aufs Lesepult legt, diese aufschlägt und dann den Lesungstext ansagt. Mit so einer Gestaltung des Auftritts will sie die Bedeutung der Lesungen herausstreichen und die Aufmerksamkeit erhöhen. Da ihr Kirchenvorstand am Aufstehen der Gemeinde bei der Verlesung des Evangeliums festhalten möchte, vermutet sie, dass dahinter „ein ausgeprägtes Gefühl für die Würde der Verlesung der biblischen Abschnitte"[2] steht.

Stellt man diese individuelle Erfahrung und das Rezept einer Pfarrerin „für einen der wichtigsten und schwersten Teile des Gottesdienstes"[3] in den breiten Kontext empirischer Untersuchungen zum Gottesdienst, so muss zuerst einmal Grundsätzliches über die Stellung der Lesungen im Gottesdienst festgehalten werden. Dazu ziehe ich empirische Studien heran.

---

1 Renate Zilian, Lesungen als symbolische Handlungen, in: Thema: Gottesdienst 17/2001, 33–39, 33.
2 AaO., 34.
3 Thomas Kabel, Übungsbuch Liturgische Präsenz, Gütersloh 2011, 43. Der dort angesprochene, auch bei vielen Gottesdienstbesuchern fehlende oder vorhandene existentielle Bezug zur Bibel spielt bei einer Betrachtung zu den Lesungen eine sehr bedeutsame Rolle. In den folgenden Ausführungen kann darauf aber nicht eingegangen werden.

Problemanzeigen

Auffällig bei der Bayerischen Gottesdienststudie von 2007 war, dass keine und keiner der Befragten – auch der Pfarrer/innen – die gottesdienstlichen Lesungen als für sie persönlich besonders wichtig markiert hat. Vielmehr sind die Lesungen Bestandteil des „Rituals der Kirche"[4], die dazugehören. Ähnlich schreibt Uta Pohl-Patalong als Resümee ihrer empirischen Erhebung: „Offensichtlich sind die biblischen Texte als Element des evangelischen Gottesdienstes deutlich weniger emotional besetzt und/oder provozieren weniger zum Nachdenken und zur eigenen Auseinandersetzung als die Predigt, die Musik und die Liturgie."[5] In den von ihr erhobenen Logiken sind die Lesungen im rituellen Kontext für einige „selbstverständlicher Teil des Gottesdienstes" (131) bzw. „Grundlage des Gottesdienstes" (132). Nur bei den wenigen, bei denen ein starkes existentielles Verhältnis zu biblischen Texten vorhanden ist, wird eine große Erwartung an die Lesungen als „Texte für das Leben" (133) herangetragen und ihnen „Lebensrelevanz" (134) zugeschrieben. Neben der Einordnung der Lesungen als „Bildungsgut" (133) gibt es aber auch die Einschätzung ihrer Bedeutungslosigkeit. Positiv wird gesehen, wenn eine Lesung gut vorgetragen wird. Ähnlich wie bei der eingangs zitierten Pfarrerin werden die Lesungen aber auch als allgemein schwer verständlich eingeordnet, als „Stolpersteine" (135).[6]

Der empirisch festgestellte Befund einer zurückgetretenen Bedeutung der biblischen Lesungen gegenüber Predigt und Musik hat ein ganzes Bündel von Ursachen. Thomas Melzl hat in seiner umfassenden Untersuchung zu den biblischen Lesungen historische, performative und medientheoretische Aspekte aufgewiesen, die als Ursachen für deren gedämpften Stellenwert herangezogen werden müssen.[7] Dies muss hier nicht erneut entfaltet werden.

Auf fünf Sachverhalte weise ich besonders hin:
- Wichtig bei allen Überlegungen zu den biblischen Lesungen ist ein Blick in die evangelische Gottesdienstgeschichte. So war in Zeiten der Aufklärung bis in die zweite Hälfte des 19. Jahrhunderts oft gar keine Lesung vorgesehen,[8] bis in die zweite Hälfte des 20. Jahrhunderts in der Regel eine Lesung (Epistel oder

---

4 Vgl. Hanns Kerner, Der Gottesdienst. Wahrnehmungen aus einer neuen empirischen Untersuchung unter evangelisch Getauften in Bayern, Nürnberg 2007, 14; Jeannett Martin, Mensch – Alltag – Gottesdienst. Bedürfnisse, Rituale und Bedeutungszuschreibungen evangelisch Getaufter in Bayern, Berlin 2007.
5 Uta Pohl-Patalong, Gottesdienst erleben. Empirische Einsichten zum evangelischen Gottesdienst, Stuttgart 2011, 131.
6 Vgl. zum empirischen Befund bei Lesungen auch Thomas Melzl, Die Schriftlesung im Gottesdienst. Eine liturgiewissenschaftliche Betrachtung, Leipzig 2011, 411–425.
7 Vgl. aaO., insbesondere 236 ff.
8 Vgl. Bernhard Bonkhoff, Lesungen, in: Liturgische Blätter 67/2000, 113–115, 114.

Evangelium).⁹ Wie zäh sich solche Prägungen halten, sieht man beispielsweise in denjenigen Regionen in Bayern, in denen nach wie vor die sogenannte alte bayerische Gottesdienstordnung im Gebrauch ist. Für diese Gemeinden ist weiterhin nur eine Lesung vorgesehen¹⁰ und gängige Praxis.

- Es ist ein bezeichnendes Phänomen, dass bei vielen Gottesdiensten, die im Team konzipiert und geplant werden, überhaupt keine biblische Lesung vorkommt. Dies schlägt sich selbst im Evangelischen Gottesdienstbuch nieder, das eigentlich zu drei biblischen Lesungen reizen möchte. In der Liturgie des „Gottesdienstes mit reicheren Interaktionsformen" kann die Lesung auch durch eine Erzählung ersetzt werden.¹¹ Es sagt viel über den existentiellen Bezug zum Bibeltext aus, wenn dieser als für den Gottesdienst entbehrlich eingeschätzt wird.

- Die Form der Markierung der biblischen Lesung als heiliger Text ist in den Gottesdienstordnungen, die in der Tradition der Agende I der VELKD stehen – gelinde gesagt – emotional unterbestimmt; dem Laien drängt sich der Sinn der liturgischen Rahmung nicht auf. Die alten Marker wie: „Vernehmt aus Gottes Wort ..." und: „Dies sind die Worte ... Der Herr segne sie an unseren Seelen durch die Kraft seines Heiligen Geistes und erhalte uns sein heiliges, teures Wort in Ewigkeit" sind ersetzt worden durch eine prosaische Textansage und Rufe, deren Gesang in den meisten Gemeinden nur von einer Minderheit mit vollzogen wird.¹² Um die Texte dennoch als heilige Texte zu markieren, spricht der Lektor – in Ergänzung der agendarischen Vorgaben – in vielen Gemeinden nach der Verlesung: „Dein Wort ist meines Fußes Leuchte und ein Licht auf meinem Weg" oder er nimmt eine Anleihe aus dem katholischen Gottesdienst: „Wort des lebendigen Gottes."

- Es wird oft beklagt, dass die Lesungen nicht angemessen und gut vorgetragen werden. Ein ganzes Bündel von Maßnahmen wird vorgeschlagen und ergriffen, um hier Besserung zu schaffen. Allerdings ist dieses oft als lieblos emp-

---

9 Vgl. z. B. Agende für die Evangelisch-Lutherische Kirche in Bayern. Erster Teil: Die öffentlichen Gottesdienste, Ansbach 1932, 19.
10 Vgl. Evangelisches Gesangbuch. Ausgabe für die Evangelisch-Lutherischen Kirchen in Bayern und Thüringen, München 1995, 1171; Gottesdienst feiern. Gottesdienste an Sonn- und Feiertagen. Ordnungen und liturgische Text, München 2014, G4, 13.
11 Vgl. Evangelisches Gottesdienstbuch. Agende für die Evangelische Kirche der Union und für die Vereinigte Evangelisch-Lutherische Kirche Deutschlands, hg. von der Kirchenleitung der Vereinigten Evangelisch-Lutherischen Kirche Deutschlands und im Auftrag des Rates von der Kirchenkanzlei der Evangelischen Kirche der Union, Berlin u. a. 1999, 227. In der Regel finden z. B. bei GoSpecial, den Nachteulengottesdiensten oder der ThomasMesse keine biblischen Lesungen statt.
12 Die derzeitig weitgehend favorisierte Lösung des Dilemmas um die mangelnde Gemeindebeteiligung bei der Rahmung des Evangeliums, das „Ehre sei dir, Herr" vom Verlesenden und das „Lob sei dir, Christus" als Akklamation der Gemeinde nach der Lesung vorzusehen, löst das Problem nicht wirklich.

fundene Vortragen der biblischen Lesung bereits in sich ein Krisensymptom. Der fehlende existentielle Bezug zum biblischen Text als Gottes Wort drückt sich auch im Vortrag aus.
- Aus der empirischen Gottesdienstforschung ist zu berücksichtigen, dass es verschiedene Typen von Gottesdienstbesuchern gibt. Dabei stehen sich zwei Typen diametral gegenüber: Der rituelle Typ und der Typ, der mit dem „Ritual der Kirche"[13] nichts anfangen kann und will.[14] Berücksichtigt man das, so hat das auch für die Betrachtung der Angemessenheit von biblischen Lesungen im Gottesdienst erhebliche Konsequenzen.

Die genannten, aus dem Problembündel um die biblischen Lesungen im Gottesdienst herausgegriffenen Aspekte fordern zu einer Problemlösung heraus. Aus der Fülle der vorgeschlagenen Lösungswege derer, die sich um ein Starkmachen und eine angemessene Gestaltwerdung der Lesungen bemühen, seien zwei prominente Vorschläge herausgegriffen.

Bevor diese skizziert werden, soll noch auf ein paar Gemeinsamkeiten aufmerksam gemacht werden. Beide Lösungswege gehen davon aus, dass biblische Lesungen ein zentraler Bestandteil des christlichen Gottesdienstes sind.[15] Beide wollen die Lesung im Gottesdienst stärken. Beide wissen um die Verstehensschwierigkeiten mancher Gottesdienstbesucher und -besucherinnen und auch, dass manche überhaupt keine biblische Lesung im Gottesdienst für nötig halten. Beide wollen den Lesungen eine angemessene Stellung im Gottesdienst verschaffen.

---

13 Vgl. Hanns Kerner, Wieviel Ordnung braucht der Sonntagsgottesdienst?, in: ders.: Gottesdienst im Wandel, hg. von Konrad Müller und Thomas Melzl, Leipzig 2015, 133–139. Der hier als ritenkritisch erfasste Typus hat speziell gegen kultrituelle und zeremonielle Formen eine Abneigung.
14 Hilfreich ist die Unterscheidung, dass der rituelle Typus Gottesdienste aus dem „kultrituellen Genre" bevorzugt, der andere epische Formen sucht (vgl. Jens Uhlendorf, Die sinnlichen Qualitäten gottesdienstlicher Spielformen. Vom Kultrituellen und Epischen, in: Hanns Kerner (Hg.), Zwischen Heiligem Drama und Event. Auf dem Weg zu einer zukunftsfähigen Agende, Leipzig 2008, 131–170).
15 Das skizzierte Problem, dass Gottesdienstplanende beispielsweise bei Schul- oder Familiengottesdiensten gar keine Lesung vorsehen, wenn sie die Wahl haben, wird bei beiden außer Acht gelassen.

Präfamina

Der erste Lösungsweg, der seit der Aufklärungszeit immer wieder beschritten wird, liegt im Vorschalten einer Verstehenshilfe für den Lesungstext.[16] Eine vermutete mangelnde oder fehlende Verständlichkeit soll durch Hörhilfen und Erklärungen geheilt werden.[17] Aus den zahlreichen Veröffentlichungen von Präfamina greife ich eine Publikation des Evangelischen Zentrums für Gottesdienst und Kirchenmusik in Hildesheim heraus. Für die Verfasser gehören die Lesungen „untrennbar zur Partitur des Gottesdienstes"[18]. Zentral für ihre Entscheidung, Präfamina zu publizieren, ist der Ausgangspunkt, dass „viele Lesungen ... ungeübten Hörerinnen und Hörern fremd geworden" sind. Die Präfamina „wollen biblische Texte aufschließen. Sie wollen sie ankündigen und verdeutlichen. Zugleich wollen sie Bezüge zur Gegenwart herstellen und neugierig machen. Hör zu: Dieses Evangelium ist auch Deine Gute Nachricht. Dieser Brief ist auch für dich. Und diese Geschichte aus dem Alten Testament hat mit Dir zu tun."[19] Zudem wollen diese Hinführungen „die Partitur des Kirchenjahres neu zum Klingen bringen."[20]

Deutlich wird hier eine Unterordnung der Lesungen unter ein dramaturgisches Prinzip. Wie bei allen, die ein Präfamen favorisieren, wird bewusst in Kauf genommen, dass das Hören der Gottesdienstgemeinde auf die jeweils genannten Aspekte des Textes gerichtet wird, und andere Facetten des Textes für die Hörenden zurücktreten. Die Befürworter von Präfamina wissen auch, dass sie durch die Homiletisierung und Pädagogisierung den Text als einen markieren, der rational verstanden werden soll. Der Bibeltext wird nicht als heiliger, sondern als kanonischer Text inszeniert.[21] Die intendierte Haltung der Hörenden ist die von Lernenden, welche die Schrift im Sinne des Vortragenden verstehen sollen.

Es scheint insgesamt, dass bei der Planung und Durchführung der gottesdienstlichen Lesung primär diejenigen im Blick sind, die keine geistliche Praxis im Umgang mit der Bibel und auch keine regelmäßige gottesdienstliche Hörpraxis haben. Es ist vorwiegend derjenige aus den empirischen Untersuchungen erhobene Typus im Blick, der mit den Riten der Kirche nichts anfangen kann

---

16 Vgl. Melzl, Die Schriftlesung (Anm. 6), 108–113.
17 Zur Begründung vgl. z. B. Karl-Heinrich Bieritz, Lesungen, in: Hans-Christoph Schmidt-Lauber/Manfred Seitz (Hg.), Der Gottesdienst. Grundlagen und Predigthilfen zu den liturgischen Stücken, Stuttgart 1992, 106–116, 112.
18 Fritz Baltruweit/Jan von Lingen/Christine Tergau-Harms, Hinführungen zu den biblischen Lesungen im Gottesdienst (gemeinsam gottesdienst gestalten 1), Hannover 2004, 8.
19 Ebd.
20 AaO., 9. Großer Wert wird auch auf die innere Vorbereitung der Lesenden gelegt und es werden von Thomas Hirsch-Hüffell entsprechende Hilfestellungen und Impulse gegeben (174–183).
21 Vgl. Melzl, Die Schriftlesungen (Anm. 6), 90ff.

oder will. Mit epischen Formen will man den Bedürfnissen und Dispositionen vor allem dieser Gruppierung gerecht werden. Gleichzeitig traut man auch dem ‚Stammpublikum' nur eine begrenzte direkte Auseinandersetzung mit dem biblischen Text zu.

Bibel-Kult

Der zweite Lösungsweg betont das Eigengewicht der Lesungen gegenüber der Predigt und möchte dies in der Liturgie erlebbar machen. So regt Martin Nicol an, dass „in der Praxis ... das Bemühen dahin gehen [müsste], die Worte, Bilder und Geschichten der Bibel in ihrer Würde als ‚Heilige Schrift' nicht nur zu benennen, sondern sinnenfällig werden zu lassen." Der liturgische Gebrauch der Heiligen Schrift „müsste die Gottesrelation der Texte, die da gelesen werden, bis ins zeichensprachliche zum Ausdruck bringen: Im Umgang mit dem Buch, in der Lesehaltung der Lektorin, in Einleitung und Beschluss der Lesung, in der Wahl der Textfassung ...".[22] Inspiriert durch die Hervorhebung der Lesungen, insbesondere der Evangelienlesung in einem eigenen Ritus durch die orthodoxe und die katholische Kirche und den Kultakt um die Verlesung der Tora im jüdischen Synagogengottesdienst schlägt Nicol einen eigenständigen liturgischen Akt zur Wiedergewinnung des „Kultbuch[s] Bibel" im evangelischen Gottesdienst vor. Die Art und Weise, wie derzeit mit dem Buch im Gottesdienst umgegangen wird, entspricht nicht seiner Bedeutung als eigenständiger Akt der Verkündigung. Wenn die Bibel nicht als kanonischer, sondern als heiliger Text zu lesen ist, so muss dies auch durch seine liturgische Gestaltung mit allen Sinnen – in Abgrenzung zur Predigt – wahrnehmbar werden.

Konkret schlägt Nicol eine eigenständige rituelle Gestalt der gottesdienstlichen Lesungssequenz vor. Dazu gehört zuerst einmal, eine eigene, wertige Lesungsbibel anzuschaffen und einen eigenen würdevollen Aufbewahrungsort („Logophoron") vorzusehen. Die Lesungsbibel wird in einem liturgischen Akt vor den Lesungen herbeigebracht und in einem weiteren nach den Lesungen wieder am Aufbewahrungsort platziert.[23]

Anders als die Befürworter von Präfamina geht Nicol von der Selbstwirksamkeit des Wortes aus. Deshalb darf „bei biblischen Lesungen auch Unver-

---

22 Martin Nicol, Weg im Geheimnis. Plädoyer für den Evangelischen Gottesdienst, Göttingen ³2011, 79; vgl. zum Folgenden aaO., 135–161.
23 Leichte Modifikationen und Ergänzungen zu Nicols Vorschlag finden sich bei Alexander Deeg, Heilige Schrift und Gottesdienst. Evangelische Überlegungen zur Bibel in der Liturgie oder: SC 24 als ökumenisches Projekt, in: Alexander Zerfass/Ansgar Franz (Hg.), Wort des lebendigen Gottes. Liturgie und Bibel (PiLi 16), Tübingen 2016, 49–70, 65f., und Melzl, Die Schriftlesungen (Anm. 6), 474f.

standenes bleiben. … Grundsätzlich geschehen die Lesungen der Liturgie in einem Spannungsfeld, und das ist durch zwei Pole konstituiert: Fremdheit und Vertrautheit …"²⁴

Sichtbar wird hier eine rituelle Inszenierung der Lesungen. Anders als bei der Homiletisierung oder Pädagogisierung der Lesungen findet hier eine Liturgisierung statt. Alle Sinne sollen angesprochen werden und die biblischen Texte als heilige Texte ins Herz der Hörenden gebracht werden. Zieht man wieder die Empirie heran, so scheint jetzt primär der rituelle Typ unter den Gottesdienstbesuchern im Blick zu sein. Anders als bei den Verfechtern der Präfamina stehen nicht in erster Linie anthropologische Überlegungen für die getroffenen Entscheidungen im Vordergrund, sondern theologische. Das Bibelwort, das in der gottesdienstlichen Lesung zum Wort Gottes wird, soll auch als solches sichtbar und erfahrbar gemacht werden. Es geht nicht darum, dass jeder jedes biblische Wort versteht, was da verlesen wird, sondern darum, dem Wort Gottes Raum zu geben, damit es ungefiltert seinen Weg ins Herz finden kann. Dazu soll der rituell gestaltet „Bibelkult" beitragen.

Mit dem Dilemma umgehen

Beide skizzierten Lösungswege sind zweifellos in sich schlüssig. Will man jedoch einen Ausgleich zwischen dem pädagogisch-epischen und dem liturgisch-rituellen Modell finden, so muss man sich zuerst eingestehen, dass sie diametral verschieden und nicht synthetisierbar sind. Man muss sich also entscheiden. Will man aber in der gottesdienstlichen Gemeindepraxis Veränderungen vornehmen, so ist es wichtig, sich einzugestehen, dass sich in der Gestaltung der Lesungssequenz die „Differenz zwischen theologisch begründetem Ideal und praktisch gelebter Wirklichkeit"²⁵ in der Mehrzahl der Gemeindegottesdienste überdeutlich zeigt. Zudem steht die Frage im Raum, ob die beiden hier aufgezeigten unterschiedlichen Typen von Gottesdiensten und Gottesdienstbesuchern im Blick auf künftige Lösungen zusammengeführt werden können. Sich nur auf einen der beiden Typen zu fokussieren, wäre wenig zielführend und würde auch

---

24 Nicol, Weg im Geheimnis (Anm. 22), 154.
25 Martin Klöckener, „Von größtem Gewicht für die Liturgiefeier ist die Heilige Schrift" (SC 24). Kritische Bestandsaufnahme zu einem Grundanliegen des Konzils, in: Zerfass/Franz (Hg.), Wort des lebendigen Gottes (Anm. 23), 21–48, 48. Martin Klöckener macht diese Aussage bezüglich der Differenz zwischen den Aussagen in Artikel 24 der Liturgiekonstitution „Sacrosanctum Concilium" des Zweiten Vatikanischen Konzils und der pastoralliturgischen Praxis der katholischen Kirche. Für die evangelische Kirche ist die Differenz zwischen theologischem Ideal und gottesdienstlicher Praxis noch höher anzusetzen.

eine Aufgabe des für die gesamte Gemeinde konzipierten Gottesdienstes am Sonntagvormittag bedeuten.

Eine Zielvorstellung kann in der Praxis nur mit der nötigen Gelassenheit und Beharrlichkeit erreicht werden. Mir erscheint bei der Gestaltung und Durchführung der biblischen Lesungen der Weg der kleinen Schritte angebracht und zielführend.

Mit der Umsetzung der folgenden Vorschläge, die keineswegs neu sind, wäre meines Erachtens schon viel gewonnen:

- Ein würdiger Umgang mit dem Buch, aus dem gelesen wird, sollte selbstverständlich sein. Das beginnt mit dem Herantreten des Lektors zum Leseort, umfasst den Leseakt und dessen Rahmung und endet erst, wenn der Lesende wieder an seinem Platz ist. Dabei ist jeder Anschein des Unvorbereiteten – wie z. B. das Blättern auf der Suche nach dem Lesungstext – oder des Beliebigen zu vermeiden.[26]
- Die Texte werden aus einem Buch und nicht von einem Zettel, nicht aus einem Ringbuch und auch nicht aus einem elektronischen Gerät gelesen.
- Essentiell ist eine dem Text als heiligem Text in der Lesung entsprechende von der Gemeinde mitvollziehbare Gestaltung der Sprach- oder Singstücke vor und nach der Lesung.
- Bei der Ansage des Bibeltextes sollte ein Kontakt zur Gemeinde hergestellt werden, der kaum eintritt, wenn man dabei in das Buch schaut.
- Die Aufmerksamkeit sollte nicht durch eine andere Person von dem Lesenden abgezogen werden, beispielsweise durch einen Pfarrer, der während der Lesung am Altar stehen bleibt.
- Bei agendarischen Gottesdiensten sollte wegen der rituellen Prägung so weit wie möglich auf Präfamina verzichtet werden. Epische Sprachformen sind im Zusammenhang mit den Lesungen zu vermeiden.
- Die praktizierten rituellen Formen sind daraufhin zu befragen, ob sie auch von denjenigen ohne große Widerstände mit vollzogen werden können, die gegenüber überkommenen Riten kritisch eingestellt sind.[27]
- Hilfreich können verbale Textmarker sein, die einen stärker segnenden Aspekt des Gotteswortes zum Ausdruck bringen.
- Das Lesen will gelernt sein. Das richtige Lesen und Sprechen fällt nicht vom Himmel. Das Vorlesen vor einer versammelten Gemeinde ist ein Lernfeld, in dem vieles geübt sein muss, sei es die Lautstärke, die Modulation, die Atmung oder die Pausen. Empfehlenswert sind auch Übungen in liturgischer Präsenz.

---

26 Vgl. Kabel, Übungsbuch (Anm. 3), 46f.
27 Dabei ist immer zu beachten, dass sämtliche Änderungen, die das Ziel haben, Hindernisse abzubauen, sich mit dem Bibeltext auseinandersetzen zu können oder diesen ins rechte Licht zu rücken, auch wieder neue Hürden aufbauen können.

- Die Lesenden sollten sich mit den jeweiligen Lesetexten vertraut gemacht haben. Über das Lesetechnische hinaus ist eine persönliche Erschießung der Texte für den Vortrag hilfreich.
- Eine Lesung ist eine Lesung.

Diese wenigen Hinweise sind wesentliche Bausteine auf dem Weg zu dem Ziel, dass der biblische Text in der Lesung flächendeckend als heiliger und sinntragender Text wahr- und aufgenommen wird.

Jochen Kaiser

Wochenlied/Lied des Tages
Das Proprium in Klanggestalt

„Ich habe die Absicht, nach dem Beispiel der alten Väter der Kirche deutsche Psalmen für das Volk zu schaffen, das heißt geistliche Lieder, damit das Wort Gottes auch durch den Gesang unter den Leuten bleibt. Wir suchen daher überall Dichter. […] Ich möchte aber, daß neue und nur am Hofe gangbare Worte nicht verwendet werden, damit nach dem Fassungsvermögen des Volkes möglichst einfältige und ganz gewöhnliche Worte gesungen werden, die doch zugleich rein und passend sind. Weiter soll der Sinn klar sein und den Psalmen so nahe wie möglich stehen. Es muß hier daher frei verfahren werden: man muß den Sinn beibehalten, die Worte fahren lassen und durch andere geeignete Worte ersetzen."[1]

Dieser bekannte Briefausschnitt, den Martin Luther Ende 1523 an Georg Spalatin schrieb, offenbart die Idee der deutschsprachigen geistlichen Lieder: Gottes Wort soll auch durch Gesang unter den Leuten bleiben. Dabei greift Luther, wie er selbst schreibt, auf das Beispiel der „alten Väter" zurück und will die Texte sinngemäß den Psalmen entnehmen. Wichtig ist Luther, dass das Fassungsvermögen des Volkes berücksichtigt wird, die Worte also einfältig und gewöhnlich sein sollen, trotzdem rein und passend.

So einleuchtend die Qualitätskriterien sind, die Luther an neu zu schaffende Lieder legt: verständlich und zeitgemäß, so unbefriedigend sind sie doch aus musikalischer Sicht. Die geistlichen Lieder werden eher als Texte, denn als Lieder beschrieben. Zwar schätzt Luther den Gesang als Mittel, damit das Wort Gottes unter den Leuten bleibt, aber die ‚Vorherrschaft' soll eben doch das Wort haben. Es scheint ein ewiger Kampf zwischen Wort und Melodie zu sein, denn schon der Kirchenvater Augustinus rang mit der „sinnlichen Lust, wie sie durch die Ohren auf uns eindringt", und den Worten, die wichtiger sind und doch durch den lieblichen Klang geschulter Stimmen in besonderer Weise beseelt werden.[2]

---

1 Martin Luther, Die Briefe, Göttingen ²1983, 137.
2 Vgl. Augustinus, Des heiligen Kirchenvaters Aurelius Augustinus Bekenntnisse. Aus dem Lateinischen übersetzt von Dr. Alfred Hofmann (Bibliothek der Kirchenväter, 1. Reihe, Band 18; Augustinus Band VII), München 1914, X. Buch, Kapitel 33. http://www.unifr.ch/bkv/kapitel72-32.htm [Abruf 11.10.2017].

Verbindungen zwischen Liedtexten, biblischen Texten des jeweiligen Sonntags und dem Kirchenjahr gab es wohl schon seit den Anfängen der Entwicklung des Kirchenjahres, also vermutlich seit dem 4. oder 5. Jahrhundert. Mit der Reformation und dem Einsatz der Lieder als emotionales Vermittlungsgeschehen des Glaubens sind Lieder in bewusster Korrespondenz zu Psalmen und Evangelien entstanden. Gesangbücher des 17. Jahrhunderts wie Johann Crügers „Praxis pietatis melica" listen zu jedem Sonntag(-sevangelium) das passende Lied auf. Passend bedeutet auch hier, dass der Liedtext mit dem Evangelium korrespondieren soll. Natürlich waren die Musiker und Komponisten der damaligen Zeit eng mit der Bibel und dem Gottesdienst verbunden, sodass sie in die Töne eine affektive Ebene einziehen konnten, die das ganzheitliche Verstehen förderte.

Diese Liederkataloge, die das Evangelium des Sonntags in die Herzen der Gemeinde tragen sollten, können als Vorläufer der Wochenlieder angesehen werden. Um die Wochenlieder als Proprium des jeweiligen Sonntages soll es in diesem Artikel gehen.

Der Wechsel – Text oder Melodie

Die Unterscheidung Proprium – das „Eigene" und damit das Wechselnde des Sonntags – und Ordinarium – das „Gewöhnliche" und damit das Gleichbleibende aller Sonntage – ist eine alte Unterscheidung, die sich im Evangelischen Gottesdienstbuch in etwas anderer Form findet, denn es wird dort deutlich, dass es um die Texte geht, die gleichbleiben oder wechseln. Da das Evangelische Gottesdienstbuch eine neue Form der Agende darstellt, ist diese Unterscheidung eigentlich obsolet, insbesondere, wenn es um den Gottesdienst als Aufführung des Evangeliums und des Glaubens geht. Die neue Form der Agende hat eine „stabile Grundstruktur, die vielfältige Gestaltungsmöglichkeiten offen hält."[3] Ein Wochenlied – welches ursprünglich zu den wechselnden Teilen des Gottesdienstes gehört – soll jede Woche erklingen, ebenso wie ein Kyrie eleison – ursprünglich ein Ordinariumsgesang. Wochenlieder wechseln jede Woche, aber auch für das Kyrie stehen allein im Evangelischen Gesangbuch 14 verschiedene Fassungen. Der Wechsel – wenn von dem Wechsel der Sprache, Griechisch oder Deutsch, abgesehen wird – betrifft nur die Melodien, denn diese sind vielfältig wie die Melodien der Wochenlieder.

---

3 Evangelisches Gottesdienstbuch. Agende für die Evangelische Kirche der Union und für die Vereinigte Evangelisch-Lutherische Kirche Deutschlands, Berlin ²2001, 15.

Das Wochenlied als Kernbestand evangelischen Glaubens und Singens

Die erste Wochenlied-Reihe (= De-tempore Liedreihe) wurde im Zusammenhang mit der bekennenden Kirche im Jahr 1934 entwickelt, 1947–48 und 1978 überarbeitet und ist gerade wieder im Zusammenhang mit den Perikopen einer Revision unterworfen.

Zwei Motive scheinen im Vordergrund einer „verordneten" Liederliste zu stehen: Der „wahre" evangelische Glaube soll erklingen und ein bestimmtes Repertoire evangelischer Lieder soll gebildet werden. In der Vielfalt der Glaubensausdrücke evangelischer Provenienz sollen diese Lieder eine Einheit herstellen, ein Heimatgefühl in verschiedenen Gottesdiensten vermitteln und die Bekenntnisse des Glaubens trotz vieler Farben zusammenhalten. Ab der Revision des Jahres 1978 sind häufig zwei Lieder vorgeschlagen, die in ihren Texten unterschiedliche Aspekte des Sonntags aufnehmen. Nach wie vor ist eine Dominanz alter Lieder, besonders aus der Reformationszeit (1949 ca. 63 % und 1978 ca. 50 %) zu erkennen.[4] Dies bestätigt, dass es um den Ausdruck bewährten evangelischen Glaubens geht. Das ist einerseits einleuchtend, denn diese alten Lieder haben die Zeiten ‚überlebt' und wurden durch die Jahrhunderte gesungen. Doch andererseits wird damit eine gewisse Rückwärtsgewandtheit festgeschrieben. Somit steht die Frage im Raum, wie das Verhältnis von bewährten und aktuellen, von alten und neuen Liedern und darin von überkommenen Glaubensbekenntnissen und gegenwärtigem Glaubensausdruck zu bestimmen ist.

Empirische Hymnologie – vom „Was" zum „Wie"

Das faszinierende des Singens liegt wohl auch darin, dass im selbstproduzierten Sound, Körper und Geist in Schwingungen geraten. Dadurch wird eher unsere Stimmung beeinflusst als das Verstehen religiöser Botschaften angeregt. Die empirische Hymnologie zeigt, dass das Erleben des Singens[5] die Frage nach alten oder neuen Liedern insofern überwindet, weil es eher auf die Art und Weise des Singens ankommt: Das Tempo und die Klangfarbe, der Rhythmus und die Lautstärke, das stehende und angeleitete Singen beeinflussen die Wahrnehmung der Singenden und Hörenden weit mehr, als das korrekt formulierte Glaubensdogma des Textes.

---

4 Vgl. Hans-Christian Drömann, Der revidierte Wochenliedplan, in: JLH 22 (1978), 186–195, 193.
5 Vgl. Jochen Kaiser, Singen in Gemeinschaft als ästhetische Kommunikation. Eine ethnographische Studie, Wiesbaden 2017.

Erleben statt Beurteilen

Ziel des Singens im Gottesdienst sollte sein, die Teilnehmenden (aktiv) in das gottesdienstliche Geschehen einzubinden. Die Haltung im Gottesdienst ist immer wieder und immer noch geprägt von einer eher distanziert beobachtenden Einstellung, die die Glaubensbotschaft zu verstehen sucht. Die leitende Frage ist: Was kann ich aus diesem Gottesdienst für mein Leben mitnehmen? Das Wochenlied und alle anderen Lieder können in diese Frage einbezogen werden, doch haben besonders gesungene Gesänge das Potenzial, den konkreten Augenblick als erfüllte Gegenwart aufleuchten zu lassen. Dadurch werden die Singenden aus der beobachtenden und beurteilenden Einstellung – sie hören die fröhliche Musik, doch das hat nichts mit ihrer Stimmung zu tun – in eine erlebende geführt, die sie nicht nur distanziert beobachten lässt, sondern ihre Stimmung ändert, sodass sie mit den Traurigen weinen und mit den Fröhlichen lachen können.

Verbindungen zwischen Wochenlied und Texten des Sonntages

Nun sollte hier nicht der Eindruck erweckt werden, dass der Liedtext überflüssig wäre. Als einleuchtende Verbindung zu den Texten des Sonntages hat er besonders in einer nachdenkenden Haltung, am Schreibtisch sitzend, eine gewisse Dominanz. Sobald das Lied erklingt, also Melodie und Text amalgiert in der Zeit entstehen und verklingen, überwiegt der Sound und das rationale Textverständnis ist eingeschränkt.

Das Wochenlied wird zwischen Epistel und Evangelium gesungen, es hat, wie Hans-Christian Drömann bemerkt,[6] eine Klammerfunktion für die beiden biblischen Lesungen, wobei das Lied textlich stärker auf das Evangelium bezogen und zusätzlich ins Kirchenjahr – was besonders für die Festzeiten gilt – eingebunden ist. Das Wochenlied emotionalisiert mit Klang, Text, Performance und Atmosphäre die biblischen Lesungen, die das Thema des Gottesdienstes bestimmen. Die Funktion des Liedes wäre unterschätzt, wenn es einfach als Antwort der Gemeinde auf die Lesungen, aus ihnen Gedanken und Aspekte aufgreifend und vielleicht in Gebetsform wandelnd, verstanden würde. Das Singen dieses Liedes prägt die Stimmung und Atmosphäre des Gottesdienstes. Auch hier ist wieder das ‚Wie' wichtiger als das ‚Was', ist es wünschenswert, von einer distanzierten zu einer erlebenden Einstellung vorzudringen.

---

6 Vgl. Drömann, Wochenliedplan (Anm. 4), 187f.

Auswahlprozess der Lieder

Bisher steht für den Auswahlprozess der Wochenlieder hauptsächlich der Text im Mittelpunkt. Denn dieser soll zum Textraum des Sonntags passen, ihn erweitern, kontrastieren oder bestätigen. Weitere Kriterien, die die Melodien beachten,[7] sind die Singbarkeit, die Bekanntheit, die Beliebtheit bei der Gemeinde und eine möglichst große stilistische Vielfalt an Melodien.

Die Gedanken und Entwicklung dieses Artikels führen zu weiteren Auswahlkriterien. Ohne die textlichen und melodischen Aspekte zu negieren, denn diese sind die ersten Schritte der Auswahl und in gewisser Weise sogar recht objektiv, sollten in der Vorbereitung des Gottesdienstes weitere Kriterien beachtet und entwickelt werden. Auf diese weiteren Kriterien kommt es an, denn sie binden das Wochenlied in die Performance des gottesdienstlichen Geschehens ein. Es sind Kriterien, die das emotionale Erleben der Kommunikation des Evangeliums im Gottesdienst betonen. Es sind Kriterien, die die Beteiligung aller Teilnehmenden benötigen und ein Gefühl affektiver Zusammengehörigkeit auslösen können.

Der Prozess der Liedauswahl wird aufwändiger und komplexer. Die biblischen Texte des Sonntags müssen auf emotionale Episoden untersucht werden. Welche Emotionen werden in den Erzählungen des Alten und Neuen Testamentes beschrieben oder wie fühlen sich die Protagonisten der Geschichten? Dieses Kriterium vernachlässigt die Episteln etwas, insbesondere dann, wenn es um lehrhafte und ethische Texte geht. Die Stimmung und Atmosphäre des Gottesdienstes wird in einigen kurzen Sätzen beschrieben, sodass deutlich wird, ob es ein fröhlicher oder trauriger Gottesdienst sein wird oder ob eine Entwicklung von Trauer zu Fröhlichkeit geschehen soll.

So lautet die zusammenfassende Beschreibung des 1. Advents: „Es herrscht eine festlich jubelnde Stimmung, die zuversichtlich, hoffnungsvoll und die Erlösung erwartend ist. Die Atmosphäre ist geprägt von Palmwedeln und ‚rotem' Teppich, von Jubelgesang und erlösenden Rufen: Der König zieht ein!" Zu dieser Beschreibung passt das Wochenlied „Nun komm der Heiden Heiland" aufgrund seiner dorischen und eher kraftvoll getragenen Melodie nicht ideal. Dieses Lied nimmt eher Bezug auf den Anfang des Advents, die Zeit, in der wir die Geburt des Heilands erwarten. Das zweite Wochenlied „Die Nacht ist vorgedrungen" nimmt den Text der Epistel auf und lässt in der Melodie eine sehnsuchtsvolle Stimmung erklingen, die noch in der Finsternis den Morgen und die aufgehende Sonne erwartet. Die Wochenliedliste der Perikopenrevision 2017 schlägt das Lied „Macht hoch die Tür" vor, das in der Melodie viel eher die festlich, jubelnde Stimmung aufnimmt. Es erklingt die Vorbereitung für den unmittelbar bevor-

---

7 Vgl. aaO., 188.

stehenden Einzug des Königs (wie im Evangelium des 1. Advents zu hören ist). Damit ist eine Harmonie zwischen dem Evangelium und dem Lied „Macht hoch die Tür" zu diagnostizieren, aber eine Dissonanz zwischen dem 1. Advent als Vorbereitungszeit für die Geburt des Heilands und dem Lied, das schon die Türen öffnet und den Einzug feiert. Diese kurze Beschreibung des 1. Advents führt die Komplexität des Zusammenspiels der Texte des Sonntags mit dem Kirchenjahr und dem Wochenlied vor Augen. Weiterhin sind die jeweilige Kirchengemeinde, wo der Gottesdienst stattfindet, der Kirchenraum, die Fähigkeit der Teilnehmenden beim Singen, die Qualifikation der Aktiven (insbesondere Pfarrer/in und Kirchenmusiker/in) und die Mitwirkung von musikalischen Gruppen einzubeziehen. Ebenso spielt es eine Rolle, ob viele Kinder oder eher Seniorinnen zu erwarten sind. Einige dieser Aspekte sind den Vorbereitenden relativ bekannt, können aber nicht generell für alle Kirchengemeinden Deutschlands festgelegt werden. Auch die Vertrautheit mit dem jeweiligen Lied beeinflusst das singende Erleben und die Wirkkraft der Rhythmen und Töne.

Das Wochenlied und die Vielfalt der Gottesdienste

Das „EKD-Zentrum für Qualitätsentwicklung im Gottesdienst" hat in zwei Kirchenkreisen ein ganzes Jahr alle Gottesdienste und die Teilnehmenden gezählt.[8] Ein Ergebnis ist, dass der Sonntagsgottesdienst (nur noch) ungefähr 50 % aller gefeierten Gottesdienste ausmacht. Die gottesdienstlichen Formen und Anlässe sind vielfältig: Kindergarten und Schule, Kasualien und ‚Zweites Programm', Familien und Konfirmanden etc. Die Wochenlieder wie auch die Hochrechnung der EKD für den Gottesdienstbesuch gehen immer noch vom ‚normalen' Sonntagsgottesdienst am Vormittag aus und übersehen damit viele Menschen, die alte und neue, beruhigende und anregende Lieder in vielfältigen Gottesdiensten singen.

Fazit: Das Wochenlied mehr als eine Nummer im Evangelischen Gesangbuch

Eine Wochenliedliste sollte nicht nur die Nummer der Lieder im Evangelischen Gesangbuch, sondern auch die Ausführungsweisen benennen, vielleicht jeweils mit einer zentralen Wirkung, die von dieser Singweise ausgelöst werden kann.

---

8 Vgl. Folkert Fendler/Jochen Kaiser, Zählprojekte (Oldenburg und Herford), in: Folkert Fendler/Christian Binder/Hilmar Gattwinkel, Handbuch Gottesdienstqualität, Leipzig 2017, 261–274.

Die Kirchenmusiker/innen und ebenso die Pfarrer/innen müssen weitergebildet werden, um musikalische, ästhetische und performative Abläufe in ihrer Wirkung auf die Teilnehmenden einschätzen zu können. Selbstverständlich sind diese Wirkungen nicht einfach kalkulierbar, sondern sie regen eine bestimmte Stimmung an oder unterstützen eine Atmosphäre.

Dann sind die Wochenlieder nicht mehr einfach die Klanggestalt des Propriums, sondern emotionaler Glaubensausdruck im performativen Raum der gottesdienstlichen Kommunikation des Evangeliums, rhythmisch und klangvoll, inspirierend und gemeinschaftsfördernd, fröhlich und traurig. Denn sie lassen Gottvertrauen und Hoffnung trotz Zweifel wieder Gegenwart werden, die von anderen Gläubigen vorzeiten komponiert, gedichtet und gesungen wurden.

Kathrin Oxen

Three points – and a poem

Dies ist keine Einleitung

Der homiletische Aufbruch, den Martin Nicol in der ersten Auflage seiner Programmschrift zur *Dramaturgischen Homiletik* noch als Vision ausgemalt hatte, ist in den vergangenen gut fünfzehn Jahren Wirklichkeit geworden. Es haben sich „auch im deutschsprachigen Bereich Experimentierstätten" aufgetan, „weit geöffnete homiletische Ateliers, in denen sich eine Predigt-Kunst unter Künsten entfalten kann."[1] Die von Martin Nicol nach Deutschland importierten Inspirationen aus den nordamerikanischen *new homiletics* haben reiche Früchte hervorgebracht.

Zu diesen Impulsen gehört auch die Einführung eines mittlerweile sprichwörtlich gewordenen Begriffs für ein geläufiges homiletisches Phänomen: Die Rede von der *Three points and a poem*-Predigt. Die aus noch nicht näher untersuchten Gründen vielen, wenn nicht den meisten Predigten innewohnende quasi-trinitarische Grundorientierung führt nicht nur auf dem weiten Feld der Predigtbeispiele zu Reihungen in Dreizahl – man denke nur an die ebenfalls schon sprichwörtlich gewordenen „Sorgen, Nöte und Probleme".

Sie pflegt sich in immer neuen Variationen auch in der Predigtstruktur abzubilden. Einleitung, Hauptteil, Schluss, so schlicht formal oder auch im Gefolge der drei klassischen *genera dicendi* (*docere, delectare, movere*) als *explicatio*, *illustratio* und *applicatio*, in diese drei Teile ist beinahe jede Predigt gegliedert.

Predigerinnen und Prediger, denen diese Gliederung zu Recht einigermaßen formal vorkommt, greifen häufig – im Sinne des lernpsychologischen Aufbaumodells formuliert, als Lösungsverstärkung oder in Annäherung an die afroamerikanische Predigttradition als recht zurückhaltender Versuch einer *celebration*[2] – gegen Ende der Predigt gerne zu Lyrik. Ein Gedicht soll das bisher in

---

1 Martin Nicol, Einander ins Bild setzen. Dramaturgische Homiletik, Göttingen 2002, 37.
2 Vgl. dazu Frank A. Thomas, They like to never quit praisin' God. The role of celebration in preaching, Cleveland 2013.

der Predigt Gesagte zusammenfassen und es zugleich noch einmal neu, anders und wirksamer sagen.³

Wenn das Klischee der *Three points and a poem*-Predigt in Gänze bedient werden soll, wäre die Anfügung eines Gedichts außerdem auch der einzige Moment, in dem sich ein Wechsel zwischen einem *RedenÜber* den Gegenstand der Predigt zu einem *RedenIn* vollzieht und die Predigt wenigstens gegen Ende hin dann doch noch „tut, was sie sagt."⁴

In den vergangenen Jahrzehnten sind viele Versuche unternommen worden, an diesem auch im deutschen Kontext begegnenden Predigtklischee zu arbeiten und es zu verändern. Dabei ist zu beobachten, dass Martin Nicols Strukturprinzip der Predigt mit der Unterscheidung von einzelnen *moves* und der sie verbindenden *structure* häufig selektiv rezipiert wird. Wenn aber vor allem die Arbeit an den *moves* in den Vordergrund gestellt und der Frage nach der *structure* nicht mindestens gleich viel Gewicht beigemessen wird, gerät die Intention der Predigt leicht aus dem Blick.

Also lieber auf Nummer sicher gehen und doch bei *three points* bleiben? Ein nicht repräsentativer, gleichwohl inspirierender Blick auf gegenwärtige „homiletische Positionslichter aus Nordamerika"⁵ im Internet zeigt: Amerikanischer Pragmatismus bleibt auch in den vielfältigen Hinweisen zur Gestaltung von Predigten wirksam. Über die Notwendigkeit einer klar erkennbaren Predigtintention und eines ebensolchen Predigtaufbaus gibt es dort keinen Dissens. Doch ist man sich auch den Grenzen eines allsonntäglich wiederholten Aufbaumodells bewusst und rät zu Variationen des bewährten *three points*-Schemas: „So let's not throw out the three-point sermon baby with the cliché bath water."⁶

Eine Variante ist das *Coin*-Modell: *one side of the coin – the other side of the coin – how the two sides go together.* Es verspricht: „The contradiction captivates your audience. They will wonder through the whole sermon why the two ideas aren't opposites." Ein weiteres Grundprinzip *Dramaturgischer Homiletik*, das

---

3 Vgl. Elisabeth Grözinger, Dichtung in der Predigtvorbereitung. Zur homiletischen Rezeption literarischer Texte – dargestellt am Beispiel der „Predigtstudien" (1968–1984) unter besonderer Berücksichtigung von Bertolt Brecht, Max Frisch und Kurt Marti (Europäische Hochschulschriften 23), Frankfurt/M. 1992.
Neben diese männliche Trias (sic) homiletisch zitationsfähiger Dichter trat nach meiner Wahrnehmung auch inzwischen eine weibliche, aus den Dichterinnen Hilde Domin, Rose Ausländer und Nelly Sachs bestehende Trias. Durch das umfangreiche „Lyrik-Projekt", das biblische Spuren in der deutschen Lyrik nach 1945 sucht und zur Verfügung stellt, hat Martin Nicol entscheidend dazu beigetragen, diesen allzu engen Kanon homiletisch gut zu rezipierender Lyrik zu erweitern (www.lyrik-projekt.de).
4 Vgl. dazu den Abschnitt „Predigt als Ereignis" in Nicol, Einander ins Bild setzen (Anm. 1), 47–55.
5 Vgl dazu die Antrittsvorlesung Martin Nicols: ders., Preaching from Within. Homiletische Positionslichter aus Nordamerika, in: PTh 86 (1997), 295–309.
6 http://www.pastoralized.com/2011/12/01/3-interesting-versions-of-the-3-point-sermon-out line [Abruf 09.11.2017].

Prinzip Spannung, kann also auch in einen formal eher konventionellen Aufbau integriert werden und seine Wirkung entfalten.[7]

Auch wenn der mit dem *Prinzip Spannung* eigentlich verbundene Verzicht auf Überleitungen an dieser Stelle unterlaufen wird – diese Einleitung schließt mit einem der berühmtesten homiletischen Zitate. Im Folgenden wird es in enger Anlehnung an das *Coin*-Modell in drei Teilen diskutiert werden:

> „Wir sollen als Theologen von Gott reden.
> Wir sind aber Menschen und können als solche nicht von Gott reden.
> Wir sollen Beides, unser Sollen und unser Nicht-Können, wissen
> und eben damit Gott die Ehre geben.
> Das ist unsere Bedrängnis. Alles andere ist daneben Kinderspiel."[8]

One side of the coin – Wir sollen als Theologen von Gott reden

Auch nach dem Jubiläumsjahr der Reformation ist eine Hinwendung zu den Ursprüngen evangelischen Glaubens angemessen:

> „Der evangelische Gottesdienst erwuchs aus der reformatorischen Wortorientierung. Im Mittelpunkt stand das in der Predigt ausgelegte Bibelwort. Das Abendmahl wurde zur besonderen Feier mit eigener Frömmigkeit. Evangelischer Gottesdienst ist, keineswegs nur in der Außenperspektive, noch immer Wortgottesdienst mit der Predigt als Zentrum."[9]

Dass wir als Theologen von Gott reden sollen und von daher im Mittelpunkt der Predigt das *Wort*, der biblische Text zu stehen habe, ist in der gegenwärtigen homiletischen Diskussion nicht mehr unumstritten. Nach der empirischen Wende der Praktischen Theologie in der zweiten Hälfte des 20. Jahrhunderts redete die Predigt – in Anlehnung an die klassische Formulierung Ernst Langes – vor allem „mit dem Hörer über sein Leben."[10]

Dass es aber immer noch um diesen Hörer *vor Gott* geht, also um einen in einem wie auch immer zu beschreibenden Gegenüber zu Gott befindlichen Menschen, hat sich in der Rezeption des Verständnisses der Predigt als „Kommunikation des Evangeliums" zunehmend verflüchtigt. Die Predigt kann am derzeitigen Endpunkt der Rezeption dieses situationshermeneutischen homiletischen Konzepts als bloß „religiöse Rede" verstanden werden. Und auf dem Weg

---

7 Vgl. zum „Prinzip Spannung" Nicol, Einander ins Bild setzen (Anm. 1), 108f.
8 Karl Barth, Das Wort Gottes und die Aufgabe der Theologie, in: ders., Das Wort Gottes und die Theologie. Gesammelte Vorträge, München 1925, 156–178, 158.
9 Martin Nicol, Weg im Geheimnis. Plädoyer für den evangelischen Gottesdienst, Göttingen ³2011, 65.
10 Ernst Lange, Predigen als Beruf, Stuttgart 1976, 58.

zu einer solchen religiösen Rede nimmt „die Predigt die biblischen Texte in die Regie der Botschaft, die sie auszurichten hat", und muss im Laufe der Predigtvorbereitung „die Textauslegung in religiöse Selbstauslegung überführen".[11] Mit dem Begriff der „Entsubstantialisierung" ist die gegenwärtig bestimmende Denkrichtung der systematischen und praktischen Theologie angemessen beschrieben.[12]

Den wohl massivsten Einspruch gegen eine derartige Entsubstantialisierung der Theologie hat zu Beginn des 20. Jahrhunderts die Wort-Gottes-Theologie hervorgebracht. Karl Barths Kritik an Schleiermacher, „daß von Gott reden etwas Anderes heißt, als in etwas erhöhtem Ton vom Menschen zu reden"[13], gewinnt gegenwärtig neue Aktualität. In Deutschland war eigentlich, so kann man etwas verkürzt sagen, die Rezeption der Wort-Gottes-Theologie spätestens mit dem Tod Karl Barths im Jahr 1968 weitgehend beendet – wenn man von Rudolf Bohrens singulärer Bedeutung für die Predigtlehre einmal absehen will.

Ganz anders die Situation in Nordamerika. Die Rezeption der Wort-Gottes-Theologie geriet dort nicht in vergleichbarem Ausmaß wie in Deutschland in die Mühlen der gesellschaftlichen Umbruchbewegungen.[14] Die Gründung der *Academy of Homiletics* 1965 markiert den Ausgangspunkt eines homiletischen Aufbruchs im nordamerikanischen Kontext. Erst knapp 40 Jahre später wurde dann dieser Impuls durch die *Dramaturgische Homiletik* nach Deutschland gebracht.

Bei allem Interesse an formalen Aspekten des Predigtgeschehens erschöpft sich die *Dramaturgische Homiletik* aber keineswegs in didaktischen und pragmatischen Fragen, wie ihr oft und zu Unrecht vorgeworfen wird. Lässt sich nicht viel eher sagen, dass auf dem Umweg über Nordamerika ein Re-Import eines zentralen Anliegens der Wort-Gottes-Theologie nach Deutschland stattgefunden hat?

Wenn in der Tradition der Wort-Gottes-Theologie weiterhin gelten kann, dass Gott der *ganz Andere* ist, lässt sich in Konzeption und Durchführung der *Dramaturgischen Homiletik* das *ganz Andere* ebenfalls entdecken: Das Wort, der biblische Text wird gerade nicht vereinnahmt und verbraucht, sondern mit Respekt vor seiner Fremdheit zum Ausgangspunkt der Predigtarbeit gemacht. Immer wieder betonen Martin Nicol und Alexander Deeg die Andersartigkeit und Fremdheit biblischer Texte und fordern Respekt, Sorgfalt und Liebe im

---

11 Wilhelm Gräb, Predigtlehre. Über religiöse Rede, Göttingen 2013, 123.
12 Vgl. Peter Bukowski, Wer ist Jesus Christus für uns heute?, in: ders., Theologie in Kontakt, Reden von Gott in der Welt, Göttingen 2017, 11–26, 16f.
13 Barth, Das Wort Gottes (Anm. 8), 164.
14 Vgl. auch Nicol, Einander ins Bild setzen (Anm. 1), 23.

Umgang mit ihnen ein.[15] Die gerade in theologischen Arbeitszusammenhängen immer wieder auflodernde „Wut des Verstehens" (Schleiermacher) wird so gezügelt. Martin Nicols Predigttheorie und -praxis nimmt den Anspruch, *von Gott reden* zu sollen, sehr ernst, indem sie die Bezogenheit der Predigt auf den biblischen Text neu durchdenkt. Sie ist in ihrem Kern Bibelhermeneutik und eine homiletisch akzentuierte Wort-Gottes-Theologie.

The other side of the coin – Wir sind aber Menschen und können als solche nicht von Gott reden

Die „antiexperimentellen Frontstellungen" der Wort-Gottes-Theologie sind im nordamerikanischen Kontext nicht übernommen worden. Sie verbanden sich in den USA „undoktrinär mit Erfahrungen der homiletischen Praxis."[16] Der pragmatische Zugang zu theologischen Fragestellungen machte sich auch auf dem homiletischen Feld bemerkbar. Prinzipiell-homiletische Fragestellungen, was eine Predigt eigentlich sei oder zu sein habe, traten zugunsten formaler Aspekte zurück.

Vor dem historisch-politischen Hintergrund zur Zeit ihrer Entstehung ist es nicht verwunderlich, dass der Wort-Gottes-Theologie eine sehr grundsätzliche „Rhetorikverachtung"[17] innewohnt. Sie verstärkt die prinzipielle Rede vom *Nicht-Können* aber derart, dass die Vernachlässigung der formalen Gestalt der Predigt geradezu zu einem negativen Qualitätsmerkmal der in dieser Tradition stehenden Predigten werden konnte.

Dieser Engführung widerspricht die *Dramaturgische Homiletik* energisch. Als ästhetisch grundierte Predigttheorie betont sie trotz ihrer engen Bezogenheit auf den biblischen Text die Einheit von Inhalt und Form[18] und damit den aktiv-expressiven Aspekt der Ästhetik.

Predigerinnen und Prediger werden so ermutigt, sich dem *Nicht-Können* nicht in vorauseilendem Gehorsam völlig hinzugeben. Sicherlich durchzieht die Predigtarbeit wie bei allen kreativen Prozessen von der ersten Begegnung mit dem Text an ein Moment der Unverfügbarkeit.[19] Dieses Moment dispensiert Predigerinnen und Prediger aber nicht von der sorgfältigen, handwerklichen Gestal-

---

15 Vgl. Martin Nicol/Alexander Deeg, Im Wechselschritt zur Kanzel. Praxisbuch Dramaturgische Homiletik, Göttingen ²2013.
16 Nicol, Einander ins Bild setzen (Anm. 1), 23.
17 Vgl. aaO., 26.
18 Vgl. aaO., 25.
19 Vgl. zum Charakter der Predigtarbeit als kreativem Prozess umfassend Annette C. Müller, Predigt schreiben. Prozess und Strategien der homiletischen Komposition (APTh 55), Leipzig 2014.

tung der Sprache als dem ‚Material' der Predigt: „Predigt ist nichts anderes als gestaltete Sprache. Predigt gelingt oder misslingt in der Gestaltung von Sprache. Diese Gestaltung kann gelernt werden und muss geübt werden."[20]

Zur Gestaltung von Sprache, für die Stärkung ihrer Sinnlichkeit und Bildlichkeit und zum Nachdenken über den Aufbau als Dramaturgie der Predigt gibt die *Dramaturgische Homiletik* viele Anregungen. Das prinzipielle *Nicht-Können*, ein Modalverb der Un-Möglichkeit, unterliegt so, wenn auch nur um weniges, dem *Sollen* – immerhin das Modalverb der Notwendigkeit.

How the two sides go together

Zu den Charakteristika des *Three points and a poem*-Aufbauschemas gehört auch, dass die annoncierten drei Teile trotz gegenteiliger Befürchtungen der Rezipienten nicht gleich lang sein müssen: „Wir sollen beides, unser Sollen und unser Nicht-Können wissen, und eben damit Gott die Ehre geben."

Die *Dramaturgische Homiletik* Martin Nicols mit ihrer Betonung des *Sollens* und ihrem Angriff auf das *Nicht-Können* hat für die Gegenwart deutlich gemacht, dass Reden von Gott nicht dasselbe ist, „wie wenn wir auf einen blühenden Kirschbaum, auf Beethovens neunte Symphonie, auf den Staat oder auch auf unser und anderer ehrliches Tagewerk solche Rede anzuwenden uns erlauben. [...] Wenn Menschen [...] in die Kirche kommen, dann haben sie, ob sie es wissen oder nicht, Kirschbaum, Symphonie, Staat, Tagewerk und noch einiges andere hinter sich als irgendwie erschöpfte Möglichkeiten. [...] Nein, die Frage läßt sich nicht mehr unterdrücken, sie wird brennend heiß: Ob's denn auch wahr ist?"[21]

Wo Menschen selbst mit Beethovens neunter Symphonie nicht ans Ende ihrer Fragen gekommen sind,[22] wird in der Spannung zwischen *Sollen* und *Nicht-Können* plötzlich indikativische Rede von Gott möglich: „Die Kennzeichnung der Offenbarung als Ort der präzisen Verborgenheit Gottes soll uns davor bewahren, mit unserer Predigt die Spannung von Glauben und Schauen auflösen zu wollen. Aber dass der Glaube allem Augenschein zum Trotz *begründeter* Glaube und die Hoffnung *gewisse* Zuversicht ist, davon werden wir reden können, wenn wir uns der Dynamik des biblischen Zeugnisses anvertrauen."[23]

---

20 Albrecht Grözinger, Mit den Sinnen sprechen, in: Lars Charbonnier/Konrad Merzyn/Peter Meyer (Hg.), Homiletik. Aktuelle Konzepte und ihre Umsetzung, Göttingen 2012, 153–165, 156.
21 Karl Barth, Not und Verheißung der christlichen Verkündigung, in: ders., Das Wort Gottes und die Theologie. Gesammelte Vorträge, München 1925, 99–124, 105f.
22 Vgl. auch Martin Nicol, Gottesklang und Fingersatz. Beethovens Klaviersonaten als religiöses Erlebnis, Bonn 2015.
23 Peter Bukowski, Predigt wahrnehmen. Homiletische Perspektiven, Neukirchen Vluyn ³1995, 129.

Ausgehend von diesem Zeugnis werden predigende Menschen wiederum zu Zeuginnen und Zeugen. Diese personale Dimension des Redens von Gott gewinnt gegenwärtig eine neue Bedeutung. „Die Wahrheit des Glaubens erklärt bekommen" möchte heute niemand mehr. Aber viele Predigthörerinnen und -hörer möchten „Erfahrungen des Glaubens miteinander teilen",[24] einen glaubenden Menschen hören und sehen, jemanden, der von Gott als einer Wirklichkeit in seinem Leben redet, gerade weil er oder sie es so unbedingt soll und es gleichzeitig beinahe nicht kann: „Die protestantische Kirche wagt es – wahrhaftig, das Mysterium ist zum mindesten nicht kleiner als das der eucharistischen Wandlung – dieses Paradox in das kirchliche Zentrum zu rücken."[25]

The poem

Immer zu benennen:
den Baum, den Vogel im Flug,
den rötlichen Fels, wo der Strom
zieht, grün, und den Fisch
im weißen Rauch, wenn es dunkelt
über die Wälder herab.
Zeichen, Farben, es ist
ein Spiel, ich bin bedenklich,
es möchte nicht enden
gerecht.
Und wer lehrt mich,
was ich vergaß: der Steine
Schlaf, den Schlaf
der Vögel im Flug, der Bäume
Schlaf, im Dunkel
geht ihre Rede-?
Wär da ein Gott
und im Fleisch
und könnte mich rufen, ich würd
umhergehn, ich würd

warten ein wenig.
(Johannes Bobrowski)[26]

---

24 Vgl. Nicol, Einander ins Bild setzen, 25.
25 Karl Barth, Menschenwort und Gotteswort in der christlichen Predigt, in: Friedrich Wintzer (Hg.), Predigt. Texte zum Verständnis und zur Praxis der Predigt in der Neuzeit, München 1989, 95–116, 97.
26 Johannes Bobrowski, Gesammelte Gedichte, hg. v. Eberhard Haufe, München 2017, 143.

Romina Rieder

Gemeinde, Gottesdienst und Gottes Wort
Beim Predigen die Bibel leuchten lassen

Im Anfang war das Wort

Im Leben einer Dorfgemeindepfarrerin ist nach der Predigt normalerweise gleich wieder vor der Predigt. Oft bin ich schon sowohl von Gemeindegliedern als auch von Seminarteilnehmenden bei Fortbildungen gefragt worden: „Wie fangen Sie das mit dem Predigtschreiben an, gerade wenn es doch auch einmal mehrere Gottesdienste in einer Woche sind?" Meine Antwort bleibt immer die Gleiche: Am Anfang lese ich zuerst das Bibelwort für die anstehende Predigt – einmal, zweimal, dreimal, viele Male, immer wenn ich an der aufgeschlagenen Bibel vorbeikomme – und das am liebsten gleich am Montag, damit ich es noch ein wenig mit mir herumtragen kann: in der Schule, bei Seelsorgebesuchen, beim Einkaufen …

Manfred Seitz hätte das vielleicht als Meditation des Bibelwortes[1] beschrieben. Dieser bei ihm klar als geistlich markierte Vorgang steht am Anfang des Predigtmachens. Währenddessen nähert sich die Predigerin oder der Prediger ganz offen mit einer empfangenden Grundhaltung dem Bibelwort und verinnerlicht es auf diese Weise.

Bei Ernst Lange würde dies unter den sogenannten hermeneutischen Zirkel[2] fallen, in dessen Verlauf der biblische Text und die gegenwärtige Situation, die Lage vor Ort genauso wie die homiletische Großwetterlage, sich miteinander verbinden. Unter Umständen fordern sie sich gegenseitig heraus. Auch dadurch kann eine erste Idee für die Predigt entstehen.

---

1 Manfred Seitz, Zum Problem der sogenannten Predigtmeditationen, in: Albrecht Beutel u. a. (Hg.), Homiletisches Lesebuch, Tübingen ²1989, 131–151.
2 Ernst Lange, Zur Theorie und Praxis der Predigtarbeit, in: Rüdiger Schloz (Hg.), Predigen als Beruf. Aufsätze zur Homiletik, Liturgie und Pfarramt, München 1982, 34–48.

In der Dramaturgischen Homiletik von Martin Nicol zählt diese erste Begegnung der Predigtperson mit dem Bibelwort zu den dramaturgischen Erkundungsschritten, mit deren Hilfe das Potential des Bibelwortes in Form spezifischer Spannungen entdeckt werden soll. „Sie stecken im Bibeltext selbst (intratextuell) wie im Wechselspiel der Texte mit Kontexten aller Art (intertextuell)."[3] Insofern muss der Weg zur eigenen Predigt auch immer mein persönlicher Weg in die Worte, Bilder und Geschichten der Bibel sein. Dabei ziehen die Worte der Bibel ihre ganz eigenen „Spuren im gelebten Leben"[4]. So finden sich gerade auch im Alltag mannigfaltige Kontexte von der Zeitungslektüre bis hin zu Songtexten aus der Popkultur, die mit dem biblischen Zeugnis korrespondieren. All diese Entdeckungen tragen dazu bei, dass das Wort Gottes in einer Predigt dann konkret aus dem Alltag für den Alltag leuchtet.

Grundsätzlich verbirgt sich für mich hinter alledem die gut lutherische Grundüberzeugung *sola scriptura:* Allein Gottes „Worte soll'n uns Wegweiser sein / Auf dem Weg nach Hause – zu Christus allein"[5] im Glauben, im Leben und erst Recht beim Predigen.

Und das Wort war bei Gott und Gott war das Wort

54 Konfirmandinnen und Konfirmanden aus der ganzen Region sind zum Konfi-Samstag versammelt. Das Thema ist heute „Die Bibel – das Buch der Bücher?!". Wir machen erste zaghafte Versuche, uns in diesem großen Buch der Weltliteratur zurechtzufinden. Manchen gelingt das gleich ganz gut, aber viele haben große Probleme. Nachdem die meisten schon fast am Ende des Bibelrätsels angekommen sind, meldet sich ein Jugendlicher und fragt mich: „Frau Rieder, wieso müssen wir das denn lernen? Was da drin steht, hat doch sowieso nichts mit uns zu tun, sondern nur mit Gott und Jesus und so." Damit spricht er der Mehrheit der Konfis und wohl auch vielen Christinnen und Christen aus dem Herzen. Wieso in der Bibel lesen? Vieles ist schwer zu verstehen: Begrifflichkeiten, Sprache und Umstände haben auf den ersten Blick wenig Bezugspunkte zum heutigen Leben. Im Gegenteil. Oft bekomme ich die Rückmeldung: „Ich lese lieber nicht in der Bibel, das verwirrt mich nur."

Und dann gibt es auch solche Sternstunden: Bibliolog zur Heilung der zehn Aussätzigen (Lk 17,11–19) mit meiner sechsten Klasse im Zusammenhang mit Erntedank. Ich sage: „Ihr seid jetzt der geheilte Samariter. Du, Samariter, bist

---

3 Martin Nicol, Einander ins Bild setzen. Dramaturgische Homiletik, Göttingen 2002, 75.
4 AaO., 92.
5 Aus dem Lied zum Reformationsjubiläum „Allein aus Gnade", Text & Musik: Addi Manseicher, 2016; Noten und Einspielung: http://www.popularmusikverband.de/luther-rockt-motto lied/ [Abruf 20.11.2017].

sofort zu Jesus zurückgelaufen, um Dich zu bedanken, als Du gemerkt hast, dass Du gesund bist. Samariter, was hat Dich dazu bewegt?" Intensiv beginnt es in den Köpfen meiner Schülerinnen und Schüler zu arbeiten. Man kann es ihnen ansehen. Dann schnellen eifrig ein paar Finger nach oben. Erfreut gehe ich auf eine sonst eher stille Schülerin zu und lächele sie ermutigend an. Sie antwortet: „Ich bin einfach nur so froh, dass Jesus mich gesundgemacht hat und ich wieder zu meiner Familie darf. Ein Wunder! Und überhaupt. Gott schenkt uns so viel Gutes – jeden Tag. Dafür will ich ihm wirklich von Herzen danken." Und plötzlich haben die Worte der Bibel eine ganze Menge mit uns und unserem Leben zu tun.

Der Bibliolog, den Uta Pohl-Patalong[6] im deutschsprachigen Raum etabliert hat, ist eine hervorragende Methode, um gerade Menschen, die ungeübt im Umgang mit den Worten, Bildern und Geschichten der Bibel sind, wieder für die Wirkkraft, die vom Wort Gottes ausgeht, zu sensibilisieren. Der Begründer des Bibliologs, Peter Pitzele, drückt es sehr treffend so aus: „Bibliolog soll ein Werkzeug sein, damit unsere alten Erzählungen aus Tanach und Bibel […] Beschränkungen durchbrechen und uns Spiegel der Seele und Fenster zum Himmel werden."[7]

Auch Peter Bukowski[8] macht sich für eine solche Verwendung der Bibel stark und ermutigt Pfarrerinnen und Pfarrer, die Bibel auch ungefragt bei einem Geburtstagbesuch oder einem Beratungsgespräch einzubringen. Dazu schlägt er verschiedene Möglichkeiten vor: Zum Beispiel rät er dazu, biblische Geschichten in den Gesprächsverlauf einzuspielen, die zum jeweiligen Thema passen, einen biblischen Gedanken einzubringen oder auch eine Art biblische Sprachhilfe anzubieten, dort wo meinem Gegenüber die Worte fehlen. Das kann dazu beitragen, dass dem Gesprächspartner von der Bibel her neue Perspektiven auf die eigene Lebenssituation eröffnet werden.

Was Pohl-Patalong vor allem für die Religions- und Gemeindepädagogik und Bukowski in der Seelsorge wichtig ist, treibt Martin Nicol im Bereich der Homiletik um. Dabei wendet er sich dezidiert gegen eine Historisierung der biblischen Texte, die dann lediglich akademisch ausgelegt oder höchstens aktualisiert nacherzählt werden, um für die Gemeinde auf diese Weise angeblich verständlicher zu werden. Vielmehr plädiert er für die Performanz des Wortes Gottes.[9] So macht die Dramaturgische Homiletik Mut, die biblischen Worte einfach hineinfallen zu lassen, in die Kanzelrede. „Bibelzitate machen die Kanzelrede in

---

6 Uta Pohl-Patalong, Bibliolog: Gemeinsam die Bibel entdecken – im Gottesdienst – in der Gemeinde – in der Schule, Stuttgart 2007.
7 Peter Pitzele, Die Brunnen unserer Väter. Midraschim und Bibliologe über Bereschit – Genesis (Judentum und Christentum Bd. 19), Stuttgart 2012, 12.
8 Peter Bukowski, Die Bibel ins Gespräch bringen. Erwägungen zu einer Grundfrage der Seelsorge, Neukirchen-Vluyn ⁴1999.
9 Nicol, Einander ins Bild setzen (Anm. 3), 56–64.

besonderer Weise mehrschichtig. Sie unterbrechen den Kanzelmonolog. Sie rufen den Anderen herbei, der im Bibelwort zur Sprache kommt. Was dazu führt, dass mit ‚Ereignissen' und ‚Wundern' gerechnet werden muss."[10] So klingt Lebenswirklichkeit und biblisches Zeugnis zusammen, verspricht sich miteinander oder widerspricht sich auch einmal. Denn eine Predigt, die nach dem Vorbild der Dramaturgischen Homiletik gestaltet ist, ist durchzogen von biblischen Textmarkern, die sich mit anderen Sprachstücken verbinden. Auf diese Weise bringt die Predigt die Bibel zum Leuchten und kann zeigen, wofür Predigten eigentlich da sein sollten: die Relevanz des Wortes Gottes für unseren Glauben und unser Leben.

Und das Wort ward Fleisch und wohnte unter uns

Sonntag, 09.30 Uhr. Unsere kleine Kirche in Haarbrücken ist für unsere Verhältnisse durchschnittlich gefüllt. Bei etwas über 1000 Gemeindegliedern sind an einem normalen Sonntag wie heute etwa 30 Leute gekommen. Der Gottesdienst nach GI geht seinen Gang. Den Eingangsteil schließt das Kollektengebet ab, zu dem wir aufstehen. Eigentlich bleiben wir dann auch stehen, während ich zur Seite gehe und die Kirchenvorsteherin zur ersten Lesung ans Lesepult tritt. Eigentlich. Denn jedes Mal setzt sich doch wieder mindestens einer hin. Erste Unsicherheit: Es war doch bis vor wenigen Jahren in dieser Gemeinde noch anders üblich und so ganz ist diese ‚neue' Regelung zur Schriftlesung noch nicht heimisch geworden in Haarbrücken. Aber der Kirchenvorstand hat es beschlossen. Insofern winkt die Lektorin die Gemeinde energisch wieder auf und wir hören die Epistel. Große, schwere, gewichtige Worte. Gekonnt trägt sie sie vor. Man merkt, dass sie den Text vorher zu Hause vorbereitet hat. Aber dann naht das Ende der Lesung. Wie abschließen? Mit Amen? Mit einem weiteren Bibelwort, einem Segensspruch oder einfach nur mit dem Halleluja? Man kann das Wort Gottes doch nicht einfach so nackt verklingen lassen oder etwa doch? Die zweite trotz zahlreicher Gespräche immer wiederkehrende Verunsicherung. Dann folgt nach einer Liedstrophe die Evangeliumslesung. Diese übernimmt normalerweise der jeweils zweite anwesende Kirchenvorsteher. Alle Blicke aus der Gemeinde ruhen nun auf ihm. Doch er bleibt sitzen und schaut starr nach vorne. Ich weiß warum. Er ist ein gebildeter Mann, aber gleich bei unserer ersten Begegnung erklärte er mir: „Ich mach wirklich so gut wie alles in der Gemeinde, aber die Bibellesung nicht. Da weigere ich mich. Das ist mir zu schwierig und zu fremd. Das kann ich nicht." Dritte Verunsicherung. Gott sei Dank, weiß auch die andere

---

10 Martin Nicol/Alexander Deeg, Im Wechselschritt zur Kanzel. Praxisbuch Dramaturgische Homiletik, Göttingen 2005, 109.

Kirchenvorsteherin darum, geht nach vorne und liest. Dann ist die Predigt an der Reihe. Auf der Kanzel angekommen, schlage ich die Bibel auf und verlese das Predigtwort[11]: „Es ist leichter, dass ein Kamel durch ein Nadelöhr gehe, als dass ein Reicher in das Reich Gottes komme" (Mk 10,25). Damit sorge ich für die vierte und vielleicht größte Verunsicherung des heutigen Tages bei meiner durchaus wohlsituierten Kerngemeinde. „Darüber will sie heute predigen?", lese ich aus ihren entsetzten Augen ab, „Im Ernst?"

Bei aller persönlichen Hochschätzung dem Wort Gottes gegenüber, muss ich mir dennoch aus dem Gemeindealltag heraus eingestehen, dass sich die Bibel selbst im Gottesdienst oftmals als sperrig und fremd erweist. Von einer „Verhaustierung"[12] des Wortes Gottes im Gottesdienst, wie es Fulbert Steffensky im Blick auf die Rede von Gott in unseren Predigten anprangert, sind wir weit entfernt. Eher das Gegenteil ist der Fall: Auch wenn das Wort in Christus Fleisch wurde und unter uns wohnte, erscheint es in unseren heutigen Wohnungen eher als fremd, irritierend und verunsichernd. Das muss per se nichts Schlechtes sein. Aber es gilt damit umzugehen und es bewusst zu gestalten. Immerhin begegnen in einem Gottesdienst ohne Abendmahl nach Gl der Gemeinde fünfzehn bis zwanzig biblische Worte in Ordinarium und Proprium – eine ganze Menge in etwa 45 Minuten.

Karl Barths Unterscheidung der dreifachen Gestalt des Wortes Gottes erweist sich dabei meines Erachtens als hilfreich. Er differenziert zwischen dem durch Gott Vater offenbarten Wort, dem geschriebenen Wort (dessen Inhalt Jesus Christus und der Bund Gottes mit Israel ist) und dem durch den Heiligen Geist im Reden der Kirche verkündigten Wort. In jeder dieser Erscheinungsformen wird Gottes Wort erlebbar und spürbar in Analogie und Differenz – auch in der Predigt: „Die christliche Predigt geschieht in der Voraussetzung, daß Gottes in seiner Offenbarung gesprochenes Wort und in der Schrift bezeugtes Wort unter Dienstleistung der Kirche auch heute sich hören lassen will."[13] Darum zu wissen, entlastet davon, etwas erzwingen zu wollen, was doch eigentlich schon von selbst passiert – ganz ohne mich.

Die Dramaturgische Homiletik knüpft an diese Grundüberlegung hermeneutisch an und bietet homiletische Anknüpfungspunkte, diese „Fremde Bot-

---

11 Mk 10,17–27 ist laut des Revisionsvorschlages der Perikopenordnung am 18. Sonntag n. Trinitatis in Reihe V Predigttext.
12 So Fulbert Steffensky in seinem Vortrag „Schweigen – das fehlt unseren Gottesdienst am meisten" anlässlich des 50-Jahr-Jubiläums des Liturgischen Instituts am 17. Juni 2013.
13 Karl Barth, Menschenwort und Gotteswort in der christlichen Predigt. Begründete Thesen, vorgetragen am 25. – 26. November 1924 in Königsberg und Danzig, in: Friedrich Wintzer (Hg.), Predigt. Texte zum Verständnis und zur Praxis der Predigt in der Neuzeit, München 1989, 95–116, 95.

schaft Bibel"[14] für die Predigt fruchtbar zu machen. So wirbt Martin Nicol für eine religiöse und ästhetische Hermeneutik des Fremden[15] als Grundlage der Homiletik, die das Bibelwort bewusst in der Gottesgegenwart liest, das Fremde nicht wegerklärt, sondern vielmehr den Hörer und die Hörerin sich selbst mit ihren Kontexten in diesem Fremden, Irritierenden und vielleicht auch Verunsichernden verorten lässt.

Das Buch „Tintenherz"[16] von Cornelia Funke und der gleichnamige Film erwecken die Vision dieser theologischen Richtung fantasievoll und anschaulich zum Leben: Ein kleiner Junge entdeckt, dass er, wie sein Vater, eine ganz besondere Gabe hat. Er kann Menschen, Dinge und auch Ereignisse aus der Welt der Bücher lebendig werden lassen im Hier und Jetzt. So liest er aus einem Märchenbuch die Geschichte vom Goldesel laut vor – und schon erscheint der goldbringende Esel vor ihm. Allerdings kann es auch passieren, dass er Menschen oder Dinge aus seiner Welt hineinliest in die Fantasiewelt der Bücher. Letztendlich ist es so: Wenn er aus einem Buch vorliest, verschmelzen die Welten miteinander – seine Lebenswelt mit der Welt der Bücher.

Eine nützliche Gabe vor allem für die Predigt: Im Vertrauen auf den Heiligen Geist die Worte, Bilder und Geschichte so zum Klingen bringen, dass sie zu uns herauskommen oder wir zu ihnen hinein und die Welten verschmelzen!

Und wir sahen seine Herrlichkeit

„Ganz oft geht es mir im Gottesdienst so, dass der Predigttext aus der Bibel vorgelesen wird und ich denke mir: Ich verstehe kein Wort! Und dann fängt die Predigt an, und Stück für Stück sehe ich, was es für mich bedeutet." So erzählte eine Kirchenvorsteherin auf der Klausurtagung zum Thema Gottesdienst, bei der wir uns kritisch mit unserem gottesdienstlichen Leben beschäftigt haben.

Mich hat es darin bestärkt, weiterzumachen mit dieser unmöglichen Möglichkeit, wie Karl Barth das Reden von Gott allgemein bezeichnet:

> „Wir sollen als Theologen von Gott reden. Wir sind aber Menschen und können als solche nicht von Gott reden. Wir sollen Beides, unser Sollen und unser Nicht-können, wissen und eben damit Gott die Ehre geben."[17]

---

14 Martin Nicol, Fremde Botschaft Bibel. Homiletisches Plädoyer für eine hermeneutische Schubumkehr, in: PTh 93 (2004), 264–279.
15 Vgl. ebd.
16 Cornelia Funke, Tintenherz, Hamburg 2003, verfilmt 2008 unter der Regie von Ian Softley.
17 Karl Barth, Das Wort Gottes als Aufgabe der Theologie, in: Jürgen Moltmann (Hg.), Anfänge der dialektischen Theologie, Teil 1, München 1962, 197–218, 199.

Zu predigen ist eine Herausforderung. Jedes Mal, wenn ich auf die Kanzel steige, ist es mir bewusst, dass es eigentlich ein Ding der Unmöglichkeit ist, Gott mit irgendwelchen menschlichen Worten zu fassen. Und dennoch legt Gott eine besondere Verheißung auf die Predigt: *„So kommt der Glaube aus der Predigt, das Predigen aber durch das Wort Christi."* (Röm 10,17) Wenn das kein Argument ist, die Bibel, das Wort Christi, in der Predigt leuchten zu lassen – zur Ehre Gottes!

Katharina Bach-Fischer

Von Predigtcoachings, Nachgesprächen und kollegialem Feedback
Wider die Isolation auf der Kanzel

Sechs Buchstaben bringen alle Einsamkeit zum Ausdruck, an der Vicar Sidney Chambers leidet: „Sermon" – auf einem leeren Blatt, gespannt in eine schweigende Schreibmaschine. Dahinter in einem Ringkampf mit sich selbst eben jener Vicar. Er ist eingenebelt in einen Dunst aus Whiskey, Zigaretten und Jazz – einer Inszenierung der 50er Jahre angemessen.[1]

Der britische Sender itv hat die Kriminalromane „The Grantchester Mysteries" von James Runcie als Serie verfilmt. Als dieser die fiktiven Geschichten schieb, erinnerte er sich an seinen Vater Robert Runcie, der von 1973 bis 1991 Erzbischof von Canterbury war.

Wie die Predigtarbeit des Erzbischofs wahrhaft aussah, werden wir durch das Fernsehen kaum erfahren. Wer sich aber durch Film und Fernsehen zappt oder die Literatur blättert, der wird feststellen, dass die Kulisse *Studierzimmer* fest zum Inventar der Pfarrhausstory gehört. Ob Liebesdrama oder Kriminalroman, der Pfarralltag kommt ohne Schreibtisch nicht aus und die Predigt schon gar nicht.

Vielleicht weiß sich die schreibende Zunft hier dem Pfarrberuf besonders verbunden, vielleicht ist es einfach ein guter dramaturgischer Moment, wenn die Ruhe plötzlich gestört wird; von der Hand zu weisen ist die Beobachtung jedenfalls nicht: Zur Predigtarbeit gehört auch der Rückzug. Wie auch immer man die Begegnung mit dem Wort Gottes beschreiben mag, an der *Schrifterkundung*, der *Meditation*, dem *Exerzitium* und gelegentlich auch der Einsamkeit kommt der Predigende, so scheint es, nicht vorbei. Es ist ja auch dieser eine Mensch, und in der Regel ist es eben *ein* Mensch, der am Sonntag auf die Kanzel oder ans Pult tritt und predigt.

---

1 Vgl. „Grantchester", Drehbuch: Daisy Coulam, Regie: Harry Bradbeer, Staffel 1, Folge 1, itv, GB 2014, 00:27:30–00:29:00.

Raus aus der Isolation!

Das Unbehagen an dieser Kanzelsituation setzt freilich spätestens mit der empirischen Wende der Praktischen Theologie in den 1960er Jahren ein. Ernst Lange[2] fragt: Wie kann aus dem Kanzelmonolog ein Dialog mit der Gemeinde werden? Wie kann die Predigt zu einem Gespräch werden, in dem Predigerinnen und Prediger nicht nur Anwältinnen des Textes, sondern mindestens ebenso Anwälte der Gemeinde und ihres Alltags sind? Wie kann es gelingen, die Bedeutung des Evangeliums für das Leben des Einzelnen zu heben und dadurch die Predigt zur relevanten Rede zu machen? Lange identifiziert die Isolation des Predigers als Problem für die Predigt und verordnet allen, die predigen, das Gespräch mit den Hörerinnen und Hörern. Durch Predigtvor- und Nachgespräche hofft er, das Dialogische zu heben und zu stärken. Die Predigt selbst bleibt dann letztlich meist wieder Rede eines Einzelnen.

Anders bei Rudolf Bohren: Schluss mit dem Monolog! Hin zu Dia- und Trialog! Dies fordert er in seiner Predigtlehre.[3] Für ihn ist die Kanzel steingewordenes Symbol eines überkommenen, mittelalterlichen und priesterlichen Predigtverständnisses, das das Priestertum aller Gläubigen *ad absurdum* führt. Kurzerhand stellt er mehrere Personen auf die Kanzel. Das ist für ihn mehr als ein Akt gegen die Langeweile, es ist geistliche Notwendigkeit.

Er verspricht sich nicht nur eine Steigerung der Glaubwürdigkeit des Zeugnisses im Sinne des israelitischen Rechts, „durch zweier oder dreier Zeugen Mund soll eine Sache gültig sein" (Dtn 15,19), er erhofft sich geistliche Stärkung für die Predigtaufgabe. So führt er das Bild des Mose vor Augen, der gestützt von Aaron und Hur, seine Hände gen Himmel hebt und das Kriegsgeschick der Israeliten gegen Amalek entscheiden kann (Ex 17,8–16). „Einer redet zu Menschen von Gott, und der andere redet zu Gott für den, der redet. Weil die Predigt zuerst ein Beten ist […]."[4] Die Predigt sei auf den Plural angewiesen – der Geist müsse sprechen und der liebe nun einmal die Mehrzahl. Im Sinne der neutestamentlichen Charismenlehre fordern die Grenzen des einen die Ergänzung durch den anderen.

Zwar gehören Dialogpredigten inzwischen vielerorts zum gemeindlichen Alltag. Gedränge auf der Kanzel herrscht nun freilich selten. Dies wäre angesichts der Statik manch historischer Kanzel auch nicht zu empfehlen. Bohren selbst sieht die Predigt im Duett, Terzett, Quartett oder Chor (!) als Zielvorstellung, die

---

2 Vgl. im Folgenden: Ernst Lange, Zur Theorie und Praxis der Predigtarbeit, in: ders., Predigen als Beruf. Aufsätze zu Homiletik, Liturgie und Pfarramt, München ²1987, 9–51; ders., Zur Aufgabe christlicher Predigt, in: ders., Predigen als Beruf. Aufsätze zu Homiletik, Liturgie und Pfarramt, München ²1987, 52–67.
3 Vgl. im Folgenden: Rudolf Bohren, Predigtlehre, München ²1972, 424–429, 429–436.
4 AaO., 431.

sich leider nicht jeden Sonntag verwirklichen lassen wird. Er ermutigt deshalb zu Kanzeltausch und gemeinsamer Predigtvorbereitung im Team: „Einer predigt, die Predigt wird durch Erfahrungsbericht, Meinungsäußerung oder Information Einzelner unterstützt."[5]

Die Angst vor der Predigt und die Langeweile auf der Kanzel

Zurück in den kleinen Ort Grantchester. Im Laufe der Serie wird das Pfarrhausteam um Curator Leonard Finch erweitert. Dessen erste Predigt wird zum Fiasko. Sidney hatte, verwickelt in Liebeshändel und die Aufklärung eines Mordes, keine Zeit gefunden, Leonards Predigtentwurf zu lesen. Dieser stürzt die Gemeinde mit einem Vortrag über Kant, Utilitarismus und Jeremy Bentham in große Verwirrung. Es folgt eine Sternstunde kollegialer Beratung. Leonard wird Selbsterkenntnis und damit nachhaltige Veränderung seiner Predigtpraxis ermöglicht: „Wisdom isn't always to be found in books." „I like books. They are so much less terrifying than people."[6]

Es fällt leicht, die überzeichnete Figur des verklemmten Berufsanfängers Leonard zu belächeln. Doch wer hätte sich noch nicht beim Predigen aus Verunsicherung auf Bücherwissen und geprägte Formulierungen zurückgezogen? Wer hätte sich noch nicht aus Ratlosigkeit, Zweifel oder Unfähigkeit, ein Problem zu lösen, in korrekte Lehrsätze und vertraute Sprache geflüchtet? Rechtgläubigkeit und Langeweile sind nicht selten vereint auf der Kanzel anzutreffen, bemerkt Bohren nicht zu Unrecht.[7] Ich selbst kann mich jedenfalls nicht davon freisprechen, immer wieder der Versuchung erlegen zu sein, Richtigkeiten zu predigen, statt das lebendige und herausfordernde Wort zu wagen. Kein Wunder! Ist diese Aufgabe für den Menschen nicht unmöglich? Bei aller noch so berechtigten Kritik am Predigtverständnis der Dialektischen Theologie, scheint dies doch wahr: Die Aufgabe von Gott zu reden, ist dem Menschen zu groß. Er braucht Hilfe. Er braucht die Hilfe des Heiligen Geistes und er braucht immer wieder Menschen, die mitdenken, mitreden und mitbeten. Ich bin überzeugt, Predigten, die dialogisch im Kollegenkreis entstehen, gewinnen an Einfallsreichtum, an sprachlicher Qualität, an Überzeugungskraft und nicht zuletzt an Mut.

---

5 AaO., 432.
6 „Grantchester", Drehbuch: Daisy Coulam, Regie: Jill Robertson, Staffel 1, Folge 3, itv, GB 2014, 00:20:16–00:21:07.
7 Bohren, Predigtlehre (Anm. 3), 432.

Wo Dialog und Studierzimmer sich treffen: Die Predigtwerkstatt

Blättert man die gängigen Lehrbücher der letzten Jahre und Jahrzehnte durch, so fällt auf: Kollegiales Feedback ist vor allem für die Zeit der Ausbildung in Studium und Vikariat vorgesehen. Im Berufsalltag findet es sich dann nicht selten als Instrument der Qualitätssicherung beziehungsweise der Beurteilung, kurz als Mittel der Optimierung des pastoralen Selbst. Bedenkt man, dass zu alledem das Theologiestudium – Bologna-Reform hin oder her – tief im humanistischen Gelehrtenideal verankert ist, wundert es mich wenig, dass das Gespräch über die eigene Predigt bei aller Professionalität eine große Herausforderung darstellt und oftmals Ängste auslöst.

Wenn ich mich mit meiner Predigt vor Kolleginnen und Kollegen zeige und mich auf ihr kritisches Nachfragen und Analysieren einlasse, steht immer etwas von mir selbst und meiner (beruflichen) Identität auf dem Spiel. Das auszuhalten will geübt sein.

Gleichwohl haben Predigtcoachings, einzeln oder in der Gruppe, zunehmenden Erfolg und die Reichweite der Facebook-Gruppe des Zentrums für evangelische Predigtkultur in Wittenberg steigt stetig. Dort versammeln sich inzwischen mehr als 2500 haupt- und ehrenamtliche Predigerinnen und Prediger, um sich auszutauschen, zu inspirieren, zu verbessern und sich den Mut zu holen für manches Kanzelexperiment. Ich vermute, es hilft, wenn die Kritik nicht von denen kommt, die täglich mit mir arbeiten und leben.

Neben vielen anderen Faktoren, wie den Veränderungen in der pastoralen Aus- und Fortbildung oder schlicht den fortgeschrittenen technischen Möglichkeiten, hat aus meiner Sicht Martin Nicol mit seiner Dramaturgischen Homiletik einen wesentlichen Beitrag dazu geleistet, dass die kollegialen Formen der Predigtarbeit sich zunehmender Beliebtheit erfreuen. Er hat nicht nur bereits in der Programmschrift „Einander ins Bild setzen"[8] die Praxis des Predigtfeedbacks bedacht, sowohl in der Gemeinde als auch unter Predigenden. Sondern er hat zusammen mit Alexander Deeg einen dramaturgisch-homiletischen Werkzeugkoffer und somit die Grundlage geschaffen, um konzentriert und professionell Rückmeldung zu Predigten zu geben.[9] Für alle, die sich einigen können, zumindest terminologisch mit Titeln & Mitteln, Moves & Structure, Bibelwort &

---

8 Die Programmschrift erschien erstmalig im Jahr 2002. Vgl. Martin Nicol, Einander ins Bild setzen. Dramaturgische Homiletik, Göttingen ²2005. Zum kollegialen Feedback, vgl. aaO., 124–133.

9 Vgl. Martin Nicol/Alexander Deeg, Im Wechselschritt zur Kanzel. Praxisbuch Dramaturgische Homiletik, Göttingen ²2013, 203–219; Alexander Deeg, Kreation & Reflexion. Predigtcoaching mit den Mitteln der Dramaturgischen Homiletik, in: Cura homiletica. Erfahrungen und Perspektiven aus dem Predigtcoaching am Zentrum für evangelische Predigtkultur, Wittenberg 2011, 11–27 (zugänglich unter http://www.predigtzentrum.de).

Kanzelsprache zu arbeiten, ist es möglich, schnell und unkompliziert eine Predigt zu erfassen, zu analysieren und über sie ins Gespräch zu kommen. Einerseits wird so durch klare Begrifflichkeiten die Sprach- und Reflexionsfähigkeit gesteigert, um über das eigene Predigen Auskunft geben zu können. Andererseits führt das Verständnis der Predigt als ‚Werkstück' zu einer gewissen Verobjektivierung des Gegenstandes, die es sowohl denen, die Feedback geben, als auch denjenigen, die es entgegennehmen, ermöglicht, Predigtperson und Werkstück zu trennen. In einer Werkstatt wird nun mal gehobelt und gehämmert und geklopft, und da darf auch mal Kollegin oder Kollege mit anpacken.

Teamwork in der Predigtwerkstatt

Inzwischen hat sich das Nachdenken darüber intensiviert, wie Arbeiten in homiletischen Teams erfolgen kann und soll.[10] Dabei gelten für die Predigt die gleichen Regeln kollegialen Feedbacks, wie in anderen Arbeitsbereichen: Eine wertschätzende Grundhaltung, die Unterscheidung von Wahrnehmung und Wirkung, das Formulieren von Ich-Botschaften, konkrete und konstruktive Kritik. Als Predigerin bin ich dankbar für Feedback und entscheide reflektiert, womit ich weiterarbeite. Ansonsten sind die Möglichkeiten so vielfältig wie die Menschen, die sie nutzen: Ob nun gemeinsam an einer Predigt gearbeitet und Moves miteinander geteilt werden, ob Predigttexte im Gespräch erschlossen werden, Körpersprache analysiert wird oder Predigende sich zum *Predigtcoaching* oder *Reflektierenden Team* treffen, eines haben alle diese Formen gemeinsam: Sie durchbrechen die Vereinzelung und die monologische Monotonie der Predigtvor- und nachbereitung.

Ich habe den Austausch über eigene und fremde Predigten immer als bereichernd erlebt. Lernen für mein eigenes Predigen lässt sich aus beiden Perspektiven – ob ich nun selbst coache in Seminaren und auf Fortbildungen, ob ich im Gespräch bin mit Martin Nicol oder ob ich mir Feedback hole beim Coaching und im kollegialen Austausch. Natürlich fließt auch Herzblut (*kill your darlings ...*), muss Frust überwunden und manche Wahrheit verdaut werden.

Am Ende aber tritt die Predigerin auf die Kanzel, und sie ist nicht mehr allein. Die Kolleginnen und Kollegen greifen ihr unter die Arme, wie Aaron und Hur dem Mose. Sie *denken* mit, sie *reden* mit und sie *beten* mit. Und so der Geist will und weht, *hören* sie mit – nämlich das Wort Gottes.

---

10 Vgl. Cura homiletica (Anm. 9); Peter Meyer/Kathrin Oxen (Hg.), Predigen lehren. Methoden für die homiletische Aus- und Weiterbildung (Kirche im Aufbruch, Bd. 17), Leipzig 2015.

David Plüss

Oder lieber doch nicht predigen?
Argumente wider und für die Kanzelrede

Was steht im Zentrum, was am Rand?

Was zeichnet den protestantischen Gottesdienst aus? Was steht im Zentrum und was am Rand? – Auf diese Fragen gibt es verschiedene Antworten. Für Martin Nicol ist der evangelische Gottesdienst bekanntlich ein *Weg*. Und zwar ein *Weg im Geheimnis*.[1] Ein Weg, den er sich gut und gern auch *ohne Predigt* vorstellen kann.[2] Der predigtkritische Grundzug seiner Liturgik hat weit herum Erstaunen und Stirnrunzeln ausgelöst. Auch bei mir. Wie kommt ein Homiletiker, der – zusammen mit seinem Mitarbeiter Alexander Deeg – ein homiletisches Modell entwickelt hat, das derzeit aus Predigerseminaren und Weiterbildungsangeboten nicht mehr wegzudenken ist, dazu, die theologische und liturgische Zentralstellung der Predigt derart in Zweifel zu ziehen?

Was indes noch mehr erstaunt: Wie kommen die Herausgeber einer Festgabe für Martin Nicol dazu, einen Reformierten, der sich den Weg der Liturgie gut auch ohne Abendmahl vorstellen kann,[3] zu bitten, Nicols liturgietheologische Position zu kommentieren? Hier wird wohl Reibungswärme erwartet. Wir werden sehen.

Im Folgenden werde ich rekonstruieren, wie Nicol in seiner Liturgik „Weg im Geheimnis" zu seiner Predigtkritik gelangt und wie er diese entfaltet, und darüber reflektieren, was diese unterstützt und mit welchen Argumenten dagegengehalten werden könnte und m. E. sollte, und zwar nach Möglichkeit mit Nicols eigenen Argumenten. Ich gehe dabei von der These aus, dass Nicols liturgietheologische Infragestellung der Predigt der Eigendynamik seiner zentra-

---

[1] Martin Nicol, Weg im Geheimnis. Plädoyer für den Evangelischen Gottesdienst, Göttingen ³2011.
[2] Vgl. aaO., 86.
[3] Vgl. David Plüss, Gottesdienst als Textinszenierung. Perspektiven einer performativen Ästhetik des Gottesdienstes, Zürich 2007, 322.

len Metapher geschuldet ist, die unvermeidlich zu Einseitigkeiten führt: der Metapher des *Weges im Geheimnis*.

Wider die Kanzelrede

Die Metaphorik des Weges

Wenn Nicol die Liturgie als Weg begreift, dann dient ihm der *Pilgerweg* als Modell und leitende Metapher.[4] Die „ausgetretenen Pfade" faszinieren Menschen beim Pilgern nach Nicol vor allem deshalb, weil diese darauf hoffen, „neue Erfahrungen auf alten Wegen"[5] zu machen. Es sind alte, ausgetretene Wege, die im dialektischen Sprung das Neue hervorrufen. Es geht Nicol demnach nicht um das Konservieren liturgischer Traditionen, sondern um eine *neue Gegenwärtigkeit* durch das Begehen *alter Wege*.

Die Metapher des Weges verweist auf das wandernde Gottesvolk oder zumindest auf Menschen, die vereinzelt oder in kleineren und größeren Gruppen in einer Richtung und Landschaft unterwegs sind. Der Weg verweist auf die Gemeinde, die den Gottesdienst feiert und „mit Gebet und Lobgesang"[6] auf das Gotteswort antwortet. Die Gemeinde ist es, die den Gottesdienst feiert. Sie, und nicht der Priester oder die Pfarrerin in Stellvertretung. Die Gemeinde beschreitet den Weg. Und der Gottesdienst ist jedenfalls so zu gestalten, dass sie diesen Weg gehen kann.

Die Predigt gerät bei Nicol durch die Wegmetapher nicht aus dem Blick. Der gemeinsame liturgische Weg führt meist zur Predigt. Allerdings kommt er im Rahmen der Kanzelrede zum Stillstand. Die Predigt ist die Rede eines einzelnen und stuft die Gemeinde für eine kurze oder längere Frist zum passiven Auditorium zurück, wie Nicol verschiedentlich kritisch bemerkt.

Der Weg evangelischen Feierns wurde nach Nicol „in langer Tradition gespurt"; er „liegt bereit und macht begehbar, was unzugänglich ist".[7] Es ist nicht nur ein alter, durch eine lange und ehrwürdige Tradition geprägter und legitimierter Weg, sondern vor allem ein Weg *im Singular*.[8] Zwar gebe es vielfältige Wege und Weisen des Glaubens, aber in Bezug auf den „evangelischen Gottesdienst" verwendet Nicol programmatisch den Singular: „Ich sehe eine Vielfalt geprägter gottesdienstlicher Wege einmünden in eine bleibend vielfältige Litur-

---

4 Nicol, Weg im Geheimnis (Anm. 1), 9, 19ff. passim.
5 AaO., 9.
6 Zit. aus Michael Meyer-Blanck, Liturgie und Liturgik. Der Evangelische Gottesdienst aus Quellentexten erklärt, Gütersloh 2001, 29.
7 Nicol, Weg im Geheimnis (Anm. 1), 9.
8 Vgl. dazu aaO., 28–30.

gie der Kirche"⁹. Dieser Singular ist somit Utopie. Nicol verwendet ihn als eschatologische Metapher, welche die historische Vielfalt und Strittigkeit evangelischer Feierformen integrieren soll: „Gut, wenn in der Vielfalt der Wege, die wir gehen, immer wieder ‚der' Weg im Geheimnis, ‚die' Liturgie der Kirche aufscheint"¹⁰. Die Wegmetapher wird zum theologischen Programm, das sich im Gehen erschließt – auch und gerade in Bezug auf das Geheimnis – und keiner diskursiven Erläuterungen und Reflexionen bedarf, weder durch eine Predigt noch durch Moderation. Es handelt sich um ein Programm, das selber gerade nicht diskursiv verfasst ist.

Eine Gottesdiensttheologie im Singular strebt Nicol jedoch nicht an. Was für das „Zusammenwachsen der Konfessionen" zähle, sei „weniger die Übereinkunft der Theologien als vielmehr die Gemeinsamkeit der Gebetsrichtung".¹¹

Nähere Bestimmungen des liturgischen Weges

Eine weitere Bestimmung kommt hinzu und qualifiziert diesen Weg: Der Weg evangelischen Feierns ist nach Nicol ein Weg *im Geheimnis*. Im Geheimnis Gottes. Auf diesem Weg kann vieles gerade nicht gesagt werden – wie es einem Geheimnis entspricht. Anderes *muss* gesagt werden. Dieser Weg sei „geprägt durch Worte und Schweigen, Klänge und vielfältige Zeichen […], durch Symbol und Ritual".¹² Jedenfalls sei es eine *fremde Sprache*, die hier gesprochen werde. Dass das Geheimnis durch die Kanzelrede nicht gelüftet werden soll, versteht sich von selbst. Denn, so zitiert Nicol zustimmend Wilhelm Stählin, „hier findet eine wirkliche Begegnung zwischen Gott und Mensch, eine Mit-teilung und Austeilung der rettenden Wahrheit statt und damit etwas, was sich jeder rein rationalen Mitteilung, jeder bloßen Zweckhaftigkeit entzieht".¹³ Wer das im Gottesdienst intendierte göttliche Geheimnis in dieser Weise bestimmt, rückt die eucharistischen Gaben, die ausgeteilt werden und die jeder sehen und schmecken kann, ins Zentrum und die Predigt gerät ins Hintertreffen.

Gegen die Predigt spricht für Nicol des Weiteren die zentrale Stellung des Ästhetischen in der Liturgie.¹⁴ Evangelische Gottesdienste seien in erster Linie nicht Hörereignisse, sondern synästhetische Gesamtkunstwerke, die mit allen Sinnen erfährt, wer den liturgischen Weg beschreitet. Das Geheimnis Gottes in der Liturgie könne rational nicht erschlossen, wohl aber begangen und erfahren

---
9 AaO., 30.
10 Ebd.
11 AaO., 16.
12 AaO., 9.
13 Wilhelm Stählin, Mysterium. Vom Geheimnis Gottes, Kassel 1970, 114.
14 Nicol, Weg im Geheimnis (Anm. 1), 13.

werden. Wer schmeckt und sieht und geht und fühlt, kommt dem Geheimnis des Glaubens demnach eher auf die Spur, als wer nur sitzt und hört und sich seinen Reim auf das Gesagte zu machen versucht. Dass und inwiefern der Erfahrungsbezug nicht nur gegen, sondern auch für die Predigt in Anschlag gebracht werden kann, soll weiter unten erörtert werden.

Das kritische Potential der Weg-Metapher

Nicol wehrt sich vehement gegen jegliche Instrumentalisierung des liturgischen Weges. Und es scheint mir bezeichnend, dass er Phänotypen einer das Geheimnis vertreibenden Instrumentalisierung nennt, die eine große Nähe zur Predigt aufweisen oder Predigtformen darstellen: „die orthodoxe Belehrung, die pietistische Bekehrung und die aufgeklärte Moralisierung".[15] Gleich neben der Instrumentalisierung liegt für Nicol die Gefahr der Rationalisierung des Glaubens durch die Predigt. Diese Gefahr wittert er in homiletischen Zusammenhängen auf Schritt und Tritt.

Nicol nimmt Bezug auf Luthers Torgauer Kirchweihpredigt, um den Gottesdienst zu bestimmen. Dieser Bezug ist allerdings ein kritischer. Kritisch nicht darum, weil die sogenannte *Torgauer Formel* nicht für eine theologische Bestimmung taugt, sondern weil sie missverständlich sei und gewissermassen eine die Grundfigur pervertierende Wirkungsgeschichte entfalte: Aus dem Wortwechsel zwischen Christus und seiner Gemeinde, initiiert durch Gottes schöpferisches und erlösendes Wort, werde „schon bald im Protestantismus ein von Pastoren dominierter Wortwechsel"[16], was Nicol mit bitteren Worten kommentiert.

Was Nicol mit der Metapher des liturgischen Weges entwickelt, steht für ihn in erheblicher Spannung zu den meisten Gottesdiensten, wie sie derzeit landauf und landab gefeiert werden. In diesen gebärdet sich die Predigt – um ein eigenes Bild zu verwenden – wie ein Platzhirsch, der sich selbstbewusst in die Mitte stellt und alle vertreibt, die ihm diese Mitte streitig machen wollen: das Abendmahl, das seit dem 16. Jahrhundert zu einer „besonderen Feier mit eigener Frömmigkeit" degradiert worden sei; das biblische Wort, das sich in die „alles beherrschende Predigt" hinein verflüchtige; und nicht zuletzt die „eigene Sprache der Liturgie".[17] Um diesen Platzhirsch aus der Mitte zu vertreiben, empfiehlt Nicol, den Gottesdienst konsequent als „Weg im Geheimnis des Wortes"[18] zu verstehen und

---

15 AaO., 27.
16 AaO., 23f.; vgl. dazu auch aaO., 74.
17 AaO., 65.
18 Ebd.

zu gestalten. Auf diesem Weg, so wird an vielen Stellen deutlich, kommt die Gemeinde gut und gern auch ohne Predigt aus. Oder noch deutlicher: Die Predigt kann geradezu einen Fremdkörper darstellen. Bibelworte seien diesem Weg angemessen, aber nicht notwendigerweise erläuternde Menschenworte. Denn wir Menschen fänden „von uns aus keine Worte […], um uns richtig im Gottesdienst zu bewegen."[19]

Soweit die mit der Weg-Metapher verbundene Predigtkritik. Nun wechseln wir die Seite und leuchten mit und zuweilen auch gegen Nicol die Schatten aus, die die Wegmetapher auf die Predigt wirft.

Für die Kanzelrede

Im Grundanliegen ist Nicol beizupflichten. Unsere Gottesdienste sind über weite Strecken in eine kommunikative Schieflage geraten, die dem Feier- und Gebetscharakter abträglich ist. Dabei ist es nicht nur die Predigt als solche, die den Gottesdienst zu dominieren droht, sondern mehr noch die Intention und der Habitus des Hermeneuten, die alle liturgischen Wegschritte begleiten und durchwirken, von der Eröffnung bis zum Segen, und sie in mehr oder weniger anregende Bildungsanlässe verwandeln. Sobald dies geschieht, hat der erläuternde Gestus der Predigt alle Teile der Liturgie überwuchert. Wenn auch für Reformierte gilt, dass die Grundhaltung des Gottesdienstes die des gemeinsamen Betens und Singens ist,[20] dann ist die Metapher des Weges durchaus hilfreich und kann selbst in reformierten Stammlanden einige Evidenz erzeugen, ohne allerdings die Predigt in Frage zu stellen.[21] Mit dieser grundsätzlichen und weitgehenden Zustimmung verbinden sich Rückfragen und kritische Kommentare, die ich im Folgenden kurz entfalte.

---

19 AaO., 84.
20 Vgl. dazu Andreas Marti, Genfer Gottesdienstordnung (1542) mit ihren Nachbartexten, in: Eberhard Busch u. a. (Hg.), Calvin-Studienausgabe Bd. 2: Gestalt und Ordnung der Kirche, Neukirchen-Vluyn ²2010, 137–225, hier: 139.
21 Dies belegt der Erfolg der Zürcher Liturgiereform in den 1960er Jahren, in deren Wirkungsgeschichte die Wegmetapher immer wichtiger wurde. Vgl. dazu David Plüss, Predigtgottesdienst, in: Katrin Kusmierz/ders./ Ralph Kunz/Matthias Zeindler (Hg.), Gottesdienst in der reformierten Kirche. Einführung und Perspektiven, Zürich 2017, 193–223.

Ambivalenter Singular

Problematisch an der Wegmetapher scheint mir zunächst ihre Dominanz. Zwar räumt Nicol ein, dass dieser Weg in unterschiedlicher Weise beschritten werden könne, aber es bleibt doch der *eine* „Weg im Geheimnis" des „Evangelischen Gottesdienstes", in den die verschieden geprägten Wege schlussendlich münden – wie beim Jakobsweg. Dieser Singular ist Programm, das darin besteht, das weitverzweigte Netz konfessioneller Nebenflüsse wieder in den Hauptstrom altkirchlich begründeten Feierns zurückzuführen – ein Anliegen, das die meisten liturgischen Erneuerungen auszeichnet. Dieses Programm stößt sich hart an einer doppelten Grenze: Einerseits lässt sich die eine Grundform der Liturgie aus den Quellen nicht erheben (was Nicol auch nicht versucht); die Quellenlage ist nicht nur ausgesprochen dünn, sondern offenbart eine unübersichtliche Vielfalt. Andererseits und davon ausgehend hilft der liturgietheologische Singular für den liturgiepraktischen Umgang mit der gewachsenen Pluralität nicht wirklich weiter. Er bescheinigt einzig das kategoriale Ungenügen derselben.

Wäre es der Prägnanz des Nicolschen Programms denn abträglich, wenn der liturgische Weg in den Plural gesetzt und von den liturgischen „Wegen im Geheimnis" gesprochen würde? Mir scheint dies zumindest liturgiepraktisch und -theologisch nicht der Fall zu sein, auch wenn mir bewusst ist, dass man sich damit einige Folgeprobleme einhandelt.[22]

Für den Plural der Metaphern

Was Martin Nicol und Alexander Deeg für den Wechselschritt zur Kanzel propagieren,[23] scheint in Bezug auf die Liturgie nicht zu gelten: die Produktivität einer ebenso kreativen wie bedachten Gestaltung von Spannungen.[24] Der „Weg im Geheimnis" ist merkwürdig spannungsfrei. Spannung würde dann aufkommen – eine produktive Spannung, wie mir scheint –, wenn die zentrale Metapher des Weges durch andere Metaphern irritiert und aus dem Gleichgewicht gebracht würde. Andreas Marti hat vorgeschlagen, die Metapher des Weges in Bezug auf gewisse Gesänge, die Musik oder auch die Predigt um die Metapher des *Raumes* zu ergänzen.[25] Oder wäre es nicht angemessen und produktiv, dem *liturgischen*

---

22 So sind sprachlich-grammatikalische, historische, liturgiepraktische, psychologische und theologische Aspekte eines Plurals zu unterscheiden und eigens zu traktieren.
23 Vgl. Martin Nicol/Alexander Deeg, Im Wechselschritt zur Kanzel. Praxisbuch Dramaturgische Homiletik, Göttingen 2005.
24 Vgl. aaO., 17.
25 Vgl. Andreas Marti, Weg und Raum als Metaphern von Liturgie und Gemeindegesang, in: JLH 39 (2000), 179–190.

Weg im Geheimnis den *Wechselschritt der Kanzelrede* entgegenzusetzen oder das *Bild*, in das sich Predigerin und Gemeinde setzen?[26]

Wider den homiletischen Theologieverzicht

Nicol diagnostiziert beim *Evangelischen Gottesdienstbuch* gänzlichen Theologieverzicht.[27] Nur so sei es möglich gewesen, liturgisch durchaus Disparates zwischen zwei Buchdeckel zu zwängen. Von „Konsensbaukasten" ist die Rede. Und in diesem Verzicht auf Theologie liegt nach Nicol die Wirkungslosigkeit dieser Agende begründet und auch die Lustlosigkeit, mit der auf diesen Meilenstein evangelischer Liturgiearbeit zugegriffen würde. Diesem Mangel will er mit seiner liturgietheologischen Programmschrift aufhelfen. Diesem Mangel könnte indes auch die Predigt aufhelfen. Ist nicht die Predigt seit jeher derjenige Ort im liturgischen Vollzug, an dem das Singen und Beten, das Grüßen und Segnen für eine kurze Zeit sistiert und daran erinnert und darüber nachgedacht wird, was wir tun, wenn wir singen und beten, auf den liturgischen Gruß antworten und den Segen empfangen? Ist der primäre Ort der Theologie nicht die Predigt, wenn sie das Leben der Hörer im Medium einer Textauslegung ins Licht der biblischen Verheissung rückt[28] und mit den Wegschritten der Liturgie verbindet?

Für die homiletische Deutung von Erfahrung

Für die Predigt spricht darüber hinaus der von Nicol betonte *Erfahrungsbezug* des liturgischen Weges. Denn Erfahrung stellt sich nicht unvermittelt und ohne Deutung ein, sondern ist als solche eine zumindest ansatzweise versprachlichte, reflektierte und in stimmiger Weise ausgedrückte Weise der Aneignung und Verarbeitung diffuser, unsortierter Sinneseindrücke.[29] Ästhetik und Erfahrung kann nicht gegen Sprache und Reflexion in Anschlag gebracht werden, sondern bedarf ihrer. Auch im Gottesdienst und auch in Bezug auf das Geheimnis des Glaubens. Deutung und Darstellung – in metaphorischer, narrativer, symbolischer oder ritueller Gestalt – geschieht in der Liturgie; sie geschieht aber auch im

---

26 Vgl. dazu Martin Nicol, Einander ins Bild setzen. Dramaturgische Homiletik, Göttingen 2002.
27 Nicol, Weg im Geheimnis (Anm. 1), 15.
28 So Ernst Lange, Zur Aufgabe christlicher Rede, in: Rüdiger Schloz (Hg.), Predigen als Beruf. Aufsätze zu Homiletik, Liturgie und Pfarramt, München 1982, 52–67.
29 Vgl. dazu Matthias Jung, Religiöse Erfahrung. Genese und Kritik eines religionsphilosophischen Grundbegriffs, in: ders./Michael Moxter/Thomas M. Schmidt (Hg.), Religionsphilosophie. Historische Positionen und systematische Reflexionen, Würzburg 2000, 135–149.

Rahmen und in der Gestalt der Predigt und zwar in explizit reflektierter Weise. Die homiletische Reflexion zielt dabei nicht auf die Rationalisierung des Geheimnisses des Glaubens, sondern auf die Kunst des Unterscheidens (kritische Funktion) und des Übersetzens (hermeneutische Funktion).

Fazit

Die Zentralstellung der Predigt ist in der protestantischen Theologie bis in die Gegenwart nahezu unbestritten. Nicol kommt das Verdienst zu, in seiner Liturgik in aller Deutlichkeit und mit bewusst kalkulierten Provokationen auf die Gefahren und Einseitigkeiten dieser Zentralstellung hingewiesen zu haben. Seine emphatischen Einreden gegen eine alles überlagernde Kanzelrede gilt es zu hören und zu beherzigen. Die auf das Wort fokussierte protestantische Schwarzbrot-Liturgie kann charmant sein, sie kann aber auch auf Abwege führen und vieles vermissen lassen, was den Reichtum christlichen Feierns über die Jahrhunderte auszeichnete und auszeichnet. Allerdings besteht die Gefahr, den Einseitigkeiten des protestantischen Predigtgottesdienstes durch eine ebenso einseitige mystagogische Liturgik zu begegnen. Die Predigt an den Rand zu drängen oder über Bord zu werfen, kommt für den Reformierten jedenfalls nicht in Frage. Auch für Nicol nicht, wie mir scheint.

Die erwähnten Gefahren sind gleichzeitig die Potentiale der Weg-Metapher. Diese fordert dazu heraus, ihre Grenzen und Schlagschatten auszuleuchten, sie aus dem Gleichgewicht zu bringen und in Spannung zu setzen mit anderen Metaphern und Dimensionen; kurz: mit ihr zu spielen. Und dies wäre, so vermute ich, ganz im Sinne Martin Nicols.[30]

---

30 Für vielfältige und hilfreiche Anregungen danke ich Kirsten Jäger.

Benedikt Kranemann

Credo

Ein Bekenntnistext im Wortgottesdienst der Messfeier

Das Glaubensbekenntnis als Teil des Wortgottesdienstes

In der katholischen Liturgiewissenschaft haben in jüngerer Zeit Beiträge verschiedener Autoren den Wortgottesdienst, seine Struktur, seine Riten und natürlich seine Theologie in den Blick gerückt. Impulse dafür stammen aus der Kulturanthropologie und näherhin der Ritualforschung, aus der Literaturwissenschaft – und hier insbesondere Forschungen zur Intertextualität – sowie aus der theologischen wie pastoralen Notwendigkeit, die Theologie des Wortgottesdienstes und dessen Gewicht für das Glaubensleben neu auszuloten. Es geht nicht allein um eine innerkatholische Debatte. Auch in den Kirchen der Reformation werden entsprechende theologische Diskussionen geführt.[1] Dazu hat Martin Nicol wichtige Impulse geliefert.[2]

Teil des Wortgottesdienstes ist das Credo, und zwar sowohl in der katholischen Kirche wie auch in den Kirchen der Reformation. In der Messfeier der katholischen Kirche sieht die Struktur des Wortgottesdienstes folgendermaßen aus: biblische Lesungen mit Zwischengesang und Halleluja – Evangelium – Homilie – Glaubensbekenntnis – Fürbitten. Die Allgemeine Einführung in das Römische Messbuch (AEM), ein kirchenamtlicher Kommentar zur Messfeier, legt die gemeinsame Rezitation – Priester und Gemeinde – des Glaubensbekenntnisses an

---

1 Aus der Fülle der Literatur sei nur der folgende Sammelband, der viele Literaturverweise enthält, genannt: Alexander Zerfaß/Ansgar Franz (Hg.), Wort des lebendigen Gottes. Liturgie und Bibel (PiLi 16), Tübingen 2016; genannt seien auch Thomas Melzl, Die Schriftlesung im Gottesdienst. Eine liturgiewissenschaftliche Betrachtung, Leipzig 2011; Alexander Zerfaß, Auf dem Weg nach Emmaus. Die Hermeneutik der Schriftlesung im Wortgottesdienst der Messe (PiLi.S 24), Tübingen 2016.
2 Vgl. Martin Nicol, Weg im Geheimnis. Plädoyer für den Evangelischen Gottesdienst, Göttingen ³2011, 135–161.

Sonntagen und Hochfesten fest, wobei ergänzt wird, dass dies auch für andere „besondere Anlässe" möglich sei (AEM 44).³

Während die römische „Einführung" von „Credo oder Glaubensbekenntnis" spricht, verweist die „Feier der Gemeindemesse" als Ordnung der Messfeier für die Bistümer des deutschen Sprachgebietes zwar auf das Glaubensbekenntnis „in seinem Wortlaut", ermöglicht aber auch die Verwendung eines Credo-Liedes.⁴ In vielen Gemeinden ist das übliche Praxis. Ein nicht unwesentliches Detail ist, dass die Gemeinde zum Credo steht, das Bekenntnis damit auszeichnet und die Rezitation entsprechend gewichtet.

Nach dem Evangelischen Gottesdienstbuch sind Variationen möglich. In der Grundform I für Sonn- und Feiertage kann das Glaubensbekenntnis biblischen Lesungen mit Gesang und Halleluja sowie dem Evangelium folgen. Das Predigtlied und die Predigt schließen sich an. Es ist auch möglich, das Credo der Predigt folgen zu lassen, wodurch es vor den Fürbitten rezitiert wird. Apostolisches oder Nizänisches Glaubensbekenntnis können in unterschiedlicher Konstellation und auch als Lied gesungen werden.⁵

Die unterschiedlichen Szenarien zeigen, dass die Verwendung des Credo an dieser Stelle offensichtlich der Erklärung und Deutung bedarf. Sie ist nicht selbstverständlich, wie das Ausweichen auf „Ersatzlieder" verdeutlicht. Wie lassen sich die heute in der Liturgie als wichtig erachtete Kreativität und Subjektivität mit theologischer Objektivität und Überlieferung der Glaubensgemeinschaft vereinen? Welche Bedeutung besitzt dafür das Glaubensbekenntnis?

Martin Nicol hat dazu prägnant Position bezogen. Ihn treibt die Frage um, wie Authentizität des Predigers – und man darf sicherlich verallgemeinern: der Liturgie – und Doxologie zusammenzubringen sind. Das Credo trägt für ihn „durch und durch doxologischen Charakter"⁶, mehr noch: es „präsentiert eine Wirklichkeit, die sich kein Prediger ausgedacht hat"⁷. Wenn Welterfahrung im Gottesdienst thematisiert wird – Nicol nennt Predigt und Fürbitten –, dann muss das in der Liturgie mit der Wirklichkeit Gottes zusammengebracht werden. Nicol

---

3 Vgl. Allgemeine Einführung in das Römische Meßbuch, in: Sekretariat der Deutschen Bischofskonferenz (Hg.), Die Messfeier – Dokumentensammlung. Auswahl für die Praxis (Arbeitshilfen 77), Bonn ¹¹2009, 7–89, hier 25, Nr. 44.
4 Die Feier der Gemeindemesse, in: Sekretariat der Deutschen Bischofkonfrerenz, Die Messfeier (Anm. 3), , 91–115, hier 99, Nr. 66.
5 Vgl. Kirchenleitung der Vereinigten Evangelisch-Lutherischen Kirche Deutschlands/Rat der Evangelischen Kirche der Union (Hg.), Evangelisches Gottesdienstbuch. Agende für die Evangelische Kirche der Union und für die Vereinigte Evangelisch-Lutherische Kirche Deutschlands, Berlin 1999, 42f.
6 Darin trifft er sich mit Adolf Adam/Winfried Haunerland, Grundriss Liturgie, Freiburg/Br. u.a. ⁹2012, 227.
7 Nicol, Weg im Geheimnis (Anm. 2), 126.

sieht beide gerade da verschränkt, wo die Liturgie Doxologie ist. „In der Doxologie ist Gott zum Amen-Sagen wirklich."[8]

Die Geschichte des Credo in der Messfeier

Gerade beim Credo ist die Verortung in der Messfeier interessant. Beim Apostolischen Glaubensbekenntnis fällt die 1. Person Singular auf, die an dieser Stelle in der gemeinschaftlich gefeierten Liturgie ungewöhnlich ist. Als Bekenntnistexte überraschen beide großen Glaubensformeln an dieser Stelle. Auch die Zusammenstellung von biblischem Text und Homilie, Credo und Fürbitten erschließt sich nicht sofort. Papst Benedikt VIII. hat auf Bitten von Kaiser Heinrich II. 1015 die Aufnahme des Credo in die römische Messe angeordnet. In der fränkischen Messliturgie wurde es seit Karl dem Großen nach der Verlesung des Evangeliums gesprochen, offensichtlich zur Abwehr des Adoptianismus. Es war allerdings bereits zwei Jahrhunderte in der altspanischen Liturgie von der ganzen Gemeinde vor dem Pater noster rezitiert worden, ursprünglich als Ausdruck der Abkehr vom Arianismus. Im Osten begegnete es im selben Jahrhundert in der Messfeier Konstantinopels und wurde als Ausdruck von Orthodoxie verstanden. Man fügte den Text nach dem Gläubigengebet und dem großen Einzug ein, ließ ihn dem Friedenskuss vorangehen oder folgen.[9] Er bereitete auf die Eucharistie oder näherhin die Kommunion vor und war weniger Antwort auf die Schriftlesungen.

Wenn in der katholischen (und wahlweise auch in der lutherischen) Liturgie heute Fürbitten folgen, verändert sich mit dem unmittelbaren Kontext die Bedeutung des Credo, denn es wird durch diesen gleichsam von der Eucharistie abgerückt.

Die Bedeutung des Credo

Eine Reihe katholischer Theologen hat sich zur Bedeutung des Credo geäußert. Pius Parsch hat in seiner „Messerklärung" das Credo am Ende der ‚Vormesse' als Bekenntnistext und damit als „die rechte Überleitung zur Opferfeier" eingeordnet, betrachtete es aber zugleich als Reaktion auf den Wortgottesdienst.[10] Josef Andreas Jungmann hat das Glaubensbekenntnis bereits vor der jüngsten

---

8 AaO., 127.
9 Das Vorausgehende nach Josef Andreas Jungmann, Missarum Sollemnia. Eine genetische Erklärung der römischen Messe, Bd. 1, Wien u. a. ⁵1962, 598–602.
10 Pius Parsch, Messerklärung im Geist der liturgischen Erneuerung. Neu eingeleitet von Andreas Heinz (Pius-Parsch-Studien 4), Würzburg 2006, 197.

innerkatholischen Liturgiereform als „ein freudiges Ja der Gläubigen zur vernommenen Botschaft" bezeichnet.[11] Reinhard Meßner versteht es als Besiegelung des Evangeliums und in dieser Hinsicht als Bekenntnis.[12] Winfried Haunerland liest (zusammen mit Adolf Adam) das Credo als gemeindliche Zustimmung zum Wort Gottes, das in den biblischen Texten und in der Predigt erklungen ist. Es ist ein Bekenntnis zu den zentralen „Glaubenswahrheiten", aber auch Doxologie Gottes.[13] Liborius Olaf Lumma und Andreas Vonach betrachten das Credo in der Gesamtdramaturgie der Messfeier und sehen in ihm „einen Haltepunkt im Anschluss an die Wortverkündigung"[14]. Die erwähnte AEM beschreibt eine doppelte Ausrichtung: Zustimmung und Antwort auf das Wort Gottes, das in Lesungen und Homilie ergangen ist, und Vorbereitung auf die Eucharistie. Eine andere Akzentsetzung nimmt Martin Stuflesser vor, indem er den Aspekt des Taufbekenntnisses aufgreift und an dieser Stelle in der Messfeier einen „Akt des Taufgedächtnisses" erkennt.[15] In der Tat vernetzt das Credo verschiedene Liturgien theologisch wie spirituell.

Auch lutherische Theologen haben sich mit dem Credo in der Liturgie auseinandergesetzt. Thomas Melzl liest das Credo sowohl als Bekenntnistext wie als „Zusammenfassung" von Glauben und Schrift.[16] Er weist ebenfalls auf die „doxologische Redeform" hin[17] und sieht den Gottesdienst thematisch durch das Credo in einen umfassenderen Zusammenhang gestellt.[18] Demnach vernetzt das Glaubensbekenntnis in der Liturgie und über sie hinaus. Alexander Deeg versteht den Gottesdienst als Klangraum für die Heilige Schrift.[19] Zu diesem Klang tragen nicht nur biblische, sondern auch andere Texte und sogar Riten im Wortgottesdienst der Messfeier bei. Sie reagieren auf die biblischen Texte, sie interpretieren sie, suchen den Dialog mit ihnen. Hier könnte man das Credo nennen, das als Bekenntnistext ein besonderes Element dieses Klang- und Resonanzraumes ist.[20] Wie Jörg Neijenhuis gezeigt hat, schreiben Verbales und Nonverbales dem

---

11 Jungmann, Missarum Sollemnia (Anm. 9), 602.
12 Vgl. Reinhard Meßner, Einführung in die Liturgiewissenschaft (UTB 2173), Paderborn ²2009, 195.
13 Adam/Haunerland, Grundriss (Anm. 6), 227.
14 Liborius Olaf Lumma/Andreas Vonach, Glaubensbekenntnis, in: Birgit Jeggle-Merz u. a. (Hg.), Das Wort Gottes hören und den Tisch bereiten. Die Liturgie mit biblischen Augen betrachten (Luzerner Biblisch-Liturgischer Kommentar zum Ordo Missae 2), Stuttgart 2015, 67–78, hier 75.
15 Martin Stuflesser, Eucharistie. Liturgische Feier und theologische Erschließung, Regensburg 2013, 158. So auch schon Parsch, Messerklärung (Anm. 10), 197.
16 Melzl, Schriftlesung (Anm. 1), 326.
17 AaO., 327.
18 Vgl. aaO., 406.
19 Vgl. Alexander Deeg, Tradition, Klangraum und die Zukunft des Gottesdienstes, in: LS 66 (2015), 399–404.
20 Die Kritik, die Lumma/Vonach, Glaubensbekenntnis (Anm. 14), 72f., vorbringen, das Credo

Credo neue Bedeutungen zu.[21] Michael Meyer-Blanck sieht das Credo als „Eingangstor zur Predigt"[22] wie als Antwort nach der Predigt, mit der die Glaubensrede des Individuums zur gemeinschaftlich-kirchlichen Sprechhandlung werde, und plädiert auch für einen gelegentlichen Wechsel innerhalb der Liturgie. In seiner Interpretation „geraten Predigt und Credo in eine dramaturgische Spannung"[23], kommen kirchliches Bekenntnis und Predigt des Individuums, Objektivität und Subjektivität zum Ausdruck und zusammen.[24]

Objektivität und Subjektivität: Das Credo als vernetzter Text im Wortgottesdienst der Messfeier

Das Glaubensbekenntnis ist in der Mess- wie Abendmahlsfeier ein gutes Stück widerspenstig. Doch im Sinne von Intertextualität vernetzt es Texte (und Handlungen) der Liturgie und verbindet sich selbst mit ihnen. Mit Blick darauf und auf die eben referierten Interpretationen kann man dem Credo in der Messfeier, die jetzt im Mittelpunkt stehen soll, noch eine neue Nuance abgewinnen. Es repräsentiert zweifellos eine andere Textgattung als die biblischen Lesungen und natürlich die Predigt, unterscheidet sich markant von den frei formulierten Fürbitten, ist aber beispielsweise mit Evangeliumsverkündigung und Fürbitten durch die Körperhaltung des Stehens verbunden. Nach katholischem Verständnis ist Liturgie immer Handeln der Kirche, in dem der kirchliche Glaube zum Ausdruck kommen muss. Zugleich ist ein zentrales Moment heutiger katholischer Liturgie die Partizipation der Gläubigen. Das meint – abstrakter formuliert – die Rezeption der Liturgie, unterschiedliche Beteiligungsintensitäten, das Einbringen der eigenen Biografie in den Gottesdienst, Gestaltungsmöglichkeiten auch der Messfeier auf Lebenssituationen hin usw. Es geht um ein immer neu auszutarierendes Verhältnis von Glaubensüberlieferung der Kirche, wie sie im Credo gefasst ist, und dem Glaubensleben des Einzelnen.

Das Credo steht in Beziehung zur Wortverkündigung, es bringt das verbindliche Bekenntnis der Kirche in den Erzählvorgang des Wortgottesdienstes ein, in dem Gemeinde wie Individuum sich mit den biblischen Texten konfrontieren

---

sei zu stark auf Jenseitshoffnung ausgerichtet, blende vieles an biblischer Theologie aus und setze keinen Impuls zum Leben und Handeln aus dem Glauben, mag zwar für den Text zutreffen. Doch steht der Text nicht für sich, sondern spricht in einem Kontext, der das Kritisierte gerade leistet.
21 Vgl. Jörg Neijenhuis, Liturgik – Gottesdienstelemente im Kontext, Göttingen 2012, 80.
22 Michael Meyer-Blanck, Gottesdienstlehre (Neue theologische Grundrisse), Tübingen 2011, 422.
23 AaO., 423.
24 Vgl. ebd.

lassen, sie hören und immer wieder neu für sich rezipieren. Die Spannungen zwischen ‚objektiv' und ‚subjektiv', die dabei entstehen (können), gehören zum Leben in einer Glaubensgemeinschaft hinzu, sind geradezu wesentlich und produktiv für Glaubensbiografien. Die Glaubensgemeinschaft wie die gläubigen Individuen sollten ihnen nicht ausweichen, sondern durch das Hören, Rezitieren und die Auseinandersetzung mit ihnen an Reife gewinnen. Deshalb sollte das Credo auch nicht durch beliebige andere Texte ersetzt werden. Es gibt sinnvollere Freiräume für die Gestaltung im Gottesdienst.

Das Glaubensbekenntnis, durch das ‚Ich' gesprochen, ist Teil des Wort-Antwort-Geschehens des Wortgottesdienstes. Wortverkündigung, individuelles Hören, Auslegung durch das Individuum der predigenden Person, Sprechen des Bekenntnisses – all das sind die verschiedenen Seiten einer Liturgie, in der der Einzelne, die Gemeinde und die Kirche zusammenkommen sollen.

Die Rezitation des Credo ist eine der unterschiedlichen Reaktionen auf das Gehörte – die sich in katholischen Messfeiern unmittelbar anschließenden Fürbitten, die eine wirkliche Konkretion auf Leben und Welt darstellen müssen, sind eine andere. Zu ihnen steht das Credo bereits durch das unmittelbare Nebeneinander in Beziehung. Das festgeschriebene Bekenntnis und die aktuell formulierten Fürbitten müssen nebeneinanderstehen, um die notwendig unterschiedlichen Schattierungen der Gottesbegegnung im Wortgottesdienst realisieren zu können. Das stellt an beide Textsorten und an den Umgang mit ihnen Anforderungen. Die je eigenen Aufgaben, die sie im Gottesdienst einnehmen, sollten wahrnehmbar sein.

Das Glaubensbekenntnis im Wortgottesdienst der Messfeier verbindet evangelische und katholische Christen. Verschiedene Konfessionen antworten in ganz ähnlicher Weise auf die Verkündigung des Wortes Gottes. Das darf als Impuls für die Ökumene verstanden werden, denn das Credo ist, um mit Martin Nicol zu sprechen, Artikulation des christlichen Gottesglaubens. Es ist Bekenntnis zum gemeinsamen Glauben und verlangt danach, diesem Glauben immer deutlicher Ausdruck zu geben und zugleich in der Liturgie – etwa in den Fürbitten – diesem Glauben in der Gegenwart Lebenskraft zu verleihen.

Hans-Martin Gutmann

Fürbitten

Fürbitten sind keine Predigten. Sie sind auch keine Selbstthematisierung im Angesicht Gottes. Sie sind Bitten für Andere. In ihnen blickt die Gottesdienst feiernde Gemeinde über den eigenen Horizont hinaus auf aktuelle Not und auf die, die Gottes Nähe, sein Erbarmen und seine Hilfe nötig brauchen. „In den Fürbitten ... werden sehr konkret und in universalem Horizont aktuelle Ereignisse vor Gott gebracht. Das können Ereignisse sein, die via Medien die Menschen bewegen, das kann die große Politik sein oder auch einmal die schwere Krankheit eines Menschen, dessen Platz heute leer ist. Grundsätzlich gibt es keine Not der Welt, die nicht in den Fürbitten der Welt vor Gott gebracht werden könnte."[1]

Martin Nicol hat in seinen Überlegungen zur „Bitte für die Welt" eingeschärft, dass Gottes Präsenz in der Welt in den Fürbitten nicht auf wünschenswerte und zu bestärkende Handlungsmöglichkeiten der Gemeinde reduziert werden darf – und sei dieses Engagement aus theologischen, moralischen oder politischen Gründen noch so wichtig. Gottes Weltwirklichkeit wird im Fürbittengebet in seiner Gegenwärtigkeit vorausgesetzt und angerufen, auch und gerade im Gegensatz zu dem, was auf der Hand liegt und was von irgendeiner Seite leistbar wäre. Im Fürbittengebet wird die doxologische Differenz zwischen Gott und Mensch – zur Ehre Gottes und heilsam für die Menschen – hier und jetzt ausgesprochen. „Die Differenz wird gewissermaßen in Gott selbst verlegt. Ihm trauen wir zu, dass er die Kluft zwischen der vorfindlichen Not der Welt und dem verheißenen Shalom mit der Vollendung seines Reiches schließt ... Kurz, wir geben Gott die ‚Ehre', griech. ‚doxa'. So gesehen stehen auch die Fürbitten in der diskreten Macht der Doxologie."[2]

Fürbitten sind keine Predigt – und doch sind sie in fast noch dringlicherer Weise als die Predigt auf das hin orientiert, was Ernst Lange einmal die „homi-

---

[1] Martin Nicol, Weg im Geheimnis. Plädoyer für den Evangelischen Gottesdienst, Göttingen ³2011, 204f.
[2] AaO., 205

letische Großwetterlage" genannt hat.³ Wer für die aktuellen Nöte der Menschen beten will, muss informiert sein über das, was auf ihrer Seele lastet, was den Leib verkümmern lässt und die Hoffnung verdorren. Und zwar im Nahbereich der Gemeinde vor Ort genauso wie in dem, was über Massenmedien und soziale Netzwerke die Menschen verstört, aufregt, verängstigt, in ihrer Lebensgewissheit und im schlimmen Fall in ihrem Leben bedroht.

Performativer Sprechakt

Wie alle liturgischen Sprechakte, so ist auch das Fürbittengebet in seiner jeweils aktuellen Gegenwärtigkeit hier und jetzt – ebenso wie in seiner Aufnahme der über Jahrhunderte entwickelten Sprache der ‚Verschiedenen' – performativer Sprechakt. Es ruft – in der Präsenz der ganzen Christenheit aller Zeiten und Orte – für die hier und jetzt versammelte und gemeinsam Gottesdienst feiernde Gemeinde die Wirklichkeit auf, die ausgesprochen wird: die Wirklichkeit Gottes nämlich, der für seine Schöpfung eintritt, der sich der Armen und Gescheiterten annimmt, der nicht fahren lässt das Werk seiner Hände.

In diesem Beitrag stehen einige Fürbitten aus den Hamburger Universitätsgottesdiensten in der Hauptkirche St. Katharinen im Zentrum – zunächst ein Fürbittengebet aus dem Januar 2005, im Angesicht des großen Schreckens des Tsunami in Südostasien, und sodann zwei Fürbittengebete unter ‚Normalbedingungen' aus den ersten Semesterwochen des Wintersemesters 2016.

Fürbitten im Universitätsgottesdienst

Für die Fürbitte (und dann für das Abendmahl) versammelt sich die Gemeinde nach einer Prozession durch den Gottesdienstraum im Kreis vor dem Altar. Der Altar liegt ebenso im Blickfeld der Betenden wie alle Mitbetenden. Die Fürbitten werden vom Universitätsprediger und einer Gruppe von Studierenden vom Altar aus gesprochen; die Gemeinde antwortet – a capella singend – mit dem Kyrieruf nach orthodoxer Melodie (EG 178,9).

Die Bitten werden nicht spontan artikuliert, sondern sind vorformuliert. Das studentische Vorbereitungsseminar ist immer eigeladen, eigene Formulierungsvorschläge einzubringen; in der Regel werden die Bitten vom Universitätsprediger vorbereitet und von der Gruppe der studentischen Liturg*innen unmittelbar vor dem Gottesdienst akzeptiert bzw. verändert.

---

3 Ernst Lange, Zur Theorie und Praxis der Predigtarbeit, in: ders., Predigen als Beruf, Stuttgart/Berlin 1976, 9–52.

Fürbittentexte sind Gebrauchstexte. Sie brauchen keine Originalität. Sie können sich wiederholen und schmiegen sich in die Sprache der Verschiedenen ein. In meiner Arbeit als Universitätsprediger habe ich bei der Formulierung von Fürbittengebeten zu Beginn (nach 2001) sehr stark von den Gebeten profitiert, die Sylvia Bukowski in der „Reformierten Liturgie"[4] aufgeschrieben hat – aber auch von einigen Fürbitten, die sich in Manfred Josuttis' Buch „Die permanente Passion"[5] finden. Nach und nach hat sich dann für mich ein eigener Sprachrhythmus entwickeln können.

Fürbitte im Angesicht des großen Schreckens
Eine ganze Reihe von Bitten kehren in jeder Fürbitte wieder. Alle Fürbitten, die in diesem Beitrag vorgestellt werden, schließen mit der Bitte im Stillen und mit dem doxologischen trinitarischen Schlussgebet. Und es gehört sich und ist nötig, in jedem Fürbittengebet immer wieder, ganz gleich wie die aktuelle Lage aussieht, für die Kranken, die Sterbenden, die Trauernden und die besonders bedrohten Gruppen in der Lebenswelt des gemeinsam bewohnten Ortes zu beten.

In dieser Fürbitte unmittelbar nach der zerstörerischen Flut in Südostasien muss aber alles das, was jetzt an Schrecken, Angst, Sorgen und Trauer mit diesem einschneidenden katastrophalen Ereignis für die im Gottesdienst Versammelten verbunden ist, im Mittelpunkt und am Anfang des Gebetes stehen. Fürbitten sind immer aktuell, sie nehmen die Lasten auf und bringen zur Klage und Bitte und Hoffnung, was hier und jetzt verstört, belastet und die Lebendigkeit des Lebens erschüttert.

Fürbitte 9. Januar 2005

Gott, du hast versprochen, dass du das Leben erhalten und nicht vernichten willst. Wir bitten dich heute: Lass dich im Angesicht des großen Entsetzens an deine Verheißung erinnern. Öffne deine Ohren für die Klage der Trauernden, die liebe Menschen in der Flutwelle verloren haben. Nimm die Verstörung und die Angst derer wahr, die nicht wissen, wo ihre Eltern, ihre Liebespartner, ihre Kinder, ihre Freunde geblieben sind. Wir bitten dich: Sieh den Schrecken der vielen Verletzten und verloren gegangenen Menschen an. Lass die stummen Schreie der traumatisierten Kinder an dein Ohr dringen. Sei bei denen, die helfen und Hilfe organisieren. Lass nicht zu, dass einige an den Folgen der großen Flut verdienen, dass ungerechte Lebensverhältnisse zementiert und neu geschaffen werden. Wir bitten gemeinsam: Kyrie eleison.

---

4 Reformierte Liturgie. Gebete und Ordnungen für die unter dem Wort versammelte Gemeinde. Im Auftrag des Moderamens des Reformierten Bundes erarbeitet und hg. v. Peter Bukowski u. a., Wuppertal/Neukirchen-Vluyn 1999.
5 Manfred Josuttis, Die permanente Passion. Predigten zur Wirkungsgeschichte Jesu, München 1982.

Wir bitten dich für alle, auch jenseits des großen Schreckens, die heute ein schweres Herz haben und sich sorgen müssen. Für die Kranken. Du weißt, wie nah uns manche Menschen sind und wie sehr sie deine Nähe und deine Barmherzigkeit brauchen. Für die Sterbenden und für die, die um einen lieben Menschen trauern: Lass sie nicht zuschanden werden. Wir bitten gemeinsam: Kyrie eleison.

Wir bitten dich in den kalten Tagen besonders für die Menschen, die auf den Straßen leben, die frieren und nicht wissen, wo sie ihr Haupt hinlegen sollen. Berge sie in deinem Schutz. Du weißt, wie gefährdet sie sind. Stärke die, die sich für sie einsetzen. Lass nicht zu, dass Ordnungshüter ihr Leben missachten. Wir bitten dich für die, die alles hinter sich abgebrochen haben. Lass sie nicht zerbrechen, lass sie ihr Leben nicht wegwerfen. Wir bitten gemeinsam: Kyrie eleison.

Wir bitten dich für die, die aus ökonomischen, politischen oder religiösen Gründen um ihre Lebensrechte gebracht werden. Für die Opfer von Krieg, Terror und ungerechten Lebensbedingungen. Für die, die als Flüchtlinge in einer feindseligen Umgebung leben müssen. Wir bitten dich für die Liebenden und für alle, die heute glücklich sind. Für die, die keine Kraft haben, sich dem Leben zu stellen und die nötigen Konflikte anzugehen. Wir bitten dich für alle, die aus den Sicherheiten des Lebens herausgefallen sind und nicht wissen, wie sie den nächsten Tag überstehen soll. Wir bitten gemeinsam: Kyrie eleison.

Wir schließen alle die in unser stilles Gebet ein, die wir besonders im Herzen tragen.

Wir bitten gemeinsam: Kyrie eleison.

Du, Gott, hast uns geschaffen. Nach deinem Willen sind wir, wer wir sind. Dein grenzenloses Erbarmen begleite uns auf all unseren Wegen. Nimm dich unser gnädig an. Rette und erhalte uns. Denn dir allein gebührt der Ruhm und die Ehre und die Anbetung, dem Vater und dem Sohn und dem Heiligen Geist, jetzt und immerdar und von Ewigkeit zu Ewigkeit. Amen.

Fürbittengebete unter Normalbedingungen des Semesters

Es macht in meinen Augen Sinn, nicht nur theoretisch über Fürbittengebete nachzudenken, sondern sie als Gebrauchstexte zur Verfügung zu stellen – zur Reflexion, zur Kritik, aber vor allem auch, um mit ihnen zu arbeiten, zu ‚basteln'. Hierzu sind die Leser*innen herzlich eingeladen.

Die folgenden Fürbittengebete artikulieren – neben den wiederkehrenden Anliegen für die Kranken, die Trauernden, die Sterbenden und für die, die für sie da sind, für die Liebenden, abschließend mit dem Gebet im Stillen und dem doxologisch trinitarischen Schluss – immer auch Anliegen, die jeweils aktuell ‚in der Luft liegen'. In einer Universitätsgemeinde muss in dieser Hinsicht der Rhythmus des Semesters vorkommen (auch in den Eingangsgebeten der Gottesdienste, die hier nicht zitiert werden). Und in jedem dieser Gebete ist, wenn man sie der Reihe nach ansieht, ablesbar, was jeweils gerade ‚vorn' ist, was besonders die Herzen und Sinne der Menschen beschäftigt an Anliegen in Leid, Schrecken, Angst, aber auch Hoffnung. Diese Auswahl ist selbstverständlich immer subjektiv – in den Augen der betenden Gruppe von Universitätsprediger und Studierenden. Bei Tee und Keksen im direkten Anschluss an den Gottesdienst, erst recht bei einer ‚Suppe' mit dem Gottesdienstseminar und einer ganzen Reihe von Gottesdienstbesucher*innen im Anschluss besteht immer wieder die Gelegenheit – und sie wird immer wieder auch genutzt – kritisch zu fragen, ob wirklich getroffen wurde, was anliegt.

Gott wird immer als der angesprochen, der in der Weltwirklichkeit schon da ist: als der Gott, der alles und so auch uns erschaffen hat. Der das Werk seiner Hände nicht fahren lässt. Der für die Bedrohten, für die Leidenden, für die Kranken eintritt. Der mit seiner Präsenz und seiner guten und heilsamen Macht helfen kann.

Das in der deutschen Praktischen Theologie bisweilen mit größerer Distanz (und Unkenntnis) als in Ethnologie und Kulturanthropologie thematisierte Thema der „Magie" wird in diesen Gebeten recht unaufgeregt und beiläufig gelöst. Im performativen Sprechakt wird die Wirklichkeit Gottes als die ausgesprochen, die hier jetzt heilsam machtvoll im Raum ist. „Magie" in solchen performativen Sprechakten ist niemals (anders als in manchen Diskursen vermutet) vorwissenschaftlich technische Weltbeherrschung, sondern Ausdruck von Verbundenheit zwischen allem Lebenden und mit der Quelle allen Lebens, lebendig im Raum von Sozialität, Beteiligung, Empathie, *communitas*.

Im Folgenden werden die Fürbitten der beiden ersten (im vierzehntägigen Rhythmus gefeierten) Hamburger Universitätsgottesdienste ohne weitere Kommentierung der Lektüre, der Kritik, dem weiteren Gebrauch den geneigten Leser*innen übergeben.

Fürbitte 17. Oktober 2016 (Semestereröffnung)

Guter Gott, wir sind voller Sehnsucht, dass du zu uns kommst. Wir bitten deine Barmherzigkeit: lass uns nicht zu Schanden werden. Wir hoffen auf einen neuen Himmel und eine neue Erde. Tröste die Einsamen. Richte die auf, die sich am Ende fühlen. Stärke die Müden. Schütze die Liebenden. Wir bitten gemeinsam: Kyrie eleison.

Wir bitten dich für die Trauernden, für die Sterbenden und die Kranken. Für die Opfer der Naturkatastrophe auf Haiti und für die, die um sie trauern. Sei bei denen, denen alles genommen wurde. Wir bitten dich für die Menschen ohne Zuhause: draußen vor der Tür und in den gesicherten Wohnungen. Verleite die Bewohner der Stadthäuser zur Freigiebigkeit und die Menschen in den Betonwüsten zu Lebensfreude und Lebenssicherheit. Sei du bei den Suchtkranken, die sich auf dem Weg zum Himmel verlaufen haben. Wir bitten gemeinsam: Kyrie eleison.

Gott, wir sind erschreckt, dass die Herrscher dieser Welt ohne Einfühlung in das Leiden der Opfer weiter ihre Kriege führen. Wir bitten dich, das Schreien der Menschen an dein Ohr dringen zu lassen, die Gewalt und Unterdrückung in den Kriegsgebieten in Syrien, im Irak, im Jemen, in Afrika nicht mehr ertragen. Fall denen in den Arm, die Krieg und Terror verbreiten. Wir bitten für die Flüchtenden. Lass es denen nicht gelingen, die in unserem Land Angst vor den Fremden verbreiten wollen. Wir bitten gemeinsam: Kyrie eleison.

Wir bitten dich für unsere Mitstudierenden; für die Lehrenden und Verwaltungsmitarbeiterinnen an unserer Uni: Begleite uns im Gelingen und im Scheitern, sei du uns Trost und Zuversicht. Wir bitten für die, die wir lieben und die uns diese Welt liebenswert machen; für den Menschen, der uns am nächsten steht, für alle, die uns geschenkt und anvertraut sind. Bewahre unsere Freundschaften. Hilf, dass wir nötige Konflikte annehmen und daran wachsen können. Wir bitten gemeinsam: Kyrie eleison.

Wir schließen alle die in unser stilles Gebet ein, die wir besonders im Herzen tragen. – Wir bitten gemeinsam: Kyrie eleison.

Nimm dich unser gnädig an. Rette und erhalte uns. Dein grenzenloses Erbarmen begleite uns auf all unseren Wegen. Denn dir allein gebührt der Ruhm und die Ehre und die Anbetung, dem Vater und dem Sohn und dem Heiligen Geist, jetzt und immerdar und von Ewigkeit zu Ewigkeit. Amen.

Fürbitte 30. Oktober 2016

Guter Gott, dir danken wir unser Leben. Wir leben aus deiner Zusage, dass du deine Erde nicht verderben willst. Ohne deine Freundlichkeit konnten wir den Weg nicht finden. Wir bitten dich: Begleite uns mit deinem Schutz, sei uns die Kraft, erleuchte uns mit deinem Licht. Lass uns nicht zuschanden werden. Wir bitten gemeinsam: Kyrie eleison.

Wir bitten dich vor dem Reformationstag für unsere Kirchen und Gemeinden, dass wir nicht für uns selber da sind, sondern deine Gerechtigkeit und Barmherzigkeit weitersagen und spürbar werden lassen. Für die politisch Verantwortlichen, dass sie Macht nicht missbrauchen und die Lebensrechte aller Menschen beachten. Darum lasst uns gemeinsam bitten: Kyrie eleison.

Wir denken an alle, die in den Fluten des Lebens untergehen. Für die Opfer der Naturkatastrophen in Haiti und Italien und für alle, denen ihre Lebenssicherheit genommen wurde. Wir bitten dich für die Menschen auf der Flucht. Bewahre sie auf ihrem gefährlichen Weg. Behüte sie vor dem Hass der Fremdenfeinde. Stärke die, die ihnen beistehen. Wir bitten gemeinsam: Kyrie eleison.

Wir bitten dich für alle, die Opfer von Gewalt werden. Für die Opfer der Massaker in Syrien, im Irak, im Jemen, in Afrika, Für jedes zerstörte Leben und jedes geschundene

Angesicht, dein Bildnis. Für alle, die im endlosen Krieg zwischen Israel und Palästina ihr Leben und ihre Lebensperspektiven verlieren. Wir bitten gemeinsam: Kyrie eleison.

Wir bitten dich für die Armen. Ihnen gilt deine gute Botschaft. Für die, die aus allen Sicherheiten des Lebens herausgefallen sind, lasst uns gemeinsam bitten: Kyrie eleison.

Wir bitten für die Trauernden, für die Kranken und für die Sterbenden und für die Menschen, die für sie da sind. Geleite deine Menschen durch den Sturm des Lebens. Wir bitten gemeinsam: Kyrie eleison.

Wir bitten für die Liebenden. Für die, die sich von eingefahrenen Gleisen losmachen und sich auf einen Weg begeben, dessen Ende nicht absehbar ist. Wir bitten für die Stürmischen und Risikofreudigen, für die, die sich der Lebendigkeit des Lebens anvertrauen. Wir bitten gemeinsam: Kyrie eleison.

Wir beten im Stillen für die, die wir besonders im Herzen tragen.
Wie bitten gemeinsam: Kyrie eleison.

Du, Gott, hast uns geschaffen. Nach deinem Willen sind wir, wer wir sind. Nimm dich unser gnädig an, rette und erhalte uns. Dir allein gebührt der Ruhm und die Ehre und die Anbetung, dem Vater und dem Sohn und dem Heiligen Geist jetzt und immerdar und von Ewigkeit zu Ewigkeit. Amen

Michael Meyer-Blanck

Gabenbereitung
Eucharistie und Diakonie

Marginalie und/oder status confessionis?

In kirchenoffizieller Lesart ist die Gabenbereitung eine Marginalie, die im „Evangelischen Gottesdienstbuch" von 1999 (EGb) mit einem Randstrich versehen und damit als in der Regel wegfallend gekennzeichnet ist. Statt von der „Gabenbereitung" ist zudem von der „Vorbereitung" die Rede (EGb 78.109), womit das Element außer durch das „kann wegfallen" auch semantisch depotenziert ist. Das Verständnis eines „Gabentausches" mit der Gottheit, bei dem der Mensch nicht nur etwas, sondern etwas von *sich* gibt, wie es für jede Sozialität konstitutiv ist,[1] soll offensichtlich von vornherein ausgeschlossen werden. Alles, was an ein menschliches „Opfer", an eine Gabe für Gott erinnern könnte, hat keinen Platz. Nach dem EGb handelt es sich bei der Gabenbereitung um ein explizit protosakrales, nichtkultisches Element, eine Art Küstertätigkeit.

Das kann man durchaus so sehen; auch der katholische Liturgiewissenschaftler Hans Bernhard Meyer weist darauf hin, dass der Kernbestand der Gabenbereitung ursprünglich keine andere Bedeutung hatte als die „einer vorbereitenden Handlung"; bald aber wurde daraus ein „Aktgefüge", das auf die Eucharistie als Opferhandlung hinführte.[2] Aus der Mahlvorbereitung wurde das Vorspiel des kirchlichen Opferaktes.

Das wird besonders an der Tridentinischen Messe von 1570 deutlich. Gott wird um die gnädige Annahme der makellosen Opfergabe gebeten, welche ihm für die „unzähligen Fehler und Sünden" dargebracht wird: „Suscipe, sancte Pater, omnipotens aeterne Deus, hanc immaculatam hostiam, quam ego indignus fa-

---

1 Marcel Mauss, Die Gabe. Form und Funktion des Austauschs in archaischen Gesellschaften, Frankfurt (Main) [11]1990 [1923/24].
2 Hans Bernhard Meyer, Eucharistie. Geschichte, Theologie, Pastoral (GDK 4), Regensburg 1989, 342.

mulus tuus offero tibi Deo meo pro innumerabilibus peccatis, et offensionibus […]". Die Gabendarbringung ist im Grunde schon dasselbe wie der Kern der Opferhandlung, welche Vergebung und Erneuerung als „Messfrüchte" erbringen soll. Die „Opfervorbereitung (Opferung)"[3] enthält bereits Opfergebete, die zu Unklarheiten führen, „weil sie den Opferakt anticipieren".[4]

Würde man sich also im evangelischen Gottesdienst schon mit der Gabenbereitung als solcher einen gefährlichen Synergismus einhandeln, von dem man besser die Finger lässt? Ist das *offerre* der Darbringung notwendig durch *Opfer*vorstellungen kontaminiert? Wenn Anselm Schott formuliert, Brot und Wein seien „ein Sinnbild der opfernden Gemeinde", dann scheint in der Tat erst einmal der *status confessionis* gegeben zu sein.[5]

Im katholischen Messbuch von 1970 ist die problematische Identifikation von Abendmahlsgaben und Selbsthingabe der Gemeinde getilgt worden. Die Gaben werden bereitgestellt, damit unter ihnen Christus selbst gegenwärtig werde: „Gepriesen bist du, Herr, unser Gott, / Schöpfer der Welt. / Du schenkst uns das Brot, / die Frucht der Erde und der menschlichen Arbeit. / Wir bringen dieses Brot vor dein Angesicht, / damit es uns das Brot des Lebens werde."[6] In der vorangehenden Rubrik ist vermerkt, dass die Gläubigen „ihre Teilnahme durch eine Gabe bekunden", womit Brot und Wein ebenso gemeint sind wie andere Gaben, „die für die Bedürfnisse der Kirche und der Armen bestimmt sind".[7] Hier ist die Verbindung von Liturgie, Gemeindepädagogik und Diakonie deutlich markiert.

Evangelische Opfervermeidung?

Sieht man auf die mittelalterliche und die tridentinische Messe, dann sind die evangelischen Vorbehalte gegenüber allen Formen von „Opfervorbereitung" verständlich. Diese waren bis 1970 so sehr mit der folgenden „Opferhandlung" verbunden, dass der anabatische Aspekt den katabatischen überlagerte und nahezu unkenntlich werden ließ. Daher rührt bis heute die äußerste evangelische Vorsicht gegenüber allem, was das Abendmahl in die syntaktische, semantische

---

3 So die Überschrift in Anselm Schott, Römisches Sonntagsmessbuch lateinisch und deutsch, hg. v. Mönchen der Erzabtei Beuron, Freiburg/Breisgau [4]1940, 224.
4 So völlig zu Recht Georg Rietschel, Lehrbuch der Liturgik. 1. Band: Die Lehre vom Gemeindegottesdienst, Berlin 1900, 377.
5 Schott, Sonntagsmessbuch (Anm. 3), 224. Noch problematischer ist der dort folgende Satz: „In diesen Gaben bringen wir uns selbst mit allem, was wir sind und haben, Gott dar." Bedenklich ist nicht die menschliche *oblatio* an Gott, sondern deren Identifikation mit den *Gaben*, unter denen *Christus* gegenwärtig werden soll – und nicht die gute menschliche Absicht.
6 Die Feier der Gemeindemesse, Solothurn/Düsseldorf/Freiburg (Breisgau) 1995, 28.
7 AaO., 27.

oder pragmatische Nähe des eucharistischen „Opfers" führen könnte. Das „solus Christus" impliziert, alles zu vermeiden, was den Anschein eines anderen Opfers als das des Opfers Christi erwecken könnte. Dogmatisch formuliert: Die soteriologische Konzentration auf das Opfer Christi schließt das menschliche Opfer aus.

So weit, so richtig. Doch es handelt sich bei diesem evangelischen Prinzip um ein durchaus ambivalentes Phänomen. Die christologische Stärke wird um den Preis einer anthropologischen Schwäche erkauft. Vorgesehen und erlaubt ist nach evangelisch-kirchlicher Sicht allein die Kollekte, das Dankopfer, das auch vor dem Abendmahl, vor der „Vorbereitung" gesammelt werden darf, „falls dies nicht schon vor den Fürbitten geschehen ist", vermeldet die Rubrik (EGb 78.109).

Martin Nicol hat die gezielte Vermeidungshaltung des Gabe- und Opfergedankens in seinem Buch „Weg im Geheimnis" kritisch aufgespießt. Bei ihm heißt es:

> „,Dankopfer', im Licht der nachfolgenden Eucharistie gelesen, wäre aber nicht nur Dank *für* die Gaben, sondern vor allem Dank *mit* den Gaben. In doxologischer Terminologie: Im Offertorium gibt die Gemeinde Gott die Ehre und heiligt exemplarisch die Welt, indem sie die Gaben unter Dank und Lobpreis gleichsam zurückgibt."[8]

Die liturgische Randfrage mit kirchenamtlichem Randstrich führt also keinesfalls auf Marginalien, sondern auf eine Grundfrage des christlichen Gottesdienstes: Wie sind das Handeln Gottes und das Handeln des Menschen einander zuzuordnen? Provokant gefragt: Ist im Geltungsbereich der reformatorischen Rechtfertigungslehre überhaupt noch Raum für die theologische Qualifikation des menschlichen Handelns, oder ist dieses ein bloßer Reflex, Antwort, ein *mere passive*,[9] wie es in der dogmatischen Tradition heißt? Die Diskussion um das Verständnis der Einsetzungsworte und des Eucharistiegebetes im Zusammenhang der Entstehung des EGb hatte seinerzeit mit derselben Problemstellung zu tun.[10] Es ging damals nicht nur um das Eucharistiegebet, sondern generell um die Frage, ob es ein evangelisches Verständnis von *Eucharistie*, von menschlicher Dankhandlung coram Deo, überhaupt geben kann.

---

8 Martin Nicol, Weg im Geheimnis. Plädoyer für den Evangelischen Gottesdienst, Göttingen ³2011, 261, dort kursiv.
9 Ingolf U. Dalferth, Mere passive. Die Passivität der Gabe bei Luther, in: Bo K. Holm/Peter Widmann (Hg.), Word – Gift – Being. Justification – Economy – Ontology (Religion in Philosophy and Theology 37), Tübingen 2009, 43–71.
10 Dazu s. Michael Meyer-Blanck (Hg.), Liturgiewissenschaft und Kirche. Ökumenische Perspektiven, Rheinbach 2003, 91–110 (Frieder Schulz) und 111–138 (M. Meyer-Blanck) sowie Michael Meyer-Blanck, Liturgie und Liturgik. Der Evangelische Gottesdienst aus Quellentexten erklärt, UTB 3196, Göttingen ²2009, 26–30.

Kann Gott nur geben?

Grundsätzlich gewendet ergibt sich daraus die Frage: Ist evangelisch die Vorstellung überhaupt zu denken, dass der Mensch Gott etwas zurückgibt von dem Empfangenen – oder ist Gott vorgestellt als der schlechthin kommunikativ Bedürfnislose, der nur geben kann, aber nicht empfangen darf/kann/soll/möchte? Zugespitzt: Wenn nach der Bibel Geben seliger ist als Nehmen (Apg 20,35)[11] und der Volksmund dem hinzufügt, dass das Geben nicht nur seliger sei, sondern auch leichter – muss es Gott aufgrund der rechtfertigungstheologischen Konzentration besonders leicht gemacht werden? Kann Gott nur geben und nicht auch nehmen? Entspricht es nicht vielmehr seiner Güte und Zuwendung, dass er sich nicht nur der Schwächen, sondern auch der Gaben der Menschen annimmt – so wie Eltern die oftmals unscheinbaren Gaben ihrer Kinder nicht verachten, sondern gern entgegennehmen?

Diese durchaus rhetorisch gemeinten Fragen zeigen das anthropologische und theologische Problem, das aus dem evangelischen Gottesdienstverständnis erwächst: Die Kommunikation zwischen Gott und Mensch könnte rechtfertigungstheologisch korrekt, aber irgendwie unnatürlich werden. Unter Menschen jedenfalls sind uns diejenigen unheimlich, die nie selbst etwas brauchen und immer nur alles geben wollen (oder können). Sollten wir uns Gott, unseren Vater und Bruder, tatsächlich so vorstellen? Würde ein solches Gottesbild das inkarnatorische, menschliche Element in der christlichen Gottesvorstellung ausblenden und damit die Zirkulation der religiösen Empfindung und das Mitfeiern hemmen? Auch bei der Gabenbereitung geht es also um alles, um die Vorstellung von Gott, vom Menschen und von der Begegnung zwischen beiden in der Liturgie.

Dankopfer und Diakonie: Dienst am Menschen

Die Überschrift dieses Beitrages enthält zwei Kategorien – Eucharistie und Diakonie. Das damit umrissene Spannungsfeld macht die Problematik aus. Demgegenüber ist der Stellenwert der Diakonie als solcher nach evangelisch-theologischer Lesart völlig unschädlich. Aus der Erfahrung der Nähe Gottes resultiert die Hilfe für andere. Aber das Werk der Nächstenliebe, der Dienst an den Hilfsbedürftigen, darf nicht mit dem Gottesverhältnis vermischt werden. Darum bewegt sich schon der Begriff des „Dankopfers" an der Grenze des

---

11 Es handelt sich bekanntlich um ein von Lukas als „Wort des Herrn Jesus" eingeführtes Zitat, das dieser „selbst gesagt" habe (Apg 20,35), – das sich aber in der Evangelienüberlieferung an keiner Stelle findet.

rechtfertigungstheologisch Möglichen. Der Dienst am Nächsten soll nicht in den verdienstvollen Dienst vor Gott übergehen. Gottesdienst, so das immer wieder bemühte Wortspiel, das allerdings nur in der deutschen Sprache funktioniert, ist Gottes Dienst an uns – und nicht unser Dienst an Gott.

Vom ursprünglichen Wortsinn her kann diese Lesart durchaus in Frage gestellt werden, denn „Leiturgia" ist bekanntlich der öffentliche Dienst (und nicht der Dienst Gottes) und das „Officium" die zu erbringende Pflicht (und nicht das empfangene Geschenk). Darum zitiert Martin Nicol[12] zustimmend Wilhelm Stählin, der in seiner Schrift „Mysterium" das Gegenteil behauptet hatte: Mit dem Verständnis der Liturgie als Dienst Gottes an uns werde „der Sinn des Wortes ‚Gottesdienst' auf den Kopf gestellt", denn zweifellos sei damit ein Dienst gemeint, „den wir Gott leisten und erweisen […] jenes ‚Gott die Ehre geben', das der Herr an den neun geheilten Aussätzigen vermisst hat."[13]

Eucharistie und Opfergabe: Dienst an Gott

Das Plädoyer für das Verständnis der Liturgie als Dienst für Gott wundert bei Stählin nicht, denn in seinen Anfängen mit der Liturgie in den 1930er Jahren war er an der „Ordnung der deutschen Messe" der Berneuchener beteiligt, in der es eine Art von jugendbewegt inspiriertem „Opfergang" gegeben hatte. Hier begegnete u. a. die Formulierung: „Nimm an das Opfer unseres Dankes: Nimm, was wir haben und sind. / Wir bringen Dir dar unseren Leib und unsere Seele / und alle Kräfte unseres Gemütes."[14] Hier ist das Opfer der eigenen Existenz als die Selbsthingabe des Menschen an Gott verstanden, in deutlicher Anlehnung an die jugendbewegte Kategorie des „Leibes" einerseits und den ersten Teil des Doppelgebotes der Liebe (Mt 22,34–40) andererseits.

Vergleicht man den Berneuchener „Opfergang" mit der oben kritisierten Formulierung bei Anselm Schott, dann besteht der Unterschied darin, dass das Opfer in Berneuchen zum einen als *Dank*opfer verstanden ist und zum anderen nicht mit den Gaben von Brot und Wein identifiziert wird. Hinter der Berneuchener Formulierung steht eine klar erkennbare evangelische Dogmatik.

Dennoch hat der Liturgiewissenschaftler (und Perikopenforscher) Gerhard Kunze (1892–1954) die neuen Elemente in der Berneuchener Messe von 1937 schon 1938 als „merkwürdig pädagogische Expektorationen allerneuester Pro-

---

12 Nicol, Weg im Geheimnis (Anm. 8), 265.
13 Wilhelm Stählin, Mysterium. Vom göttlichen Geheimnis, Kassel 1970, 111.
14 Die Ordnung der deutschen Messe, hg. im Auftrag des Berneuchener Kreises von Ludwig Heitmann, Karl Bernhard Ritter und Wilhelm Stählin, Kassel ²1937.

venienz" scharf kritisiert.¹⁵ Kunze hatte historisch und stilistisch wohl Recht; andererseits muss man aber den Berneuchenern bescheinigen, dass sie in ihrer Frühzeit liturgisch etwas jenseits des historisch Gesicherten und Geläufigen gewagt haben. Gerade der „Opfergang" suchte die anthropologische Leerstelle im evangelischen Eucharistieverständnis zu füllen, also das, was Martin Nicol als den „Dank *mit* den Gaben"¹⁶ bezeichnet hat. Dabei sind unter den Gaben eben – sehr modern, wie es der Jugendbewegung als einem modernen und urbanen Phänomen entspricht – nicht nur oder primär Naturalia gemeint, sondern die „Gaben" im biblischen Sinne der „Talente". Diese psychologisierende Deutung von Gaben und Gabenbereitung im Berneuchener „Opfergang" sollte man nicht vorschnell kritisieren, sondern eher als Versuch einer anthropologischen Erschließung würdigen.

Opfer Christi und sacrificium laudis, Gabe und Gegengabe

Allerdings sollte bei künftigen liturgischen Versuchen, die Gabenbereitung zu erneuern, mindestens mit den frühen Berneuchenern daran festgehalten werden, dass die *Gaben* und die *Elemente* nicht verwechselt werden. Brot und Wein stehen für das Opfer Christi, für sein Feiern mit den Menschen und für sein letztes Mahl mit den Seinen angesichts des Kreuzes. Brot und Wein symbolisieren hingegen nicht die Darbringung der Gemeinde, also nicht „uns selbst, mit allem, was wir sind."¹⁷ Es muss biblisch dabei bleiben: Unsere Hingabe an Gott ist die Antwort auf Gottes Gabe, sie ist nicht die Vorbereitung oder die Gestalt von Gottes Gabe: „Alle gute Gabe kommt her, o Gott, von Dir; drum dankt ihm, dankt, drum dankt ihm, dankt, und hofft auf ihn!" (EG 508).

---

15 Dazu s. Michael Meyer-Blanck, Leben, Leib und Liturgie. Die Praktische Theologie Wilhelm Stählins, Berlin/New York 1994, 249.
16 Vgl. oben Anm. 8.
17 Schott (Anm. 3), 224.

Walter Sparn

Präfation
Dankbar an den Tisch des Herrn

Präfation, Vorrede, Vorspruch – das klingt ein bisschen technisch, fast so, als würde man sich räuspern, bevor man zu sprechen beginnt. Weil die Verdeutschungen der vorhandenen Präfationen sich nicht durchsetzten, formulierten die reformatorischen Liturgien im Gefolge von Luthers Deutscher Messe (1526) eine „Vermahnung", die das Vaterunser und die Einsetzungsworte erklärte. Eine Präfation wurde erst mit der Preußischen Agende von 1822/1829 wieder eingeführt, und erst die liturgische Bewegung des 20. Jahrhunderts haben sie allgemein gemacht, vor allem die Lima-Liturgie (1992) und beide Grundordnungen des Evangelischen Gottesdienstbuchs (1999). Dass sie so lange entbehrlich oder befremdlich schien, lässt fragen, ob der Rückgriff auf alte Tradition richtig war: Welche Aufgabe und welchen Nutzen hat die Präfation in einer evangelischen Abendmahlsfeier? Wie ist sie zu handhaben? Das muss man erst recht fragen, wenn man überzeugt ist, dass ein Gottesdienst eine dramaturgische Dynamik entfalten kann und soll.[1]

Dankbarkeit schon auf dem Weg

Wenn man, wie ich, vor einigen Jahrzehnten in Württemberg aufgewachsen ist, hat man die Abendmahlsfeier erst mit der Konfirmation zur Kenntnis nehmen können. Die Feier fand getrennt vom Hauptgottesdienst der Gemeinde am Nachmittag des Palmsonntags statt. Sie war mit einer Art Überernst befrachtet. Die vorangehende Beichte endete zwar mit der Absolution, sogar im Indikativ, aber machte keinen von uns fröhlich. Noch schweren Herzens hörten wir die folgende „Vermahnung", die uns erneut zerknirscht den Blick senken ließ.[2] Die

---

[1] Das gilt auch dann, wenn man keine eingipflige Steigerungsdramaturgie voraussetzt, sondern eine liturgische Dramaturgie als Wegstrecke, vgl. Martin Nicol, Einander ins Bild setzen. Dramaturgische Homiletik, Göttingen ²2005, bes. 99.
[2] Dass nicht dies die Absicht der reformatorischen „Vermahnungen" war, zeigt schön Frieder

Einsetzungsworte und das Agnus Dei verstärkten den selbstanklägerischen Zug. Übrigens fand das nächste Abendmahl am Karfreitag statt: Wir zeigten der Gemeinde, dass wir uns würdig zu verhalten wussten. Hätte eine Präfation etwas an dieser ‚Karfreitagsfrömmigkeit' geändert?

Ich vermute es – spannt die Präfation doch einen ganz andern emotionalen Horizont auf: Sie inszeniert Dank und Lob schon auf dem Weg zum Tisch des Herrn. Auch das Gebet davor bittet um die Heiligung der Gaben in der Gewissheit des neuen Lebens in Jesus Christus – dankbar, wie sonst? Die Präfation muss auch nicht erst um die Lizenz für die Anrede des Gottes nachsuchen, wie das einst im heidnischen Kult der Fall war; sie macht dankbaren Gebrauch von der geschenkten Freiheit, den himmlischen Vater anzusprechen. In dem dazu einstimmenden dialogischen Versikel vergewissern sich Liturg und Gemeinde, dass schon jetzt Danken die angemessene Äußerung in der Beziehung zu Gott ist. Die Präfation selbst erweitert das Danken um das Loben, setzt dieses voran und steigert es beim Lob der Engel: Sie inszeniert emphatisch eine Bewegung von der ‚warmen' Grundstimmung der Dankbarkeit zum Anstimmen des Lobpreises und zur ‚heißen' Einheit von Affekt und Expression im Jubel. Die Bezeichnung „Eucharistie" bekommt hier ihren guten Sinn auch für das evangelische „Abendmahl".[3]

Es ist nicht bloß Abfolge, dass die Präfation dem Vorbereitungsgebet folgt. Denn die Bitte um die Heiligung der Gaben, in denen natürliche Prozesse und kulturelle Arbeit, also der Schöpfer und Menschen zusammengewirkt haben, stellt in eine Perspektive, in der auch die Präfation und die vorangehende Salutation stehen. Es ist, historisch gesehen, das Erbe der „Berakha", des charakteristischen Elements des jüdischen Gebets und der synagogalen Liturgie; speziell der Tischsegen, den sicherlich auch Jesus beim letzten Abendmahl sprach, hat die Entstehung eucharistischer Gebete wesentlich beeinflusst.[4] Theologisch steht das Neue, das im Herrenmahl erinnert und gepriesen wird, in einem doppelten Bezug. Einer ist der heilsgeschichtliche Kontext des Alten Bundes; das „Gesegnet Du, Gott" wird jetzt freilich überlagert von Dank und Lobpreis. Ein speziellerer Bezug geht auf das Charakteristische des jüdischen Festmahls mit Brot und Wein; ohnedies haben beide Festmähler einen gemeinsamen kulturanthropologischen

---

Schulz, Eucharistiegebet und Abendmahlsvermahnung, in: Erich Renhart/Andreas Schnider (Hg.), Sursum Corda. Variationen zu einem liturgischen Motiv (FS Philipp Harnoncourt), Graz 1991, 147–158.

3 Speziell mit Bezug auf Melanchthons Apologie der CA und auf die Lima-Liturgie: Hans-Joachim Schulz, Hochgebet und eucharistische Darbringung, in: Sursum Corda (Anm. 2), 140–146.

4 Karl-Heinrich Bieritz, Liturgik, Berlin/New York 2004, 279–292; zu Luthers Beseitigung der 1523 noch beibehaltenen Präfation und Ersetzung durch eine „Vermahnung" 1526 aaO., 454–456, 463–467. Zur Salutation vgl. John Gordon Davies, Art. Benediktionen III, in: TRE 5 (1980), 568.

Sinn. Allerdings hat der religiöse Aspekt des Opfers von Leben und seines Essens im Herrenmahl eine neue Qualität, die der Menschwerdung Gottes in Jesus Christus verdankt ist. Die Präfation bringt das dann anamnetisch zur Geltung.

Empor die Herzen! Wohin?

Seit Hippolyts *Traditio apostolica* sind dreigliedrige Dialoge zwischen Liturgen und Gemeinde bezeugt. Hippolyts Forderung, dass dessen mittleres Glied – *Sursum corda! Habemus ad Dominum* – nur vor der Präfation zum eucharistischen Gebet gesungen werden sollte, wurde quasi unvermeidlich in den reformatorischen Kirchen seit dem 19. Jahrhundert erfüllt, in der römisch-katholischen Messliturgie erst nach dem Zweiten Vaticanum. Grund für diese Alleinstellung des *Sursum corda* könnte sein, dass sich die Gemeinde im Lobpreis zu den himmlischen Mächten stellt, wie sie der Seher Johannes schaute (Offb 4f.).[5] Ein neuerdings vermuteter Grund ist, dass die eucharistische Danksagung über das Danken hinausgeht, das im christlichen Leben überall und jederzeit angesagt ist, aber auch über das Suchen danach, was „droben" ist, wo nämlich Christus zur Rechten Gottes sitzt, wie es Kol 3,1f sagt. Das besondere „Empor die Herzen! Wir haben sie beim Herrn" bringt die Bewegtheit und die affektive Dichte der im Abendmahl lebendigen Beziehung zu Christus neu zum Tragen. Mit „Herr" wäre hier der erhöhte Christus gemeint.[6]

Diese Deutung leuchtet mir von den vorhandenen am ehesten ein. Dabei bewegt mich weniger das Problem, dass die kosmische Assoziation, die das Oben einst mit einer Hierarchie der Örter verband, in einem relativistischen Weltbild gegenstandslos ist. Die Privilegierung des ‚Oben' vor dem Unteren hat ja unabhängig davon einen anthropologisch und kulturell basierten Sinn, etwa in der Hierarchie von Wertungen oder in der räumlichen Ordnung in Symbol- und Deutungswelten. Auch der Himmel bleibt ‚oben', wenn auch nicht dort, wo einst das Empyreum lokalisiert war. Deshalb hat die altkirchliche Geste, die Aufforderung des Liturgen auch damit zu beantworten, dass man stehend die Hände zum Himmel im Osten erhebt, einen guten Sinn – warum führen wir sie nicht wieder ein?

Wichtiger ist noch, dass die Deutung des „Herrn" auf Christus das *sursum* um die soteriologische Ambition bereinigt, die es in der platonischen Philosophie und im sehr langlebigen christlichen Neuplatonismus implizierte. Denn hier war das Oben zumal deshalb heilsam, weil es das zeitlos-ewige Geistige im Gegensatz

---

5 Georg Kretschmar, Art. Abendmahlsfeier I, in: RAC 1 (1977), 239.
6 So, mit Rekurs auf Kol 3,2 und auf Augustin, Balthasar Fischer, Sursum Corda – Habemus ad Dominum, in: Sursum Corda (Anm. 2), 28–30.

zum verwesenden Irdisch-Materiellen meinte. Das passt nun wirklich nicht zur Feier des Herrenmahls, die sich in jeder Hinsicht dem Herabstieg Gottes nach unten, ins irdisch-leibhafte Menschliche verdankt. Die Bewegung nach ‚oben' ist in dieser Feier zugleich eine Bewegung ins Unten der feiernden Gemeinde, zu sinnlichen Vorgängen und deren Deutung und affektiven Aneignung durch die Einzelnen unten. Der Empor-Gestus des Empor kippt leicht in Flucht oder aber Triumph um, wenn er nicht konterkariert würde von einem Hier-Unten-Gestus. Vielleicht das Kniebeugen, mindestens ein dankbar-ehrfürchtiges „Amen!" nach dem Empfang von Brot und Wein.

Ich gestehe gern, dass diese Deutung der lutherischen Christologie verpflichtet ist. Auch wenn man sich außerstande sieht, deren alte metaphysische Explikation ins gegenwärtige Denk- und Vorstellungsvermögen zu übersetzen, so ist doch ihre religiöse Plausibilität, etwa in einer bildhaft vermittelten Christusmystik[7] noch und erneut heutzutage zugänglich und wohl auch viel weiter verbreitet, als die normativ übersteuerte Wahrnehmung zulassen möchte.

„Herz und Sinnen sind erhoben"

Für diese Christusmystik, jenseits des kosmischen oder metaphysischen Duals von „Oben" und „Unten", gibt es Beispiele auch schon aus der Zeit, als dieser Dual noch in allgemeiner Geltung stand. Man denke an Luthers „Vom Himmel hoch" (EG 24), v.a. Strophe 13, oder Paul Gerhardts „Ich steh an deiner Krippen hier" (EG 37), v.a. die Strophen 4 und 9. Im eucharistischen Zusammenhang steht besonders das Lied „Wie schön leuchtet der Morgenstern" von Philipp Nicolai (EG 70), der auch erstmals den Topos der *unio mystica cum Christo* formulierte.

Dieses Lied, das jetzt unter Epiphanias rubriziert ist, war seinerzeit der Verkündigung Mariens zugeordnet, und dafür schrieb Johann Sebastian Bach 1725 eine Kantate (BWV 1), die die Strophen 1 und 7 aufgreift und in den Rezitativen und Arien die Beziehung der Seele zu Christus brautmystisch entfaltet. Das Bass-Rezitativ (Nr. 4) verbindet damit den Segen aus „des Heilands Leib und Blut", der zur „Erquickung" da ist und den „unser Glaube zu sich nimmt". Das Dankopfer, zu dem die Tenor-Arie (Nr. 5) aufruft, lässt sich mit den klingenden Worten hören: „Herz und Sinnen sind erhoben, / Lebenslang / Mit Gesang / Großer König, dich zu loben."[8]

---

[7] Ein noch etwas zaghaftes Votum dafür bei Walter Sparn, „Er heißt Jesus Christ, der Herr Zebaoth, und ist keine andrer Gott". Solus Christus als Kanon reformatorischen Christentums, in: Ulrich Heckel u. a. (Hg.), Luther heute, Tübingen ²2017, 68–89, bes. 79ff.

[8] Vgl die Analyse von Konrad Klek, Dein ist allein die Ehre. Johann Sebastian Bachs geistliche Kantaten erklärt, Leipzig 2015, 247–251.

Im Lichte dieser poetischen und musikalischen Formulierung des Segensglücks der Gegenwart Christi in der gläubigen Seele ist das eucharistische *sursum corda* kein Aufruf zum Itinerarium des Geistes zu Gott. Es ist aber auch nicht nur die seelische „Erhebung", die neben der Arbeitsruhe für den Sonntag unter dem Rechtsschutz auch der bayerischen Verfassung steht. Dieser (durchaus gute) zivilreligiöse Sinn von „Erhebung" ist in der Präfation aber nicht die Pointe. Daher meine ich, man sollte „Erhebet eure Herzen! Wir erheben sie zum Herrn" ersetzen und singen: „Empor die Herzen! Wir haben sie beim Herrn". Das Verb „erheben" ist m.W. durch den Wechsel zur Vaterunser-Paraphrase in Luthers Deutscher Messe von 1526 aufgekommen: „so vermane ich euch auffs erste / das yhr ewer hertz zu gott erhebt / mit mir zu betten das vater vnser ..."⁹. Das aktive „erheben zu" ist mit der interpretierenden Ergänzung sinnvoll, ohne diese ist es jedoch ein Stück ärmer als „haben bei", was zwischen aktiv und passiv oszilliert und so der Eucharistie besser entspricht. Dieses Oszillieren findet sich überzeugend auch im Lied „Dass du mich einstimmen lässt in deinen Jubel ... das erhebt mein Seele zu dir ..." (EG-BT 580).

Erfahrung des Erhabenen

Das Lied Nicolais benutzt in der ersten Strophe ein dem Verb „erheben" verwandtes Eigenschaftswort: „hoch und sehr prächtig erhaben" sei der Morgenstern, König und Bräutigam. (EG 70, 1). Dieses Wort, die deutsche Entsprechung für *hypsos/subtilis*, fand in jener Zeit rhetorische und poetische, aber auch ontologische Aufmerksamkeit, um im 18. Jahrhundert nochmals entdeckt und kunstreligiös neu interpretiert und in einer „heiligen Poesie" realisiert zu werden; der „Messias" von Friedrich Gottlieb Klopstock ist das bekannteste Beispiel.[10] Ich schlage vor, das liturgische Kunstwerk, das die Präfation insgesamt darstellt, in der Perspektive der Erfahrung des *Erhabenen* zu verstehen und zu gebrauchen. Allerdings bedeutet das auch die christliche ‚Taufe' der Ästhetik, die der Kategorie des Erhabenen meist zugeordnet wird.

Die Präfation hat seit jeher drei Teile, die nach wie vor wesentlich sind. Die Eröffnung bekräftigt und präzisiert die Aussage der Gemeinde, dass es würdig und recht sei, Gott zu danken, mit der zeitlichen und räumlichen Entgrenzung von Lob und Dank, und zwar „durch unsern Herrn Jesus Christus". Der Mittelteil ist stets die Anamnese des Heilswerks Gottes in Christus. Es ist zu begrüßen, dass Propriumspräfationen sie je nach Kirchenjahreszeit, Festtagen und besonderen

---

9 Martin Luther, Deudsche Messe und ordnung Gottis diensts (1526), WA 19, 72–113, zit. 95.
10 Vgl. Walter Sparn, „Der Messias". Klopstocks protestantische Ilias, in: ders., Gott, Tugend und Unsterblichkeit. Theologische Aufsätze II, Leipzig 2016, 125–155.

Anlässen reich variieren; aber auch sie müssen die christologische Mitte der heilsgeschichtlichen Memoria aufrufen, und zwar bezogen auf die so gar nicht erhabene Diskrepanz des elenden Tods und der herrlichen Auferstehung Christi. Tatsächlich ist die Erhabenheit, die in dieser Heilsgeschichte liegt, nicht die Abspaltung (und Verewigung) des Todes vom Leben, sondern in der für Gott selbst folgenreichen, dramatischen Tötung des Todes im göttlichen Leben (vgl. EG 101, 4; 341, 5).

Ohne diese Verknüpfung von Hoheit und Niedrigkeit Gottes, von Leben und Tod in Jesus Christus würden der Schlussteil und dann der präfationale Lobpreis insgesamt als unchristlich triumphalistische Panegyrik zu stehen kommen. In seiner Zuordnung zum Mittelteil hat er aber die dramaturgisch wesentliche Funktion, menschlichen Dank und Lobpreis in den größeren Horizont des Unsichtbaren, auch im „Licht der Gnade" nicht restlos Bestimmbaren zu stellen, ohne den ‚niederen' Grund für diese Danksagung zu vergessen; der Anschluss mit „*Darum* loben ..." ist eindeutig. Es ist ein Problem mangelnder religiöser Bildung, wenn „Engel", „Mächte", „Gewalten" und „Kräfte des Himmels" als Namen dafür, was den menschlichen Horizont transzendiert und doch darin wirksam wird, in unseren Breiten noch immer Anstoß erregen. Die Anleitung zum christusgemäßen Gebrauch der poetischen Imagination und der Bildkraft der Fantasie ist allerdings lange vernachlässigt und der ‚Volksfrömmigkeit' überlassen worden, und der Realitätsdruck von irrational erscheinenden „Mächten" wird erst jetzt wieder theologisch ernst genommen.[11] Die Argumente dafür werden weniger, die darin artikulierte Spannung zwischen Lob und ehrfürchtiger Scheu aufzulösen und sich zu beschränken auf „gute Mächte", „alle Lebendigen", „die ganze Schöpfung". Doch ist die Wahl einer freien Form selbst ein Vehikel religiöser Bildung und der Ermutigung, in ein intentional universales Sanctus einzustimmen.

Ich möchte es einer freundlichen Fügung zuschreiben, dass die Abendmahlsliturgie des evangelischen Gottesdienstes die eucharistische Präfation wiederbekommen hat. Sie ist für mich persönlich ein Geschenk (siehe oben!), und sie ist ein wichtiger Schritt des Wegs jeder Abendmahlsgemeinde in die spezifisch christliche Erfahrung des Erhabenen.

---

11 Vgl. Martin Hailer, Götzen, Mächte und Gewalten, Göttingen 2008; Walter Sparn, Wenn Engel, dann solche! Über die christliche Lizenz zur religiösen Fantasie (im Druck).

Peter Bubmann

Sanctus

„Es müssen nicht Männer mit Flügeln sein, die Engel" (Rudolf Otto Wiemer[1]). Gewiss, das ist so. Und doch stellen uns gewichtige Stimmen der biblischen Tradition die Engel genau so vor:

> „Serafim standen über ihm; ein jeder hatte sechs Flügel: Mit zwei Flügeln deckten sie ihr Antlitz, mit zwei deckten sie ihre Füße, und mit zwei flogen sie. Und einer rief zum andern und sprach:
>
> Heilig, heilig, heilig, ist der HERR Zebaoth, /
> alle Lande sind seiner Ehre voll!" (Jes 6,2f., Lutherübersetzung)

Die Engel, die Jesaja bei seiner Berufungsvision über Gottes Thron stehen sieht, sind nicht eben zurückhaltend: „Die Schwellen bebten von der Stimme ihres Rufens" (V. 4). Im alten Evangelischen Kirchengesangbuch war noch unter Nr. 135 Martin Luthers Sanctus-Lied „Jesaja dem Propheten das geschah" enthalten, in dem er diese Berufungsszene (Jes 6,1–4) im Stil eines Erzählliedes ganz nah am Bibeltext entfaltet. Das Lied hat sich nicht halten können. Der Heilig-Ruf selbst aber ist von alters her zu einem Ur-Hymnus in Judentum (im Achtzehn-Bitten-Gebet/Amida, hier dritte Bitte) und Christentum geworden.

Die klingende Himmelsleiter

Die glühende Kohle, die einst in den Händen des Engels die Unreinheit der Lippen des Jesaja entsühnt, sich ihm einbrennt und ihn so zum Gefäß für Gott, zum Propheten werden lässt, diese brennende Kohle ist für uns heute der Sanctus-Ruf als Teil des Abendmahlsgeschehens. Er reinigt uns und bereitet uns auf Gottes Gegenwart im Altarsakrament vor. Klingend brennt sich Gottes Heiligkeit in die Gemeinde ein. Was bisher war, verwandelt sich unter dem Gesang der Engel. Dieser lässt einstimmen ins ewige Gotteslob und erhebt trans-

---

1 Text des Gedichtes von Rudolf Otto Wiemer im EG.BT, 857.

zendierend in eine andere Welt. Der Lobgesang eröffnet performativ im Singen einen atmosphärischen Raum für die Präsenz Gottes, gewinnt selbst ‚sakramentalen Charakter'. Da mögen noch alte magische Reste des Aufrufens der Gottheit mitschwingen. Doch im Sanctus ist es Gott selbst, der die „Nahung" im Gesang erlaubt – „als eine von Gott selbst eingeräumte Weise, ihm zu nahen."[2]

Durch das sich anschließende Benedictus („gebenedeit sei der da kommt im Namen des Herrn, Hosianna in der Höhe" = Ps 118,25 f.) wird unter Bezug auf den Einzug Jesu in Jerusalem (Mt 21,9) die Anrufung klar heilsgeschichtlich verankert und so zur An- und Ausrufung, nämlich des Namens Jesu Christi – auch wenn der hier nicht explizit genannt ist.

„Alle Land(e) sind *seiner* Ehre voll" singen wir Lutheraner und verbleiben damit am hebräischen Urtext. Die lateinische Fassung des Ordinarium-Gesangs hingegen erlaubt sich die Freiheit, hier in den Ton der direkten Anrede zu wechseln: „Pleni sunt caeli et terra gloria *tua*." Das mag daran erinnern, dass das Reden *über* Gott in seiner Gegenwart notwendig zum Reden *zu* Gott, zur Anrede wird. Doxologie kann nicht im Ton des objektiven Berichts verbleiben, sie geschieht im Modus existentieller Ergriffenheit. Im Raumklang der Heiligkeit Gottes lösen sich die feiernden Subjekte nicht einfach zu Schall und Rauch auf – sie bleiben dialogisches Gegenüber, sie dürfen die Lippen öffnen zur lobenden Anrede, zur großen Doxologie. Diese Doxologie lobt den heiligen Gott und holt zugleich die Welt hinein in diese Heiligkeit: „Alle Land(e) sind seiner Ehre voll" – oder wie es die lateinische Fassung („caeli et terra") differenzierter erläutert: Himmel *und* Erde – eben nicht allein der Himmel! Das Sanctus ist der große *Und*-Gesang – der Verbindung also zwischen sonst oft säuberlich getrennten Welten: Himmel *und* Erde, Engel *und* Bengel, Gottes-Klang *und* Menschen-Ton, Gotteslob *und* Tun des Gerechten.

Das Sanctus ist für mich deshalb der Inbegriff der klingenden Himmelsleiter. Da steigen die „englischen" Klänge herab und die menschlichen Töne hinauf, da kommt es zum großen Wechselspiel von „Himmelsklang und Lebenston"[3], von Erinnerung und Zukunftsmusik, irdischem und himmlischem Gottesdienst, Expression und Impression.[4] Für mich hat Johann Sebastian Bach das in einzigartiger Weise in seiner h-moll-Messe in Töne gesetzt: Das Sanctus (inkl. Osanna und Benedictus) startet mit majestätisch erhabenen Klängen, deren ternärer Rhythmus das Schwenken der Engelsflügel symbolisieren mag, während

---

2 So Martin Nicols Charakterisierung des gesamten Gottesdienstes als „Nahung" (im Anschluss an einen Formulierungsvorschlag von Alexander Deeg), in: Martin Nicol, Weg im Geheimnis. Plädoyer für den Evangelischen Gottesdienst, Göttingen ³2011, 268.
3 Vgl. Peter Bubmann, Himmelklang und Lebenston. Von der Macht der Musik über unser Leben, in: ders., Einstimmung ins Heilige. Die religiöse Macht der Musik (Herrenalber Forum; 31), Karlsruhe 2002, 52–91.
4 Vgl. Nicol, Weg im Geheimnis (Anm. 2), 186.

die Bassfiguren kontinuierlich abwärts steigen, um wenig später auch wieder hinaufzuklettern. Da wird ein Raum des Heiligen klingend eröffnet und geweitet, der dann von der Fuge „Pleni sunt caeli et terra" im tänzerischen Schritt ausgefüllt wird. Im gleichen Metrum antwortet das beschwingt-jubelnde Osanna, während das Benedictus im ruhigeren Ton anschließend meditiert, warum und wem hier eigentlich zugejubelt wird, bevor ein weiteres Osanna den Gesang abschließt. In diesem Sanctus werde ich unmittelbar hineingenommen in das heilige Ab- und Aufsteigen auf der klingenden Himmelsleiter, bewege mich damit auf dem Weg *im* Geheimnis des wahren Lebens.

Da verweben sich die Ebenen und Zeiten, oben und unten, Vergangenheit, Gegenwart und Zukunft – schon auf der Textebene: hier die gewaltige Thronsaalvision, die auf einen vor Sünde fast vergehenden erbärmlichen Propheten trifft. Dann die Szene des Einzugs Jesu in Jerusalem („gelobt sei, der da kommt im Namen des Herrn"): „Auf dem Esel in den Himmel: Verrückter geht's nicht. Absurdes Theater."[5]

Bewegte Wunder-Liturgie

Im Hintergrund dieses himmlisch-irdischen Wechselspiels steht eine alte jüdische Liturgie. In Ps 118 wird die komplexe Annäherung an Gottes Heiligkeit als kultisches Schauspiel inszeniert. Beim Höhepunkt der Feier ertönt der Ruf:

> „Diesen Tag hat Gott gemacht; lasst uns freuen und fröhlich an ihm sein.
> O Gott, schaffe Heil, o Gott, gib Gelingen!" (V. 24f.)

Es geht also um die Wunder, die Gott gemacht hat und an denen er teilhaben lässt. Für Christinnen und Christen konzentriert sich dieses Wunderhandeln Gottes in der Person Jesu Christi, in seiner Selbsthingabe für die Vielen. Sie wird im Abendmahl gefeiert. Auf dieses Wunder reagieren die Glaubenden mit Freude und Fröhlichkeit – schon im Vorfeld des Abendmahlsempfangs (und erst Recht bei der Austeilung, bei der nach Martin Luthers Deutscher Messe erst das Sanctus-Lied von der Gemeinde gesungen werden sollte). Sie dürfen ins himmlische Sanctus einstimmen. Ausgelassene Fest-Freude ist angesagt. Damit der Gottesdienst nicht in weltfremde Halleluja-Seligkeit abhebt, ertönt nun in der Tempel-Liturgie des Psalms ein weiterer Ruf, ein Bittruf: „O Gott, schaffe Heil!" Mitten in der heiligsten Stimmung wird plötzlich an die noch nicht erlöste Welt erinnert. Auch mitten im christlichen Festhochamt wird bewusst, dass die endgültige Erlösung noch aussteht. Im römisch-katholischen Hochgebet der Eucharistiefeier geschieht dies regelmäßig so, dass der Leidenden und Verstorbenen

---
5 AaO., 101.

fürbittend gedacht wird. Und in vielen Konfessionen wird an dieser Stelle der Heilige Geist auf die Gemeinde herabgerufen. So wird deutlich: Es steht nicht in menschlicher Macht, die Erlösung herbeizuführen. Auch im Zentrum des Fests, auch in der höchsten Festfreude soll dies bewusst bleiben. Der hebräische Urtext dieser Bitte aus Ps 118,25 lautet: „Hosanna", übersetzt: „O Gott, schaffe Heil". Der Ruf „Hosanna" war schon beim Laubhüttenfest im Judentum eine geprägte liturgische Formel. Im Christentum wird daraus ein stärker lobpreisender Ruf. Ähnlich wie beim Kyrie-Ruf sind so im Hosanna eine ursprüngliche Bitte und die lobpreisende Anrufung miteinander verbunden (vgl. Mt 21,9). Auf der klingenden Himmelsleiter antwortet die Gemeinde den Engeln mit dem „Hosanna"-Ruf. Er steigt wieder hinauf zu Gott – bittend-flehend und lobpreisend zugleich. Die großen Mess-Vertonungen lassen sich in der Regel die Chance nicht entgehen, hier der Festfreude tänzerisch-freien Lauf zu lassen.

Doch ist damit die Liturgie noch lange nicht zu Ende. In der Feier nach Ps 118 tritt der Psalmbeter mit seiner Gruppe durch das Tor in den Tempel ein. Wie vor dem Abendmahl gibt es dazu einen Segensgruß. Zunächst wird den Eintretenden von den Tempelliturgen zugesprochen, dass sie Gesegnete sind: „Gesegnet sei, wer eintritt im Namen Gottes." Auch diesen Halbvers (Ps 118,26) hat die Urchristenheit auf Christus bezogen: „benedictus qui venit in nomine domini". Er wurde zum dritten Teil des Sanctus-Gesangs: „Gebenedeit sei, der da kommt, im Namen des Herrn". So haben schon die Menschen Jesus beim Einzug in Jerusalem zugerufen (Mt 21,9), so singt die Christenheit am Höhepunkt ihrer Liturgie, um den nahenden Christus zu lobpreisen.

Klang-Gestalten des Heiligen

Ich muss gestehen: Ich kann mir einen gelingenden Sanctus-Gesang nur als bewegten Gesang auf der Himmelsleiter vorstellen: schwungvoll, ja teils ekstatisch, nicht zu leise-verinnerlicht (obwohl ich auch solche Beispiele aus der Musikgeschichte kenne, etwa von Gabriel Fauré), am besten doch in einem Dreier-Metrum und damit tänzerisch in den Himmel drehend. Solche himmlische Tanzmusik kann ich beim Steinauer Sanctus, der Normalform in der Abendmahlsliturgie der evangelisch-lutherischen Kirche in Bayern, nur schwer erkennen. Allzu oft wird dieses Heilig geradezu marschierend gesungen – gewiss triumphal, doch wenig engelhaft ‚luftig-sphärisch'. Warum nur lässt im deutschen Kontext die Erhabenheit Gottes musikalisch oft nur Marschmusik assoziieren? Und seit meiner Kindheit grüble ich darüber nach, warum ausgerechnet beim „Hosianna in der Höhe" die Melodie zum Grundton absinken muss (vermutlich ja eine bewusste lutherische Durchkreuzung jeglicher theologia gloriae …; dass es auch anders geht, zeigen die Vertonungen von Heinrich Rohr und

Winfried Offele im Gotteslob, GL 129 und 197). Wenig von den großen Emotionen des Engelsgesangs lässt auch die lateinische „Normal"-Fassung aus der Missa mundi erkennen (GL 106; dt. Fassung EG 185.2; deutlich bewegter hingegen das Sanctus aus der Missa de Angelis GL 110). In meiner Zeit als nebenberuflicher Organist und Chorleiter in katholischen Gemeinden an der Nahe lernte ich zahlreiche Sanctus-Lieder aus dem Trierer Gotteslob-Anhang kennen – fast durchwegs mit hoch emotionalisierenden Melodien aus dem 19. Jahrhundert. Besonders beliebt: „Heilig, heilig, dreimal heilig" (GL Trier 743, GL Bamberg 734). Zwar marschiert auch dieses Lied im 4/4-Takt, die Rückung um einen Ton nach oben bei „Heilig, der in deinem Namen *zu uns kommt*: Hosanna! Amen" hebt in jedem Fall auch die Stimmung (ähnlich bombastisch auch die Sanctusstrophe des Weihnachtsliedes „Menschen, die ihr wart verloren"; GL alt Trier 809,5; ohne die Sanctus-Strophe inzwischen im Stammteil des neuen Gotteslobs, GL 245). Aber all diese Klänge verbleiben musikalisch letztlich im Rahmen des Sounds einer Militärmusikkapelle beim festlichen Zapfenstreich – ob die Zebaoth Gottes nicht doch anders klangen und klingen?

Bei Kirchentagen behalfen wir uns jahrelang mit dem Taizé-Sanctus-Kanon von Jacques Berthier, um etwas mehr ins Schwingen zu geraten (EG-BT 709). Doch sollten hierbei unbedingt durch Solisten oder Chor die im Kanon fehlenden Teile des Sanctus darüber gesungen werden (hierzu gibt es Sätze aus Taizé). Auch Peter Janssens hatte bereits in Anfang der 1970er Jahre eine schwungvolle Melodie mit Wechsel zwischen Dreier-Metrum (Refrain) und Vierer-Metrum (Strophe) eingebracht (heute im GL Bamberg 736). Inzwischen gibt es Alternativen, zum Beispiel „Du bist heilig, du bringst Heil"[6]. In diesem schwungvollen Lied im „Samba-feeling" (Text: Fritz Baltruweit, Melodie: Per Harling) wird Gott von vornherein direkt angeredet. Dass der Heilig-Gesang Himmlisches und Irdisches neu verwebt, wird im Text auch ausdrücklich thematisiert:

„Du bist heilig, du bringst Heil, / bist die Fülle, wir ein Teil /
der Geschichte, die du webst, / Gott, wir danken dir, du lebst."

Weniger einsichtig ist, warum in der Wiederholung der „Halleluja"- (und nicht der „Hosianna"-)Ruf die Anrufung „Du bist heilig" ersetzt, während das Hosianna und das Benedictus ganz fehlen.

Das Sanctus ist ursprünglich und seit Martin Luther wieder ein Gesang der Gemeinde. Diese verbindet sich singend mit den Klängen des Himmels. Man muss daraus aber auch kein Gesetz machen: Auch im Hören des Sanctus-Gesangs kann sich diese verbindende Wirkung einstellen. Deshalb ist das Sanctus eine der

---

6 Kommt atmet auf. Liederheft für die Gemeinde, hg. im Auftrag des Landeskirchenrates der ELKB, Nürnberg 2011, Nr. 0102; freiTöne. Liederbuch zum Reformationssommer 2017, Kassel o. J., Nr. 153.

wenigen guten Möglichkeiten für Chöre, aus dem reichhaltigen Repertoire der Mess-Vertonungen einen Satz einzubringen. Diese Chance sollten auch evangelische (und ökumenische!) Kantoreien öfter nutzen.

Gesungen oder gelauscht – das Sanctus entfaltet eine eigenartige Spannung: Einerseits kommt hier Gott entgegen, steigt herab, öffnet die Tür zu seinem Thronsaal und hüllt ein in die Klänge seiner Heiligkeit. Sein Raum des Heiligen verbindet die Zeiten: Vergangenheit, Gegenwart und Zukunft verschränken sich im Hochgesang seiner Heiligkeit, Gottes ewiges All, die persönliche Geschichte und der Blick in die Endzeit verweben sich (vgl. das Zitat des Sanctustextes in der Apokalypse des Johannes, Offb 4,8ff). All das bleibt unverfügbar, kann sich nur ereignen – je neu, oder auch ausbleiben. Andererseits ist das Sanctus auch wirklicher Gesang der Menschen, ihr eigenes Tun und Handeln. Sie sind es, die vom Rand der Szene nun in den Saal gerufen sind und beteiligt werden. Sie rufen dem kommenden Gott mit eigener Stimme zu: „Hosianna" und „gebenedeit sei, der da kommt im Namen des Herrn". Damit ist die Geschichte Jesu Christi aufgerufen, die sich im Sanctus-Ruf ins Umfassende der Heiligkeit Gottes für alle Welt weitet und ins Endzeitliche ausgreift.

Großer Advents-Gesang

Das Sanctus wird damit zum großen Advents-Gesang: In der Gewissheit der Gegenwart des heiligen Gottes wird sein Kommen begrüßt und erwartet. Dass diese Erwartung in der Selbsthingabe Jesu von Nazareth am Kreuz wurzelt, macht der Fortgang der Liturgie deutlich. Die „Ehre", die Himmel wie Erde erfüllt, ist keine geschichts- und gesichtslose Halleluja-Sphäre. Hier schließt sich der Kreis zum „Gloria"-Gesang wie zu den anderen Ordinariumsgesängen. Gottes Kommen in die Welt, seine Inkarnation und die Hingabe Jesu als „Lamm Gottes" sind Teil einer spezifischen Geschichte Gottes mit den Menschen, durch die erst die Tore zum Thronsaal Gottes für alle eröffnet sind.

„Es müssen nicht Männer mit Flügeln sein, die Engel." Gewiss – und sicher ist auch: „sie müssen nicht schrein" (Rudolf Otto Wiemer). Singen reicht (an dieser Stelle) völlig. Wer den gottesdienstlichen Weg *im* Geheimnis der Heiligkeit Gottes singend durchschreitet, kann selbst verwandelt und so zum Mitglied im Engelschor werden: schon hier auf Erden. Denn für Sanctus-Menschen bleibt kein Winkel der Existenz unberührt von „Gottes Ehre".

Peter Cornehl

„Für euch", „für dich", „für alle"
Gemeinschaft, Vision und Gedächtnis im Abendmahl

Was geschieht im Abendmahl? Was ist zu sehen, zu hören, zu erleben, wenn eine evangelische Gemeinde heute Eucharistie feiert? Welche Möglichkeiten eröffnet die geltende Agende, das „Evangelische Gottesdienstbuch" (EGb), und worauf ist bei der liturgischen Gestaltung zu achten? Diese Fragen, die Martin Nicol in seinem „Weg im Geheimnis" wichtig gewesen sind, verlangen immer neues Nachdenken. Dabei ist der Ansatz, den Martin Nicol aus praktisch-theologischer Sicht wählt, nämlich in phänomenologischer Wahrnehmung auf den Zusammenhang zwischen Worten und Handlungen, Vorgängen, Zeichen und Bedeutungen zu achten, nach wie vor wegweisend.[1]

Kommunion: Gemeinschaft der Verschiedenen

Was geschieht beim Abendmahl? Und was ist dabei das geistliche Zentrum? Blickt man einmal nicht zunächst auf die Liturgen und auch nicht auf die Institution Kirche, die ihre gottesdienstlichen Ordnungen eingerichtet hat und theologisch verantwortet, sondern auf die Gemeinde, die Abendmahl feiert, dann ist das Zentrum die Kommunion, also die Phase des Gottesdienstes, in der die gesegneten Gaben Brot und Wein bzw. Saft („das Gewächs des Weinstocks") ausgeteilt, empfangen und verzehrt werden. Nach allem, was man beobachten kann und

---

1 Martin Nicol, Weg im Geheimnis. Plädoyer für den Evangelischen Gottesdienst, Göttingen ³2011. Ich habe aus diesem Buch viel gelernt. Über manche pointiert kritischen Urteile gerade im Abendmahlsteil würde ich gern diskutieren, z.B. über Martin Nicols Schlussfolgerung aus vielen Beobachtungen, die evangelische Abendmahlspraxis gleiche gegenwärtig einem „sinkenden Schiff" (92). Diese Einschätzung teile ich nicht. Aber es gibt manches, was mich in vielen protestantischen Abendmahlsfeiern hierzulande ebenfalls erheblich stört. Zum Beispiel die Tendenz, die Kommunion durch umständliche Erläuterungen und zu viele Worte unnötig in die Länge zu ziehen (93). Anderes hat mich nicht überzeugt, etwa der Rat, um Komplikationen bei der Kelchkommunion zu vermeiden, wie in der katholischen Messe in der Regel nur das gesegnete Brot auszuteilen und *sub una* zu kommunizieren (110). Darüber und manches andere lohnt sich eine Auseinandersetzung, vielleicht auch ein bisschen Streit – aber nicht hier.

auch bei sich selbst erlebt, ist die Kommunion der dichteste Moment des Gottesdienstes. Auf die Kommunion und die sie begleitenden Worte, Formeln, Gesten und Vorgänge konzentriert auch Martin Nicol kritisch, entdeckend und werbend seine Überlegungen. Diese Spur will ich aufnehmen.

Was passiert, wenn eine evangelische Gemeinde hierzulande Abendmahl feiert? Was steht einem vor Augen? Vieles spricht dafür, dass die Praxis in der Regel etwa so aussieht: Nach Präfation, Sanctus, Einsetzungsworten, Vaterunser, Agnus Dei und Friedensgruß folgt die Einladung: *„Und nun kommt, es ist alles bereitet ..."*. Wer am Abendmahl teilnehmen will, erhebt sich von seinem Platz, geht zum Altar, bekommt dort Brot und Wein (bzw. Traubensaft) gereicht, isst und trinkt und geht wieder zurück. Die Kommunion selbst geschieht in Gruppen, in einem Kreis oder mehreren Kreisen, bei größeren Zahlen auch in Form der Wandelkommunion. Bei der Austeilung können verschiedene Spendeformeln benutzt werden. Die immer noch gebräuchlichste Form lautet: *„Christi Leib – für dich geben"* und beim Kelch: *„Christi Blut – für dich vergossen"*. In manchen Gemeinden ist es mittlerweile Brauch, dass die Kommunizierenden einander die Gaben mit den entsprechenden Worten selbst weiterreichen. Neuerdings können die traditionellen Spendeformeln ersetzt werden durch allgemeinere mit biblischem Anklang, wie *„Nimm und iss vom Brot des Lebens"* bzw.: *„Nimm und trink vom Kelch des Heils"*. Wohl um es denen, die Schwierigkeiten mit den zu orthodox klingenden Formeln haben (und das sind heute nicht wenige), zu erleichtern, am Abendmahl teilzunehmen. Damit der Christusbezug nicht wegfällt, wird mitunter hinzugefügt: *„Das Brot des Lebens – Christus für dich"* sowie: *„Der Kelch des Heils – Christus für dich"* – eine m. E. wichtige Klarstellung.[2] Die Gruppen werden mit einem Friedenswunsch entlassen, oft verbunden mit einem Bibelwort (für jede Gruppe ein anderes). Am Ende steht manchmal noch ein zusammenfassendes Votum. Den Abschluss bildet das *„Gehet hin in Frieden"*.

Treten wir einen Augenblick zurück und fragen nach dem ‚Bild' (genauer: dem szenischen Sinnbild), das die evangelische Abendmahlsfeier auf diese Weise zeigt, so lässt sich sagen: In der Kommunion stellt sich die Abendmahlsgemeinde dar als Gemeinschaft der Verschiedenen. Im Vollzug der Feier bilden ‚Ich' und ‚Wir', die Einzelnen und die Gemeinde, eine Einheit. Die Sorge oder der Verdacht, die persönliche Zueignung *„für dich gegeben"* sei Ausdruck eines problematischen protestantischen Individualismus, hat kaum Anhalt an dem, was sich da zeigt. Im Gegenteil: Die Eucharistiefeier symbolisiert auf geradezu klassische Weise eine Gemeinschaft der Verschiedenen, welche die durch Christus gestifteten Gaben empfangen — jeder/jede für sich und alle gemeinsam. Wir kommen mit unterschiedlichen Gefühlen, Wünschen, Ängsten, Hoffnungen. Wir

---

[2] Alle diese Formeln sind im Übrigen im Evangelischen Gottesdienstbuch enthalten und werden dort als mögliche zur Wahl gestellt (EGb, 670).

bringen unterschiedliche Befindlichkeiten und Gestimmtheiten mit: Angst, Trauer, Zweifel, Enttäuschungen, Ärger, Freude, Glück und vieles mehr. Wir suchen und bekommen im Abendmahl zugesprochen: *„Frieden"*, also Heil, Vergebung, Kraft, Trost. Wichtig ist, dass all dies in Ruhe geschieht, in einer Atmosphäre der Offenheit, die es den Einzelnen erlaubt, bei sich zu sein und bereit zu sein für den Empfang der Gaben. Von Liturginnen und Liturgen wünscht man sich Sicherheit im Ritus und Gespür für das, was mitschwingt, wenn viele Einzelne kommunizieren. Man möchte ihnen deshalb zurufen: Verzichtet darauf, alles ausdrücklich zu benennen, lasst den Ritus sprechen, vertraut den einfachen Gesten! Zu viele zusätzliche Worte, auch gut gemeinte, stören.[3] *„Nimm hin und iss!"* – Und am Ende: *„Gehet hin in Frieden!"* Das ist genug.

Die Abendmahlsgemeinde ist eine Gemeinschaft der Verschiedenen. Wir essen und trinken als Einzelne, aber wir sind nicht isoliert. Links und rechts neben uns stehen andere, die die gleiche Verheißung hören, von dem gleichen Brot essen und aus demselben Kelch trinken. Die Kommunion macht im Vollzug sichtbar, dass das *„Für euch"* der Einsetzungsworte und das *„Für dich"* der Spendeformel keine Gegensätze sind. Das reformatorische *„Für mich"* ist die Konkretion des *„Für euch"* bzw. *„Für uns"*.

Die Abendmahlsgemeinde ist eine Gemeinschaft der Verschiedenen. Christus lädt Menschen ganz unterschiedlicher Herkunft an seinen Tisch: Frauen und Männer, Alte und Junge, Kranke und Gesunde, Menschen unterschiedlicher Hautfarbe, Herkunft und Sprache, Menschen aus unterschiedlichen sozialen Klassen und Schichten, mit unterschiedlichen politischen Ansichten und theologischen Überzeugungen. Das verbindet das heutige Abendmahl mit den Mahlgemeinschaften Jesu, deren Besonderheit war, dass er unterschiedliche Menschen, „Zöllner und Sünder", die sonst nicht miteinander kommunizieren oder gar zusammen essen durften, an einem Tisch versammelt hat.[4] Jesu Mahlgemeinschaften standen in endzeitlichem Licht, sie waren Vorwegnahme der Tischgemeinschaft im Reich Gottes, ein utopisches Zeichen umfassender Versöhnung. Das Abendmahl hat die Kraft, bestehende Gegensätze am Tisch des Herrn zu überwinden. Das ist zwar nicht alltäglich erlebte Realität, ereignet sich aber immer wieder und begründet die Hoffnung, dass trotz aller Gegensätze und Widerstände, die uns gegenwärtig noch trennen, eben diese Trennungen über-

---

3 Ein zentrales Anliegen Martin Nicols, der die oft quälende Länge der Austeilung in vielen Gottesdiensten mit Recht kritisiert (mit Verweis auf Fulbert Steffensky u. a.) und einleuchtende Verbesserungsvorschläge macht. Vgl. Nicol, Weg im Geheimnis (Anm. 1), 43 ff.93.

4 Vgl. Eckhard Rau, Mahlgemeinschaft bei Jesus und im Urchristentum, in: PTh 72 (1983), 106–119; ders., Jesus – Freund von Zöllnern und Sündern. Eine methodenkritische Untersuchung, Stuttgart u. a. 2000. Vgl. meine Versuche, die biblischen Mahltraditionen in die größeren Zusammenhänge einzurücken: Peter Cornehl, Der Evangelische Gottesdienst. Biblische Kontur und neuzeitliche Wirklichkeit, Bd. 1, Stuttgart 2006, 89 ff.126 f.171 ff.211 ff.

wunden werden können. Diese Hoffnung hat der ökumenischen Bewegung ihre Dynamik verliehen. Das verlangt von Theologie und Kirchen ernsthafte Arbeit an der Verständigung, aber auch den Willen, endlich mutige Schritte zu wagen. Das gemeinsame Mahl ist nun einmal das tiefste Symbol christlicher Einheit. Ebenso ist die verweigerte, (noch) nicht mögliche Abendmahlsgemeinschaft ein genauso deutliches Symbol, mit starker negativer Aussagekraft.[5]

Die Kommunion lässt „schmecken und sehen", was das Abendmahl ist: die Gemeinschaft der Verschiedenen am Tisch des Herrn, der verheißen hat, in Wort und Sakrament, „in, mit und unter" den Gaben gegenwärtig zu sein – „für dich", „für uns", „für alle". Das Geheimnis der Gegenwart Christi „ist groß" und letztlich nicht ergründbar.

Das Eucharistiegebet: Lobpreis, Gedächtnis, Vision

Gemeinschaft, mit Christus und untereinander, ist ein zentraler Inhalt im Abendmahl — aber nicht der einzige. Es gibt darüber hinausgehende Inhalte, die nach dem biblischem Gesamtzeugnis in diesem Sakrament enthalten sind, die aber in der klassischen evangelischen Abendmahlsliturgie nicht oder kaum vorkommen. Wo wäre ein angemessener Ort, um diesen umfassenderen Gehalten Raum zu geben? In der Tradition der westlichen Kirche wäre das der „eucharistische Kanon", das große Abendmahlsgebet, das außer den Einsetzungsworten noch eine ausführliche Anamnese, Epiklese sowie die Bitte um die eschatologische Vollendung umfasst. Deshalb sollte ein „Plädoyer für den Evangelischen Gottesdienst" (wie der Untertitel von Martin Nicols Buch lautet) auch ein Plädoyer für ein erneuertes eucharistisches Gebet enthalten.

Wie das? Kann das ernst gemeint sein? Haben nicht die Reformatoren den „Canon Missae", das Herzstück der mittelalterlichen Messliturgie, wegen der dort begegnenden falschen Opfertheologie aufs schärfste bekämpft? Die Vorstellung, dass der Priester in der Messe Gott das Opfer Christi darbringt, verkehrte nach übereinstimmender Ansicht von Luther, Zwingli, Calvin und Bucer das Heilsgeschehen im Abendmahl in sein Gegenteil. Die Folge war, dass dort, wo sich die Reformation durchgesetzt hat (von wenigen Ausnahmen abgesehen) der

---

5 Dazu Peter Cornehl, Hineinwachsen in Spannungen. Eine theologische Zwischenbilanz der neuen Abendmahlsbewegung, in: PTh 72 (1983), 120–132 (= ders., Vision und Gedächtnis. Herausforderungen für den Gottesdienst [Praktische Theologie heute 150], Stuttgart 2016, 329–343); sowie: Stillstand oder Aufbruch? Anmerkungen zur Lage von Eucharistie und Abendmahl im ökumenischen Gespräch und in der gottesdienstlichen Praxis, in: Vision und Gedächtnis, 344–357. Verwiesen sei auch auf frühere Beiträge zum Thema in: Peter Cornehl, „Die Welt ist voll von Liturgie". Studien zu einer integrativen Gottesdienstpraxis (Praktische Theologie heute 71), Stuttgart 2005, 165–221.

eucharistische Kanon gestrichen wurde und die evangelische Abendmahlsfeier sich auf Einsetzungsworte und Austeilung beschränkte (leider häufig verbunden mit weit ausholenden theologischen Erläuterungen und Vermahnungen).[6]

Und ausgerechnet im eucharistischen Gebet soll ein Erneuerungspotenzial liegen? Ich behaupte: Ja, in der Tat. Es sind vor allem drei Gründe, die m. E. dafür sprechen (die ich hier nur kurz andeuten kann).

Ein neues Opferverständnis

Erstens ein neues Nachdenken über Opfer. Die intensiven ökumenischen Lehrgespräche, die in der zweiten Hälfte des 20. Jahrhunderts geführt worden sind, haben in vielen (nicht allen) Punkten beachtliche Annäherungen erbracht. Die spätmittelterliche Opfertheologie ist von maßgeblichen katholischen Theologen mittlerweile als problematische Fehlentwicklung erkannt worden. Eine Revision der entsprechenden gottesdienstlichen Praxis ist in der Liturgiereform nach dem Zweiten Vatikanischen Konzil mit großer Energie auf den Weg gebracht worden. Ein neues, positives Verständnis von Opfer bahnt sich an. Vor allem alttestamentliche und religionswissenschaftliche Forschungen haben überraschend neue Einsichten über das Wesen des Opfers zu Tage gefördert, die geeignet sind, alte Gegensätze und Frontstellungen zu überwinden. Dadurch ist auch liturgisch manches in Bewegung geraten. Man hat in der evangelischen Theologie den Wert des Eucharistiegebetes, das Anamnese, Epiklese, Doxologie und Eschatologie umfasst, neu zu schätzen gelernt.

Neue Eucharistie-Gebete

Damit hängt *zweitens* zusammen, dass man in der evangelischen Kirche mittlerweile die schmerzliche Leerstelle wahrgenommen hat, die durch den Verzicht auf ein eigenes Abendmahlsgebet entstanden ist. In der Folge hat man damit begonnen, in den Bahnen der Tradition, aber auf der Grundlage der reformatorischen Abendmahlslehre eigene evangelische Eucharistiegebete zu erarbeiten. Das hat dazu geführt, dass in der „Erneuerten Agende" und (nach intensiven Beratungen und teils heftigen Kontroversen) am Ende auch im „Evangelischen Gottesdienstbuch" von 1999 mehrere Eucharistiegebete aufgenommen worden

---

6 Zumindest in den lutherischen Liturgien blieben allerdings Dialog, Präfation und Sanctus erhalten. Die Entfaltung der Präfation über die überlieferten dogmatischen Inhalte hinaus ist in manchen Gemeinden der Ansatzpunkt für das erneuerte Eucharistiegebet geworden, oft freilich auch der Ersatz.

sind. Und nicht nur das. Im EGb, der derzeit gültigen Agende für die Kirchen und Gemeinden der VELKD und der EKU (heute UEK), ist die Einfügung eines eigenen eucharistischen Gebetes sogar zur Regel gemacht worden[7] – ein erstaunliches Ergebnis, selbst wenn dies (soweit man sehen kann) bisher nur von wenigen Gemeinden rezipiert worden ist.[8]

Lobpreis und eucharistisches Gedächtnis

Der *dritte* und wichtigste Grund ist die Erkenntnis, dass Lobpreis, Gedächtnis, Vision, Doxologie und Eschatologie im eucharistischen Gebet zusammengehören. Damit ist die Alternative Verkündigung *oder* Lobpreis liturgisch überholt. Auch im EGb bildet nunmehr der Lobpreis den Rahmen für Einsetzungsworte, Anamnese und Epiklese. Das Eucharistiegebet ermöglicht es, sowohl die biblische Weite als auch die aktuelle Relevanz des Abendmahls neu zur Geltung zu bringen.

Das vertieft und weitet einerseits die Bedeutung des Begriffs „Gedächtnis". Die in den Einsetzungsworten enthaltene Weisung Jesu: „*das tut zu meinem Gedächtnis*", hat primär die Memoria von Kreuz und Auferweckung Christi im Blick, umfasst aber, genau besehen, die ganze Geschichte Jesu: seine Verkündigung, seine Praxis, insbesondere die Mahlgemeinschaften mit „Zöllnern und Sündern", seinen Entschluss, am Ende nach Jerusalem zu ziehen, Prozess, Todesurteil, Kreuzigung sowie die Erscheinungen des Auferstandenen vor den Seinen.[9] Das eucharistische Gedächtnis bezieht darüber hinaus die ganze Heilsgeschichte von der Schöpfung bis zur Vollendung mit ein. Das eucharistische Gedächtnis enthält eine universale Vision eschatologischer Erneuerung „*für viele*", d.h.: „*für alle*" und mündet in den Ruf der Gemeinde: „*Maranatha*": „*Komm, Herr Jesus!*" (Offb 22,17ff.).[10]

Aus der Weite und Tiefe der biblischen Mahltraditionen folgt die aktuelle Relevanz des Abendmahls. Dann nämlich, wenn wir anfangen, in Vision und Gedächtnis auch unsere gegenwärtige Wirklichkeit mit einzubeziehen, werden wir gewahr: Hunger, leiblicher und seelischer Hunger, Ungerechtigkeit, Gewalt, Einsamkeit, Sinnverlust, Schuld, Verzweiflung, die vielfältigen Spaltungen wirtschaftlicher, politischer, religiöser Art, unter denen Menschen weltweit leiden,

---

7 Vgl. die Ausführungen zum Abendmahl in der klassischen Form der Liturgie I, in: EGb 33 f. 80 f. 633 ff.
8 Hier bestehen offenbar nach wie vor Vorbehalte und Sperren, ohne dass wir über die Gründe dafür genauer Bescheid wissen.
9 Genauer in Cornehl, Der Evangelische Gottesdienst (Anm. 4), 156 ff.
10 Vgl. den Versuch, dem Ruf am Ende des Abendmahlsgebetes im Anschluss an 1 Kor 10,16 und Offb 22 eine liturgische Gestalt zu geben, in: Cornehl, Vision und Gedächtnis (Anm. 5), 357.

und deren Überwindung: Barmherzigkeit, Hingabe, Verzeihung, Befreiung, Frieden – all das sind Abendmahlsthemen. Wenn es gelingt, sie im Gottesdienst so zur Sprache zu bringen, dass Menschen davon erreicht und innerlich berührt werden, wenn im Gottesdienst die verwandelnde Kraft der Liebe Gottes spürbar wird, kann das Abendmahl zu einem kraftvollen Symbol für Frieden, Versöhnung, Heil und Heilung werden, ein Symbol, das in die Gesellschaft ausstrahlt.

Natürlich heißt das liturgisch nicht, dass nun alle erwähnten Bezüge in jedem Abendmahlsgottesdienst entfaltet werden müssen. Konzentration und Sparsamkeit sind wichtig, damit die Gottesdienste nicht überfrachtet und die Gemeinden nicht überfordert werden. Dem kommt entgegen, dass das Eucharistiegebet eine ausgewogene Verbindung von bleibenden und wechselnden Inhalten, von Ordinarium und kirchenjahresbezogenem Proprium darstellt. Und auch das Kirchenjahr ist ja, genau genommen, kein in sich geschlossener Kosmos feststehender dogmatischer Inhalte, sondern ein für aktuelle Ereignisse und Erfahrungen offenes Gebilde. Das Eucharistiegebet zu erneuern, ist eine anspruchsvolle Aufgabe. Die Arbeit daran hat begonnen. Das „Evangelische Gottesdienstbuch" enthält einige gelungene Beispiele (auch wenn die Sammlung insgesamt noch allzu konventionell erscheint). An mehreren Orten gibt es Gemeinden, welche die Herausforderungen erkannt haben. Dort sind Gebete und Liturgien entstanden und entstehen, die zukunftsweisend sind. Vom Abendmahl her gewinnt auch die seelsorgliche und diakonische Praxis der Gemeinden neue Dimensionen. Vielleicht besteht sogar Hoffnung, dass daraus einmal eine neue Abendmahlsbewegung erwächst.

Hans G. Ulrich

Vaterunser

„Tischgebet" um den Fortgang von Gottes Geschichte mit uns

Beten am bestimmten Ort – ein gestiftetes Gebet

Das Vaterunser ist uns überliefert als von Jesus selbst gestiftet, so auch das Abendmahl, mit dem es liturgisch fest verbunden ist. „Was Abendmahl ist, ist offenbar unserer Willkür entnommen. ‚Abendmahl' kommt als etwas eindeutig Gegebenes auf uns zu. Alle einzelnen Abendmahlsfeiern sind nur dadurch wirklich Abendmahl, dass sie an diesem eindeutig Gegebenen teilhaben und es in sich haben. Das heißt mit anderen Worten: Nur diejenige Mahlfeier ist Abendmahl, die in einem Stiftungszusammenhang steht [...]."[1]

Was immer ‚liturgiegeschichtlich' gesehen entstanden ist, kann diesen Stiftungscharakter nicht aufheben. Dem widerspricht jedenfalls die Erzählung von der Stiftung. Liturgie in ihrem Werden ist so daraufhin zu verstehen, wie menschliche Wegsuche innerhalb des Gegebenen bleibt. Dies ist paradigmatisch bei Paulus wahrzunehmen, wenn er das von Jesus gestiftete ‚Mahl' abgrenzt gegen seine Verwechslung mit einem Gemeinschaftsessen, in dem ‚soziale' Probleme und Strukturen bestimmend werden, statt dass das Abendmahl eben davon befreit gefeiert wird (1 Kor 11). Paulus folgt einer theologischen Logik, die die Geschichte des Heilshandelns Gottes expliziert und darin verbleibt, also keine (davon unabhängige) ‚Begründung' sucht. Das ‚Abendmahl' ist uns gegeben durch das Zeugnis, in dem es weitergegeben und weitergefeiert wurde – und so auch das ‚Vaterunser', das in die Liturgie des Abendmahls gehört. Was ist das Besondere daran, dass dieses Gebet von Jesus – wir können sagen – ‚gestiftet' wurde? Liegt darin vielleicht eine besondere Verbindung zum Abendmahl? Wie

---

[1] Peter Brunner, Vom Heiligen Abendmahl. Zum Verständnis des 10. Artikels der Augsburgischen Konfession 1950, in: Peter Brunner, Pro Ecclesia. Gesammelte Aufsätze zur dogmatischen Theologie, Band 1, Berlin ²1962, 183–202, 185f.

ist das Vaterunser als mit dem Abendmahl verbundenes Gebet zu verstehen – und wie von daher auch das ‚Abendmahl'?

Beten im Abendmahl

Unternehmungen, die Liturgie in ihrem Werden zu beschreiben und – wenn es gut geht – diesem Werden bei jeder Veränderung der Liturgie zu folgen, sind selbst Schritte auf dem „Weg im Geheimnis" (Martin Nicol): explorativ, erkundend und erprobend, was da gegeben ist. Das gilt auch, wenn es um die Frage geht, was denn in der Liturgie wie und wo seinen Ort und seine Bedeutung hat wie durchaus zentral das Vaterunser. Auch wenn historisch festzustellen ist, dass das Vaterunser in die Liturgie an bestimmter Stelle zu bestimmter Zeit ‚eingefügt' wurde, so entspricht dies dem Stiftungscharakter des Gottesdienstes und in besonderer Weise dem Abendmahl als dem „Herz des Gottesdienstes" (Peter Brunner). Hier findet das von Jesus gestiftete Gebet seinen genuinen Ort. Wenn immer das Vaterunser, auch alleine, gebetet wird, nimmt dieses Beten teil an dem gottesdienstlichen Beten und seinem Ort im Abendmahl.

Der bestimmte Ort in der Liturgie ist nicht immer genau derselbe geblieben – und jede dieser Veränderungen kann etwas Eigenes von seiner Bedeutung zeigen. Das Vaterunser erscheint in den Liturgien des evangelischen Gottesdienstes sowohl vor den Einsetzungsworten wie auch danach. Die durchaus weitgreifenden Verschiebungen in der Bedeutung des Vaterunsers können hier nicht dargestellt werden, entscheidend bleibt aber sein Ort in der Liturgie des Abendmahls. Das Zusammenwirken und Zusammenklingen des Vaterunsers mit der Liturgie des Abendmahls gilt es wahrzunehmen und so zu sehen, wie das Vaterunser vom Abendmahl bestimmt ist und umgekehrt das Abendmahl vom Vaterunser.

‚Tischgebet' zum Fortgang der Geschichte Gottes mit uns

Mit dem Verständnis des Abendmahls als Gemeinschaftsmahl in der Gegenwart Jesu Christi – ein Verständnis, das eine eigene Geschichte hat – ist die Bedeutung des Vaterunsers als ‚Tischgebet' verbunden. Es liegt nahe, die Bitte um das tägliche Brot als genuin bezogen auf das Abendmahl zu sehen. Doch was geschieht mit dieser Bitte, wenn sie ‚im Abendmahl' gebetet wird? Es geht in dieser Bitte um Brot, das uns einzig von diesem Vater gegeben wird. Dies ist offenkundig das Brot, das wir Menschen zum Leben brauchen. Doch eben dieses unser menschliches Leben erscheint damit als ‚Leben mit diesem Vater', den wir gerade als seine ‚Kinder' anrufen. So bitten wir um das Brot, das wir für dieses ‚Leben mit Gott, dem Vater' empfangen wie das Manna in der Wüste. Worauf also richtet sich diese Bitte – wo doch Gott weiß, was wir ‚brauchen'? „Euer Vater weiß, was ihr bedürft, bevor ihr ihn bittet. Darum sollt ihr so beten: Unser Vater im Himmel ..." (Mt 6,8). Die Bitte um das Brot steht schon in der Zusage „Sorget nicht ..." (Mt 6,25ff.). So steht die Bitte um Brot schon unter der Verheißung, dass es keinen Menschen geben muss, der kein Brot zum Leben hat. Welche Provokation, das gegebene Brot mit den Hungrigen zu teilen. Und nur innerhalb dieser provokanten Verheißung ist dann zu beten: „Unser tägliches Brot gibt uns heute ..."

Das griechische Wort, das Luther mit „täglich" übersetzt, ein Wort mit nicht ganz gewisser etymologischer Herkunft, kann auch übersetzt werden mit „für morgen" – das Brot „für morgen"[2]. Das Manna war das Brot, das notwendig war für das Fortleben des Volkes von Tag zu Tag in der Wüste und damit zuerst und vor allem für den Fortgang der Geschichte, die Gott mit seinem Volk verfolgt hat. Nicht unser Leben oder die Sorge um unser Leben, sondern der Fortgang dieser Geschichte, also Gottes eigenes Interesse ist damit im Blick. Es wird präsent, dass wir im Abendmahl nicht nur etwas ‚für uns' empfangen. Das Abendmahl ist ‚eingesetzt', ‚gestiftet', – wie das Manna – damit Gott seine Geschichte mit allen Menschen weiterführt und so unser ‚Leben mit Gott' weitergeht, die Gemeinschaft mit ihm – in der Gemeinschaft mit Jesus Christus. Gott wird auf das hin angesprochen, was um ‚seines Namens willen' geschieht. Mit jeder Bitte wird er gepriesen für das, um das wir ihn bitten dürfen. So wird in der Bitte auch der lobpreisende Ton, das Eucharistische in dieser Bitte hörbar.

Bitten zur Ehre Gottes

Dass das Vaterunser Bitten enthält, die sich auf Gottes eigene ‚Interessen' beziehen, ist immer wieder wahrgenommen worden. Alle Bitten richten sich darauf, dass das, was Gott ‚will', ja, was er für sich und damit ‚für uns' will, zur Erfüllung kommt. In dieser Hinwendung zu Gottes Willen und seiner Geschichte hat Jesus selbst in Gethsemane gebetet: „Dein Wille geschehe" (Lk 22,42). Gottes Geschichtswille soll erfüllt werden. Wenn das Vaterunser im Abendmahl gebetet wird, wird es in eben diese Geschichte Gottes, in seine ‚Ökonomie', gestellt. Es wird darin Gott in seiner Geschichte gefeiert – fokussiert im Gedächtnis Jesu Christi. Gott will, dass seine Geschichte weitergeht, weitergelebt wird.

In seiner „Vermahnung zum Sakrament des Leibes und Blutes Christi" (1530) schreibt Martin Luther vom „Nutzen", der Christus und Gott selbst durch das Abendmahl zukommt:

---

[2] Siehe dazu: Eduard Lohse, Das Vaterunser. Im Licht seiner jüdischen Voraussetzungen, hg. v. Friedrich Schweitzer, Tübingen 2008, 39.

„Und damit wir das zum Teil anzeigen, so siehe zum ersten das an, daß er dies Sakrament zu seinem Gedächtnis eingesetzt hat, wie er sagt: ‚Solches tut zu meinem Gedächtnis'. Dies Wort ‚Gedächtnis' merke und bedenke gut. Es wird dir viel anzeigen und dich sehr reizen. Ich rede aber jetzt noch nicht von unserm Nutzen und unserer Notwendigkeit, die wir im Sakrament suchen mögen, sondern vom Nutzen, der Christus und Gott selbst daraus kommt, und wie notwendig es zu seiner göttlichen Ehre und Dienst ist, daß mans fleißig gebrauche und ehre. Denn du hörst hier, daß er seine göttliche Ehre und Gottesdienst in dieses Sakrament gibt, daß man sein hierin gedenken soll. Was ist aber ‚sein gedenken' anders, als seine Gnade und Barmherzigkeit preisen, zuhören, predigen, loben, danken und ehren, die er uns in Christus erzeigt hat?"[3]

Das Gedächtnis der Geschichte, die in Jesus Christus erfüllt ist, zu feiern macht den ‚eucharistischen' Charakter des Abendmahls aus, der mit dem anderen, das, was uns damit gewährt wird, zusammengehört.[4] So findet das Abendmahl selbst seinen Ort hier, in der Geschichte Gottes mit uns Menschen, in Gottes ganzer umfassender Geschichte und Ökonomie. Mit jeder Bitte geht es um dieses Ganze, das in der Erfüllung der Geschichte Gottes in Jesus Christus seinen Brennpunkt hat. Jede Bitte ist daraufhin zu beten, dass Gott mit dieser Geschichte zu Ehren kommt und gefeiert wird – im Gedenken der Leidensgeschichte Jesu. In ihr hat Gott seine Geschichte weitergeführt hier auf Erden, hier bei uns Menschen und deshalb ausgeliefert an uns Menschen, so wie wir uns von Gott abwenden. Alle seine Menschen, jeden einzelnen, will Gott zurückholen – um seines Namens willen. So ist entscheidend, dass Gottes Geschichte in eben dieser Dramatik präsent bleibt und weitergeht: „bis Du kommst in Ewigkeit".

Bitten um die Erfüllung von Gottes ganzer Geschichte – mit uns und für uns

Bei jeder Bitte ist „Dein Reich komme" und „Dein Wille geschehe" mitzuhören.[5] Das Abendmahl wird in dieser adventlichen Erwartung gefeiert, die das „Geheimnis des Glaubens" bewahrt: „Deinen Tod, o Herr, verkünden wir und Deine Auferstehung preisen wir, bis Du kommst in Herrlichkeit." So umgreifend die

---

3 Martin Luther, Vermahnung zum Sakrament des Leibes und Blutes unseres Herrn (1530), in: Martin Luther, Luther deutsch. Die Werke Martin Luthers in neuer Auswahl für die Gegenwart, Bd. 6, hg. v. Kurt Aland, Göttingen ³1983, 103–137, 111.
4 Dorothea Wendebourg hat mit Luthers „Vermahnung" die „eucharistische" Gestalt des Abendmahls in Erinnerung gerufen: Dorothea Wendebourg, Essen zum Gedächtnis. Der Gedächtnisbefehl in den Abendmahlstheologien der Reformation, Tübingen 2012. Auch Martin Nicol lässt diese Seite des Abendmahls deutlich hervortreten. Siehe zur Diskussion: Martin Wallraff, Eucharistie oder Herrenmahl? Liturgiewissenschaft und Kirchengeschichte im Gespräch, in: VuF 51 (2006), 55–63.
5 Vgl. Lohse, Vaterunser (Anm. 2), 55. Siehe auch Brunner, Abendmahl (Anm. 1), 200.

ganze Geschichte Gottes mit seinem Volk und mit allen Menschen ist, so umgreifend ist auch die Bitte darum, dass „Gottes Wille geschehe wie Himmel, so auf Erden". Gott selbst ist es, der dafür einsteht, Gott selbst ist es, der dafür in Jesus Christus einstehen musste. So betet auch Jesus in Gethsemane: „Dein Wille geschehe" (Lk 22,42). Gott muss seine Menschen – immer neu – zurückholen in das Leben mit ihm. Gott muss ‚vergeben', andernfalls könnte seine Geschichte nicht fortgeführt werden. Das ist Gottes eigene, einzig ihm mögliche Tat, die – von sich aus – einschließt, dass wir Menschen auch in Gottes Namen vergeben. Das Abendmahl ist der bestimmte Ort dafür und eben damit unser Fortleben in dieser Geschichte – im „Gedächtnis Jesu Christi", durch den Gott seine Geschichte bis in alle Ewigkeit weiterführt.

So kann eine Zusammenfassung zum Verständnis des Abendmahls lauten:

> „Ausgangspunkt und Grundlage für die Feier des Abendmahls ist das Heilshandeln Gottes, des Schöpfers, der in der Geschichte mit seinem Volk immer wieder aus Not errettet und von Schuld befreit sowie Gemeinschaft geschenkt und Zukunft eröffnet hat. In seinem Sohn verbindet er sich mit den Menschen und gibt sich in diese Welt hinein. Den Bund, den er mit seinem Volk am Sinai geschlossen hat, erneuert und bekräftigt er in Jesus Christus. Dieses Evangelium, wie es durch die Propheten und die Apostel in der Heiligen Schrift Alten und Neuen Testaments bezeugt ist, wird durch das mündliche Wort der Predigt, durch den Zuspruch an den Einzelnen und durch die sichtbaren Zeichen der Sakramente Taufe und Abendmahl weitergegeben."[6]

Das Vaterunser gehört zum eucharistischen Charakter des Abendmahls, da in jedem Element des Vaterunsers mitklingt, dass all dies, was hier ausgesagt und erbeten wird, um Gottes willen gewiss geschieht und daher in begründeter Hoffnung erbeten werden kann. Es kann nicht so gebetet werden als hätte die Bitte um Brot oder die Bitte um Vergebung eine von der Geschichte Gottes und ihrer Fortführung unabhängige Bedeutung – eine solche, die von dem spricht, was wir Menschen ‚für uns' zum Leben brauchen und nicht vielmehr von dem, was wir zum Leben in dieser Geschichte mit Gott von Gott erwarten dürfen, die ‚für uns' um seines Namens willen geschehen ist.

„Eingedenken"

So ist auch die Anrede „Vater unser" nachzusprechen. Mit dieser Anrede wird deutlich, dass wir, die ‚Kinder' dieses ‚Vaters', zugleich die Gemeinde sind und so auch die „Erben", die er in seine Geschichte, die er mit seinem Volk eingegangen ist, hineinholt (Röm 8,17). Dass dann um sein „Reich", das kommen soll, gebetet

---

6 Schweizer Evangelischer Kirchenbund, Das Abendmahl in evangelischer Perspektive, Bern 2004.

wird, heißt, ihn zugleich als Herrscher oder König anzusprechen. Es kann nicht selbstverständlich sein, zu diesem ‚Gott' so beten zu können. Dies aber wird uns von Jesus verheißungsvoll mit diesem Gebet, das er gestiftet hat, gegeben. So dürfen wir zu ‚Gott' als dem „Vater" beten – und damit zugleich dann um all das, was im Interesse ‚Gottes' ist. Das ist der ‚Gott', der unser „Vater" geworden ist und unbeirrt seine Geschichte mit uns weiterführt, der ‚barmherzig' eingreift, der Brot gibt, und der vergibt, nicht in Versuchung führt und vom Bösen erlöst. ‚Gott', dessen „Wille" geschehen soll „im Himmel und auf Erden", dieser Gott ist zugleich unser Vater, der sich seinem Volk, seinen Kindern zuwendet – und umgekehrt dieser „Vater" ist der Gott, dessen „Reich" kommt. Diese ganze Geschichte wird jetzt im Gottesdienst präsent, in diesem Gebet und so im Abendmahl.

Das Bleiben in der Geschichte dieses Gottes mit Gott wird im Abendmahl akut: „das tut zu meinem Gedächtnis". Dieses Gedächtnis ist nicht die rückwärtsgewandte Erinnerung an ein Jesusgeschehen, sondern das „Eingedenken" (Walter Benjamin) der Geschichte Gottes in unsere Zeit. Gottes Geschichte, die er mit seinem Volk eingegangen ist und die er in Jesus Christus weiterführt, ist eingestiftet in diese Welt und in ihre wie auch immer zu kennzeichnende geschichtslose ‚Historie'. Die ‚Heiligung des Namens Gottes' geschieht im ‚Tun' des Gedenkens, des praktizierten „Eingedenkens".

Aufgehoben im Anbruch des Reiches Gottes

Die Bitte um das Kommen des Reiches im Vaterunser weist dem Abendmahl seinen Ort in Gottes Geschichte zu. Das Abendmahl ist kein Kult, der wie jeder Kult zeitlos ist. Es geschieht im Anbruch des Reiches Gottes, von dem Jesus gesagt hat, es ist sein Reich, nicht von dieser Welt eingerichtet oder in ihr begründet, sondern der Geschichte Gottes zugehörig.

Mit allem, was in und mit Gottes Geschichte wirklich wird, erfüllt sich Gottes Wille. Es geht um Gottes Geschichtswillen, der in all dem bestimmten Tun geschieht, das einzig Gottes Tun ist. Mit jeder Bitte wird Gott dafür gepriesen. Das Vaterunser ist in allen seinen Elementen in diesem eucharistischen Ton nachzusprechen, so auch die Bitte um Vergebung, durch die Gott es möglich macht, dass wir mit ihm weiterleben. So ist das Vaterunser ein ‚Tischgebet', das im Abendmahl seinen einzigartigen Ort hat. Das Abendmahl erscheint mit dem Vaterunser als ein Tun und Geschehen, in dem Gottes Geschichte weitergeht und gefeiert wird. In dieser Geschichte ist unser Leben durch Gottes Vergebung bis zur Erlösung aufgehoben: „bis Du kommst in Ewigkeit".

Stefan Heuser

Der Friedensgruß
Zur theologischen Grammatik und liturgischen Gestalt eines zentralen Elements gottesdienstlicher Friedensethik

Zur theologischen Grammatik des Friedensgrußes

„Ritual ohne Übung" – unter dieser Überschrift erzählt Martin Nicol eine Anekdote über den Friedensgruß in einem Gottesdienst einer oberbayrischen Urlaubergemeinde kurz vor der Abendmahlsausteilung, die in folgender Sequenz kulminiert:

> „Beim Friedensgruß kam ein Mann freundlich auf mich zu. ‚Friede sei mit dir!', begrüßte ich ihn. ‚Schön'n Tach noch!', war die Antwort."[1]

Mit dieser Schilderung offenbart Nicol nicht nur seinen in ungezählten Gottesdienstbesprechungen bewährten (und gewiss auch oft leidvoll geprüften) Humor, mit dem er liturgische Stolpersteine auf dem gottesdienstlichen „Weg im Geheimnis" auf ebenso unbestechliche wie respektvolle Weise zu entlarven pflegt – und dem auch ein sympathischer Zug zur Selbstironie innewohnt. Er lässt auch die Fremdheit gottesdienstlicher Rituale zusammen mit deren symbolischem Mehrwert gegenüber alltagskommunikativen Ritualen[2] sowie die Normierungseffekte ritualisierter Interaktion im Verein mit der Anfälligkeit normierter Interaktionssequenzen für asymmetrische Brechungen sichtbar werden.[3]

Folgt man dem Ritualmodell von Clifford Geertz, wird in der oberbayrischen Szene aber noch ein weiterer Aspekt bedeutsam, nämlich eine Synthese von Ethos und Weltsicht, die in der symbolischen Interaktion des Rituals nicht nur zum Ausdruck kommt, sondern konstituiert wird: „Im Ritual sind gelebte und vor-

---

1 Martin Nicol, Weg im Geheimnis. Plädoyer für den Evangelischen Gottesdienst, Göttingen ³2011, 45.
2 Vgl. Werner Jetter, Symbol und Ritual: Anthropologische Elemente im Gottesdienst, Göttingen ²1986, 116.
3 Vgl. Erving Goffman, Interaktionsrituale. Über Verhalten in direkter Kommunikation, Frankfurt/Main 1986, 40f. und 60f.

gestellte Welt ein und dasselbe, sie sind in einem einzigen System symbolischer Formen verschmolzen."[4] Die Dichotomie von Denken bzw. Glauben und Handeln wird im Vollzug des Rituals Geertz zufolge aufgelöst. Was sich dem Beobachter der Interaktion als Zusammenspiel von Weltsicht und Ethos darstellt, durch das Bedeutung generiert wird, ist für die Teilnehmer der Interaktion auch eine performative Realisierung ihres Glaubens. Religiöse Rituale wie der Friedensgruß sind für deren Teilnehmer „nicht nur Modelle dessen, was sie glauben, sondern auch Modelle, um daran zu glauben".[5] Sie sind zugleich Ausdruck und Medium des Glaubens.

Die Asymmetrie der beiden Interaktionsrituale in Nicols Anekdote beruht nicht nur darauf, dass das Ritual des Friedensgrußes „Friede sei mit dir!" in einen anderen Kontext als das Ritual des Abschiedsgrußes „Schön'n Tach noch!" gehört, sondern dass es einer anderen, im Ritual verborgenen und – für den Glaubenden, der sich dem Ritual anvertraut – riskanten ‚Grammatik' folgt. Mit ‚Grammatik' des Friedensgrußes meine ich hier im Anschluss an Wittgensteins Sprachspieltheorie und George A. Lindbecks Ausarbeitung des cultural-linguistic approach einen Zusammenhang von Regeln, die unauflöslich mit der religiösen Praxis und religiösen Institutionen verbunden sind, die Handlungen anbahnen und Erfahrungen hervorrufen.[6] Worin besteht die ‚Grammatik' des Friedensgrußes?

Im kulturell-sprachlichen System des Gottesdienstes ist der Friedensgruß Teil einer liturgischen Kommunikation, die sich von der Alltagskommunikation dadurch unterscheidet, dass sie eine vom Handeln Gottes bestimmte Wirklichkeit präsent macht. Diese Wirklichkeit wird liturgisch nicht nur konstatiert, sondern auch konstituiert. Die Grammatik der liturgischen Praxis ist demnach eine ‚theologische', und sie besteht im Kern darin, Gott in seinem Handeln zur Geltung kommen zu lassen. Dies impliziert eine Unterscheidung von Gottes Handeln und menschlichem Handeln. Indem die rituelle Praxis Gottes Friedenshandeln folgt, erscheint das menschliche Friedenshandeln als Zeugnis für Gottes Frieden und der Frieden im Ritual als Gottes Stiftung. Diese wird im Vollzug des Rituals von Menschen empfangen und einander symbolisch weitergegeben. Folgt das Ritual dieser Grammatik, dann lässt es sich von der in die Welt hereinbrechenden Botschaft vom Kommen des Friedens Gottes leiten – so dass das ‚verbum externum' vom Frieden auf Erden im Friedensgruß liturgische Gestalt gewinnt.[7]

---

4 Clifford Geertz, Dichte Beschreibung. Beiträge zum Verstehen kultureller Systeme, Frankfurt/Main ³1994, 112f.
5 AaO., 114.
6 Vgl. George A. Lindbeck, Christliche Lehre als Grammatik des Glaubens. Religion und Theologie im postliberalen Zeitalter (ThB 90), Gütersloh 1994.
7 Vgl. hierzu die konzeptionellen Überlegungen zur liturgischen Inszenierung des *verbum ex-*

Dietrich Bonhoeffer hat diese Grammatik als „*Wirklichwerden der Offenbarungswirklichkeit Gottes in Christus unter seinen Geschöpfen*"[8] beschrieben. Dieses Wirklichwerden sei unauflöslich mit einer Praxis verbunden, in der es darum geht, „*an der Wirklichkeit Gottes und der Welt in Jesus Christus heute teilzuhaben* und das so, daß ich die Wirklichkeit Gottes nie ohne die Wirklichkeit der Welt und die Wirklichkeit der Welt nie ohne die Wirklichkeit Gottes erfahre."[9] So verstanden, wäre Liturgie im paradigmatischen Sinne Ethik und Ethik wäre im Kern Liturgie: als Zeugnis für die von Gott in Christus gestiftete Wirklichkeit des Friedens in der Welt.

Die liturgischen Gestalten des Friedens beruhen daher nicht auf der ‚idealistischen' Grammatik einer praktischen Realisierung von Friedensideen, sondern auf einer theologischen, genauer: einer ‚messianischen' Grammatik.[10] Sie antworten auf das Kommen dessen, der der Friede ist (Micha 5,4). Die liturgische Friedenspraxis findet daher ihren Sinn darin, Gottes Friedenshandeln in seinem Wort für Menschen präsent zu machen. Sie gibt ihnen Teil an der Story von Gottes Frieden, die in Spannung zur friedlosen Wirklichkeit tritt, die vor Augen liegt. Die liturgische Praxis des Friedens stellt aber nicht eine sakrale Friedenssphäre neben eine profane Welt des Unfriedens oder eine friedliche Innerlichkeit neben eine äußerlich friedlose Welt, sondern bringt Gottes Frieden – als Schalom – mitten in der Welt verbal und nonverbal zum Ausdruck. Indem er der eschatologischen Befriedung der Welt vorausgeht, eröffnet der „Friede Gottes, der höher ist als alle Vernunft", eine neue Wirklichkeit, aber auch den Streit um das, was als wirklich gelten soll.[11]

In der liturgischen Kommunikation („Friede sei mit dir!") steht für die Beteiligten daher anders als in der Alltagskommunikation („Schön'n Tach noch!") nichts weniger als eine geschöpfliche, mit Gottes Handeln verbundene Wirklichkeit auf dem Spiel. Im Ritual sagen sie einander eine quer zu den üblichen Erklärungs- und Erfahrungszusammenhängen stehende Wirklichkeit an: Gottes Frieden. Der liturgisch Interagierende hat in der Anekdote – wie jeder, der liturgischen Interaktionsformen folgt – eine neue Wirklichkeit riskiert und wurde von seinem Gegenüber durch das alltagskommunikative Ritual unsanft auf den Boden der Tatsachen zurückgeholt. Der Witz dieser Anekdote hängt daher an der

---

ternum in: Alexander Deeg, Das äußere Wort und seine liturgische Gestalt: Überlegungen zu einer evangelischen Fundamentalliturgik (APTLH 68), Göttingen 2012.
8 Dietrich Bonhoeffer, Ethik (DBW 6), Gütersloh 1992, 34.
9 AaO., 40.
10 Zur messianischen Grammatik vgl. weiterführend: Hans G. Ulrich, The Messianic Contours of Evangelical Ethics, in: Brian Brock/Michael G. Mawson (Hg.), The Freedom of a Christian Ethicist. The Future of a Reformation Legacy, London/New York 2016, 39–63.
11 Vgl. Helmut Gollwitzer, Der Friedensbeitrag der Christen, in: ders., Forderungen der Freiheit. Aufsätze und Reden zur politischen Ethik, München 1962, 322–337.

großen ‚Fallhöhe' liturgischer Kommunikation und derer, die sich durch sie in ihrem Glauben exponieren.[12]

Es kennzeichnet den Friedensgruß als Teil gottesdienstlicher Liturgie, dass er eine geschöpfliche Wirklichkeit nachvollzieht und diese ansagt. Die einzelnen Teile der Liturgie wie auch die Liturgie in ihrer Gesamtheit nehmen die Feiernden hinein in eine mit Gottes Handeln verbundene, quer zur ‚Ordnung der Dinge' und den ihnen entsprechenden Geschichtskonstruktionen und Machtdispositiven stehende ‚Story' Israels und der Kirche.[13] Der Friedengruß ist demnach weder ersetzbar, etwa durch Verfahren der Mediation oder Konfliktregulation,[14] noch in einen anderen Gruß, etwa in einen guten Wunsch für die Zukunft, transformierbar. Die liturgische Schlüsselfrage ist, wie der Friedensgruß dem geistgewirkten Frieden Gottes symbolisch Raum geben kann. Den Frieden, der im Gottesdienst Gestalt erhält, finden Menschen auf: Er ist schon für sie da. Doch gerade das macht ihn zu einer komplexen Gestaltungsaufgabe. Was ist zu tun, damit menschliches Friedenshandeln im Gottesdienst Gottes Friedenshandeln bezeugt?

Zur liturgischen Gestalt des Friedensgrußes

‚Frieden' kommt im christlichen Gottesdienst in zahlreichen liturgischen Gestalten vor: „Der Friede des Herrn sei mit euch allen", „Ein Wohlgefall'n Gott an uns hat, nun ist groß Fried' ohn' Unterlaß, all' Fehd' hat nun ein Ende" (EG 179.1), „Gebt einander ein Zeichen des Friedens", „Christe, du Lamm Gottes ... gib uns deinen Frieden", „Geht hin im Frieden des Herrn", „Der Herr segne und behüte dich ... und gebe dir Frieden". Diese liturgischen Gestalten des Friedens bringen Menschen in Begegnung mit dem Evangelium vom Frieden, den Gott in Christus zwischen sich und der Menschheit gestiftet hat und sind mit der Verheißung verbunden, dass sie Menschen in den Dienst am kommenden Frieden Gottes führen, den er in seinem Friedensreich vollendet.

Damit die verborgene Grammatik des Gottesdienstes im Vollzug der Feier Schritt für Schritt entdeckt werden kann, gilt es, die liturgische Praxis sowohl

---

12 Vgl. Robert Gernhardt, Was gibt's denn da zu lachen? Kritik der Komiker – Kritik der Kritiker – Kritik der Komik, Frankfurt/Main 2008.
13 Vgl. zum Story-Konzept in der Theologie Dietrich Ritschl, Zur Logik der Theologie. Kurze Darstellung der Zusammenhänge theologischer Grundgedanken, München 1984. Zu der hier angedeuteten Machtanalytik vgl. Michel Foucault, Die Ordnung der Dinge. Eine Archäologie der Humanwissenschaften, Frankfurt/Main 2003.
14 Vgl. Andréa Vermeer, Mediation als kreative Methode der Konfliktregulation. Von Wahrnehmung zur Empathie – auf der Suche nach dem kognitiven Wendepunkt, in: Peter Dabrock/Siegfried Keil (Hg.), Kreativität verantworten. Theologisch-sozialethische Zugänge und Handlungsfelder im Umgang mit dem Neuen, Neukirchen-Vluyn 2011, 147–157.

hinsichtlich ihrer theologischen Grammatik als auch hinsichtlich des jeweiligen kulturellen Kontexts stimmig und kohärent zu gestalten. Das Zeichen des Friedens gehört zu einer messianischen Wirklichkeit, die Menschen im Wort entgegenkommt, in der sie aber auch einen Ort finden und sich bergen können müssen. Folgen wir der Grundform der lutherischen Abendmahlsliturgie, steht der Friedensgruß mit folgenden Worten und optionalen Textbausteinen zwischen Vaterunser und Austeilung:
- Liturg: „Der Friede des Herrn sei mit euch allen."
- Gemeinde: „Amen", oder: „Friede sei mit dir."
- Liturg: „Wir können diesen Frieden Gottes zeichenhaft weitergeben (durch einen Händedruck, durch eine Umarmung …)", oder: „Gebt einander ein Zeichen des Friedens (und der Versöhnung) (und reicht euch die Hand)."
- Gemeinde: Friedensbezeugung in Wort und Geste.
- Liturg + Gemeinde: „Christe, du Lamm Gottes … gib uns deinen Frieden."

Bei der ersten Formulierung bleibt unklar, ob das „Wir können" als Option, als Vermögen oder als Erlaubnis gemeint ist. Ohne die Ergänzung, worin die ‚Zeichenhaftigkeit' besteht, bliebe auch das spezifische Zeichen des Friedens symbolisch offen. Eindeutiger wäre: „Gebt einander den Frieden des Herrn weiter und reicht euch dazu die Hand …" Ohne die bloß optionale Erläuterung der Zeichenhandlung würde auch die zweite, üblichere Formulierung „Gebt einander ein Zeichen des Friedens (und der Versöhnung) (und reicht euch die Hand)" das Zeichen der Gemeinde anheimstellen, falls nicht der Inhalt der zweiten Klammer mitgenannt wird. Sinnvoll wäre es, sich in der Gemeinde über die Gestalt des Friedenszeichens so zu verständigen, dass der Liturg in aller Bestimmtheit sagen kann: „Gebt einander *das* Zeichen des Friedens." Er könnte in Gemeinden mit wechselndem Gottesdienstbesuch auch benennen, um welches Zeichen es sich handelt: „Gebt einander die Hand als Zeichen des Friedens, den Gott uns stiftet." Ein eingeübtes Friedenszeichen könnte die Unbeholfenheit mindern, die dadurch entsteht, dass sich Gottesdienstbesucher einander beim Friedensgruß zum ersten Mal während der bisherigen Feier ausdrücklich zuwenden. Leicht wird aus dem Friedensgruß auch ein moralistisches Szenario, in dem Frieden nicht empfangen wird, sondern Friedfertigkeit geleistet werden muss. Umso mehr, wenn der Liturg bzw. die Liturgin mit fliegendem Talar durch die Reihen der Kirchenvorsteher, Konfirmanden und weiteren Gemeindeglieder hastet, um vor der Austeilung der Gaben noch möglichst viele Friedenszeichen zu verteilen. Hier gilt auch für die evangelische Liturgie, was die vatikanische „Kongregation für den Gottesdienst und die Sakramentenordnung" empfiehlt. Es sei angebracht, „daß jeder in schlichter Weise nur seinen Nachbarn den Friedensgruß gibt. […] Der Priester kann den Friedensgruß den Dienern geben, bleibt aber immer innerhalb des Presbyteriums, um die Feier nicht zu stören. Dies soll er auch beachten, wenn er aus einem gerechten Grund einigen wenigen Gläubigen den Friedensgruß entbieten will."[15]

Versteht man den Friedensgruß primär als Wortgeschehen, so erscheint es theologisch angemessen, das Friedenszeichen anders als in der Alten Kirche nicht als Kuss,[16] sondern vorrangig als verbalen Zuspruch jenes Friedens zu praktizieren, den Gott für Menschen bereitet. In dieser Grammatik ist der ‚Austausch des Friedens' Ansage des Friedens, den Gott in Christus bewirkt, und keine reziproke Versicherung, einander friedlich zu begegnen, wie es in den Worten einer Pfarrerin zum Ausdruck kommt, von denen Martin Nicol berichtet: „Reichen Sie einander die Hand und sagen Sie sich ein freundliches Wort!"[17] Die Betonung liegt auf Gottes vorausgehendem Handeln, in das Menschen im Friedensgruß einstimmen. Indem die Gemeindeglieder einander im Gottesdienst den Frieden Gottes zusagen, bezeugen sie diesen Frieden und lassen sich auf Gottes Friedenswerk ein.

Die Formel: „Friede sei mit dir!" wäre demnach theologisch angemessen, auch wenn die Formel „Der Friede des Herrn sei mit dir!", die Luther in seiner Formula Missae vorschlägt, theologisch eindeutiger ist und die Feiernden überdies im Zeichen des Gottesnamens in die Story Gottes mit Israel und der Kirche hineinstellt. Da es im Friedensgruß um den Frieden geht, den Gott, der HERR, in Christus für seine Geschöpfe erwirkt hat, wäre es mit Blick auf die liturgische Gestalt der Grammatik, die eine Israel und die Kirche spannungsvoll umfassende ‚Story' impliziert, zu wenig, einander lediglich das Wort „Friede" mitzuteilen. Es muss deutlich bleiben, dass der Frieden, der zeichenhaft bezeugt wird, Gottes Friede und Teil seines Handelns in der Welt ist und nicht nur ein Ausdruck menschlicher Verbundenheit.

Hinzu kommt, dass der Friedensgruß als Zugangsbedingung für den gemeinsamen Empfang der Gaben missverstanden werden kann. Er ist aber nicht Vorbedingung, sondern Teil des Wirklichwerdens der Versöhnungswirklichkeit Christi, wie sie im Abendmahl Gestalt gewinnt. Auch kann die Formulierung „Friede sei mit dir" im Zusammenhang eines auf die individuelle Stärkung des Glaubens fokussierten Abendmahlsverständnisses zu einer Überbetonung des individuellen Friedens mit Gott führen, der die politische Dimension des Abendmahls vernachlässigt. Um diese politische Dimension zu betonen, könn-

---

15 Kongregation für den Gottesdienst und die Sakramentenordnung, Instruktion Redemptionis sacramentum über einige Dinge bezüglich der heiligsten Eucharistie, die einzuhalten und zu vermeiden sind, 25. März 2004, Nr. 72. Online unter: http://www.vatican.va/roman_curia/congregations/ccdds/documents/rc_con_ccdds_doc_20040423_redemptionis-sacramentum_ge.html [Abruf 06.11.2017].
16 Vgl. Rainer Volp, Liturgik. Die Kunst, Gott zu feiern, Bd.1: Einführung und Geschichte, Gütersloh 1992, 260.
17 Nicol, Weg im Geheimnis (Anm. 1), 46.

ten als Entlassungsformel vom Tisch des Herrn im Anschluss an Eph 4,1–3 folgende Worte gewählt werden: „Haltet fest das Band des Friedens, das Gott gestiftet hat." Dadurch würde symbolisiert, dass ‚Einigkeit' nicht durch Assimilation, sondern im gemeinsamen Ergreifen eines den Gemeindegliedern externen Friedens gefunden wird, der ihre Differenzen ernst nimmt und in das Licht der Versöhnung stellt. Als Zeichen, das diesem Festhalten am Band des Friedens Ausdruck verleiht, würde sich der Händedruck anbieten, so er denn kulturell eingeführt und akzeptiert ist.[18]

Die Versöhnungsbedürftigkeit der Menschen wird im Friedensgruß nicht nur bekannt, sondern auch demonstriert. Jeder Gottesdienstbesucher wird mit dem Gegenüber des jeweils anderen Menschen in seiner Alterität – mit seinen Interessen, seiner Leiblichkeit, seiner Fremdheit – konfrontiert, und sei dieser Mensch auch noch so vertraut. Es wird spürbar, dass und inwiefern der Frieden nicht in der Macht von Menschen liegt. Zugleich sollte es die liturgische Gestaltung dieses Gottesdienstelements ermöglichen, dass der andere Mensch im Licht von Gottes Frieden als Bruder oder Schwester gesehen und gegrüßt wird. Menschen entdecken einander im Gottesdienst – und zugespitzt im Friedensgruß – als die Geschwister, die sie als Geschöpfe Gottes bereits sind und die sie in ihrer sozialen Wirklichkeit werden dürfen – selbst wenn dies ihrer eigenen Einschätzung von Zusammenleben zuwiderläuft.[19] Marco Hofheinz charakterisiert diese politische Dimension des Gottesdienstes folgendermaßen:

> „Der Gottesdienst selbst ist politisch, sofern der Frieden als Gabe und Verheißung Gottes zugleich den Frieden als Telos des Politischen in sich schließt. Insofern enthält der Gottesdienst so etwas wie eine implizite Friedensethik, oder vorsichtiger: zumindest ein Friedensethos. Es verkörpert sich über den Gottesdienst im engeren Sinne hinaus in den weiteren sozialen Praktiken des Glaubens."[20]

Die aus dem Gottesdienst in die Welt hineinreichende Praxis des Friedens widerspricht den Zwangszusammenhängen menschlicher Friedlosigkeit, sie steht aber mit ihrer Bindung an die Friedensgeschichte Gottes in Christus auch quer zu politischen Bemühungen, die den Frieden aus Geschichtsphilosophien und Weltanschauungen heraus entwickeln. Der Friedensgruß ist daher im Horizont der politischen Ethik eine Friedenspraxis sui generis. Dadurch wird das politische Handeln heilsam begrenzt. Es muss nicht den ultimativen Frieden reali-

---

18 Vgl. Rainer Volp, Liturgik. Die Kunst, Gott zu feiern, Bd. 2: Theorien und Gestaltung, Gütersloh 1994, 1212.
19 Vgl. aaO., 936f.
20 Marco Hofheinz, Bleibend Wichtiges und jetzt Dringliches. Kursorische friedensethische Thesen zur aktuellen Lage in kartografischer Absicht. Ein Vermessungsversuch im Feld der christlich-theologischen Friedensethik, in: Gerard den Hertog/Stefan Heuser/ders./Bernd Wannenwetsch (Hg.), „Sagen, was Sache ist". Versuche explorativer Ethik, Leipzig 2017, 249–272, hier 263.

sieren, sondern kann zum Medium eines Friedens werden, der sich einstellt, wenn Menschen auf Gewalt verzichten und sich von Gottes Wort zum Tun des Friedens führen lassen. Die theologisch notwendige Unterscheidung zwischen dem Frieden zwischen Gott und Mensch und dem Frieden zwischen Mensch und Mensch findet in einem zwischenmenschlichen Tun des Friedens, das sich von Gottes Handeln nicht löst, ihre praktische Entsprechung. Eine solche, menschlichem Machtvermögen kritisch gegenübertretende und zu friedvollem Handeln ermächtigende Kommunikation wird im Gottesdienst eingeübt, wann immer Menschen von ihrer Handlungsmacht absehen und Gottes Macht zur Geltung kommen lassen: paradigmatisch im Friedensgruß als Teil des Abendmahls. Martin Nicol hat diesen Zusammenhang von Macht und Frieden eindrücklich auf den Punkt gebracht:

> „Friede ist nur möglich, wo eine Macht ihn gewährleistet – wie auf Erden so im Himmel. Den Frieden im Himmel gewährt und gewährleistet die Macht Gottes. Die Eucharistie feiern wir im Vorschein der Machtverhältnisse, die dem Kosmos verheißen sind. Deshalb der Friedensgruß, deshalb das Zeichen des Friedens. Die Eucharistie ist Gegenliturgie zu allen Machtdemonstrationen der Welt, die auf Abgrenzung und Trennung zielen. Sie ist das Fest des Friedens im Schutz von Gottes Friedensstreitmacht, der Engel."[21]

---

21 Nicol, Weg im Geheimnis (Anm. 1), 213.

Alexander Proksch

Agnus Dei
Hymnisches Kleinod auf dem Weg zum Altar

Ein Unbehagen stellt sich ein. Es stellt sich mancherorts ein bei all denjenigen Gemeindegliedern, die einen Lobgesang an dieser Stelle für unpassend halten. Kaum tauschte man als beflissener Gottesdienstbesucher über die Kirchenbänke hinweg den Gruß zum Frieden aus, schon stimmt der Organist ohne Intonation in eine seltsam getragene Melodie ein. Zum andächtigen Begleiten des Hymnus bleibt da so manchem wenig Gelegenheit. Im Ablauf ungeübte Teilnehmer beginnen sogleich hastig im Gesangbuch auf der Suche nach dem Liedtext zu blättern, sind sie doch im kirchlichen Liederfundus mitunter selten textsicher. Haben sie dann mit viel Glück die Nummer gefunden, ist der Gesang schon wieder verstummt. Die Erfahrenen in der sonntäglichen Gemeinde können die Strophe in alter Manier mitsingen, bereiten sich allerdings wenig andächtig darauf vor, den angestammten Platz gleich für die Austeilung verlassen zu müssen. Kaum ist der letzte Ton verklungen, drängen die ersten nach vorne, um bei der ersten Austeilungsrunde gewiss dabei sein zu können. Aber das Wort steht noch bei der Pfarrerin. Sie hat noch schnell ein paar „technische Ansagen zum Ablauf" zu geben. Wen wundert es da noch, vielerorts nur noch einem „mäßig inspirierten Agnus Dei"[1] in der eucharistischen Feier begegnen zu dürfen.

Dass ein in seiner ganzen Tiefe und Bedeutungsschwere erklingender Lobgesang des Lammes seine Ausstrahlung entfalten darf, bildet in der gegenwärtigen Gottesdienstkultur eher die Ausnahme. Diese Beobachtung ist nicht neu. Schon der große Wolfgang Amadé Mozart, bekanntlich Komponist im Dienste katholischer Herrschaften und begnadeter Vertoner der Messliturgie, warf den Protestanten Abgeklärtheit und fehlende Ehrfurcht vor diesem Prélude zur Kommunion vor.

> „Bei euch aufgeklärten Protestanten, wie ihr euch nennt, wenn ihr euere Religion im Kopfe habt – kann etwas Wahrs darin sein; das weiß ich nicht. Aber bei uns ist das

---

1 Martin Nicol, Weg im Geheimnis. Plädoyer für den Evangelischen Gottesdienst, Göttingen ³2011, 92.

anders. Ihr fühlt gar nicht, was das will: Agnus Dei, qui tollis peccata mundi dona nobis pacem und dergleichen. Aber wenn man von frühester Kindheit, wie ich, in das mystische Heiligtum unserer Kirche eingeführt ist, wenn man da, als man noch nicht wusste, wo man mit seinen dunklen, aber drängenden Gefühlen hin solle, in voller Inbrunst seines Herzens seinen Gottesdienst abwartete, ohne eigentlich zu wissen, was man wollte, und leichter und erhoben daraus wegging, wenn man denjenigen glücklich pries, die unter dem rührenden Agnus Dei hinknieten und das Abendmahl empfingen und beim Empfang die Musik in sanfter Freude aus dem Herzen der Knienden sprach: Benedictus qui venit und so weiter, dann ist's anders."[2]

Der Protestantismus hat sich seit Mozart geändert, aber die Anrufung des Lammes Gottes führt weiterhin ein Nischendasein, haben sich auch die Ursachen hierfür gewandelt. Eingespannt zwischen dem quirligen Friedensgruß und immer komplexer werdenden Ansagen zum Ablauf der Kommunion darf es seine Strahlkraft nur begrenzt entfalten. Dabei ist es ein wahres Kleinod voller ästhetischen Potentials, das selbst im liturgischen wie im kirchenmusikalischen Diskurs von jeher eher abseits steht.

Das Lamm auf der Anklagebank

Ein Unbehagen stellt sich neuerdings bei manchen Theologen ein. Das Agnus Dei ist wieder ins Rampenlicht gerückt, wenn auch in ein sehr grelles Licht. Die Symbolik des Lammes eckt heute bei all den kritischen Geistern an, die in der altkirchlichen Verehrung eine versteckte, ganz und gar unevangelische Opfertheologie vermuten. Einen neuen Schub bekam die Diskussion, als vor einigen Jahren der Berliner Professor für Praktische Theologie Klaus-Peter Jörns die Mahlfeierpraxis der christlichen Tradition einer radikalen Kritik unterzog. Jörns wollte die Einsetzungsworte sowie den gesamten Passionsbericht als Nachstellung eines archaischen Opferritus enttarnen. Als Folge verwarf er jegliche Elemente, die den Verdacht auf eine opfertheologische Ausdeutung des Herrenmals auf sich zogen. Mit dem Rückgriff auf johanneische Vorstellungen und in Fortsetzung der Mahlpraxis der Didache entwickelte er eine „opferfreie Mahlfeier"[3]. Der Agnus-Vers fiel als Adaption des jüdischen Pessachlammes jener „opferfreien" Eucharistie augenblicklich zum Opfer. Dabei erahnt selbst ein genauer exegetischer Blick auf die biblische Grundlegung keine einlinige Motivik: Der Lobgesang rezitiert den Ausspruch Johannes des Täufers „Siehe, das ist Gottes Lamm, das der Welt Sünde trägt!" (Joh 1,29). Durchaus erklingt dieser Ruf vor

---

2 Zitiert nach: Gottfried Simpfendörfer, Ein Stück Himmel auf Erden. Mozart und das Agnus Dei, in: DtPfrBl 108 (2008), 153–155, 154.
3 Vgl. Klaus-Peter Jörns, Notwendige Abschiede. Auf dem Weg zu einem glaubwürdigen Christentum, Gütersloh [4]2008, besonders 335–341.

dem Hintergrund der Exodus-Erzählung und des Sündenbockmotivs (Lev 16). In der prophetischen Literatur des Alten Testaments weitet sich auffallend die Bedeutung. Befunde in Jesaja (Jes 53,7) und Jeremia (Jer 11,19) betonen mehr die Arglosigkeit und Unschuld des Opferlammes, das seinen Schächern wehrlos entgegen geht.

Die Sündlosigkeit des Gottessohnes rückt das Johannes-Zeugnis in den Mittelpunkt. Dass Jesu Tod heutzutage von der neutestamentlichen Forschung als Justizmord eingestuft wird, nehmen diese Stellen schon vorweg. Jesus von Nazareth, unschuldiges Opfer von Gewaltherrschaft, erscheint als Identifikationsfigur für alle Opfer von Willkür und Unterdrückung – ein Christus-Prädikat von erschreckender Aktualität! Das Agnus Dei lediglich als Hochgesang auf eine überkommene Blutopfervorstellung abzustempeln, greift zu kurz. Schwingt in dem Bild des Gotteslammes noch die Motivgeschichte des Corpus Johanneum mit, nach dem das „Hochzeitsmahl des Lammes" (Offb 19,9) am eschatologischen Horizont aufleuchtet, drängt sich die Aufnahme eines Lobrufs auf das Agnus Dei in die Liturgie des Mahles auf, ohne übergriffig die Eucharistie als Opfergabe plakatieren zu wollen. Aus meiner gemeindepädagogischen Praxis im Vikariat fiel es mir stets auf, wie eingängig das Bild des Osterlammes bei der Vermittlung der Abendmahlsliturgie wirkt, selbst bei Kindern und Jugendlichen im städtisch geprägten Umfeld ohne Bauernhof und Landidylle. Blutrünstige Szenarien sind nicht im Geringsten vonnöten. Will man eine so einleuchtende Illustration der göttlichen Heilstat sang-und klanglos der Vergessenheit preisgeben, ist es nur ein weiterer fataler Schritt spiritueller Verarmung in Zeiten fortschreitenden Traditionsabbruches.

Wegmarke an einem neuralgischen Punkt

Musik erfüllt in religiösen Zeremonien einen bedeutsamen Zweck. Nicht nur im christlichen Ritus markiert sie Orte heiliger Handlungen akustisch und konstituiert eine Atmosphäre des wahrnehmbar Heiligen.[4] Die lange Tradition der Ordinariumsgesänge in den westlichen Liturgien zeugt davon, wie ein festes Kompositionsgut Gläubige entweder innerlich auf das Hören des Wortes Gottes bzw. auf die Mahlfeier vorbereiten, den kultischen Vorgang intensivieren und das gottesdienstliche Geschehen maßgeblich strukturieren kann.

Der Lobgesang des Agnus zu Beginn einer Kommunion leitet in eine andere Form der Versammlung über: Sitzen die einzelnen Individuen bisher lose in den Kirchenbänken verteilt, versammeln sie sich nun konzentriert um den Altar. Sie

---

4 Vgl. Peter Bubmann, Musik — Religion — Kirche. Studien zur Musik aus theologischer Perspektive (Beiträge zu Liturgie und Spiritualität 21), Leipzig 2009, 16.

vergegenwärtigen leiblich die Tischgemeinschaft, in der Christus sein Mahl stiftete und geben eine Ahnung freudiger Gemeinschaft im zukünftigen Sein. Sichtbar konkretisiert sich die lebendige Gemeinde Christi aufs Neue in der Feierhandlung, sie „verkörpert" die Idee des Leibes Christi, die aus vielen eins werden lässt. Die einleitende Anrufung des Lammes markiert programmatisch an der Schwelle zum Feierort, wer die wahre Mitte und das Haupt der erkennbar gewordenen Gemeinschaft aller Getauften bildet. „Das Abendmahl ist diejenige gottesdienstliche Handlung, in der für die Gemeinde der Getauften durch Wort und Handlung kraft der darin beschlossenen Verkündigung das Jesus-Geschehen, insbesonderheit sein Heilstod, zum Greifen nahe und wie eine Speise auf gedecktem Tisch zum Essen gegenwärtig wird."[5] Auf ihren Herrn hin richtet die Akklamation des Gotteslammes eine feiernde Gemeinde geistig aus, sinnlich wird Christus seiner Gemeinde in Brot und Wein begegnen. Im Sakrament bekommt das Volk seine Antwort auf die verklungene Bitte „Erbarme dich unser", doch nicht länger durch das Medium der Sprache erwidert Gott den Ruf, am Altar ‚sprechen' nur Zeichen. Im Klangraum eines Christus-Prädikates konstituiert sich eine Präsenz des göttlichen Geheimnisses in ganz anderer Qualität als das zuvor Gesagte und Gehörte. Der verkündigte Christus konkretisiert sich als siegreiches Opferlamm und wird machtvolles Subjekt der Auferstehungshoffnung und Überwindung aller Endlichkeit. Was sich in der eucharistischen Feier aufzutun vermag, ist nach Martin Nicol im Anschluss an die namenstheologischen Überlegungen Heinrich Assels eine Korrelation von Wort und Sakrament. Die Sakramentsfeier steht wie alles gottesdienstliche Tun und Reden unter dem gleichen Vorzeichen, dem Namen unseres Herrn und endlich gewordenen Gottes.[6] Wo vorher Reden und Schweigen das Geheimnis präsentiert, ist es versammelt um den Altar Essen und Trinken. Das Wort hat Fleisch angenommen, so eindringlich wie in der Darstellung des Osterlammes erweist sich das Geheimnis des Glaubens nirgends.

Im Schatten vieler Worte

Das Agnus Dei ist in unseren Tagen in eine Anfechtung geraten, dabei hat es doch so manche stürmische Zeit heil überstanden. Es überlebte die liturgischen Transformationsprozesse der Reformation, von Nicolaus Decius wurde es gar als einer der ersten altkirchlichen Gesänge in die deutsche Sprache übertragen. Noch

---

5 Peter Brunner, Zur Lehre vom Gottesdienst der im Namen Jesu versammelten Gemeinde, in: Karl Ferdinand Müller/Walter Blankenburg (Hg.), Leiturgia. Handbuch des Evangelischen Gottesdienstes. Erster Band: Geschichte und Lehre des Evangelischen Gottesdienstes, Kassel 1954, 83–364, 229.
6 Vgl. Martin Nicol, Weg im Geheimnis (Anm. 1), 112.

heute findet sich jene Erstvertonung in der Volkssprache als „O Lamm Gottes, unschuldig" im Evangelischen Gesangbuch. Luther lobte besonders den tiefen Wortsinn für die Messe: „Sonderlich dienet das Agnus über allen Gesängen aus der Maßen wohl zum Sakrament. Denn es klärlich daher singet und lobet Christum, daß er unsere Sünde getragen habe und mit kurzen Worten das Gedächtnis Christi gewaltiglich und lieblich treibet."[7] Mehr noch intensivierte Luther die christologische Ausrichtung, indem er in seiner Übersetzung aus dem Jahre 1525 (EG 190.2) den Christusnamen vor den tradierten Text setzte. Verschwand Generationen später in der Aufklärungszeit manch traditionelles Element im evangelischem Gottesdienst, das Agnus Dei konnte sich, zumindest in der lutherischen Tradition, die Jahrhunderte über erhalten.[8] Der Lobgesang des Gotteslammes blieb an der Schwelle zur Kommunion stehen und bewahrte sich mit allen Umformungen als ein musikalisches Kleinod in der evangelischen Abendmahlsliturgie. Ich möchte den Gesang hier dezidert mit dem Begriff „Kleinod" kennzeichnen. Unter einem „Kleinod" versteht man landläufig etwas Kleines, aber Kostbares; und Gebilde solcher Art scheinen – wie die Bezeichnung selbst – in unserer Welt leicht unterzugehen und rar zu werden.

Dem Agnus Dei ergeht es in gleicher Weise. Denn mit einem kritischen Auge betrachtet schrumpft der Gesang oftmals zu einem Praeludium für eine ganze Reihe Ansagen und Ankündigungen vor der Austeilung. Sehen Ordnungen und Arbeitshilfen hier eigentlich nur eine kurze Einladung vor mit Abschluss der Worte aus Ps 34,9, etablieren sich an diesem Ort immer mehr ‚unabkömmliche' Vorbemerkungen. War es vor wenigen Jahren noch allein der freundlich gestimmte Hinweis, auch Christen anderer Konfessionen nach vorne zu laden, informieren heute eifrige Liturgen über ein Sammelsurium der Kombinationsmöglichkeiten: Wein und Saft im sonntäglichen Wechsel oder nach Kommunionskreisen verteilt. Normal gebackene Hostien oder weizenmehlfreie für Menschen mit Glutenunverträglichkeit. Noch der Hinweis, Angehörige anderer Religionen in einer wie auch immer gearteten Form zu inkludieren. Bis so mancher Pfarrer zum Ende seiner Ausführungen gekommen ist, hat die Gemeinde endgültig vergessen, was vorher gesungen wurde. Zudem beschäftigt sich nun jeder innerlich damit, sich in den richtigen Kreis mit seinen Wunschzutaten einzureihen. Gutgemeint sind solche bedürfnisorientierten Hinweise allemal, der Effekt ist nur leider ein unbeabsichtigter: Den oben skizzierten Sinn als Wegmarke, als Leitpunkt der Hinwendung im Mahl kann das Agnus Dei so nicht erfüllen. Die

---

7 WA 30/II, 615.
8 Vgl. Paul Graff, Geschichte der Auflösung der alten gottesdienstlichen Formen in der evangelischen Kirche Deutschlands. II. Band: Die Zeit der Aufklärung und des Rationalismus, Göttingen 1939, 158.

Dynamik des Bittgesanges wird ausgebremst, sie versandet in einem Konglomerat an Selbstverständlichkeiten und in einem verfehlten Überangebot.

Reiz der Wiederholung

Im letzten Jahrhundert trat in der christlichen Welt des Westens ein kirchenmusikalisches Genre seinen Siegeszug an, welcher bis heute anhält: die Lieder der Communauté de Taizé. Das Erfolgsrezept ist denkbar einfach. Einstrophige, sich stets wiederholende Melodien, in einem schlichten Satz geschrieben, versetzen die Mitfeiernden in eine andächtige Stimmung. Dabei ist diese Form keine Neuerfindung jener ökumenischen Kommunität aus Frankreich. Ruft man sich die Ursprünge des Agnus ins Gedächtnis, werden verblüffende Parallelen erkennbar. Entstanden ist der besondere Bittruf in der Syrischen Kirche. Mit Papst Sergius I. wanderte ostkirchlicher Klang im siebten Jahrhundert in die römische Messe ein, das Agnus Dei wurde fester Bestandteil der westlichen Liturgie. Anfänglich beschränkte sich der Gesang nicht allein auf seine Dreizahl an Versen. Wie eine Hintergrundmusik begleitete die musikalische Anrufung beliebig lange das Brechen des geweihten Brotes, bis der letzte Vers mit dem Friedenswunsch die Litanei abschloss und zur Kommunion überleiten konnte.[9] Mag ich daran denken, dass vielerorts beim Abendmahl Taizé-Lieder in beliebig langer Folge bei der Austeilung angestimmt werden, ist es erstaunlich, wie sich das Bedürfnis nach musikalischer Begleitung des Rituals seinen Platz zurück erobert. Ob sich der Gotteslamm-Gesang in seiner erstarrten Form jemals wieder die alte Funktion zurück erobert, bleibt wohl abzuwarten.

(Ohn-)Macht der Gewohnheit

Der Lamm-Gottes-Gesang ist ein liturgisches Kleinod und Kleinode dienen nicht als Lückenfüller. Sein Klang, seine christuszentrierte Blickrichtung verdienen es, das Agnus Dei aus seiner eingespannten Position zwischen Friedensgruß und komplexen Aufzählungen von Modalitäten zu befreien. In ökumenischer Weitsicht darf ein Seitenblick auf die römisch-katholische Praxis dabei durchaus inspirierend wirken. In zwei unterschiedliche Richtungen will ich denken.

Nach dem Lobgesang folgt gemäß des römischen Messbuches – nichts! Die Gläubigen gehen zur Wandelkommunion nach vorne, weitere Erklärungen seitens des Priesters erscheinen obsolet. Das Agnus Dei entfaltet in dieser Ordnung

---

9 Vgl. Josef Andreas Jungmann, Missarum Sollemnia. Eine genetische Erklärung der römischen Messe. Zweiter Band: Die Opfermesse, Wien ²1949, 410.

seine volle Wirkung als klangliche Markierung der aktiven Teilhabe am Mahl. Nichts spricht dagegen, genauso auch im evangelischen Gottesdienst zu verfahren. Beschwingt von einem feierlich gesungenen „Lamm Gottes" tritt die Gemeinde am Altar zusammen – eine zugegebenermaßen wenig originelle, aber realistische Vision mag das sein, die gewiss noch in vielen Gemeinden unserer Kirche wohltuend praktiziert wird, aber eben nicht in allen. Wo das allerdings nicht der Fall ist, könnte diese Vision zur Innovation werden.

Der andere Denkanstoß will weg von der Norm hin zur Norm führen. Denn um Gewohntem wieder zu neuem Glanz zu verhelfen, bedarf es gelegentlich eines kräftigen Wachrüttelns durch mutige Varianten. Eingebürgert hat sich flächendeckend Luthers melodische Untermalung des Agnus Dei. Gemeinden sind oftmals empfindlich gegenüber Spielereien im nur sporadisch gefeierten Abendmahl. Doch neue Vertonungen wie die in der bayerischen Ergänzungssammlung zum EG „Kommt, atmet auf" abgedruckte Neuvertonung von Andreas Hantke (KAA 0103) bieten selbst für zurückhaltende Gemeinden gut annehmbare Alternativen. Das Gottesdienstbuch schlägt darüber hinaus vor, mit kirchenjahreszeitlich gefärbten Liedstrophen das Agnus zu ersetzen.[10] Die neuere kirchenmusikalische Literatur im evangelischen Bereich bietet darüber hinaus eine überschaubare Anzahl an Variationen. Ein Melodiewechsel an dieser Stelle mag so manches Ohr wieder aufhören lassen, damit das Agnus Dei nicht als Entrée belangloser Ansagen, sondern wieder als inspirierendes Kleinod zum Mahlempfang erklingen mag.

---

10 Für den Advent beispielsweise EG 1,5 oder zu Ostern EG 102,1.

Christian Eyselein

Abkündigungen
Last und Lust einer liturgischen Sprachform

Wer will uns schon

Wir sind zu lang. Wir stören die Andacht. Wir sind der Anfang vom Ende („jetzt kommt nichts Wichtiges mehr"). Unser Ruf ist schlecht, und so werden wir auch behandelt.

Wir werden *auch oft genug schlecht behandelt!* Schnell will man uns abhaken und lädt schon zum nächsten Gottesdienst ein, bevor der gegenwärtige überhaupt begonnen hat. Man will uns kürzen, gelegentlich mit ungeplanter Würze: „Die Gaben der vergangenen Woche hängen außen an der Kirchentür" (Hartgeld oder Scheine?); oder: „der JuMAK trifft sich im HBH" (die vertretende Pfarrerin ist ratlos). Andere machen uns zur Leistungsbilanz ihrer großartigen Gemeinde und ihres fantastischen Pfarrers. Kein Mensch kann sich merken, was in uns hineingestopft wird,[1] aber langweilig werden wir dabei und unbeliebt. Am liebsten würden viele uns vergessen, so wie die Theologische Realenzykopädie, wo wir zwar unter „A" mit Verweis auf „Gottesdienst" angekündigt werden, dort aber fehlen.

Von Zweckentfremdung bis Vergessen – wir haben so einiges hinter (und vermutlich auch noch vor) uns. Selbst für die „Ausrufung und Feilbietung" zu verkaufender Güter mussten wir schon herhalten.[2] (Fast) keiner will uns. Kein Wunder.

---

1 Vgl. Okko Herlyn, Theologie der Gottesdienstgestaltung, Neukirchen 1988, 13f.
2 Vgl. Ludwig Hiller, Weltliche Abkündigungen in der Kirche, ZBKG 24 (1955), 106–109; Verkaufsangebote im Langenzenner Gottesdienst (1601). Verqueres und Vergnügliches, in: Georg Rietschel/Paul Graff, Lehrbuch der Liturgik, Bd. 1: Die Lehre vom Gemeindegottesdienst, Göttingen ²1951, 457f.

Ein guter Start, ein guter Weg

Es ist Zeit für eine Ehrenrettung: Seit Christen in Kontakt sind, gab es fast immer auch ‚Abkündigungen'. Schon die in der gottesdienstlichen Versammlung verlesenen neutestamentlichen Briefe haben sie.[3] Allein in 1Kor 16 werden eine Kollekte organisiert, Reisepläne kommuniziert und Grüße ganz konkret adressiert.[4] Das örtliche und das überörtliche Leben der Kirche findet hier seinen Platz und behält ihn über Jahrhunderte hin.[5] Wie eine Konkretion folgen die „Vermeldungen", bevorzugt von der Kanzel aus, auf die Predigt und haben damit Anteil an der Entstehung einer kleinen „Kanzelliturgie".[6] Über die Reformation hinaus blieb das so.[7] Wichtige Mitteilungen, von Luther bis Löhe oftmals mit paränetischer Absicht, wurden hier auch von denen gehört, die den Gottesdienst vor dem Abendmahl verließen.[8] „Auch die Schläfer wachen, nichts wird überhört", erwartete Löhe von „Abkündigungen der edleren Gattung"[9]. Kirchliche Verlautbarungen, etwa vor Kirchenvorstandswahlen, haben hier ihren Ort. In Zeiten äußerer Einschränkung und Bedrängnis, so im Kirchenkampf mit dem Nationalsozialismus,[10] erwies sich dies als wertvoll. So erhielt sich grundsätzlich diese Stelle im Verlauf des Gottesdienstes von seinen Anfängen an, auch in den lutherischen und unierten agendarischen Neuansätzen nach 1945, bis zur Gegenwart.[11]

---

3 Christian Grethlein, Abriss der Liturgik, Gütersloh 1989, 131.
4 Vgl. Otto Dietz, Unser Gottesdienst, München ²1983, 127f.; Friedrich Kalb, Die Abkündigungen, in: Hans-Christoph Schmidt-Lauber/Manfred Seitz (Hg.), Der Gottesdienst. Grundlagen und Predigthilfen zu den liturgischen Stücken, Stuttgart 1992, 149f.
5 So bei Augustin, Joh. tract. 12, u.ö., vgl. Rietschel/Graff, Lehrbuch (Anm. 2), 457, und Eberhard Weismann, Der Predigtgottesdienst und die verwandten Formen, Leiturgia III, Kassel 1956, 16.
6 Karl-Heinrich Bieritz, Liturgik, Berlin u.a. 2004, 401f.
7 Johannes Bugenhagen, Braunschweiger Kirchenordnung (1528); Book of Common Prayer (1552), vgl. Bieritz, Liturgik (Anm. 6), 468f., 502f.
8 Friedrich Kalb, Grundriß der Liturgik, München ³1985, 145; Hans Kreßel, Die lebendige Gemeinde – das Schicksal der Kirche, Gütersloh 1939, 79f.
9 Wilhelm Löhe, Der evangelische Geistliche, Bd. II, Neuendettelsau ⁵1935, 152: „ein sehr zu beachtendes Mittel der Einwirkung auf die Gemeinde".
10 Grethlein, Liturgik (Anm. 3), 131; Veröffentlichung zum Wesen der Abkündigungen im Kirchlichen Amtsblatt der Evang.-Luth. Kirche in Bayern des Jahres 1941 (!), 46f., vgl. Dietz, Gottesdienst (Anm. 4), 128.
11 Vgl. Bieritz, Liturgik (Anm. 6), 547f.; Evangelisches Gottesdienstbuch. Agende für die Evangelische Kirche der Union und für die Vereinigte Evangelisch-Lutherische Kirche Deutschlands, hg. von der Kirchenleitung der Vereinigten Evangelisch-Lutherischen Kirche Deutschlands und im Auftrag des Rates der Kirchenkanzlei der Evangelischen Kirche der Union, Berlin ³2003, 548.

Aber zu viel Vielerlei

„Zu viel und zu vielerlei stürmt da kurz nach der Predigt auf den Hörer ein. Bei manchem fragt er sich: ‚Warum sollte mich das gerade in diesem Augenblick interessieren?'"[12] Bei der Bestattungsvermeldung eines jungen Menschen aber bleibt die Hörerin hängen: „Die Gedanken schwirren … durch meinen Kopf. Als ich wieder da bin, wo ich sitze, wird gerade der Kollektenzweck bekanntgegeben …"[13] Alles scheint wichtig zu sein, was da verlesen wird, gleich wichtig – und deshalb geht vieles unter. Das Problem des 18. und 19. Jahrhunderts war es, die „Kanzel als Ort öffentlicher Bekanntmachungen aller Art (Auktionen, verlorene Gegenstände)" zu gebrauchen, auch für staatlich angeordnete Verordnungen.[14] Dies hat sich erledigt, doch das gemeindliche Leben hat sich ausdifferenziert und will nun seinerseits im Gottesdienst zur Geltung kommen. Um einer gewissen Knappheit willen werden die Abkündigungen eine Flut von nicht aufnehmbaren Kurzinformationen. Und auch manche landeskirchliche Kollektenabkündigung ist in ihrer abstrakten Verdichtung schlichtweg nicht behältlich.

Herumgeschubst und ungeliebt

Eher selten erlebe ich die von Löhe gepriesene Wachheit während der Abkündigungen, und manchmal nehme ich erleichtert zur Kenntnis, dass das Verkündbuch nicht auffindbar ist. Oft ist mein Empfinden: „Wieviele Silben hast du seit Beginn schon gesprochen, und jetzt das auch noch!"

Lange schon wird an Verbesserungen dieses ‚Störenfrieds' und seiner richtigen Stellung im Gottesdienst experimentiert.[15] So fanden sich die Abkündigungen in rationalistischem Geist als „Ende des Vorgottesdienstes" nach dem Credo vor oder auch erst nach dem Sendungsteil, sofern nicht für ihr gänzliches Entfallen votiert wurde. Den einen passenden Ort scheint es unter Absehung von ihrem jeweiligen Inhalt auch nicht zu geben. Dass sie jedoch nicht einfach abzuschaffen sind, zeigt schon das Faktum ihrer ‚Überlebensfähigkeit'. So ist nach ihrem theologischen Grund zu fragen und nach ihren genuinen Gehalten.

---

12 Werner Reich/Joachim Stalmann (Hg.), Gottesdienst erklärt. Kleine Gottesdienstkunde für die Gemeinde, Hannover 1992, 24.
13 Herlyn, Gottesdienstgestaltung (Anm. 1), 13.
14 Rietschel/Graff, Liturgik (Anm. 2), 458.
15 Im Folgenden a.a.O., 457; Dietz, Gottesdienst (Anm. 4), 129.

Wirklich unersetzbar?

Längst ist der Gottesdienst nicht mehr der Ort verlässlicher Informationsweitergabe. Vieles lässt sich mit modernen Medien ganz kurzfristig erfahren, eine gute Pflege der gemeindlichen Publizistik vorausgesetzt. Die Chorprobe ist nicht mehr auf die Abkündigungen angewiesen, und wer beerdigt wurde, steht im nächsten Gemeindebrief.

Doch Kirche ist mehr als nur ein Veranstalter. Sofern ihre Gottesdienste und Treffen Gemeindeleben sind, gehen sie nicht nur die jeweiligen Teilnehmenden an, sondern eben die ganze Gemeinde.

Von Anfang an war der Gottesdienst bezogen auf Christus, auf die Gemeinde, auf die Welt und auf die eschatologische Vollendung.[16] Daher sind Lobpreis und Verkündigung, Anteilnahme und Solidarität, Trost und Vergewisserung seine wesentlichen Funktionen. Abkündigungen der „edleren Gattung" (Löhe) finden sich im Schnittfeld dieser Grundbezogenheiten vor und erweisen sich damit als genuin liturgisches Stück. Es steht gegen den Doketismus einer weltabgewandten frommen Erhebung ebenso wie gegen geistlosen Aktivismus einer veranstaltenden Gemeinde.

Nachdem sie den dreieinigen Gott angerufen hat und durch sein Wort berufen wurde, wird die Gemeinde nun aneinander gewiesen und an die Welt als Ort ihrer Missio. Wenn es gut geht, vollzieht sich in den Abkündigungen, was Martin Nicol das „subtile Wechselspiel von Weltbezug des Glaubens und Gottesbezug der Welt" nennt.[17] Die Abkündigungen sind ein „Testfall dafür, ob unser Gottesdienst Konkretion, Information und Individualisierung zuläßt"[18]. Etwas übereinander zu wissen ist Vorbedingung gemeinsamer Fürbitte. Über die Zweckbestimmung der abzukündigenden Kollekte nachvollziehbar informiert zu werden, ist Voraussetzung wirklicher Gebebereitschaft. So besteht hier ein enger Zusammenhang mit Kollekte und Fürbitte, und die Abkündigungen sind in gleicher Weise gottesdienstlich essentiell.[19]

Hilfreiche Kriterien für Inhalt und Gestalt deuten sich damit an.

---

16 Vgl. Ferdinand Hahn, Art. Gottesdienst. III. Neues Testament, in: TRE 14 (1985), 28–39.
17 Martin Nicol, Weg im Geheimnis. Plädoyer für den evangelischen Gottesdienst, Göttingen ³2011, 189.
18 Kalb, Abkündigungen (Anm. 4), 151.
19 Vgl. Herlyn, Gottesdienstgestaltung (Anm. 1), 119.

Was rein muss und was raus

Bugenhagens Hamburger Kirchenordnung von 1529 bestimmt: „Wen de predike ut is, so vorkundiget me notlike sake."[20] Nur was ist *notlike,* was ist *nötig* – und was unnötig?[21] Christlicher Glaube wird in *Personen* konkret. Daher – und nicht aufgrund ehemals kirchlicher Führung der Zivilstandsregister – werden Taufen, Kasualhandlungen und Einführungen im Gottesdienst veröffentlicht und zum Gebetsanliegen der versammelten Gemeinde.

Der Glaube der Gemeinde hat eine *Mission*. Sie beginnt mit der Kollekte im Gottesdienst selbst, ruft zur Fürbitte, betrifft gemeindliche Aufgaben und Projekte ebenso wie Anliegen der nahen und fernen Ökumene.

Eine missionarische ist auch eine *einladende Gemeinde*. In den Abkündigungen wird das deutlich – einladend und nicht mit Selbstverständlichkeiten langweilend.

Und die gottesdienstliche Gemeinde ist *Teil eines Größeren*. Daher haben auch Verlautbarungen und Informationen zu gemeindeübergreifenden Aufgaben und Projekten hier ihren Ort.

Einleitend schreibt Martin Nicol in seiner Liturgik: „Der gottesdienstliche Weg im Geheimnis ... zieht seine Schleifen zwischen himmlischem Thronsaal und Alltag der Welt. ... verhält sich irdisch wie ein Klingelbeutel und heiligt die Dinge durch die diskrete Macht der Doxologie."[22] Für die Abkündigungen ist damit ein weiter Raum ausgespannt, in dem mit Bedacht ausgewählt und prägnant gestaltet werden muss. Nicht das Addieren von Vielem ist hier gefragt, sondern aktuelle oder exemplarische Anteilgabe. Hier wird eingeladen, gemeinsam Gemeinde zu sein und Mitverantwortung zu übernehmen. Als „ungefährer Maßstab" könnte gelten, „was dem Gebet der Gemeinde anbefohlen werden soll."[23] „Verwaltungskleinkram", der anderweitig besser zu kommunizieren wäre, ist hier in der Regel fehl am Platz.[24]

Gut vorbereitet bieten die Abkündigungen auch einen Freiraum für aktuell zu Sagendes, für Unvorhergesehenes und Improvisiertes, ohne es zu zerreden.[25] Und „zu bedenken ist nicht nur, was in die Abkündigungen *nicht* hineingehört, sondern auch, was oft aus Gedankenlosigkeit in ihnen auszusprechen *vergessen* wird."[26]

---

20 Zitiert bei Rietschel/Graff, Liturgik (Anm. 2), 457 Anm. 3.
21 Im Folgenden Kalb, Abkündigungen (Anm. 4), 151f.
22 Nicol, Weg im Geheimnis (Anm. 17), 9.
23 Kalb, Liturgik (Anm. 8), 145.
24 Vgl. Kreßel, Gemeinde (Anm. 8), 78.
25 Frieder Schulz, Gottes Angebot im Gottesdienst der Kirche, in: PTh 53 (1964), 266, zit. nach Dietz, Unser Gottesdienst (Anm. 4), 128f.
26 Friedrich Kalb, Laßt Agende I nicht versteinern, in: Gottesdienst und Kirchenmusik 1/1978, 10, zit. nach Dietz, Unser Gottesdienst (Anm. 4), 129.

Bitte mit Stil!

Wilhelm Löhe und nach ihm Hans Kreßel trauen den Abkündigungen sehr viel zu, und entsprechend wichtig ist ihnen ihre Gestalt. Zunächst erforderten die Abkündigungen „keine besondere Vorbereitung", schreibt Löhe. Dann aber fährt er fort, die Amtserfahrung lehre, „daß man in den kirchlichen Abkündigungen ein sehr zu beachtendes Mittel der Einwirkung auf die Gemeinde besitzt. Man wird daher auch je länger je mehr geneigt, den Abkündigungen großen Fleiß zuzuwenden und sie mit großer Sorgfalt zu verabfassen." Daher seien sie homiletisch zu verstehen, und zwar als „Casualreden".[27]

Kreßel bescheinigt Löhe, er habe „in vorbildlicher Weise in seinen Abkündigungen den Hirtenstab geführt"[28], und versteht sie selbst als „ancillae" bzw. „appendix praedicationis". Dafür beruft er sich auf Luthers Praxis, nach der Predigt hier ethische Linien konkret auszuziehen.[29] Keine „liturgische Störung" sei die Abkündigung, „wenn nur die Form ihrer Abfassung würdig und prägnant ist und alles Unnötige und Fremde ferngehalten wird ...", sondern seelsorglich gebraucht „ein Gottesbrünnlein, fons salutis"[30]. So gilt es für die Abkündigungen wie für die Predigt, „nach einer Sprache zu suchen, die der Präsenz Gottes in der Welt gerecht wird."[31]

Beweglich und wohl proportioniert

Beherzigen wir das Potential der Abkündigungen, können sie auch beweglicher praktiziert werden. Die neueren Ansätze gehen hin zu einer inhaltsgemäßen Pluralisierung sowohl der liturgischen Orte als auch der aktiv Beteiligten. So schlägt das Gottesdienstbuch eine Dreiteilung vor in Begrüßung (Hinweise für den Gottesdienstverlauf), Abkündigungen nach dem Predigtlied (bezogen auf die Kollekte und die folgenden Fürbitten) und Einladungen und Verabredungen vor der Entlassung.[32] Zu überlegen ist, wie und wo persönliche Nachrichten aus der eigenen und anderen Gemeinden auch spontan eingebracht werden können,

---

27 Löhe, Geistliche (Anm. 9), 152: „... steht er zuweilen stundenlang am Pulte, um seine Abkündigungen zu verabfassen." Ausführlicher Bezug auf Regeln für die „Verabfassung von Erinnerungen" in: Kaspar Zwickenburg, Grundzüge einer Pastoral im Geiste Christi und seiner heiligen Kirche", Regensburg 1844, 213–221.
28 Kreßel, Gemeinde (Anm. 8), 80f.
29 AaO., 79, 81.
30 AaO., 85f.
31 Vgl. Nicol, Weg im Geheimnis (Anm. 17), 201.
32 Gottesdienstbuch (Anm. 11), 548; zur Erneuerten Agende vgl. Joachim Stalmann, Tagesordnungspunkt Gottesdienst, Hannover ⁴1989, 130f.

auch als Anliegen für die Fürbitten.³³ Gut angeleitet, würden Partizipation und Aktualität gestärkt, wenn die Gemeinde hier auch selbst ihre Stimme erheben könnte.³⁴ Wäre es nicht eine schöne Möglichkeit, hier immer wieder über das monologische Verlesen eines festen Textes hinaus zu kommen?³⁵

So würde es uns gefallen

*Weder lang wollen wir sein noch krampfhaft kurz. Gut vorbereitet, mutig ausgewählt, mit dem Blick auf Gott respektvoll vorgetragen und offen für die Stimmen der Gemeinde. So möchten wir sein, dass wir zum Gebet hinführen und dass wir freundlich einladen, als Gemeinde wieder zusammenzukommen. Es wäre unsere größte Freude, wenn auch wir eine kleine ‚Lücke' würden für die Präsenz Gottes in der Welt, eine Lücke, die Liturg und Gemeinde mit ihrer Sprache gemeinsam füllen.*³⁶

---

33 Vgl. Erhard Brinkel/Gustl Roth, Gottesdienst der mündigen Gemeinde. Begleitheft zur Erneuerten Agende, Berlin 1991, 31.
34 Herlyn, Gottesdienstgestaltung (Anm. 1), 120f.
35 AaO., 170; inwieweit sich die Idealszene von Information, Ergänzungen, Rückfragen, Gespräch und sich daraus ergebenden Fürbitten in einer großen Kirche abspielen kann, sei dahingestellt.
36 Nicol, Weg im Geheimnis (Anm. 17), 201.

Heinz Kattner

Die Poesie des Segens
Oder: Was mich unbedingt angeht

Die Last

> „Der Herr segne dich und behüte dich; der Herr lasse sein Angesicht leuchten über dir und sei dir gnädig; der Herr hebe sein Angesicht über dich und gebe dir Frieden."

Es sind ja nur dreizehn Verse Segen bei Mose. Dagegen dreiundfünfzig Verse Fluchworte. Der lange Katalog der angedrohten Katastrophen mit allem nur erdenklichen Unheil. Allein die Wucht der Sprache wirft dich um. Davon kannst du dich nicht erheben. Im Staub deiner Versäumnisse und deines Versagens liegst du und wartest. Was kannst du schon tun?

> „Denn ich schließe diesen Bund und diesen Eid nicht mit euch allein, sondern mit euch, die ihr heute hier seid, und mit uns steht vor dem Herrn, unserem Gott, wie auch mit denen, die heute nicht mit uns sind."

Du gehst immer dicht am Leben vorbei. Du sagst: zur Sicherheit für Leib und Seele. Und willst doch nach Erlösung greifen, die du auch träumend nicht fassen kannst. Deine Schürfwunden zeigst du nur unter Vorbehalt. Und nimmst immer zwei Stufen auf einmal. Wohin du siehst ist Chaos. Das muss geordnet werden. Doch dir fehlen die kraftvollen Worte für den Anfang. Du hast kein Geschick für lohnende Verhältnisse. Jahrzehnte hat man dir die alten Schulhefte auf den Frühstückstisch gelegt. Du willst das Rot darin nicht mehr sehen. Von deinem Schuldkonto kannst du nichts streichen. Alles gestundet und verzinst. Ein Leben reicht nicht zur Tilgung.

> „Wer darf auf des Herrn Berg gehen,
> und wer darf stehen an seiner heiligen Stätte?
> Wer unschuldige Hände hat
> und nicht bedacht ist auf Lüge und nicht schwört zum Trug:
> der wird den Segen vom Herrn empfangen
> und Gerechtigkeit vom Gott seines Heils."

Sieh in deine Tage. Was hat sich angehäuft an Lasten? Und schlimmer: noch die kleinsten Splitter Ballast aus dem missglückten Tun machen die Schultern schwer und das Herz eng. Jede Bewegung nach vorn häuft dein Unvermögen. Und das schleppst du immer wieder hinter dir her. Die Schritte schwer und laut. Und legst du Gewicht ab, wem legst du es auf? Wer trägt es für dich weiter? Was nicht zu ordnen ist, was immer weiter denkt in dir, was laut wird und Luft nimmt.

> „Und Gott segnete sie und sprach zu ihnen: Seid fruchtbar und mehret euch und füllet die Erde und machet sie euch untertan und herrschet über die Fische im Meer und über die Vögel unter dem Himmel und über alles Getier, das auf Erden kriecht."

Vor der nächsten Steigung tief Luft holen und die arbeitsamen Eltern nie vergessen. Schreib dir das hinter die Ohren. Darin ein Dauerrauschen. Alles lehnt sich gegen die Stille auf. Die Schlupflider hast du gesenkt wie Zugbrücken. Einblicke aushalten, aber Ausblicke begrenzen. Keine vom trügerischen Halbsommer gefärbten Vernetzungen mehr sehen. Und bleib hart, wenn du von einem unberechenbaren Willen getroffen wirst. Verleite niemanden zum Widerspruch. Pfleg die Landschaft, nicht die Beziehungen. Achte auf den Abstand. Bleib zurück hinter deiner verschuldeten Unmündigkeit. Nur ab und zu ein Gespräch mit dir selbst. Belästige nicht deinen Nächsten. Und wenn, dann die Seelsorger und Berufskümmerer. Die sind zuständig für die Seele.

> „Vergeltet nicht Böses mit Bösem, nicht üble Nachrede mit übler Nachrede. Im Gegenteil: Segnet, denn ihr seid dazu berufen, Segen zu erben."

Wie schön wäre es, wenn alles in Ordnung wäre. Aber so laut willst du das nicht denken. Nur nicht die falschen Hunde wecken. Die verbellen dir die restlichen Hoffnungsschimmer. Auf Abstand bleiben. Oft genug schreckst du aus dem Schlaf auf, aus einem irren, realen Traum. Danach musst du gründlich aufräumen. Aber was du auch bewegst, das blickt dich mit unruhigen Augen an. Bis du wieder das Licht löscht, das noch länger in Blitzen und Leuchtspuren deine Grenzgänge begleitet.

> „Der Herr behüte dich vor allem Übel, er behüte deine Seele. Der Herr behüte deinen Ausgang und Eingang von nun an bis in Ewigkeit."

Das Ereignis

Liebe Karla,
wir beide gehören ja zu den wenigen Menschen, die ihre Post noch mit Marken versehen. Und heute schreibe ich nicht nur der Freundin, sondern auch der Theologin. Weil ich verwundert bin über das, was ich erlebt habe. Karla, du weißt, wie skeptisch ich bin, wenn es um Ereignisse geht, die niemand vernünftig erklären kann.

Ich war zu einem besonderen Anlass unterwegs. Stell dir vor, wie ich dort unter einer gewaltigen Eiche in einer Reihe mit anderen stehe: mit distanziertem Blick auf den Boden und sicherlich zwei steilen Zweifelfalten auf der Stirn. Ein Sommertag. Über mir leises Blätterflirren und hinter mir rauscht der Bach vorbei. Ja, Idylle pur. Aber das war ja nur eine filmreife Kulisse. Es ging um etwas Anderes. Nach einer Zeit trete ich vor den Mann im liturgischen Gewand. Aufrecht stehe ich und spüre wie hinter mir jemand die Hände auf meine Schultern legt. Das tut mir gut. Vor mir werden leise Worte gesprochen. Für mich. Ich rieche den Duft von Öl. Das streicht mir der Liturg mit ruhigen Worten und dem Zeigefinger sanft als Kreuz auf die Stirn. Und als mich die Segensworte erreichen, habe ich Mühe, meine Tränen zurückzuhalten. Ich stelle mich danach an die Seite, verwundert. Leicht fühle ich mich. Als hätte man mir Last abgenommen. Und nicht nur mir, sondern der ganzen Welt.

Karla, ich bin gleich danach gegangen. Abseits wollte ich sein, wollte nachdenken. Konnte es aber nicht. Immer noch eine Leere im Kopf und doch ganz erfüllt. Ja, von was denn? Ein bisschen Öl, ein Duft, ein paar Worte. Mir fiel der Satz von Peter Handke ein: „Ich bin überzeugt von der begriffsauflösenden Kraft des poetischen Denkens." Das mit der Poesie leuchtet mir sofort ein. Die Kraft, die in poetischen Worten wirkt, kann das Gesagte verwandeln und auch die Hörenden. Der Mehrwert einer Metapher, eines Symboles. Das Wort verlässt seine bekannte Hülle, geht über das hinaus, was es als Alltagswort bedeutet. Ja, alles bekannt.

Und doch ist das nur ein Teil des Geschehens. Kommt die Geste, die Handlung dazu? Also etwas Beschwörendes, Magisches? Magisches würde bei mir überhaupt nicht ankommen. Wie oft habe ich mich über solche magischen Szenen lustig gemacht. Was ist es also? Was erreicht mich so in der Tiefe, dass auch mein kritischer Geist plötzlich still wird. Er hat sich nicht verabschiedet, aber er redet jetzt anders.

Habe ich die Poesie des Segens erlebt? In der Tat ist Poesie innig mit dem Wort verbunden, mit der Geste, mit dem Zeichen. Wisława Szymborska, eine meiner liebsten Dichterinnen, schreibt am Schluss eines Gedichtes:

„... Poesie –
was aber ist das, die Poesie.
Manch wacklige Antwort fiel
bereits auf diese Frage.
Aber ich weiß nicht und weiß nicht und halte mich daran fest
wie an einem rettenden Geländer."

Die poetische Kraft aus dem Sommer-Segen habe ich gespürt. Und Halt gefunden. Später erinnerte ich mich daran, dass ich in manchen Gottesdiensten eine ähnliche Empfindung hatte, zwar nicht so innig, aber doch verwundert wahrgenommen: Durch flaches Liedgut und eine ärgerlich schwache Predigt war ich in Gedanken längst nicht mehr in der Kirche. Aber dann am Schluss: die kurze Stille nach dem Vaterunser, die erhobenen Hände vorn und der Segensspruch. Da war ich wieder ganz da. Und froh. Und ging mit etwas in den Tag, das vielleicht nur eine Minute dauerte, aber die ganze Stunde aufwog und dem Tag Kraft gab.

Karla, du kannst das sicher verstehen. Ich weiß, dass du ebenfalls ein kritischer Geist bist. Aber du stehst ja oft so da und hebst die Hände und sprichst das Segenswort. Was sagt die Theologin dazu? Schreib mir bitte.

Übrigens: in mir ist wieder Unruhe und die bekannte Besorgnis. Die Leichtigkeit vom Sommer-Segen liegt weit zurück. Heute kann ich keine Nachrichten vertragen. Zuviel Tod, zu wenig Hoffnung. Aber dich grüße ich herzlich.

Dein Konrad

Die Leichtigkeit

Lieber Konrad,
als ich deinen Brief las, war ich dir so nah. Und ich bin so froh darüber, dass du mir von deinem Sommer-Segen erzählt hast. Danke.

Natürlich weiß ich, dass du keine theologische Abhandlung von mir erwartest. Dazu kennen wir uns zu gut. Aber du hast etwas erlebt, was offenbar tief in die menschliche Kultur zurückreicht. Das erklärt noch nichts, aber es lässt die Verwunderung nicht so isoliert dastehen.

In der christlichen Kultur gibt es dazu archäologische Funde. Der älteste bekannte stammt vielleicht aus einigen Jahrhunderten vor Christus. Zwei winzige, zerbrechliche Rollen, Schmuck aus fast reinem Silber. Entdeckt in einem Familiengrab in der Nähe der Jerusalemer Altstadt. Im Inneren der Segensspruch eingraviert, den du vom Schluss der Gottesdienste kennst:

> „Der Herr segne dich und behüte dich; der Herr lasse sein Angesicht leuchten über dir und sei dir gnädig; der Herr hebe sein Angesicht über dich und gebe dir Frieden."

Und wenn man die Geschichte mit Abraham als Zeugnis wertet, dann ist er vor ca. 4000 Jahren mit einem Segen auf den unbekannten Weg geschickt worden:

> „Und ich will dich zum großen Volk machen und will dich segnen und dir einen großen Namen machen, und du sollst ein Segen sein."

Offenbar gibt es im Menschen etwas, was er braucht, um im Leben bestärkt zu werden, um nach vorn sehen und gehen zu können. Kraft zu bekommen aus göttlicher Energie.

Soweit ich weiß, gibt es vergleichbare Rituale in allen Kulturen der Menschheitsgeschichte. Auch in ausgesprochen nichtreligiösen Gruppen und Gesellschaften gibt es etwas Ähnliches: Stationen im Laufe eines Lebens werden mit einem Spruch oder einem Zeichen begleitet.

Was dich bewegt hat an deinem Segenstag, es muss tief in uns liegen. Also die Seele?

Immer ist es die Seele, die nach Segen ruft. Und ihre Sprache ist einfach: ein Sehnen, das sich unbeschreiblich im Körper bemerkbar macht. Aber was antwortet der Mensch, wenn der Seelenruf ziellos ist? Kann man den Mangel an Segen in den Augen ablesen? Bei Wartenden vor der Ampel, im Schuhgeschäft, auf der Autobahn, beim Frisör und in der U-Bahnstation? Am Krankenbett und am Urlaubsstrand? Dieser Ruf ist unbenannt. Etwas, für das wir keine Worte haben.

Lieber Konrad, weißt du noch, unsere Wanderung im Frühling: Wir kamen aus dem Wald und plötzlich lag da das Rapsfeld. Wie das Gelb in den Augen glühte. Wie du plötzlich fühltest: leicht ist das Leben und alles ist einen Duft wert. Und das Staunen beginnt ohne einen schweren Gedanken. Du gehst in einem Gefüge, das gut ist. Ohne Zusatz. Ohne Anspruch. Nur eine angenehme Lufthülle über dem Kopf. Und ein Blinzeln über die Welt. So reich, so nah, so einfach beschenkt.

Ja, es ist so einfach, dass es übersehen wird, überhört. Der Alltag unterbricht nicht mit Feuer und Flamme seinen Ablauf. Eher eine leichte Bewegung, ein Hauch auf der Stirn, eine feine Berührung der Haut. Wie oft haben wir über Liebe gesprochen, Konrad. Über dieses reiche Gefühl, wenn uns jemand liebend begegnet. Ich glaube, dass die Quelle des Segens die Liebe sein muss. Von Jesus wird die Geschichte erzählt, in der er die Kinder segnet. Und in einer Übersetzung ist diese Handlung mit einem zärtlichen Wort benannt: „Und er *herzte* sie und legte die Hände auf sie und segnete sie."

Lieber Konrad, du stehst da und blickst nach vorn. Und hörst die Stimme, die das spricht, was in den silbernen Rollen graviert ist. Danach richtest du dich auf und gehst mit leichten Schultern. Erwärmt von etwas, das so unauffällig da ist und so kräftig. Jemand hat den Segen „die Signatur des Schöpfers" genannt. In dieses Große, in diese Kraft bist du in den wenigen Sekunden eingetaucht. Mit dem ganzen Körper. Der Liturg, der dich segnete, hat keine große Verwandlung angekündigt. Allein das Wort. Und die Geste. Und manchmal auch die Hand auf dem Haupt oder ein Finger auf der Stirn. Bis in die Füße spürbar.

Natürlich darf Luther hier nicht fehlen. Er hat damals den Segen in den Schluss des Gottesdienstes wieder eingeführt und behauptet, im Segen sei die „ganze Theologie auf einem Haufen".

„Es ist nicht im Himmel. Es ist nicht jenseits des Meeres. Denn es ist das Wort ganz nahe bei dir, in deinem Munde und in deinem Herzen, dass du es tust."

Lieber Konrad, ich bin sicher: Segen braucht keine Erklärung und keine Begründung. Wie ein Geschenk wird er weitergegeben. Aus Liebe. Er macht den

Augenblick reich und atmet Ewigkeit. Du musst dich nicht anstrengen oder zu etwas verpflichten. Erbitten kannst du ihn. Mehr nicht. Nur bedingungslos bereit sein. Aufmerken und zulassen. Und danach glauben. Vielleicht.

„Es segne und behüte dich der allmächtige und barmherzige Gott, der Vater, der Sohn und der Heilige Geist."

Ich stelle mir vor, wie du dann zu Hause die Schuhe nebeneinanderstellst, als könntest du Ordnung ins Universum bringen. Und später fällt dir eine Hortensienblüte in deinen Traum, ihre vollkommene Fülle.

Wie wäre es mal wieder mit einer Wanderung, lieber Konrad? Ich habe nächsten Sonntag frei.

Ich herze dich und grüße dich.

Deine Karla[1]

---

1 Das oben (S. 246) zitierte Gedicht findet sich in: Wisława Szymborska, „Manche mögen Poesie". Hundert Gedichte – Hundert Freuden. Ausgewählt, übertragen und mit einem Nachwort v. Karl Dedecius, Frankfurt/M. 1997, 323.

Konrad Klek

Das Nachspiel

Martin Nicol hat in seiner „Liturgik" die verbreitete Praxis in Frage gestellt, dass die Gemeinde nach dem Segen noch einmal Platz nimmt, um das Orgelnachspiel anzuhören. Aus der Perspektive des Organisten nehme ich dazu Stellung und steuere einige Erwägungen bei.

Erfahrungen mit beiden Varianten

Für mich als jugendlichem Organisten im vorwiegend dörflichen Einsatzfeld war immer klar, dass die Gemeinde zum Orgelnachspiel die Kirche verlässt. Viele der Orgelspielenden auf den Dörfern wären mit Literaturdarbietungen ohnehin überfordert oder der Hörgenuss dabei fraglich gewesen. Auch an meiner hauptamtlichen Kirchenmusikerstelle an der Stadtkirche St. Laurentius in Nürtingen am Neckar (seit Ende 1989) war der Auszug der Gemeinde zum Nachspiel üblich – trotz immer schon professioneller Organisten, und ich sah keine Veranlassung, auf eine Veränderung zu drängen. Ich habe es immer als organisch empfunden, nach dem in Württemberg definitiven, feierlich gesungenen dreifachen *Amen* der Gemeinde einfach loszuspielen und die Gottesdienstbesucher ‚hinauszuorgeln'. Als es während meiner Zeit in Nürtingen üblich wurde, in jedem Gottesdienst direkt vor dem Segen stehend ein Lied oder eine Strophe als Segensbitte zu singen, ausgehend von der Praxis mit *O du fröhliche* in der Weihnachtszeit und *Christ ist erstanden* in der Osterzeit, erschien es mir vollends stimmig, die solchermaßen bereits aktivierte Gemeinde nun gleich zum Hinausgehen zu geleiten mit Orgelmusik.

Natürlich gab es dabei das Ärgernis, dass der Lärmpegel während des Nachspiels ziemlich hoch war. Er regulierte sich meistens analog zur Orgel-Lautstärke. Lautes Nachspiel implizierte ziemliches Geschrei, bei zurückhaltender Orgelmusik war eher gedämpfte Lautstärke der Gespräche im Kirchenraum zu konstatierten. Am schlimmsten waren, seit ich mich erinnern kann, Chorleute, die nach ihrem Gottesdiensteinsatz auf der Orgelempore hemmungslos losschwatzten – direkt neben der Orgelbank mit sich mühendem Orgelspieler. Meine eigenen Chormitglieder konnte ich zur Räson rufen, aber ansonsten hatte ich mir angewöhnt, das Verhalten der Gottesdienstbesucher zu akzeptieren als organisches Ventil nach einer Stunde Stille-Maßregelung. Schüler und Schülerinnen verlassen das Klassenzimmer ja auch nicht lautlos nach einer Stunde Frontalunterricht, und so viel Unterschied ist nicht zwischen einem gewöhnlichen württembergischen Predigtgottesdienst und einer Schulstunde. Das Bedürfnis der Gemeindeglieder nach persönlicher Kommunikation untereinander ist ja löblich und zu respektieren. Und wenn die Stadtkirche solitär da steht, es also keinen Übergang in ein ‚Foyer' o. ä. gibt als geeigneten Raum für Gespräche, wären alle Erziehungsbemühungen um liturgisch angemessenen Auszug vergeblich.

In Erlangen (ab Sommersemester 1999) traf ich auf die gegenteilige Praxis, dass sich die Gemeinde nach dem Segen nochmals setzt, um das Nachspiel anzuhören. Bei den Gemeindegottesdiensten (mit professionellem Organisten) war das so üblich und die Universitätsgottesdienste als deren Substitut sollten da nicht aus dem Rahmen fallen. Der Titel des Orgelstücks wurde (ebenso wie der des Vorspiels) auf dem Abkündigungszettel kommuniziert. Demgemäß musste sich der Organist beizeiten festlegen, damit die Angaben aufs Blatt kamen. Das empfand ich zunächst als Einengung meiner spontanen Gestaltungsfreiheit, die für mich gerade *in liturgicis* ein hohes Gut ist. Nur ungern möchte ich den Heiligen Geist von vornherein an bestimmte Orgelstücke binden …

Die Schlusssequenz der Erlanger Gottesdienste überzeugte mich überhaupt nicht: (in der Regel gesungener) Wechselgruß Liturg*in/Gemeinde, dann gesprochener Segen und – liturgisch durchaus korrekt! – gesprochenes einfaches Amen der Gemeinde. Das soll der Schlusspunkt eines Gottesdienstes mit (gegenüber Württemberg) viel gesungener ‚Liturgie' sein? Es wirkte auf mich wie heiße Luft statt kräftigem Schlussakkord. Als einziger Vorteil dabei erschloss sich mir, dass die Tonart des Nachspiels unempfindlich war gegenüber dem Vorausgehenden und also frei wählbar. Als Literatur wählte ich zunächst respektable, nicht zu kurze Stücke, um dem Gemeindebedürfnis nach Kulturgenuss Rechnung zu tragen. Gleich beim ersten Mal fiel mir aber auf, dass nach dem Schlusston ungewöhnlich schnell das Rascheln einsetzte. Da war kein organisches Durchatmen zu vernehmen, wie es bei konzentriertem Hörvorgang zu erwarten gewesen wäre. Vielmehr hatte ich den Eindruck, die Leute haben nur darauf gewartet, bis die Orgelmusik endlich 'rum ist und dann nichts wie weg. Zum Verlassen der Kirche vernahm ich aber anders als in Württemberg mit Orgelmusik kein munteres Tratschen, sondern eher peinliche Halbstille. Alsbald schwenkte ich dann wieder um auf meine übliche Nachspiel-Literatur – eher kurz, bündelnd und knackig – und bin bis heute dabei geblieben, um Nicht-Orgelmusikfreaks nicht zu sehr mit

»hoher Kunst« zu belästigen. Beschwert hat sich darüber bisher niemand, vielleicht weil ich der Professor bin …

Als Martin Nicol vor wenigen Semestern die Regie über die Universitätsgottesdienste übernahm, ließ sich die Gemeinde trotz deutlicher ‚Ermahnung' nicht dazu bewegen, dem Liturgen zu folgen und mit der Orgelmusik auszuziehen, obwohl wir jede Information zum Titel des gespielten Stücks verweigerten. Bei der Neustädter Kirche gibt es allerdings auch keine Nebenräume zur allfälligen Kommunikation, welche Ziel des ‚Auszugs' sein könnten. Wenn die Party-Tische zum Kirchenkaffee in der Kirche selber stehen, macht ein Auszug keinen Sinn. Anders ist das allerdings im Sommer, wenn es den Kaffee draußen unter den Bäumen auf dem Neustädter Kirchenplatz gibt.

Orgelmusik zum Auszug

Es gibt liturgische Situationen, wo der Auszug mit Orgelspiel in der Evangelischen Kirche überall selbstverständlich ist. Das sind die Kasualien und Kasual-Gemeindegottesdienste, also herausgehobene Festgottesdienste wie Konfirmation, Investitur oder Ordination, wo es als Pendant in der Regel auch einen förmlichen Einzug der Protagonist*innen gibt. Jede Trauung startet selbstverständlich mit einem festlichen Einzug und mündet in einen ebensolchen Auszug des Hochzeitspaares mit Musik, dem sich die ‚Gesellschaft' dann anschließt. Bei Beerdigungen gibt es meist keinen ‚Einzug', aber umso wichtiger ist der Auszug des Sarges, dem die Trauergemeinde das Geleit gibt. Hier, beim ‚letzten Gang' wäre es geradezu unbarmherzig, auf Musik zu verzichten. Nie fand ich mein Agieren als Organist essentieller als bei dieser Situation in der Friedhofskapelle. – Für unsere Fragestellung ist unerheblich, dass inzwischen oft Musik vom Tonträger diese Funktion des Geleits übernimmt. Entscheidend ist: ohne Musik geht es da nicht.

Im Protestantismus ist der originäre Zusammenhang von Musik und Bewegung der liturgischen Akteure verloren gegangen. Zum liturgiehistorischen Grundwissen gehört ja, dass Introitus den zum Einzug der Liturgen gesungenen Psalm meint, Communio den zum Abendmahlsgang der Gemeinde usw. In jeder katholischen Messe ist bis heute klar, dass die Musik am Anfang den Einzug des Priesters mit Ministranten begleitet und dass zum Nachspiel dieselben Akteure wieder ausziehen. In aller Regel verlässt da auch die Gemeinde (meist schweigend) den Kirchenraum. Nur in Kirchen mit besonderen Orgeln und/oder Titularorganisten setzten sich die Kulturfreunde nochmals, während die anderen die Kirche so verlassen, dass erstere in ihrem Kulturgenuss nicht gestört werden. Es ist auch der katholisch geprägte französische Kulturraum, der im „Sortie" eine eigene Orgelmusik-Gattung dafür begründet hat, die des kultivierten ‚Rausschmeißers' sozusagen. Das lateinische Äquivalent zum deutschen Wort Nachspiel, „Postludium", ist demgegenüber, anders als das Gegenüber des „Praeludiums", kein spezifischer Satzbegriff.

Die nur kasuelle Praxis des Auszugs im Protestantismus hat diesen in Analogie zu repräsentativen öffentlichen Akten gerückt. Bedeutende, bei einer Veranstaltung zu würdigende Persönlichkeiten ziehen ein und aus, so auch bei den genannten kirchlichen Akten. Am Ende der Veranstaltung folgt man ihnen auf dem Weg zum Buffet. Das Brautpaar und die Hochzeitsgesellschaft passt in diese Logik ebenso wie – unter anderen Vorzeichen – der Sarg mit der verblichenen Persönlichkeit und der Trauergesellschaft.

Im Beschreiten des Liturgie-Raumes sind Protestanten zu Analphabeten verkümmert. Die Kirche als Hörsaal mit fester Bestuhlung (Kirchenbänke) lädt auch nicht dazu ein. Aber seit auch bei uns in aller Regel nicht mehr Pfarrer oder Pfarrerin alleine liturgisch agiert, wäre ein geregelter Introitus der Beteiligten – zur Eröffnungsmusik natürlich – keine unevangelische Hervorhebung des/der Geistlichen mehr. Der Auszug der Gemeinde mit den Liturgen am Ende wäre dann plausibel als dazu komplementär, bzw. sogar die Steigerung dazu. Ebenso wäre der Gang der Gemeinde zur Kommunion zu kultivieren als Beschreiten des Kirchenraums, in der (bei den Katholiken üblichen) Form der Wandelkommunion ebenso wie beim Gruppen-Abendmahl.

> In meiner Vikarsgemeinde in Oppenweiler (Dekanat Backnang) hatte der Organist, Lehrer Wendel, die Angewohnheit, beim Abendmahl nur beim Wechsel der Kommunikanten-Gruppen zu spielen. Während der Austeilung war Stille, so dass Spendeworte wie Segensworte bei der Entlassung gut zu hören waren. Das hatte ich so zuvor noch nie erlebt. Es war für mich äußerst stimmig und ich brachte es auf die Formel: Lehrer Wendel spielt Wandelmusik.

Musik und Körperlichkeit

Dem protestantischen Defizit in Sachen Liturgie und Raum korreliert die Missachtung der körperlichen Dimension aller Teilnahme an Liturgie. Die Kirchenbank fixiert die Gottesdienstbesucher auf das konzentrierte, primär im Verstand zu lokalisierende Hören. Auch Musik im Gottesdienst ist zum Zuhören da. Man darf ja nicht einmal klatschen danach und damit jenes körperliche Ventil betätigen, das der bürgerliche Kulturbetrieb als Kompensation für langes Stillsitzen bereithält. Nun haben die Evangelischen in Sachen Musik ja die Aktionsform des Gemeindegesangs. Aber auch dies wird sozusagen unkörperlich vollzogen, als Lesevorgang im Sitzen. Dass an Weihnachten *O du fröhliche* so zündet, resultiert eben entscheidend aus der Körperlichkeit des Singens im Stehen, oft ohne Gesangbuch-Halten – ,stehend freihändig'. Singen im Stehen/

mit Musik Schreiten sind komplementäre liturgische Aktionsmuster. Daher ist bei der Gottesdienst-Schlusssequenz die Korrelation von (möglichst auswendig gesungener) Liedstrophe im Stehen als Segens-, bzw. Friedensbitte und ‚Auszug' mit Orgelmusik nach dem Zuspruch des Segens so stimmig. Umgekehrt ist es eine Art körperliche Nötigung, wenn man nach einem solchen Segenslied die Menschen nochmals zum Stillhalten auf die Kirchenbank zwingt.

Amen und Orgelnachspiel

Die Redewendung vom absolut sicheren „Amen in der Kirche" ist Indiz für die essentielle Bedeutung des *Amen* auch in der Wahrnehmung Außenstehender. Das *Amen* nach dem Segen ist enorm essentiell, weil es im Gottesdienstverlauf mehrere *Amen* gibt und dies nun das definitive *Amen* bildet. Das dreifache württembergische *Amen* trägt dem Rechnung und macht als Gemeindegesang deutlich, dass die Gemeinde so den Gottesdienst als ‚ihre Veranstaltung' beschließt. Da die Württemberger die meisten vorausgehenden *Amen* sträflicher Weise dem Liturgen/der Liturgin überlassen, ist diese Akzentuierung noch deutlicher. Nicht weniger ‚sträflich' ist aber in Bayern, wenn das Schluss-Amen verpufft, weil es im Sinne der liturgical correctness als Antwort auf zugesprochenen Segen eben auch nur gesprochen wird, was als gemeinsamer Sprechvorgang nie funktionierten kann. Ein orgelgeleitetes, gesungenes einfaches *Amen* ermöglicht besser das gemeinsame Einstimmen, wird aber dem besonderen Gewicht dieses *Amen* nicht gerecht – „einmal ist keinmal". Wer einmal in der Dresdener Frauenkirche das besondere „Dresdener Amen" erlebt hat, weiß, wie ein Schluss-Amen den ganzen Gottesdienst ‚verklären' kann (und warum sowohl Mendelssohn in seiner Reformationssinfonie als auch Wagner in seiner finalen Oper Parsifal genau dieses Dresdener Amen strategisch gezielt eingesetzt haben). Das Dresdener Amen ist mit seiner Öffnung zur Dominante allerdings ursprünglich kein Schluss-Amen (und wird von Mendelssohn wie Wagner auch nicht so gebraucht). Das Württembergische Amen (und z. B. auch das Hessen-Nassauische), für den Organisten der exemplarische Fall einer ‚erweiterten' und darin besonders gewichtigen Kadenz, macht definitiv Schluss.

Als Organist starte ich viel lieber mit dem Nachspiel in Bezug auf ein solches *Amen* als im Anschluss an ein unprofiliertes *Amen*-Gestammel. Das Nachspiel ist dann die Reactio auf eine Musik-Actio, wie auch am Gottesdienstbeginn das Vorspiel nicht voraussetzungslos startet, sondern dem Verklingen der Glocken antwortet, einer der spannendsten (und spirituellsten!) Momente beim Orgelspielen: Wann und wie setze ich den ersten Ton? Das Nachspiel am Ende steht wie eine Fuge zum Praeludium – das wäre hier der ganze Gottesdienst, der in die Amen-Kadenz mündet, und nicht umsonst spielen viele Organisten zum Schluss gerne Fugen: die Stimmen mit demselben Thema setzen nacheinander ein wie die einzelnen Bankreihen der Gottesdienstbesucher sich sukzessive zum Auszug finden. Und wenn die Ausziehenden sich dabei unterhalten, ist das eigentlich gar nicht unangemessen, denn es korrespondiert der musikalischen Kommunikation der Stimmen untereinander in der Fuge.

Der Organist/die Organistin als Künstler*in

Ein Haupt-Argument für sitzendes Anhören des Nachspiels ist der gebotene Respekt vor der künstlerischen Leistung der Person auf der Orgelbank. Eine Stuttgarter Organistin hat sogar Ihren Dienstherrn wegen Mobbing verklagt, da ihr Pfarrer – habilitiert mit einer Arbeit zum Thema Gottesdienst – sich weigerte, die Gemeinde zum sitzenden Zuhören zu verpflichten. Das Verfahren wurde durch mehrere Instanzen getrieben, ohne dass eine gerichtliche Anordnung im Sinne der Organistin dabei herauskam.

Schon der Blick zur katholischen Schwesterkirche macht evident, dass das nicht der Knackpunkt sein kann. Sind katholische Organisten in Ausübung ihres Dienstes – mit in der Regel hohem improvisatorischem Anteil – keine Künstler? Alle Orgelspielenden, die improvisieren, können bezeugen, dass dies eine viel höhere geistige Präsenz und Konzentration verlangt als das Abspielen von Literatur. Das pauschale Gegenüber – Katholiken improvisieren (nur), Evangelische spielen („anständige") Literatur, verbunden mit der Höherwertung des Letzteren – huldigt einer kulturbürgerlichen Sichtweise, die gesamtgesellschaftlich längst überholt ist, wenn man bedenkt, welchen Stellenwert etwa im Jazz die Improvisation hat.

Dass Orgelspielende, ob nebenberuflich oder hauptamtlich, im Zuge ihrer Ausbildung, bzw. ihres Studiums Orgel-‚Stücke' sich erarbeiten, die sie dann vor einem Auditorium anbringen wollen, ist nachvollziehbar. Aber ist das Auditorium dafür eo ipso die zum Gottesdienstfeiern versammelte Gemeinde? Sind Christenmenschen als solche Orgelmusik- bzw. speziell Orgelliteraturfreunde? Das wird heute im Zuge der Ausdifferenzierung der alltagsästhetischen Schemata zu Recht massiv in Frage gestellt. Und selbst wenn sie es alle wären – inwiefern sollte ein „schöner Gottesdienst des Herrn" mit dem Genuss eines Orgelstücks am Ende noch eine Krönung erfahren?

Dass Orgeln bei uns in Kirchen stehen, ist eine historisch kontingente Entwicklung, wie man schon an der orgelfreien orthodoxen Kirche ablesen kann, und eigentlich gar nicht liturgisch motiviert. Die allermeiste Orgelliteratur, die den Orgelspielenden beigebracht wird, wurde gar nicht als Vor- oder Nachspiel zum Gottesdienst geschrieben. In der Barockzeit waren die Kompositionen Lehrwerke für die selbstverständliche Praxis der Improvisation, teilweise war die 'große Orgelmusik' wie dann später in der Regel tatsächlich auch Vorführmusik, aber nicht in liturgischem Kontext. Wer als ‚Künstler' heute Orgelmusik vortragen will vor ‚Publikum', muss sich etwas einfallen lassen im Blick auf angemessene und zugkräftige Formate, etwa ‚Orgelmusik zur Marktzeit'. Der hauptamtliche Kirchenmusiker-Status kann nicht aufseiten der Anstellungsträgerin die Verpflichtung implizieren, dem Künstler/der Künstlerin Publikum zu stellen. Vielleicht hat die Orgel heute bei vielen Menschen in der Kirche eine so relativ ‚schlechte Presse', weil die Unterscheidung von Gemeinde und Orgelmusik-Hörerschaft zu lange und zu oft nicht im Blick war.

Es gibt viele gute Gründe, die Musik zum Gottesdienst mit der Orgel zu bestreiten. Das ist hier nicht das Thema, ebenso wenig wie Erwägungen darüber, welche Musik für welchen liturgischen Topos die geeignete und in welchen Bahnen demzufolge die Ausbildung der Orgelspielenden sinnvoll wäre. Festzuhalten bleibt, dass Orgelspielen im Gottesdienst eine große Kunst ist, aber eben eine Kunst sui generis. Es gibt ein schönes autobiographisches Zeugnis vom großen Liturgiker Friedrich Spitta über seine Erlebnisse in den Erlanger Universitätsgottesdiensten während seiner Studienzeit in den 1870er-Jahren. Dabei kommt der erste Stelleninhaber als Leiter des Instituts für Kirchenmusik, Johann Georg Herzog (1822–1909) mit seinem Orgelspiel als ‚Künstler' sehr gut weg, gerade weil er der Unterscheidung von Gemeinde und Orgelmusik-Publikum Rechnung trug. Spitta schreibt 1909 in einem autobiographischen Rückblick:

„Eine gewisse Entschädigung (für mangelnde ‚Liturgie' und Kirchenmusik im Gottesdienst, KK) gewährte es, dass Professor J. G. Herzog, den man heute mit größerem Rechte als damals den ‚alten Herzog' nennen könnte, auf der Orgelbank saß und von da aus ein starkes Element künstlerischen Empfindens in den Kultus einführte. Es zeigte sich das charakteristischerweise weniger im Verlauf der gottesdienstlichen Handlung, wo das stilvolle Maßhalten im Umfang der selbständigen Orgelsätze und die zum Volksgesang passende schlichte Harmonisierung der Melodien den echten Künstler erkennen ließ, als beim Schluss des Gottesdienstes, wo er die große Masse mit einigen kräftigen Akkorden hinauspedierte und dann der kleinen Schar der Zurückbleibenden eine Bachsche Fuge und ein in piano gehaltenes Stück, meistens die Transposition eines älteren Sologesanges, spendierte. Das waren schöne, unvergessliche Momente."[1]

---

1 MGKK 1 (1909), 76f.

Birgit Dier

Der Handschlag am Ausgang
Mehr als ein Tanz der Viren?

Sonntag, 11 Uhr, an einer Kirchentür am Rand einer Großstadt im Ruhrgebiet:
- „Noch einen schönen Sonntag, Frau B.!" – „Danke, Ihnen auch, Frau D.! Denken Sie daran, dass wir uns morgen nach der Frauenhilfe noch mit dem Vorstand zusammensetzen?"
- „Auf Wiedersehen, Frau Pastorin, und vielen Dank für Ihre Predigt! Die hat mich heute besonders angesprochen, vor allem der Teil, in dem Sie davon sprachen, dass Jesus auch manchmal mit Gott gehadert hat. Das hat mich sehr getröstet …"
- „Schönen guten Tag, M. ist mein Name. Wir wollten Sie mal ansprechen, weil wir unsere Tochter von Ihnen taufen lassen wollen."
- „Frau D., haben Sie schon gehört, dass Frau H. wieder so schwer gestürzt ist und im Krankenhaus liegt? Sie würde sich bestimmt freuen, wenn Sie sie mal besuchen!"
- „Tschüss, Frau D., bis Dienstag!" – „Tschüss, K., du warst ja heute der einzige Konfirmand – schön, dass du da warst!"

Solche und ähnliche Wortwechsel habe ich oft erlebt, wenn ich als Pfarrerin nach dem Gottesdienst die Gemeinde persönlich verabschiedet habe. Zwar ist der Handschlag am Ausgang in keiner Agende vorgesehen und gehört streng genommen nicht zum Gottesdienst. Unter Hygiene-Gesichtspunkten betrachtet mag ihn manch eine und einer – etwa in der Grippezeit – sogar als fragwürdig ansehen. Trotzdem hat er sich im Laufe der Zeit zu einem festen Ritual entwickelt, das ohne zwingenden Grund nicht entfällt. Offenbar erfüllt der Handschlag am Ausgang wichtige Funktionen, die ich im Folgenden näher in den Blick nehmen will.

Die liturgische Funktion

Sprachlich vollzieht sich ein Wechsel von der liturgisch geprägten, auch in freier Begrüßung und Predigt öffentlichen Sprache während des Gottesdienstes in die formlose persönliche Zwiesprache zwischen Gottesdienstbesucher*in und Pfarrer*in. Inhaltlich vermischen sich Bemerkungen über den Gottesdienst, seelsorgliche Themen und small talk jeglicher Art. Dadurch dass der Pfarrer/die Pfarrerin in der Regel noch den Talar trägt, ist er/sie noch erkennbar in der Rolle als Liturg*in. Sowohl der Raum, auf der Schwelle zwischen heiliger Sphäre und Alltag, als auch der Zeitpunkt, nach der Feier des Gottesdienstes und kurz vor der Rückkehr in das häusliche Umfeld, sind außergewöhnlich und deshalb von besonderer Symbolik gekennzeichnet. So ist der Abschied am Ausgang von einer Verschränkung zwischen „Gottes Zeit" und „Weltzeit" geprägt, wie sie von Martin Nicol in seinem Buch „Weg im Geheimnis" beschrieben wird: „Nur im Wechselspiel von Sakralität und Profanität wird die eine und unteilbare Weltwirklichkeit Gottes wahrgenommen."[1]

Durch die persönliche Zuwendung zu jedem und jeder Einzelnen wird der Segen, der das letzte Wort im Gottesdienst hat bzw. haben sollte, noch einmal individuell und durch den Händedruck sinnlich spürbar transportiert. Ein Zuspruch wie „Alles Gute!" oder „Schön, dass du da warst!" wirkt in dieser Situation anders als bei einem zufälligen Treffen im Alltag. Durch Ansprache mit dem Namen oder kurze Bemerkungen zur Person, die erkennen lassen, dass der Pfarrer/die Pfarrerin die jeweilige Lebenssituation vor Augen hat, aber auch durch ein freundliches Zulächeln oder Zunicken kann der Aaronitische Segen andeutungsweise erlebbar werden: „Der Herr erhebe sein Angesicht auf dich …" Der so vollzogene Abschied vor dem Heimweg erinnert an den in frommen Familien früher üblichen Segen, den Mutter oder Vater mit einem Kreuzzeichen auf der Stirn ihren Kindern mit auf den Weg gaben, wenn sie das Haus verließen. So gestärkt gehen die Gottesdienstbesucher*innen zurück in die Welt.

Die homiletische Funktion

Da die Predigt den Gottesdienstbesucher*innen vermitteln soll, was der christliche Glaube für ihr persönliches Leben bedeuten kann, ist es für den Prediger/die Predigerin unerlässlich, dieses Gegenüber beim Verfassen der Predigt so genau wie möglich vor Augen zu haben: mit der individuellen Lebenswelt, mit konkreten Fragen, Anliegen und Problemen, mit der jeweiligen Sprache und in der

---

[1] Martin Nicol, Weg im Geheimnis. Plädoyer für den Evangelischen Gottesdienst, Göttingen ³2011, 196.

Bandbreite der unterschiedlichen Persönlichkeiten. Dazu finde ich die buchstäbliche Vergegenwärtigung der Gottesdienstgemeinde ausgesprochen hilfreich, wie sie durch das Vorbeiziehen all der mehr oder weniger vertrauten und unbekannten Gesichter beim Abschied geschieht. Bei der Predigtvorbereitung können dann die biblischen Texte mit diesen von Anton T. Boisen, dem Begründer der Pastoralpsychologie, so genannten „living human documents"[2] verbunden und beide in einen fruchtbaren Dialog gebracht werden.

Darüber hinaus können die je nach Mentalität der Gottesdienstbesucher*innen mehr oder weniger konkreten Rückmeldungen zur Predigt hilfreiche Hinweise darauf geben, was schwer verständlich war, was besondere Emotionen geweckt oder wichtige Themen aufgegriffen hat. Positive Rückmeldungen motivieren den Prediger/die Predigerin, und sei es vielleicht nur das wöchentlich wiederkehrende „Schön gesprochen, Frau Pastorin!" oder das schlichte „Vielen Dank!" Umgekehrt besteht für die Gottesdienstbesucher*innen die Gelegenheit, Nachfragen zu stellen und kurze Erläuterungen zur Predigt zu bekommen. Sollten solche Erläuterungen häufig notwendig sein, ergibt sich daraus wiederum eine Aufgabe für den Prediger/die Predigerin im Hinblick auf künftige Predigten.

Da die Predigt selbst ja in unserem Kulturkreis bzw. in den volkskirchlichen Strukturen ein sehr einseitiges Kommunikationsgeschehen ist, kann die Möglichkeit, wenigstens kurz positiv wie negativ zu reagieren, eine emotional entlastende Funktion für die Predigthörer*innen haben.

Die poimenische Funktion

Obwohl diese Gesprächssituation zeitlich stark begrenzt ist, liegen m. E. darin dennoch oder gerade deshalb ganz besondere seelsorgliche Chancen.

Zum einen bietet dieser kurze Augenblick ‚zwischen Tür und Angel' die Möglichkeit, seitens der Gottesdienstbesucherin/des Gottesdienstbesuchers ein seelsorgliches Anliegen, ein Problem kurz, gleichsam en passant anzusprechen, ohne sofort in ein tiefergehendes Gespräch einsteigen zu müssen. Vielen Menschen fällt es leichter, den seelsorglichen Kontakt zum Pfarrer/zur Pfarrerin auf diese Weise erst einmal sehr niedrigschwellig und unverbindlich herzustellen und zu erproben. Die konkrete Bitte um ein Gespräch oder einen Besuch fällt bei einer solchen günstigen Gelegenheit leichter als etwa durch einen gezielten Anruf im Pfarramt.[3] Die Erfahrung zeigt aber auch, dass manche Menschen das Problem nur einmal loswerden und in dieser besonderen Situation teilen möchten.

---

2 Anton T. Boisen, The Exploration of der Inner World (1936), Philadelphia 1971, 247 ff.
3 Vgl. Timm Lohse, Das Kurzgespräch in Seelsorge und Beratung. Eine methodische Anleitung, Göttingen ³2008, 21.

Umgekehrt kann der Pfarrer/die Pfarrerin sich nicht nur durch eine authentische, wertschätzende, einfühlende Haltung[4] als vertrauenerweckende*r Seelsorger*in präsentieren und damit für ein intensiveres Gespräch anbieten. Vielmehr wurden seine/ihre Worte zuvor schon in der Predigt, bei Bibellesung und Gebet, beim Segenszuspruch vernommen. Er oder sie wurde vielleicht schon bei der Einsetzung und Darreichung des Abendmahls oder der Taufe eines Kindes erlebt. Die beiden zentralen pastoralen Rollen als Liturgiker*in bzw. Verkündiger*in und Seelsorger*in sind hier verknüpft.

Dadurch kann die Gegenwart und Begleitung Gottes im jeweiligen Leben am eigenen Leib und in Beziehung zur individuellen Problematik von Trauer, Einsamkeit, Überforderung etc. durch die persönliche Zuwendung und Ansprache spürbar werden. Wenn es in diesem Zusammenhang sogar gelingt, die regelmäßigen, bekannten Gottesdienstbesucher*innen mit ihrem Namen anzusprechen, verstärkt das die Geste der persönlichen Wahrnehmung nicht unwesentlich (vgl. Jes 43,1: „Fürchte dich nicht, denn ich habe dich erlöst; ich habe dich bei deinem *Namen* gerufen, du bist mein!")

So unterscheidet sich die Situation der Verabschiedung an der Kirchentür sowohl von gewöhnlichen Alltagssituationen[5] als auch von dezidiert seelsorglichen Situationen. Wie nach einem privaten Besuch geleitet der Hausherr/die Hausherrin, wenn auch nur stellvertretend für den eigentlichen Herrn seiner Kirche, die Gäste zur Tür. Die Geladenen bedanken sich dann für die liebevolle Bewirtung, die besonders schöne Feier usw., was wiederum den Gastgeber/die Gastgeberin freut. Das von Martin Nicol herausgearbeitete Paradigma des „existentiellen Gespräches zwischen Freunden" erscheint mir hier in besonderer Weise passend.[6]

Die kybernetische Funktion

Nicht zuletzt leistet der Handschlag am Ausgang, wie der gesamte Gottesdienst, einen wertvollen Beitrag zum Gemeindeaufbau.

Gottesdienstbesucher*innen, die das erste Mal gekommen sind, begegnen dem Pfarrer/der Pfarrerin persönlich, können sich namentlich vorstellen oder auf andere Weise bemerkbar machen. Sie können mit einladenden Worten

---

4 Vgl. die von der Seelsorgebewegung rezipierten „personzentrierten Grundhaltungen" von Carl R. Rogers, Client-centered therapy. Its current practices, implications, and theory, New York 1951.
5 Vgl. Eberhard Hauschildt, Alltagsseelsorge. Eine soziolinguistische Analyse des pastoralen Geburtstagsbesuches, Göttingen 1996.
6 Vgl. Martin Nicol, Gespräch als Seelsorge. Theologische Fragmente zu einer Kultur des Gesprächs, Göttingen 1990, 162.

willkommen geheißen werden. Trauernde Angehörige, die wegen der Abkündigung des/der Verstorbenen gekommen sind, können durch ein kurzes Eingehen auf ihre Situation besonders wahrgenommen und zu Gemeindeveranstaltungen oder zum Gottesdienst am Ewigkeitssonntag eingeladen werden.

Für Amtshandlungen wie Taufen oder Trauungen, aber auch im Hinblick auf Besuche bzw. seelsorgliche Gespräche kann ein erster Kontakt hergestellt werden. Auch kurze Verabredungen, der Austausch von Informationen oder die Möglichkeit, Anliegen ohne großen Aufwand vorzutragen, können dazu beitragen, dass sich Menschen innerhalb und außerhalb der ‚Kerngemeinde' wahrgenommen fühlen.

Ehrenamtliche wie Kirchenvorstandsmitglieder oder Kindergottesdienstmitarbeiter*innen, aber auch hauptamtlich Mitarbeitende wie z. B. Organist*in oder Küster*in können durch wertschätzende Bemerkungen oder ein schlichtes „Dankeschön" motiviert werden.

Kirche wird durch eine solche Begegnung mit einem oder einer ihrer Repräsentanten buchstäblich mit einem offenen Ohr, einem freundlichen Wort, einem zugewandten Gesicht und einer ausgestreckten Hand erlebt. Das ist im Hinblick auf die Bindung von Menschen an ihre Kirche bzw. Gemeinde nicht gering zu bewerten.

Geschichte des Handschlags

Deshalb ist es sicher kein Zufall, dass der Handschlag am Ausgang in den 70er Jahren des vorigen Jahrhunderts entstand, als die evangelische Kirche neue Wege suchte, um Menschen in ihrer jeweiligen Lebenswelt zu erreichen. Anstöße dazu gab es in der Theologie zum Beispiel durch die Korrelationslehre von Paul Tillich: Das Evangelium sollte im Leben eine Entsprechung finden, erfahrbar werden. Die Seelsorgebewegung, die in den 1970er Jahren in Deutschland stark wurde, setzte sich für eine Seelsorge ein, die nicht mehr durch Verkündigung von oben herab, sondern im Gespräch zwischen zwei gleichberechtigten Partnern stattfinden sollte.[7] Neue Gottesdienstformen wurden erprobt, zum Beispiel Familiengottesdienste, in denen die Gottesdienstbesucher*innen stärker beteiligt wurden. Statt von der Kanzel herab wurde vermehrt von einem ebenerdigen Lesepult aus gepredigt. Da war die Idee, sich nach dem Gottesdienst persönlich von den Gottesdienstbesucher*innen zu verabschieden, nur folgerichtig.

Bis dahin entschwand der Pfarrer, damals waren es noch fast ausschließlich Männer, in der Regel schon während des Orgelnachspiels in die Sakristei. Jetzt

---

7 Vgl. die Ansätze von Joachim Scharfenberg, Dietrich Stollberg, Hans-Joachim Thilo, Klaus Winkler u. a.

aber wuchs das Bestreben, der Gemeinde näher zu rücken, nicht mehr in erster Linie als Autorität wahrgenommen zu werden, sondern einander auf Augenhöhe zu begegnen. So lenkten Pfarrer und zunehmend auch Pfarrerinnen nach dem Segen ihre Schritte nicht mehr in die Abgeschiedenheit von der Gemeinde, sondern hin zu den Menschen, auf die Schwelle zwischen Kirche und Welt.

Zur Geste des Handschlags

Das Reichen der rechten Hand als Grußgeste ist seit griechisch-römischer Zeit belegt.[8] In Gal 2,9 beschreibt Paulus, dass Jakobus, Kephas und Johannes Barnabas und ihm als Zeichen der Einigung die rechte Hand reichen. „Durch die Berührung beider Hände zeigen die Partner ihre eingegangene Bindung an und bannen damit jede Gefahr gegenseitiger Schädigung."[9]

Übertragen auf den Handschlag am Ende des Gottesdienstes kann die Verbindung der Gottesdienstbesucher*innen mit ihrer Kirche und Gemeinde bekräftigt werden. Wenn die Geste, was häufig vorkommt, dadurch verstärkt wird, dass die Hand des Pfarrers/der Pfarrerin besonders lange geschüttelt oder die zweite Hand hinzugenommen wird, kann das als ausdrückliche Bestätigung dieses Paktes betrachtet werden.

Umgekehrt wird aber auch die Bindung des Pfarrers/der Pfarrerin an die Gemeindeglieder durch diese regelmäßig wiederkehrende persönliche Begegnung intensiviert. So löst sich die mehr oder weniger große Menge der Gottesdienstgemeinde auf in einzelne Gesichter, Personen und Lebensgeschichten.

Mehr als ein Tanz der Viren

Die Beleuchtung seiner vielfältigen Funktionen sollte deutlich machen, dass der Handschlag am Ausgang keine nebensächliche Geste am Rande des Geschehens ist. Vielmehr bildet er als Übergangsritual die Verschränkung von Gottes Zeit und Weltzeit, sakralem Raum und Alltagsleben, aber auch gottesdienstlichem und seelsorglichem Handeln in der Gemeinschaft der Gläubigen ab. Die Verbindung des liturgischen Geschehens mit dem persönlichen Leben, die symbolhafte Erfahrung der Zuwendung Gottes zu jedem und jeder Einzelnen und die Stärkung der Beziehung zu Kirche und Gemeinde machen ihn zu einem wich-

---

8 Vgl. Karl Gross, Menschenhand und Gotteshand in Antike und Christentum, Stuttgart 1985, 232f.
9 AaO., 230.

tigen Element im Zusammenspiel von Gottesdienst, Seelsorge und Gemeindeaufbau.

Deshalb geht auch mehr verloren, als man auf den ersten Blick meinen könnte, wenn aus vermeintlichem Zeitmangel der Handschlag am Ausgang nach einem Gottesdienst entfällt. Meine Erfahrung ist, dass er der Gottesdienstgemeinde dann ausdrücklich fehlt. Die nötige Zeit für dieses kleine, aber wichtige Ritual sollte also unbedingt eingeplant werden, auch wenn Pfarrer*innen mehrere Gottesdienste hintereinander halten müssen.

Um auf die Eingangsfrage zurückzukommen, kann man zwar davon ausgehen, dass bei dem Handschlag am Ausgang *auch* ein vermehrter Austausch von Viren stattfindet, der bei gutem Gottesdienstbesuch bedenkliche Ausmaße annehmen mag. Aber dagegen kann die – wissenschaftlich nachgewiesene – Stärkung des Immunsystems durch Endorphine ins Feld geführt werden, die durch geglückte menschliche Begegnungen entsteht. Solche Begegnungen ermöglicht die Situation an der Kirchentür ohne Zweifel, und bei dem Pfarrer/der Pfarrerin kann dieser Effekt bei positivem Feedback auf Gottesdienst und Predigt sogar noch stärker ausfallen. So ist der Handschlag am Ausgang wohl nicht nur gesundheitlich unbedenklich, sondern ein wirksames Ritual, das unbedingt weiterhin zu pflegen ist.

Eberhard Hauschildt

Kirchenkaffee oder doch lieber gleich nach Haus?

Beobachtungen: viele Motive und Zwecke

An den Gottesdienst kann sich ein Zusammensein anschließen, meist als ‚Kirchenkaffee' bezeichnet. Es wird über die üblichen Informationskanäle bei den Ankündigungen eines Gottesdienst mitgenannt, zusätzlich auch im Gottesdienst daran erinnert: „Wir laden alle herzlich zum Kirchenkaffee nach dem Gottesdienst ein." Für die Gemeinde(leitung) bzw. für die Person, die den Gottesdienst leitete und in ihm predigte, scheint es wichtig zu sein, dass es diese Möglichkeit gibt.

Der Kirchenkaffee folgt direkt auf den „Weg im Geheimnis"[1], ist aber doch auch nach dem Segen und Orgelausgangsspiel nicht mehr dessen Bestandteil. Denn bezüglich des Ortes, bei den Teilnehmenden und bei den Zielen gibt es im Vergleich mit der Gottesdienstfeier merkliche Änderungen – und doch bestehen Bezüge.

Man bewegt sich an einen *anderen Ort* als den des Gottesdienstes, aber in dessen Nähe. Findet das Zusammensein im Kirchenschiff statt, so richtet man sich nicht mehr nach vorne aus, sondern sammelt sich beim Ausgang oder in der Eingangshalle des Kirchenraums. Drei Gesichtspunkte spielen bei der Wahl des Ortes eine Rolle.

a) Der Raum muss geeignet sein, um sich dort für Gespräche und Kaffeetrinken aufhalten zu können. Selbst wenn der Kirchenkaffee als Stehkaffee gestaltet sein sollte, müssen einige Menschen jedenfalls auch sitzen können. Bänke sind ungeeignet, Tische zumindest als Abstellmöglichkeiten sind gewünscht.

b) Es muss das Vorbereitete (Kaffee und andere Getränke, Kekse oder auch anderes zum Essen, Geschirr etc.) schnell herbeigebracht werden können.

c) Je näher der Ort beim Gottesdienstraum liegt, desto besser; denn es gilt dann als wahrscheinlicher, dass die Gottesdienstbesucher*innen auch der zusätzlichen Einladung folgen.

---

[1] Martin Nicol, Weg im Geheimnis. Plädoyer für den Evangelischen Gottesdienst, Göttingen ³2011.

Eine zweite Beobachtung. Nur *ein Teil der Gottesdienstteilnehmenden* nimmt das Angebot wahr. Andere gehen eben ‚doch lieber gleich nach Haus'. Für die, die typischerweise bleiben, treffen bestimmte Merkmale zu.

a) Sie zählen zu den besonders Kirchennahen und auch sonst *kirchlich Aktiven*, sei es ehrenamtlich oder beruflich (wer den Gottesdienst gehalten hat und gepredigt, ‚muss' bleiben[2] und ansonsten sich entschuldigen, warum das bei diesem Mal nicht geht).

b) Die Teilnehmenden halten nicht eine andere Verpflichtung für wichtiger, etwa auch gegenüber denen aus der Familie, die zuhause geblieben waren. Bei *Alleinlebenden* ist es wahrscheinlicher, dass sie ‚frei' haben.

c) Ein Dabeisein ändert nicht den sonstigen Tagesablauf. Das Mittagessen vorzubereiten kann warten oder es kann umgekehrt sogar ausfallen, falls der Kirchenkaffee auch als Mittagessen genutzt werden kann.

d) Es ergibt der Kirchenkaffee eine *Gelegenheit, jemanden zu sprechen*, mit dem man reden wollte, etwa auch gerade mit der Pfarrerin/dem Pfarrer in der Gemeinde.

Auch die *Einladenden haben Ziele* bei diesem Nach-Gottesdienst-Angebot.[3]

a) Es gibt die Vorstellung, bei der der Bezug auf den Gottesdienst und die Predigt besonders explizit gemacht wird: Dort besteht die *Möglichkeit* zu einem *Predigt- und Gottesdienstnachgespräch*.[4] Eine Zusammenkunft ganz auf eine Besprechung des Gottesdienstes in einer Art Kunst- und Theologiekritik von dargebotener Predigt bzw. der Gottesdienstdramaturgie hin zu fokussieren und als Gespräch mit der Predigerin oder dem Gottesdienstdramaturgen anzusetzen, ist eher selten der Fall.

b) Es stellt auch der Kirchenkaffe eine weitere Form von „*Gemeinschaft*" dar,[5] die die im Gottesdienst erfahrene variiert.

---

2 Eine Kirchengemeinde notiert auf ihrer Internetseite bei der Darstellung des Kirchenkaffees: „Oft ist auch die diensthabende Pfarrperson anwesend und steht gerne für ein Gespräch zur Verfügung" (https://www.evang-frauenfeld.ch/Kirchenkaffee [Abruf 18.11.2017], Ev. Kirchengemeinde Frauenfeld).

3 Ein Blick auf Aussagen auf den Websites der Gemeinden lässt dies deutlich zutage treten.

4 „Tauschen Sie sich über die Predigt aus" (http://www.leinfelden.evkifil.de/www/index.php/godi/332-kirchenkaffee.html [Abruf 18.11.2017]; Evangelische Kirchengemeinde Leinfelden-Unteraichen). Stärker das Gefälle zwischen Professionellen und ‚Laien' oder Nicht-Insidern miteinzeichnend: „Er [der Kirchenkaffee] ist auch eine gute Möglichkeit, eine Frage zur Predigt oder zum Gottesdienst zu stellen" (http://www.evang-linz-sued.at/index.php?id=240 [Abruf 18.11.2017], Evangelische Pfarrgemeinde, AB Linz-Süd).

5 „Der Kirchenkaffee soll für Gemeindeglieder Gelegenheit bieten, Gemeinschaft zu pflegen und sich ungezwungen austauschen zu können" (https://www.evang-frauenfeld.ch/Kirchenkaffee [Abruf 18.11.2017], Ev. Kirchengemeinde Frauenfeld).

c) Der Kirchenkaffee wird präsentiert allgemein als Ort für „Austausch" und als eine Gelegenheit zur Pflege bestehender Kontakte und persönlicher Kontaktaufnahme mit anderen aus der Gottesdienstfeier.[6]

d) In selteneren Fällen wird auch die *Genusskomponente* ausdrücklich betont: „in entspannter Atmosphäre"[7] und „ungezwungen"[8] ist man beieinander, ja es heißt: „Genießen sie eine kleine Auszeit"[9] oder es wird versprochen: „Es ergeben sich immer interessante Gespräche und es ist schön immer Neuigkeiten zu erfahren."[10] Man mag darin auch eine Art von konstrastierender Ergänzung zum Gottesdienst mithören. In einem Fall wird dies auch ausdrücklich gemacht, obwohl es eigentlich für einen Gottesdienst mit Abendmahl gerade nicht gilt: „Es ist auf jeden Fall eine andere Form des Gottesdienstes, indem ein weiterer Sinn angesprochen wird, nämlich der Geschmackssinn."[11]

e) Als eine wichtige soziale (sozialdiakonische) Ergänzung zum Gottesdienst scheint es auch empfunden zu sein, wenn in einem Fall der Kontakt mit einer Menschengruppe im Kirchenkaffee extra angesprochen ist, die (wie nicht eindeutig hervorgeht) entweder ebenfalls den Gottesdienst besuchte oder eben aufgrund von Sprachbarrieren nicht besuchte, aber jedenfalls als zugehörig zur Gemeinde verstanden ist, und bei der zugleich eine persönliche Kontaktaufnahme und Kontaktpflege besonders gewünscht wird, weil sie sich wohl nicht von selbst zu ergeben scheint: „Hier besteht auch die Möglichkeit zur Begegnung mit unseren iranischen Brüdern und Schwestern."[12]

---

6 Das kann sich beziehen auf gegenseitiges Kennenlernen: „So bietet der Kirchenkaffee ein Forum, um sich bei Kaffee und Kuchen besser kennen zu lernen und neue Kontakte zu knüpfen" (http://www.matthaeuskirche-gaustadt.de/kirchenkaffee [Abruf 18.11.2017]; St. Matthäus in Gaustadt). „Hier können Sie Bekannte treffen und neue Leute kennen lernen" (Linz-Süd) (Anm. 4). „Oder es wird als eine für neue Gottesdienstteilnehmer mögliche Kontaktaufnahme mit der Gemeinde bzw. ihren Repräsentanten aufgefasst: „Kommen Sie mit uns in entspannter Atmosphäre bei einer Tasse Kaffee und Gebäck ins Gespräch" (https://www.ev-kirche-wyhlen.de/gottesdienste/kirchenkaffee/ [Abruf 18.11.2017]; Ev. Kirchengemeinde Whylen). „[...] sprechen Sie Kirchengemeinderäte an [...]" (Leinenfeld-Unteraichen).
7 Whylen (Anm. 6).
8 Frauenfeld (Anm. 5).
9 Leinfelden (Anm. 6).
10 http://www.wittlensweiler-evangelisch.de/gruppen/kirchenkaffee/ [Abruf 18.11.2017]; Evangelische Kirchengemeinde Wittlensweiler.
11 https://pfarramt-ottensoos.de/2017/02/uebergang-vom-gottesdienst-in-den-sonntag/ [Abruf 18.11.2017]; Evang.-Luth. Kirchengemeinde Ottensoos.
12 http://www.gartenkirche.de/Gemeindeleben/kirchencafe [Abruf 18.11.2017]; Evangelisch-luth. Gartenkirche St. Marien.

f) Nur selten ist bei den Website-Informationen der zeitliche Umfang angesprochen. Der soll aber als nicht zu umfassend gedacht werden: „Sie sind eingeladen, noch ein Weilchen zu bleiben."[13]

Deutungen: der relative Kontrast zum Gottesdienst

In vielen Gemeinden, in denen es Kirchenkaffee gibt, findet dieser nicht sonntäglich, sondern seltener statt, etwa einmal im Monat. Und, was auf den Websites nicht ausdrücklich genannt wird, aber worauf die für wichtig erachteten Aussagen darüber, was beim Kirchenkaffee alles möglich ist, hinweisen: Eine Mehrheit derer, die am Gottesdienst teilnahmen, bleibt nicht noch beim Kirchenkaffee. Was mag sich darin ausdrücken?

Jedenfalls machen die, die wegbleiben, einen deutlichen Unterschied zwischen Gottesdienstteilnahme und Teilnahme am Kaffeetrinken hinterher. Vielleicht haben sie keine Zeit. Vielleicht wollen sie *dafür* keine Zeit haben. Vielleicht haben sie kein Interesse. Vielleicht wollen sie *dafür* kein Interesse haben. Wenn trotz prinzipieller Zeit und prinzipiellem Interesse an Kontakt und Austausch keine Teilnahme erfolgt, dann kann dies auch *daran* liegen, dass der Kirchenkaffee räumlich und zeitlich *zu dicht dran* ist am „Weg im Geheimnis". Das Treffen würde zu wenig den Gottesdienst ausklingen lassen, wie er beim Gang nach Hause noch nachklingen mag. Das wäre etwas anderes, als dass der Kirchenkaffee gerade darum empfohlen wird, weil der „Weg im Geheimnis" *zu wenig* böte an Predigtdiskussion und sonstigem Austausch, an Neuigkeiten, an Betätigung für den Geschmackssinn oder an gutem Gewissen eines sozialen Engagements.

Martin Nicol hat in seinem Buch „Weg im Geheimnis" ein Plädoyer für den klassischen evangelischen Gottesdienst vorgelegt.[14] Das Plädoyer *für* diesen Gottesdienst will er ausdrücklich nicht als eines *gegen* die Gottesdienste in anderer Form verstanden wissen, die sich seit den 1960er Jahren entwickelt haben (10). Von daher ist zu erwarten, dass auch die Neuerung eines Kirchenkaffees in einem solchen Buch schlicht nicht thematisiert wird. Das ist auch der Fall. Es gibt aber eine Ausnahme. Nicol schildert einen Fall. An einem Palmsonntag wird Kirchenkaffee im Kirchenschiff selbst durchgeführt. Noch beim letzten Vers des Lieds nach dem Segen werden für den Kirchenkaffee Tische hereingetragen, die mit Schokoladeneiern und Osterglocken-Blumen dekoriert sind. Nicol kommentiert: „Niemand, so scheint es, stört sich daran, dass die Weltzeit mit ihrem verfrühten Osterangebot die Gotteszeit wie selbstverständlich überlagert" (298).

---

13 Leinfelden-Unteraichen.
14 Nicol, Weg im Geheimnis (Anm. 1). Eingangs wird diese Intention bereits deutlich gemacht (vgl. 10). Die Seitenangaben im laufenden Text beziehen sich auf dieses Werk.

Ein Fall ist das, bei dem die räumliche und zeitliche Nähe des Kirchenkaffees den Gottesdienst noch ganz an seinem Ende im Nachhinein seinerseits ignoriert und damit ihm geradezu widerspricht.

Eine der maßgeblichen Intentionen von Martin Nicols Verständnis des Gottesdienstes ist es, die Aufmerksamkeit zu schärfen dafür, dass der Gottesdienst anders ist, sein Reichtum anderer Art ist. Es gilt, seine Sakralität (189 ff.), Ritualität (43 ff.) und „Gotteszeit" (297 ff.), seine „doxologische Grundausrichtung" (254) und „Ästhetik des Widerstands" (317) zu entdecken.

In welchem Verhältnis steht die Andersheit und Besonderheit des Gottesdienstes zum Sonstigen? Die Frage stellt sich für das Verhältnis von Gottesdienst und Leben in der Welt; sie stellt sich schon für das Verhältnis von Liturgie bzw. Sakrament und Predigt. Weder findet eine Einverleibung durch das Ritual statt noch eine komplette Ausstoßung. Predigt ist Teil des Rituals und dennoch anders; Weltzeit ist anders als Gotteszeit von Liturgie und Kirchenjahr – und dennoch bestehen sie nebeneinander. In beiden Fällen schlägt Nicol für die Beschreibung von Beziehung wie Differenz die Metapher „Kontrapunkt" vor (für die Predigt: 88, für den Gottesdienst: 313, 315). Das Bild aus der Musik weist darauf, dass das Andere jeweils mitzuhören ist und der Gesamtklang noch einmal in sich einen Mehrwert darstellt. Es erscheint von daher auch naheliegend, dass bei aller Harmoniegrundierung durch den Kontrapunkt beide Wahrnehmungsarten möglich sind: mehr die Melodie oder den Kontrapunkt in den Vordergrund zu stellen und auch je nachdem darin zu wechseln.

Nimmt man von daher noch einmal den Kirchenkaffee in den Blick, dann treten die verschiedenen Lesarten in der Praxis wie in der Reflexion noch deutlicher nebeneinander statt gegeneinander.

Der Kirchenkaffee, gerade wenn er auf den klassischen ritualaffinen evangelischen Gottesdienst folgt, ist nicht zwingend nötig. Er kann stattfinden, muss aber nicht jeden Sonntag angeboten sein. Die Gemeinde sollte gut damit leben können, dass nicht die Mehrheit der Gottesdienstfeiernden ihn auch besucht. Die Eigenstimme des Gottesdienstes ist erklungen und gerade in der Predigt, aber nicht nur hier, war, wenn auch nicht das Ganze des Gottesdienstes dominierend, hörbar die Melodie des menschlichen Lebens außerhalb des Gottesdienstes mit anwesend.

Wenn dies so ist, dann bedeutet es aber auch keinen Bruch damit, wenn nun, auch direkt nach dem Gottesdienst, die nichtrituellen, vielmehr alltäglichen Settings menschlichen Austausches gewählt werden und sich in relativer Nähe oder auch deutlicherer Ferne vom eben gefeierten Gottesdienst befinden. Dass eine Predigt oder eine Gottesdienstinszenierung dann noch einmal ganz anders aufgegriffen wird, in einem Gespräch *über* das Gesagte bzw. *über* die Dramaturgie, fast ganz so wie bei einer Aufführungskritik nach dem Theaterbesuch, das ist ebenso eine berechtigte und nicht einfach eine pietätlose Beschäftigung. Es nimmt die Predigt beim Wort und den Gottesdienst bei seiner – sei es eher bewusst gewählten, sei es schlicht der Tradition nachfolgenden – Dramaturgie. Reflexion darüber – sei sie kritisch gefärbt oder eher auf wohlwollendes Verständnis ausgerichtet – darf sein. Praktisch-theologische Literatur zu Predigt und Gottesdienst tut ja auch nichts anderes.

Wenn der Kirchenkaffee stattdessen den sozialen und persönlichen Austausch in den Vordergrund stellt, dann tut er nichts anderes, als wenn die *Institutionalität* von Kirche,[15] wie sie der agendarische Gottesdienst besonders deutlich herausstellt, nun zum Phänomen von Kirche als kleiner *Gruppe* überwechselt. Da nehmen auch die Konventionen des Essens und Trinkens eben doch eine andere Gestalt an als bei der zeichenhaften Speisung im Gottesdienst.

Ebenso bieten Informationskommunikation und Absprachen zur *Organisation* des Gemeindelebens und – eine weitere Variante – die sozialdiakonisch getönte Aktivität, die sich an den Gottesdienst anschließen kann, ihrerseits eine Melodie anderer Art, die die Kirche und – weiter gefasst – das Christentum spielen können, dürfen und auch sollen. Nicht dass sie den Kontrapunkt im Gottesdienst übertönen. Doch wenn die Melodie gleich nach dem Gottesdienst erklingt, kann auch das allein kein Schaden sein.

Fazit: Auch wenn der herkömmliche Gottesdienst keinen Kirchenkaffee bei sich hat, während der Kirchenkaffee zumindest im außereuropäischen Protestantismus der Normalfall wurde, gilt: Dass er sich auch an den klassischen Gottesdienst in Deutschland immer wieder ansiedelt, ist inzwischen überhaupt nicht mehr ungewöhnlich, wenn auch nicht zwingend. Dann braucht der Kirchenkaffee auch nicht aus der Liturgik exkludiert werden. Versteht man den Gottesdienst als zeitlichen Kontrapunkt zur Weltzeit, dann ist der Kirchenkaffee unter der Melodie der Weltzeit etwas, das es verträgt, wenn schon hier die Weltzeit in den Vordergrund tritt – „auf ein Weilchen" am Sonntagmorgen, gleich nach dem Gottesdienst.

---

15 Zum „Hybrid" Kirche aus den drei Sozialgestalten Institution, Gruppe und Nonprofit-Organisation vgl. Eberhard Hauschildt/Uta Pohl-Patalong, Kirche, Gütersloh 2012, hier 138–219.

Florian Höhne

Gottesdienstkritik
Eine Notwendigkeit und Schwierigkeit

Gottesdienstkritiken bewegen sich zwischen Beißhemmung und mehr oder weniger verschämter Lust am grotesken Misslingen. Dabei ist gerade diese schmunzelnde Lust oft von einer Leidenschaft für den Gottesdienst getragen. Und dabei kann gerade die Beißhemmung mit einer unsicheren Kirchenferne einhergehen.

Natürlich: Das ist überspitzt und undifferenziert. Aber es bezeichnet die zwei Schwierigkeiten der Gottesdienstkritik: ‚Beißhemmung' und Lust am Grotesken. Beide enthalten den am Gottesdienst Mitwirkenden die nötige Kritik vor: Der Beißgehemmte behält die Kritik für sich. Die Lustige wird die Kritik nur hinter vorgehaltener Hand wispern oder sie in einer Weise formulieren, mit der der Kritisierte nicht konstruktiv umgehen kann.

Das zeigt schon, dass die ‚Beißhemmung' gute Motive hat: die Bemühung ums Konstruktive, den Respekt vor der Arbeit anderer, gerade Ehrenamtlicher, das Gespür dafür, dass sich im Gottesdienst Besonderes, wenn nicht gar Heiliges ereignen kann.[1] Auf der anderen Seite spielen manche Gottesdienstgestaltungen derart ins Groteske, dass Humor ein verständliches Mittel des Umgangs damit bleibt: Erik Flügge schildert in seinem überführenden und schon deshalb lesenswerten Buch über den „Jargon der Betroffenheit" den vermutlich auf Ostern bezogenen Einsatz der „Rose von Jericho", einer Wüstenpflanze, eines vertrockneten Büschels, das in warmem Wasser binnen Stundenfrist zeigt, was in ihm steckt: das Potenzial nämlich zum Neuergrünen.[2] In der Tat taugt dieser Zaubertrick, der keiner ist, gerade wegen dieses Potenzials nicht als Symbol für die Auferstehung des ganz toten und gottverlassenen Jesus Christus zu neuem

---
1 Vgl. zu Vorbehalten gegenüber der Gottesdienstkritik: Alexander Deeg/Daniel Meier, Gottesdienstkritik. Ein Werkstattbericht zur Neuentdeckung einer notwendigen journalistischen Form, in: PTh 92 (2003), 436–444, 437f.
2 Vgl. dazu und zum Folgenden Erik Flügge, Der Jargon der Betroffenheit. Wie die Kirche an ihrer Sprache verreckt, München ³2016, 39–42.

Leben. Mit Flügge gesagt: „Aua, das tut weh."[3] – und sodann selbstkritisch erkannt: Hier ist die unproduktive Lust am Grotesken mit mir durchgegangen ...

Zwischen der Skylla ‚Beißhemmung' und der Charybdis der Lust um Grotesken gibt es gute Gründe für Gottesdienstkritik: Sie kann der Verbesserung von Gottesdienstgestaltungen dienen, dem Ärger über theologische Unerträglichkeiten Luft verschaffen, kann Kritiker*innen zur engagierten Teilnahme am Gottesdienst verführen und, wo sie als journalistische Kult(ur)kritik veröffentlicht wird, „verhilft [sie] dem Gottesdienst zu neuer Öffentlichkeit"[4].

Im Spannungsfeld von Notwendigkeit, Beißhemmung und destruktiver Lust am Grotesken will ich für eine leidenschaftliche Gottesdienstkritik werben, die sich ihrer eigenen Grenze bewusst bleibt. Diese Grenze liegt, so will ich behaupten, nicht in den Eitelkeiten der Akteure, nicht in den religiösen Gefühlen der Beteiligten, nicht in der vermeintlich heiligen Tabuzone, sondern im Erleben und Mitfeiern des befreienden Evangeliums. Dazu will ich zunächst Orte der Kritik benennen. Daran schließt sich der zweiteilige Werbeblock für Kritik an, der überhaupt nicht nahtlos in die tastende Suche nach einer Grenze übergeht.

Wo?

Gottesdienste werden in unterschiedlichen Kontexten kritisiert. Drei besonders wirkmächtige will ich hier benennen: Kritik findet sich (a) im Forum der Medienöffentlichkeit, (b) in Bildungs- und Beurteilungskontexten und (c) in Gesprächen von Kirchgänger*innen. Damit ist die Gottesdienstkritik der Wissenschaft Praktische Theologie hier nur insofern berücksichtigt, als sie die Kritik in Bildungskontexten (b) prägt.

a) Für die medienöffentliche Gottesdienstkritik als journalistisches Genre mag es herausragende Beispiele geben, aufs Ganze der deutschsprachigen Medienlandschaft geblickt, ist sie relativ selten geblieben.[5] Das zeigt der hinkende Vergleich mit Theater- und Musikkritiken. Während letztere alltäglichen Platz in den meisten Feuilletons haben, sind Gottesdienstkritiken die erwähnenswerten Ausnahmen geblieben. Daniel Meier und Alexander Deeg nennen für die Zeit bis 2003 nur folgende Beispiele: die Reihe „Kirche in der Kritik" der Münchner Abendzeitung (1997/8), die vierzehntägige „Gottesdienstkritik" der „Basellandschaftliche[n] Zeitung", die „Rubrik ‚Sonntags um zehn'" des Berliner „Tagesspiegel" (1998), die durch ‚harsche und spitze

---

3 AaO., 40.
4 Vgl. für das Zitat und weitere, den im Haupttext genannten ähnliche Gründe: Deeg/Meier, Gottesdienstkritik (Anm. 1), 443 f.
5 Auf die Seltenheit journalistischer Gottesdienstkritik haben schon 2003 Deeg und Meier (Gottesdienstkritik [Anm. 1], 437–441) hingewiesen.

Urteile' auffiel, eine Sammlung im SZ-Magazin 2001 und in der „Welt" unter dem Titel „Aus deutschen Kirchen – Predigten in der Kritik".⁶ Im evangelischen Magazin Chrismon plus erscheinen in der Rubrik „Kirchgang" Gottesdienstkritiken.⁷ In dem Schweizer online-Magazin zentralplus.ch erschienen zwischen November 2016 und April 2017 Gottesdienstkritiken von Remo Wiegand.⁸ Auch in ‚einschlägigen Lehrbüchern' kommt das Genre ‚Gottesdienstkritik' nicht vor.⁹

b) Gottesdienstkritik spielt in der Ausbildung und Beurteilung von Prediger*innen und Liturg*innen eine Rolle: In homiletisch-liturgischen Seminaren werden Gottesdienst und besonders Predigten besprochen und kritisiert, ebenso in Predigerseminar und Fortbildung. Im Rahmen des zweiten und in manchen Landeskirchen auch des ersten theologischen Examens werden Gottesdienste und Predigten beurteilt und benotet. Auch all das ist Gottesdienstkritik.

c) Manche Kirchgänger*innen reden nach dem Gottesdienst über das Erlebte: im Predigtnachgespräch, miteinander oder mit Freunden und Familie. Dabei wird Gottesdienstkritik geäußert, in der sich Menschen etwa von der Botschaft der Predigt, von der Liedauswahl oder von dem in der Gesamtgestaltung wahrnehmbaren Lebensstil¹⁰ distanzieren oder den im Gottesdienst aufgeworfenen Fragen weiter nachgehen.

„Tu weg von mir das Geplärr deiner Lieder"

Gottesdienstkritik ist selbst eine jüdisch-christliche Tradition. Manch biblischer Text ist dabei erstaunlich frei von Beißhemmungen. So legt der Verfasser des folgenden Bibeltextes die Kritik Gott selbst in den Mund: „Tu weg von mir das Geplärr deiner Lieder; denn ich mag dein Harfenspiel nicht hören!" (Am 5,23).¹¹

Keine Frage: Gott darf offenbar den ihm zugedachten Gottesdienst kritisieren. Aber sollen Menschen das auch? Gar, wenn sie Journalisten sind und es in der Manier einer Theaterkritik täten? Würden sie damit nicht „letztlich das beurteilen, was doch eigentlich jedem menschlichen Urteil entzogen ist?", fragen auch

---

6 Vgl. aaO., 439–441, dort auch die Zitate.
7 Vgl. https://chrismon.evangelisch.de/rubriken/kirchgang [Abruf 28.11.2017].
8 Vgl. dazu den Bilanz ziehenden Artikel: https://www.zentralplus.ch/de/news/gesellschaft/5531071/Gottesdienste-kritisieren-darf-man-das-Aber-sicher!.htm [Abruf 28.11.2017]. Zu einem ähnlichen Projekt in der Argauer Zeitung vgl. https://www.kath.ch/newsd/aargauer-zeitung-startet-predigt-kritik/ [Abruf 28.11.2017].
9 Vgl. Deeg/Meier, Gottesdienstkritik (Anm. 1), 438f.
10 Hier gemeint im Bourdieuschen Sinne, vgl. Pierre Bourdieu, Die feinen Unterschiede. Kritik der gesellschaftlichen Urteilskraft, Frankfurt am Main ²⁴2014.
11 Wie auch die folgenden Bibelzitate: 2017 revidierte Lutherübersetzung.

Deeg und Meier und antworten mit dem Hinweis auf das „Spannungsfeld" von Gottes Werk und menschlicher Gestaltung:

> „Das, was Gott tut, markiert den einen Pol dieses Feldes, und das, was Menschen tun oder unterlassen, den zweiten. Das eine nicht ohne das andere – nicht viel anders hatte das auch *Martin Luther* am 5. Oktober 1544 in Torgau gesagt: Im Gottesdienst gehe es um nichts anderes, als dass Gott selbst mit uns rede durch sein Wort und wir wiederum mit ihm in Gebet und Lobgesang."[12]

Hans-Richard Reuters Unterscheidung von drei „Sinnebenen" des Kirchenbegriffs hilft, diese Antwort zu vertiefen.[13] Die ersten beiden Sinnebenen sind hier wichtig: Im *dogmatischen Sinn* meint Kirche die „Gemeinschaft der Glaubenden", die allein Gottes Werk ist: Sie besteht, „wo das Evangelium von der versöhnenden Zuwendung Gottes in Jesus Christus durch Menschen so bezeugt wird, dass es sich anderen Menschen durch das Wirken des Heiligen Geistes als ebenso befreiende wie verbindliche Gewissheit erschließt."[14] Als Glaubensgemeinschaft ist Kirche nicht unsichtbar, wohl aber unverfügbar und verborgen: Wer wirklich glaubt, weiß Gott allein. Im *ethischen Sinn* meint Kirche bei Reuter eine „sittliche Gemeinschaft" unter dem Gesichtspunkt menschlicher Tätigkeit: Sie „manifestiert sich in signifikanten menschlichen Handlungen des Dienstes der Versöhnung, also des ,Gottesdienstes' im besonderen (darstellenden) und allgemeinen (wirksamen) Sinn."[15] Mit der an Schleiermacher angelehnten Unterscheidung kommt der Gottesdienst als menschliches Handeln so in doppeltem Sinn in das Blickfeld möglicher Kritik: als darstellendes Handeln in der Feier und als wirksames Handeln im Alltag.[16]

Gottesdienstkritik bezieht sich zunächst auf die menschliche Tätigkeiten im Gottesdienst: Gesamtinszenierung, Gestaltung einzelner Elemente, Formulierung von Gebeten, Auswahl von Liedern und Texten, Konzept und Sprache der Predigt, das Teilnahmeverhalten der Kirchgänger*innen und so weiter. Hier kann Kritik helfen zu verbessern, was Menschen tun.

Das Interessante an der Unterscheidung von darstellenden und wirksamen gottesdienstlichen Handeln ist, dass damit das Blickfeld der Kritik über den Rahmen der Feier hinaus auf das Handeln der Gemeinde im Alltag geweitet wird: Gottesdienstkritik bezieht sich so auch auf den Unterschied, den der Gottesdienst im Alltag macht. Damit ist sie zugleich Religionskritik, Kirchenkritik und Sozialkritik.

---

12 Deeg/Meier, Gottesdienstkritik (Anm. 1), 438.
13 Vgl. zum Folgenden Hans-Richard Reuter, Botschaft und Ordnung. Beiträge zur Kirchentheorie (Öffentliche Theologie 22), Leipzig 2009, 33–55.
14 AaO., 33, im Original kursiv. Für das Folgende vgl. aaO., 34f.
15 AaO., 40, im Original kursiv.
16 Vgl. aaO., 42f.

Mindestens wird die Kritik eines Sonntagsgottesdienstes die „indirekten Wirkungen" des darstellenden Handelns in den Blick nehmen:[17] Wird der Gottesdienst zum religiös-sentimentalen Zierrat eines davon unberührten Alltags in sozial ungerechten Strukturen? Ist der Gottesdienst Selbstversicherung einer abgegrenzten und ausgrenzenden Kerngemeinde? Findet im Gottesdienst die Befreiung zum alltäglichen Dienst am Nächsten statt? Oder üben Gesang und Predigt gar gruppenbezogene Menschenfeindlichkeit ein – sei es im Herabblicken auf Menschen mit Migrationshintergrund, auf Vertreter*innen anderer Religionen oder etwa in der homophoben Abwehr anderer Lebensformen?

Wie sehr Gottesdienstkritik ihren Platz im Horizont der Sozialkritik hat, führt der eingangs zitierte Amostext vor Augen: „...denn ich mag dein Harfenspiel nicht hören! Es ströme aber das Recht wie Wasser und die Gerechtigkeit wie ein nie versiegender Bach" (Am 5, 23bf.).

„Millionen Kerzen brennen für die Hilfe, die nie kam"

Dieser erste ‚Werbeblock' für Kritik begann mit einem liedkritischen Amoszitat. Darauf folgen nun zwei Abschnitte, die mit Liedzitaten überschrieben sind. Das ist kein Versehen, sondern führt hoffentlich in das Spannungsfeld von kritischer Distanz und eigener Teilnahme an Klage und Erfahren des Evangeliums.

Gottesdienstkritik ist in manchen bisherigen Formen nicht dabei stehen geblieben, das Menschenwerk im Gottesdienst für seine ästhetischen und ethischen Defizite und Konsequenzen zu kritisieren. Sie hat sich auch auf das Gotteswerk im Gottesdienst bezogen – und muss gerade als solches, nämlich als Klage, ihren Platz im christlichen Glauben haben.

Rolf Schieder zitiert in einem Artikel über Blasphemie Leonhard Cohens letzte „blasphemous provocation", sein Lied, seinen Psalm, sein Kunstwerk „You want it darker":[18] „Leonhard Cohen calls God an uncompassionate, power-hungry player who does not seem to be the light of the world, but rather one who loves darkness." Im Text des Liedes spielte Cohen nicht nur mit Bibelzitaten und liturgischen Bezügen, er formulierte Verse, in denen sich Kultkritik hören lässt: „A million candles burning for the help that never came."[19]

Gottesdienstkritik kann zur Klage werden: über die Abwesenheit Gottes in mühevoll vorbereiteten liturgischen Inszenierungen, über die Windstille unter der Kanzel, in der kein Geist kein Herz bewegt, über die – mit Cohen gesagt –

---

17 Vgl. zu diesen Wirkungen aaO., 42.
18 Für dies und das folgende Zitat vgl. Rolf Schieder, Blasphemy – a Civil-Religious Crime, in: Torsten Meireis/Rolf Schieder (Hg.), Religion und Democracy. Studies in Public Theology (Ethik und Gesellschaft 3), Baden-Baden 2017, 37–51, 37.
19 Zit. nach Schieder, Blasphemy (Anm. 18), 37.

Millionen Gebetskerzen, die Menschen entzündeten in der Hoffnung auf eine Hilfe, die nie kam.

„Alles in uns schweige"

Ein Theologiestudent sitzt im Gottesdienst – in der Hochzeit der Examensvorbereitung: den Kopf voller theologischen Faktenwissens über liturgische Formen, exegetische Methoden und theologische Lehren, den Sinn fürs theologische Urteilen – also Kritisieren – geschärft: Passt die Reihenfolge von Kyrie und Confiteor? Welcher theologischen Tradition entstammen die Gedanken der Predigt? Ist gut, was er, was sie hier tun? Und mitten im Grübeln singt der Student mit:

> „Gott ist in der Mitte.
> Alles in uns schweige
> Und sich innigst vor ihm beuge."[20]

Es ruht das Grübeln, Urteilen, Sich-selbst-Prüfen. Das gehört zum Gottesdienst. Menschliche Selbstkritik schweigt, zeitweilig. Das gehört zum „Weg im Geheimnis", wie Martin Nicol den Gottesdienst beschreibt.[21] Auf dem Weg, in der Begegnung mit Dingen,[22] im Hören der menschlichen Worte, im Mitsingen der Lieder, im Mitrufen der Gebete ereignet sich, was der menschlichen Kritik entzogen ist: die Begegnung mit dem möglicherweise ‚erschreckenden' Erbarmen Gottes,[23] das Ereignis, dass die „versöhnende[.] Zuwendung Gottes in Jesus Christus durch Menschen so bezeugt wird, dass es sich anderen Menschen durch das Wirken des Heiligen Geistes als ebenso befreiende wie verbindliche Gewissheit erschließt."[24] Um nicht missverstanden zu werden: Damit ist kein nur schweigend zu Verehrendes gemeint.[25] Und dieses Entzogene ist weder ein innerliches religiöses Gefühl im Einzelnen noch ein Gemeinschaftsleben, weder eine menschliche Amtshandlung noch die politische Dimension des Gottesdienstes – und auch nicht generell das Wirken oder Nichtwirken Gottes im Gottesdienst.

Nochmal anders gesagt: Das etymologische Wörterbuch sieht das Wort „Kritik" unter dem „Einfluß des Bedeutungsstrangs ‚richten, beurteilen, ent-

---

20 EG 165,1.
21 Martin Nicol, Weg im Geheimnis. Plädoyer für den Evangelischen Gottesdienst, Göttingen ³2011.
22 Vgl. zur Weitung gegenüber der „Fixierung des gottesdienstlichen Geschehens auf das ‚Wort'" aaO., 39, dort auch das Zitat.
23 So eine Formulierung, die Nicol zweimal von Martin Mosebach zitiert (aaO., 22f.33).
24 Reuter, Botschaft (Anm. 13), 33, wie oben zitiert.
25 Vgl dazu Nicol, Weg im Geheimnis (Anm. 21), 27.

scheiden'"[26]. Wer kritisiert, fällt ein (vorläufiges) Urteil. Warum aber sollte etwas am Gottesdienst diesem menschlichen Urteil entzogen sein? Zu dem Urteil, das der Mensch über sich selbst und sein eigenes Handeln fällt, schreibt Bonhoeffer in den Ethik-Fragmenten:

> „Weil aber *Gott* Mensch wurde, darum kann verantwortliches Handeln im Bewußtsein der Menschlichkeit seiner Entscheidung das Urteil über das eigene Handeln nach seinem Ursprung, seinem Wesen und seinem Ziel niemals selbst vorwegnehmen, sondern er muß es ganz an Gott ausliefern. […] Der ideologisch Handelnde sieht sich in seiner Idee gerechtfertigt, der Verantwortliche legt sein Handeln in die Hände Gottes und lebt von Gottes Gnade und Gericht."[27]

Rechtfertigungs- und versöhnungstheologische Gedanken sind es, die die Grenze zwischen dem ausloten, was menschlich kritisiert und beurteilt werden muss, und dem, was dem menschlichen Urteil entzogen bleibt, weil es gerade um das unendlich gnädigere Urteil Gottes geht. Wo es im Gottesdienst darum geht, sich Gottes Gnade zusagen zu lassen, nicht mehr selbst über sich zu urteilen, sondern an Gottes kontrafaktisches, barmherziges Urteil über einen zu glauben, da findet die menschliche Kritik ihre heilsame Grenze.

Nicht die ethischen Apelle oder politischen Einlassungen einer Predigt sind es, gegenüber denen die menschliche Kritik zum Schweigen kommt, nicht die Dramaturgie der Liturgie, die Stimmigkeit des Ablaufs, nicht die Wirkungen, die der Gottesdienst der versammelten Gemeinde auf den Gottesdienst im Alltag hat, nicht die Anwesenheit Gottes in der Gemeinde und angesichts des Leides. Zu schweigen kommt das menschliche Urteilen, wo das unglaublich barmherzige Urteil Gottes zur „befreiende[n] wie verbindliche[n] Gewissheit" (Reuter) wird: Dort, wo auf dem „Weg im Geheimnis" der befreiende und hoffnungsfrohe Glauben entsteht, dass Gotteswirklichkeit die letzte und letztlich entscheidende Wirklichkeit ist.

---

26 Kluge, Etymologisches Wörterbuch der deutschen Sprache, Berlin/New York [23]1999, 488.
27 Dietrich Bonhoeffer, Ethik, hg. v. Ilse Tödt, Heinz Eduard Tödt, Ernst Feil, Clifford Green (DBW 6), Gütersloh 1992, 268.

Biographische Angaben zu den Autorinnen und Autoren

Prof. Dr. *Jochen Arnold*, geb. 1967, ist Direktor des Michaelisklosters Hildesheim und Privatdozent für Systematische und Praktische Theologie an der Theologischen Fakultät der Universität Leipzig.

Prof. Dr. *Heinrich Assel*, geb. 1961, lehrt Systematische Theologie an der Theologischen Fakultät der Universität Greifswald.

Katharina Bach-Fischer, geb. 1985, ist seit 2017 Vikarin im Dekanat Weiden.

Prof. Dr. *Peter Bubmann*, geb. 1962, lehrt Praktische Theologie an der Friedrich-Alexander-Universität Erlangen-Nürnberg.

Prof. em. Dr. Dr. h.c. *Peter Cornehl*, geb. 1936, lehrte Praktische Theologie an der Universität Hamburg.

Prof. Dr. *Alexander Deeg*, geb. 1972, lehrt Praktische Theologie in Leipzig und leitet das Liturgiewissenschaftliche Institut der Vereinigten Evangelisch-Lutherischen Kirche bei der Theologischen Fakultät der Universität Leipzig.

Birgit Dier, geb. 1963, leitet die TelefonSeelsorge in Nürnberg, ist Supervisorin (DGfP/Sektion KSA) und Lehrbeauftragte am Lehrstuhl für Homiletik, Liturgik und Poimenik in Erlangen.

PD Dr. *Christian Eyselein*, geb. 1958, ist Studienleiter am Pastoralkolleg und Dozent am Studienseminar Pfarrverwalterausbildung der Augustana-Hochschule Neuendettelsau.

Prof. em. Dr. *Erich Garhammer*, geb. 1951, lehrte Pastoraltheologie und Homiletik an der Katholisch-Theologischen Fakultät der Universität Würzburg.

Dr. *Tanja Gojny*, geb. 1974, ist Habilitandin am Fachbereich Theologie der Friedrich-Alexander-Universität Erlangen-Nürnberg.

Prof. em. Dr. *Hans-Martin Gutmann*, geb. 1953, lehrte bis 2016 Praktische Theologie an der Universität Hamburg.

Prof. *Johanna Haberer*, geb. 1956, leitet die Abteilung für Christliche Publizistik an der Friedrich-Alexander-Universität Erlangen-Nürnberg.

Prof. Dr. *Eberhard Hauschildt*, geb. 1958, lehrt Praktische Theologie an der Evangelisch-theologischen Fakultät der Universität Bonn.

Prof. Dr. *Michael Herbst*, geb. 1955, lehrt Praktische Theologie und ist Direktor des Instituts zur Erforschung von Evangelisation und Gemeindeentwicklung der Universität Greifswald.

Prof. Dr. *Stefan Heuser*, geb. 1971, ist Professor für Ethik in der Pflege an der Evangelischen Hochschule Darmstadt.

Dr. *Florian Höhne*, geb. 1980, ist Wissenschaftlicher Mitarbeiter an der Professur für Ethik und Hermeneutik der Humboldt-Universität zu Berlin.

Dr. *Jochen Kaiser*, geb. 1971, ist Fachmitarbeiter für Musik und Gemeindeentwicklung bei der reformierten Kirche des Kantons Zürich.

Heinz Kattner, geb. 1947, ist Schriftsteller und Dozent für Sprachgestaltung und freiberuflich in der Aus- und Fortbildung von Theologen tätig.

Prof. Dr. *Hanns Kerner*, geb. 1950, war Leiter des Gottesdienstinstituts der Evangelisch-Lutherischen Kirche in Bayern (Nürnberg).

Prof. Dr. *Konrad Klek*, geb. 1960, lehrt Kirchenmusik und ist Universitätsmusikdirektor der Friedrich-Alexander-Universität Erlangen-Nürnberg.

Prof. Dr. *Benedikt Kranemann*, geb. 1959, lehrt Liturgiewissenschaft an der Katholisch-Theologischen Fakultät der Universität Erfurt.

Dr. h.c. *Christian Lehnert*, geb. 1969, ist Wissenschaftlicher Geschäftsführer des Liturgiewissenschaftlichen Instituts der Vereinigten Evangelisch-Lutherischen Kirche Deutschlands in Leipzig, Dichter und Essayist.

Dr. *Manacnuc Mathias Lichtenfeld*, geb. 1963, ist Rektor des Predigerseminars der Evangelisch-Lutherischen Kirche in Bayern (Nürnberg).

Dr. *Daniel Meier*, geb. 1970, ist Pressesprecher und Leiter des Zentrums für Kommunikation der Evangelischen Landeskirche in Baden.

Prof. Dr. Dr. h.c. *Michael Meyer-Blanck*, geb. 1954, lehrt Praktische Theologie an der Evangelisch-Theologischen Fakultät der Universität Bonn und leitet die Liturgische Konferenz.

Dr. *Irene Mildenberger*, geb. 1961, ist Pfarrerin am Evangelischen Augustinerkloster zu Erfurt.

Dr. *Konrad Müller*, geb. 1957, leitet das Gottesdienst-Institut der Evangelisch-Lutherischen Kirche in Bayern.

Kathrin Oxen, geb. 1972, leitet das Zentrum für Evangelische Predigtkultur der EKD in Lutherstadt Wittenberg.

Sándor Percze, geb. 1974, ist Pfarrer der Lutherischen Kirche in Győr-Ménfőcsanak, Ungarn.

Prof. Dr. *David Plüss*, geb. 1964, lehrt Homiletik, Liturgik und Kirchentheorie an der Theologischen Fakultät der Universität Bern und ist Co-Leiter des interdepartementalen Kompetenzzentrums für Liturgik.

Alexander Proksch, geb. 1988, ist Pfarrer der evangelisch-lutherischen Kirche in Bayern und Wissenschaftlicher Mitarbeiter am Lehrstuhl von Prof. Dr. Martin Nicol.

Prof. Dr. *Klaus Raschzok*, geb. 1954, lehrt Praktische Theologie an der Augustana-Hochschule Neuendettelsau.

Prof. em. Dr. *Wolfgang Ratzmann*, geb. 1947, lehrte Praktische Theologie an der Theologischen Fakultät der Universität Leipzig und war der erste Leiter des Liturgiewissenschaftlichen Instituts der Vereinigten Evangelisch-Lutherischen Kirche.

Romina Rieder, geb. 1983, ist Gemeindepfarrerin im Kirchenkreis Bayreuth, Dekanat Coburg.

OLKR i.R. Dr. h.c. *Klaus Röhring*, geb. 1941, Pfarrer zunächst der ELKB, zuletzt Oberlandeskirchenrat der Evangelischen Kirche von Kurhessen-Waldeck.

Prof. Dr. *Helmut Schwier*, geb. 1959, lehrt Neutestamentliche und Praktische Theologie an der Universität Heidelberg und ist Universitätsprediger.

Prof. em. Dr. *Walter Sparn*, geb. 1941, lehrte Systematische Theologie am Fachbereich Theologie der Friedrich-Alexander-Universität Erlangen-Nürnberg.

Prof. em. Dr. *Hans G. Ulrich*, geb. 1942, lehrte Systematische Theologie und Ethik an der Friedrich-Alexander-Universität Erlangen-Nürnberg.

Namensregister

Adam, Adolf   179, 181
Adorno, Theodor W.   108
Altenmüller, Eckart   46
Anselm von Canterbury   79
Aristoteles   79
Arnold, Jochen   45, 47, 123, 125, 129, 134
Assel, Heinrich   76f., 81, 233
Atten, Christa   49
Augustinus   55, 144, 199, 238

Baberske-Krohs, Beate   40
Bach, Johann Sebastian   41, 46, 52, 58, 70, 72, 115f., 118, 200, 204, 256
Bachelard, Gaston   57
Baer, Dieter   18, 22
Baltruweit, Fritz   90, 93, 129, 131, 134, 139, 207
Barth, Karl   45, 77, 103, 153f., 156f., 162f.
Beethoven, Ludwig van   156
Bellermann, Christian Friedrich   12f.
Benedikt VIII.   180
Benjamin, Walter   221
Berger, Rupert   25, 116
Bernhardt, Robert   225
Bernoulli, Peter Ernst   111
Berthier, Jacques   207
Beyer, Franz-Heinrich   20
Beyer, Hermann Wolfgang   89
Bieringer, Andreas   62
Bieritz, Karl-Heinrich   84f., 89, 139, 198, 238
Birnstein, Uwe   95
Bittlinger, Clemens   121

Block, Johannes   47
Bobrowski, Johannes   157
Böhme, Gernot   21
Böhme, Jakob   53f.
Bohren, Rudolf   65, 154, 166f.
Boisen, Anton Theophilus   259
Bonhoeffer, Dietrich   224, 276
Bonkhoff, Bernhard   136
Bönsch, Annemarie   35
Bourdieu, Pierre   272
Bradbeer, Harry   165
Brecht, Bertolt   60, 62
Bretschneider, Wolfgang   125f.
Bringemeier, Martha   35
Brinkel, Erhard   243
Brunner, Peter   76, 97, 117, 216f., 232
Bubmann, Peter   44, 204, 232
Bucer, Martin   131, 212
Buchwald, Georg   16
Bugenhagen, Johannes   12f., 238, 241
Bukowski, Peter   154, 156, 160
Bukowski, Sylvia   186
Burgsmüller, Alfred   46
Buxtehude, Dietrich   71f.

Calvin, Johannes   82, 85, 131
Cassian   113f.
Celan, Paul   62
Censurius   57
Cohen, Hermann   78
Cohen, Leonhard   274
Coulam, Daisy   165, 167
Crüger, Johann   49, 145

Dalferth, Ingolf U.   86, 193
Davis, John Gordon   198
Decius, Nicolaus   233
Deeg, Alexander   42, 130–134, 140, 154f., 161, 168, 170, 175, 181, 204, 270–273
Dietz, Otto   99f., 106f., 238f., 241
Drömann, Hans-Christian   146–148

Ebach, Jürgen   15, 86
Eckarts, Eugen   121
Egeraat, Erik van   24
Ehrensperger, Alfred   42
Emcke, Carolin   72

Facius, Moritz Christian   18f.
Fauré, Gabriel   206
Fendler, Folkert   51, 148
Fischer, Balthasar   199
Fischer, Edwin   43
Flesch-Thebesius, Marlies   37
Flügge, Erik   270f.
Flügge, Marina   35
Foucault, Michel   21, 225
Franz, Ansgar   178
Fraysse, Claude   126
Freigang, Christian   29
Friedrich Wilhelm III.   33
Frör, Kurt   89f.
Funke, Cornelia   163
Furler, Frieder   111

Galbreath, Paul   131
Gardiner, John Elliot   116, 118
Gasser, Ulrich   47
Geertz, Clifford   222f.
Gellert, Christian Fürchtegott   49
Gerhard, Johann   44
Gerhard, Paul   43, 200
Goethe, Johann Wolfgang   75
Goffman, Erwing   222
Gollwitzer, Helmut   224
Gräb, Wilhelm   154
Graff, Paul   36, 90, 234, 238
Gregor der Große   116
Grethlein, Christian   90, 238

Gross, Karl   262
Gross, Steffen   95
Grözinger, Elisabeth   152

Habermas, Jürgen   41
Haggenmüller, Odo   114
Hahn, Ferdinand   240
Hailer, Martin   202
Hammerstein, Reinhold   53, 55–57
Handke, Peter   246
Hantke, Andreas   236
Harling, Peer   207
Harnoncourt, Nikolaus   47
Haunerland, Winfried   179, 181
Hauschildt, Eberhard   260
Heckel, Ulrich   200
Heine, Heinrich   61
Heinrich II.   180
Heinz, Andreas   27
Herbst, Michael   76, 93
Herbst, Wolfgang   82f.
Herlyn, Okko   237, 240, 243
Herzog, Johann Georg   256
Hiller, Ludwig   237
Hinze, Horst   50
Hippolyt   199
Hirsch, Emanuel   77
Hirsch-Hüffell, Thomas   96, 98, 139
Hofhansl, Ernst   33
Hofheinz, Marco   228
Honegger, Arthur   43
Hossfeld, Frank-Lothar   85f.

Ignatius von Antiochien   57
Ignatius von Loyola   123

Jäger, Kirsten   177
Jalics, Franz   67
Jankélévitch, Vladimir   58
Janssens, Peter   207
Jenny, Markus   117
Jetter, Werner   222
Jörns, Klaus-Peter   231
Josuttis, Manfred   28, 65, 91, 186
Jung, Matthias   176

Namensregister

Jungmann, Josef Andreas 83f., 180, 235
Jüngst, Gerhard 33

Kabel, Thomas 120, 136, 142
Kaiser, Jochen 44, 48
Kalb, Friedrich 90, 125, 238, 240f.
Kantz, Kaspar 75, 82
Karl der Große 180
Käßmann, Margot 33f.
Kempff, Wilhelm 43
Kerner, Hanns 108, 136, 138
Kleck, Konrad 200
Klie, Thomas 130
Klöckener, Martin 141
Klopstock, Friedrich Gottlieb 201
Kluge, Friedrich 276
Köber, Berthold W. 89f.
Kolbe, Uwe 62
Kranemann, Benedikt 125
Kraus, Hans-Joachim 110
Kreße, Hans 238, 241f.
Kretschmar, Georg 199
Kunze, Gerhard 195f.

Laidigen, Hans-Reinhard 35f.
Lange, Ernst 153, 158, 166, 176, 184f.
Langer, Markus J. 130, 132f.
Langmaack, Gerhard 26
Lehnert, Christian 97f.
Levinas, Emmanuel 78, 80f.
Lindbeck, George A. 223
Lingen, Jan von 139
Lobwasser, Ambrosius 114
Lochman, Jan Milič 115
Löhe, Wilhelm 28f., 42, 118, 238–240, 242
Lohse, Eduard 218f.
Lohse, Timm 259
Lotz, Walter 35
Lumma, Liborius Olaf 181
Luther, Martin 30f., 42, 45f., 55, 60, 72, 118f., 123, 131, 144, 159, 173, 198, 200f., 203, 205–207, 212f., 218f., 227, 234, 236, 238, 242, 248, 273

Mahrenholz, Christian 91, 99f., 103
Maier, Andreas 62f.
Manseicher, Addi 159
Marti, Andreas 174f.
Martin, Jeannett 136
Mauss, Marcel 191
Mawick, Reinhard 95
Meier, Daniel 270–273
Melanchthon, Philipp 108, 198
Melzl, Thomas 136, 139f., 178, 181
Mendelssohn Bartholdy, Felix 254
Merkel, Friedemann 33
Meßner, Reinhard 114, 180f.
Meyer, Hans Bernhard 191
Meyer, Peter 169
Meyer-Blanck, Michael 75f., 83, 92, 95–97, 117, 130–133, 171, 182
Miller, Bonifaz 68
Mosebach, Martin 275
Mozart, Wolfgang Amadeus 230f.
Müller, Annette C. 155
Müller, Karl Ferdinand 117–121, 124

Neijenhuis, Jörg 38, 117f., 181f.
Nichols, Bridget 131
Nicol, Martin 9f., 16, 21, 25–28, 38, 43, 52, 59, 66, 69, 72, 74, 77, 80f., 83, 91f., 95, 97f., 107, 114, 116, 118f., 123, 129f., 134, 140f., 151–157, 159–163, 168f., 170–177, 178f., 183f., 193, 195f., 198, 204f., 209–212, 217, 219, 222f., 227, 229, 230, 233, 240–243, 250, 252, 258, 260, 264, 267f., 275
Nicolai, Philipp 200

Offele, Winfried 207
Oxen, Kathrin 169

Parsch, Pius 180
Piepkorn, Arthur Carl 35
Piontek, Heinz 60
Pitzele, Peter 160
Platon 199
Plotin 58
Pohl-Patalong, Uta 136, 160, 269
Puech, Henri-Charles 55

Ramming, Jochen   33, 36
Raschzok, Klaus   20
Rau, Eckhard   211
Reddemann, Luise   46
Reich, Christa   124
Reich, Werner   239
Reuter, Hans-Richard   273–276
Riegel, Jürgen   39
Rietschel, Georg   192, 238 f.
Rilke, Rainer Maria   56
Ritschl, Dietrich   225
Röbke, Thomas   94
Rogers, Carl R.   260
Rohr, Heinrich   206
Röhring, Klaus   47 f.
Rosenzweig, Franz   78, 81
Roth, Gustl   243
Rouwhorst, Gerard   110
Ruddat, Günter   90, 93
Runcie, James   165
Runcie, Robert   165

SAID   60 f.
Sauer, Joseph   27 f.
Schaeffler, Richard   86
Scharfenberg, Joachim   261
Schieder, Rolf   22, 274
Schiller, Friedrich   13
Schilling, Johannes   73
Schleiermacher, Friedrich Daniel Ernst   30, 105, 108, 154 f., 273
Schmidt-Lauber, Hans-Christoph   120
Schneider, Matthias   70, 73
Schnitzler, Theodor   24, 27 f., 80
Schönherr, Albrecht   22
Schott, Anselm   192, 195
Schubert, Anselm   33, 36
Schulz, Frieder   111, 113, 241
Schulz, Frieder   83, 197 f.
Schulz, Hans-Joachim   198
Schulz, Martin   41
Schwebel, Horst   20
Schweizer, Eduard   45
Seitz, Manfred   68, 120, 139, 158, 238
Sergius I.   235
Sevilla, Isidor von   53

Simon, Matthias   37
Simpfendörfer, Gottfried   231
Smend, Julius   105
Soeffner, Hans-Georg   20
Spalatin, Georg   144
Spitta, Friedrich   256
Stadler, Arnold   61 f.
Stählin, Wilhelm   172, 195
Stalmann, Joachim   239, 243
Stamm, Peter   59
Steffensky, Fulbert   91, 162, 211
Stoellger, Philipp   87
Stollberg, Dietrich   38, 40, 261
Stuflesser, Martin   181
Szymborska, Wisława   246

Tauler, Johannes   57
Tergau-Harms, Christina   129, 134, 139
Thalhofer, Valentin   90
Theunissen, Michael   81
Thilo, Hans-Joachim   261
Tillich, Paul   261
Trappe, Christian   38
Trepp, Leo   76
Trillhaas, Wolfgang   30
Turner, Victor   31 f.

Uhlendorf, Jens   138
Ulenberg, Kaspar   111
Ulrich, Hans G.   224

Vermeer, André   225
Volp, Rainer   227 f.
Vonach, Andreas   181

Wagner, Richard   254
Wallraff, Martin   219
Walter, Karl   12
Weber, Max   41
Weismann, Eberhard   238
Wendebourg, Dorothea   219
Weth, Rudolf   46
Wetzel, Christoph   65
Wiegand, Remo   273
Wiemer, Rudolf Otto   203, 208
Winkler, Klaus   261

Wittgenstein, Ludwig   54, 61, 223

Zeiß-Horbach, Auguste   33
Zender, Hans   72

Zenger, Erich   60, 85f.
Zerfaß, Alexander   178
Zilian, Renate   136
Zwingli, Huldrych   42, 212